U0498806

书山有路勤为径，优质资源伴你行
注册世纪波学院会员，享精品图书增值服务

科学成长系列丛书

科学经营

卞志汉　许惠文　著

电子工业出版社·

Publishing House of Electronics Industry

北京·BEIJING

图书在版编目（CIP）数据

科学经营 / 卞志汉，许惠文著. —北京：电子工业出版社，2024.2
（科学成长系列丛书）
ISBN 978-7-121-47036-3

Ⅰ．①科⋯　Ⅱ．①卞⋯　②许⋯　Ⅲ．①通信企业－企业管理－经验－深圳
Ⅳ．①F632.765.3

中国国家版本馆 CIP 数据核字（2024）第 008997 号

责任编辑：刘淑丽　　文字编辑：刘淑敏
印　　刷：北京捷迅佳彩印刷有限公司
装　　订：北京捷迅佳彩印刷有限公司
出版发行：电子工业出版社
　　　　　北京市海淀区万寿路 173 信箱　　邮编 100036
开　　本：720×1000　　1/16　　印张：22　　字数：461 千字
版　　次：2024 年 2 月第 1 版
印　　次：2024 年 12 月第 3 次印刷
定　　价：98.00 元

凡所购买电子工业出版社图书有缺损问题，请向购买书店调换。若书店售缺，请与本社发
行部联系，联系及邮购电话：（010）88254888，88258888。
质量投诉请发邮件至 zlts@phei.com.cn，盗版侵权举报请发邮件至 dbqq@phei.com.cn。
本书咨询联系方式：（010）88254199，sjb@phei.com.cn。

推荐序一

一早就收到卞老师、许老师的《科学经营》书稿，是部"大部头"，洋洋洒洒近500页（初稿，下同）。平时工作等缠身，没有静下心来读读两位老师的这本著作。在企业从事经营管理工作的人想必和我有一样的感受，即面对大部头书一方面有些敬畏，佩服作者的严谨和认真，一方面又有"畏难情绪"，特别是两位老师告诉我原本整书有60多万字，尚觉得方可基本阐述完整科学经营的框架，这是可以理解的。从书名《科学经营》人们就能联想到科学管理，科学管理历时几十年才在美国乃至全世界推广，如今尚不能说普及。科学经营作为更高维度、更广范围的企业经营管理的体系要在理论上进行梳理、构建，实践上得到实施、验证，两位老师必定花费了很多心血。

据悉本书的内容是基于作者二十多年的企业管理、咨询实务经验总结而成的，相关理论和方法经过了众多企业的验证，这些企业的经营绩效得到了显著提升。于是终于捧起了这本书，详细研读之下愈发不能释手，愈发觉得本书虽然看似一部"大部头"，但是没有畅销书的喧嚣语言，从管理理论的根基出发，处处落到管理理论最难落地的企业管理实践方面。全书从企业经营管理面临的十大挑战开始阐述，从科学经营的原理、原则、基本方法出发，沿着战略到考核体系展开为战略、目标、策略、计划、绩效和保障措施，娓娓道来，可谓既有理论的体系性、科学性，又结合华为的管理理论实践，学习华为又跳出华为，用科学的精神，理性的思考，将企业经营的方方面面都阐述得鞭辟入里。

本书不同于一般的阐述华为最佳实践的著作，说华为是如何如何做的，而是透过这些管理实践的表象剖析背后共性的本质，从科学的方法论的角度解构科学经营管理的各个要素，这实乃匠心独具的写法。这样既有理论的高度，让读者能拨云见日、俯瞰企业经营管理全局，又不过于"曲高和寡"，而是处处落地到企业具体的经营管理工作中，比如经营分析会怎么开，对战略的理解有哪些误区，差距分析怎么做，绩效考核怎么考，等等。这一切想必读者读后会跟我一样，既对整个经营管理系统有了全景的感受，又有了深度的思考，还有了能在企业实操的各种实战的工具和方法，可谓全景式、一站通的好教材。

本书引用了很多华为任正非的讲话内容，开始我并不大理解两位老师这样做的初衷，但细读之下才明白作者的深意。这些出自当代堪称"伟大"的企业家任正非的讲话内容如同散落在大海里的闪闪发光的"金子",不熟悉华为企业的人看来不明就里,或者云淡风轻不以为然,而在作者的精心梳理下,恰如其分地融合到了科学经营的系统中,一方面为理论和实践做了认知高度层面的注解,另一方面让读者更深刻地了解华为经营管理的原汁原味的思想。特别是在当下华为处于风口浪尖,研究华为的书籍和文章浩如烟海、鱼龙混杂,华为赫然成为"显学"的情况下,能如此详细地掌握华为发展历程的细节和变革的背景,并能将任正非的管理思想如此恰如其分地嵌入科学经营的管理体系中,的确不多见。正如作者所言,不能否认企业领袖人物的核心灵魂作用,任正非的思想值得更深入的研究,特别是其在华为变革中所起的作用。他的讲话、文章中所渗透的对经营管理哲学层面的理解,是搞理论研究的学者和实务专家都需要更加静心深入研究的。无疑,本书作者为此做出了深入的探索,堪称开拓性的表率。

作者是华为研究专家,也是从事企业管理工作和企业咨询工作数十年的资深人士,但本书并没有像一般的管理著作一样,要么罗列理论,要么像管理实务书籍,照抄照搬某个企业的所谓"最佳管理实践",而是从科学研究的范式"假设——结论"入手,从理论到实践再从实践到理论。本书阐述的科学经营体系是一个严谨完整的理论体系和实践体系,有着严谨的闭环,有着严密的逻辑链条。这让本书如任正非所言的既能"顶天"——有理论体系的深度和高度,又能"立地"——企业经营者一眼就能看出作者是有深厚管理实践基础的。

作者的经营管理智慧不仅来自华为管理实践,更来自企业咨询实践,这是一个"教学相长"的过程。更难能可贵的是,本书秉持华为的"自我批判"的思想,对华为的历史上的一些做法,也能做出相应的客观"批判",并客观公允地分析华为做出这些举措的原因,比如在绩效管理中从绝对考核到相对考核是如何发生的,华为对员工种类的划分的演化过程,等等。这种严谨的、不人云亦云的态度与很多实务商业书籍特别是跟华为经营管理相关的书籍形成了鲜明的对比。对于这些内容,读者在阅读过程中想必会和本人有同样深刻的感受。

如今,越来越多的人喜欢看电子书,看畅销书。坦率地说,这些书的内容如同快餐,可以偶尔食之却不可终日为食。像本书这样上升到管理哲学和管理理论,又接地气、"双手沾泥"的书籍,有利于弥补中国管理理论研究和实务研究的巨大鸿沟。读者看本书可能无法很轻松,可能需要像本人一样拿笔写写画画,可能还会偶然"拍案而起"——"是的,就是这样!""原来是这样!"发出赞叹或者沉思……这本书需要读者潜心体会,在读与思的过程中交替与作者、与自己、与自己所工作或率领的企业对话,在阅读中解答经营管理的疑难问题。

继《科学分钱》一书后,作者又编著了《科学经营》。为作者的笔耕不辍点赞,也希望有更多的企业界的专业人士写出更多的有理论深度也接地气的书,为中国化的管理学理论和实践贡献力量!

朱小斌

领教商学堂 CEO

推荐序二

企业在经营管理的过程中面对各种挑战。总体来说，挑战可以分为两种，其一为外部经营环境的复杂性与不确定性；其二为内部经营管理工作的复杂性与不确定性。

外部经营环境的复杂性与不确定性，包括 PEST 分析中的政治（politics）、经济（economy）、社会（society）和技术（technology）环境的巨大变化，以及越来越难以为企业经营管理者所把握的各种企业外部的利益相关者；也包括政治经济波动导致的供应链完整性和持续性的调整，经济动能转换以及地缘政治对抗带来的消费、投资与出口"经济三驾马车"的不景气，新技术投入和应用带来的竞争持续加剧，各竞争主体强者恒强的"马太效应"。前者经营环境的变化导致企业经营计划的稳定性和预测性变得越来越差，企业需要直接面对这一变化构建起自身越来越敏捷的反应能力；后者各种利益相关者的变化导致企业维持企业价值链条持续稳定价值产出变得越来越困难，企业需要面对这一变化构建自身越来越强健的组织经营能力。

内部经营管理工作也变得越来越复杂与不确定，包括由于千禧一代（2000 年前后出生）的企业员工对自由、平等、尊重的追求以及自我价值及意义构建的完成，企业要从公司治理底层机制的角度重新思考与构建与劳动者的关系——不再是雇佣关系而是合作关系，不再是简单的资方与劳方的关系，而是知识型员工凭借知识资产享有企业剩余价值的收益权。由于企业战略受到环境影响需要越来越快地进行适配，从战略到执行的整体管理体系需要越来越"柔性"，战略洞察不再是长周期的，"方向大致正确"越来越成为共识。唯有通过战略到执行的一套科学经营方法，才能将方向变为现实。

华为过去三十多年，**穿越多个技术周期、经济周期和政治周期，保持了平均 30%**左右的复合增长率，取得了巨大的成就。即使面临美国的打压，华为依然保持企业稳定发展，不断突破技术封锁，为企业赢得了新的生存空间。世界上没有任何一家企业像华为这样，面对如此复杂的内外部经营环境还能披荆斩棘，行稳致远。这背后是一**套什么样的经营体系在支撑华为这个庞大的商业组织有效运作呢？我认为这个体系就是华为的从战略到执行的经营管理体系。**

很多企业学习华为的从战略到执行的经营管理体系，落地效果并不理想，普遍出现了"橘生淮南则为橘，生于淮北则为枳"。究其原因，很多企业学习华为，犹如邯郸学步，不明就里、生搬硬套、不得其要，以至于对华为方法产生怀疑甚至诋毁。《科学经营》一书秉持科学理性的精神，研究华为，梳理了一套适合成长型企业从战略到执行的经营管理方法，是企业驾驭内外部经营环境不确定性的"罗盘"，指引企业从偶然胜利到必然胜利，让打胜仗成为一种信仰。祝愿有使命担当的企业家都如华为一样，构建起自己企业的科学经营的管理平台，以支撑企业在更高、更快、更强的挑战中赢得更大的发展！

王太文

华为集团原营销管理办主任，清华大学访问学者

学习华为经营智慧，解决企业有效增长

笔者在长期的企业咨询服务过程中，发现很多企业学习华为，但是不明就里、生搬硬套、不得其要，逐渐对华为的方法产生怀疑甚至诋毁。究其根因，是学习华为的方法不对。我们不应该机械地学习华为的现在，应该学习华为如何成为现在，应该用批判性思维学习华为，学习华为方法背后不变的规律，这些不变的规律就是华为的经营智慧。本书秉持科学理性的精神，用一套科学的范式，从假设出发，回到经营的本质，用逻辑的方法，学习华为，又跳出华为，去粗取精、条分缕析，梳理出一套适合成长型企业从战略到执行的经营管理的科学方法，让华为的经营智慧更加容易被学习和借鉴。

为什么要学习华为

华为的客户不仅有 B 端，还有 C 端和 G 端（政府），也就是说，华为客户覆盖广泛。华为是国内唯一一家在 B 端和 C 端都做到数千亿元营收业绩的公司。华为覆盖大多数商业模式所对准的客户群，具有参考意义。

华为 30 年如一日，坚持主航道投资，业务连续 30 年保持 30% 左右的增长，在各类企业中独树一帜，其背后一定有值得大家学习的底层逻辑。

华为的成长史堪称一部从创业到成长、到成功、到转型、到再次成功的中国企业编年史，也是一部中国改革开放的透视史。可以说，很多企业正面临的问题，华为都遇到过，很多企业家曾有的困惑，华为不仅遇到过而且成功地解决了。观察和学习华为具有"解剖麻雀"的作用，抛开空洞的理论教唆，结合鲜活的企业发展案例，是本书撰写的初衷。华为的整个发展过程，领袖级企业家任正非的自我修炼和企业修炼的"双修"过程，不仅具有清晰合理的底层逻辑，透射出简单却深刻的管理理论原理，而且能将理论和实际结合并落地实施，真正实现了从原点、原理到原则、方法、工具层面的全套体系化运作和实践。这不正是中国企业和企业家所缺乏的体验式导引手册式的"教科书"么？这也是本书撰写的初衷——既有理论高度的指引，也有实践可操作性的阐述。

本书就是要通过学习华为经营智慧，引导企业从偶然胜利到必然胜利，让打胜仗成为企业的一种信仰。具体来说，就是通过掌握科学经营的方法体系，用科学经营的方法和实践引导企业从偶然胜利到必然胜利，形成指哪打哪，打哪哪里就能胜利的经营态势，然后经过企业自身不断地优化、探寻，最终从任正非所说的管理的有为而治的"必然世界"走向管理的无为而治的"自由世界"。

向华为学习什么

做企业从来不是一件容易的事情。

华为的业务每年保持 30% 增长，这才是专业选手，业余选手偶尔才踢一个好球。持续性的成功，不管是 2B、2C 还是 2G 业务华为都做得很好。华为能在各个领域、针对不同客户类型成功，而不是在单一领域、单一渠道取得成功，这不是偶然的，一定有内在的、原点型的逻辑值得企业学习。

向华为学什么？学华为的"活法"，即华为是怎么活下来的。田涛在《理念·制度·人》一书中提出活下去是文化，活下去是战略，活下去是纲领。任正非也曾说华为没有战略，就是活下来。

我们向华为学习什么？学华为的活法：

"华为没有战略，只有不断地活下来"。

"活下来"就是华为的战略，就是华为的主基调，就是华为的企业文化。

华为的最低纲领是"如何活下来"，这个"活下来"是生存下来的意思。

华为的最高纲领也是"如何活下来"，这个"活下来"是活得久的意思。

企业经营，能不能"持续活下来"是关键。

但是，每个方法的实施都基于时代背景、管理场景。现在的华为和之前的华为大有不同，华为 1998 年就有将近 100 亿元的销售额，很多民营企业至今仍在 10 亿元内徘徊，这是一个门槛。华为当时的管理举措可能更适合很多当下的企业，而且华为自身也在不断变革。华为是变革型组织，组织进化速度很快，与社会大环境和产业环境以及企业内部的发展阶段特点有关，所以我们看华为的理念和方法，要看到其背后产生的背景、假设前提，以进行批判性的吸收和借鉴。

对华为的管理经验也要批判性吸收，批判的意思不是带着审视怀疑的眼光，怀着"满杯"心态来学习华为。

所谓华为管理批判不是为了批评而批评，而是类似康德的哲学批判，为了更好地吸收借鉴华为经营管理的经验，从而对华为面临的挑战和问题进行剖析。

企业在发展过程中会遇到各种管理问题，处理方法也未尽完美。事实上，华为的自我批判力度远比外界来得猛烈得多。但是如同学人长处一样，学习企业踩过的坑，支付的"学费"对企业家经营企业才有更大的价值。

很多在华为工作过的员工长期在成熟的体系中工作，并不是搭建华为运营体系的核心人员；即便在华为工作十年、二十年，上升到一定职位，可能也未曾真正操盘过华为整体甚至较大的局部变革，难以看清华为的全貌，所以很多评价和观点亦需要辩证地来看。

另外，华为是典型的持续变革型组织，"士别三日，当刮目相待"这句话对华为非常适用。一年后的华为和一年前的华为相比，很多变革已经发生。

怀着研读和学习的心态，弄清华为发展的各种做法的前因后果、应用的假设前提才是学习华为管理方法的正确方式，也是应用本书总结的科学经营的方法的要义。

批判地学习促进自身思考，学习华为，要学习华为的底层逻辑，要批判性地学习，要去探究，即要回到原点去思考。批判与自我批判包括批判性地学习华为公司管理经验本身，也包括结合企业自身特点对华为的企业文化适配与落地进行批判性的思考。

向任正非学习什么

作为企业的掌门人，任正非赋予了华为很多的个性。有人说企业文化的底色是老板，是创始人，华为显然也具有这种特点。华为建立了一套自动运行的管理体系，任正非在建设这个体系中所起的作用和建成这套体系后所扮演的角色值得很多企业家学习。我们从科学经营的角度，提出以下五个学习方向。

第一，要学习任正非对人性的深刻洞察。有人说任正非是人性洞察大师，这话不错但还不充分。任正非不仅是人性洞察大师，更是人性管理大师。他提出的熵、惰怠、"三高"绩效文化、"自我批判"、"干部队伍"都是基于对人性的准确判断，是各种管理制度的基础。华为对利润和利益在劳资双方的分配设计，从根本上解决了"委托代理"问题，实现了"共同富裕"。所以有人说，学习华为的企业很多，学习到精髓的很少，原因是企业家有危机感的多，真正能从人性、从利益上对自身进行批判，对企业进行持续的反思的不多。

第二，要学习任正非的战略定力和战略格局。任正非对企业战略的定义只有一句话：如何让华为活下来。他几十年如一日地不断重兵投入主赛道，从不偏移，哪怕面临诱惑巨大的短期机会。这和很多短期业务多元化，非相关业务多元化的企业形成了鲜明的对比。所以华为能掌握核心技术，能不"作恶"。华为的战略定力导致企业核心竞争力的不断积累，超强沉淀。这份坚持，在企业家中也是少之又少。

第三，要学习任正非识人辨人用人的能力。古今多少事，都毁在用人上。为什么任正非能"人才'倍'出"，能用好一批又一批的人？除了钱分得好，大机会带来大人才等原因，还跟任正非人生多有磨难，识人辨人用人的能力强密切相关。任正非一直在做熵减，从组织上、从管理上消除人性的弱点，能坚持十几年如一日进行战略投入，包括人才方面的战略投入。他不仅仅看当下的收益，在华为小的时候是这样，大的时候更是这样。"士为知己者死"这句话放在哪个时代都不过时。反观有些企业家，远不够接地气，远不能让企业员工感受到企业的尊重，所以老板和员工之间的"温差"甚至到了令人匪夷所思和可笑的地步，老板还不自知并且无人提醒。

第四，要学习任正非自我学习和输出能力。任正非说自己没有其他爱好，只喜欢读书，喜欢跟员工聊天，喜欢倾听大家心声，喜欢写文章形成"电邮"。这是任正非管理这样一个巨型企业的方法：通过文化和理念去引领企业发展，明确员工和组织存在的问题。而很多企业家喜欢开会，喜欢让秘书操刀做会议记录，喜欢让助理团甚至高管来写讲话稿，希望开会长篇大论，而从来不能梳理自身管理理念，形成文字。如果企业家都能够自我梳理，写成文字，想必一定会发现几点问题：知识没有逻辑，内容不丰富，对业务不一定熟悉，对员工和管理层的看法存在极大"温差"……

第五，要学习任正非开放学习的心态和学以致用的方法。任正非爱学习，还特别喜欢请咨询公司，可以说把国际知名的咨询公司几乎请了个遍。但是不管对哪个咨询公司，他一方面坚持"削足适履"，先僵化再固化再优化的学习；另一方面要求渐进式变革，从来不认为存在普适的管理规律。这和很多企业家形成了鲜明的对比，很多老板要么刚愎自用，觉得咨询公司没用，闭门造车，要么今天学这个，明天学那个，每个都没有深入精髓，贯彻始终，更别说持续改进，结果反而把员工折腾得信心全无，思想混乱。

"超越"华为管理经验

本书的科学经营的方法基于书中所述的经营管理理论和华为以及众多咨询项目的实践，并突破了这些理论的局限，融合了管理思想，并且与时俱进，尝试将最新的管理理论思想融入，比如管理的情景理论、动态理论、战略管理的最新理论、人力资本理论、企业和企业家理论、职业经理人成长理论等相关理论。

本书的科学经营的实践基础根植于华为的商业实践，源自华为，并应用到从几亿到十几亿、几百亿甚至千亿元级别的咨询客户的管理实践，对此做了裁剪、优化和适配。所以说科学经营的方法论"超越"了华为的一般管理经验。

所谓的"超越"，基于以下几点。

（1）华为的管理实践和当时的市场环境息息相关。现在华为用的管理体系、理论、方法、工具、模板，已经和当时如1998年不到100亿元，甚至千亿元销售额时的完全不同；虽然其管理理念追根溯源很多传承于《华为基本法》。现在华为在全球有20多万名员工，管理复杂度、所处的商业环境、行业机会、面临的管理问题和规模在几亿、几十亿，甚至几百亿、上千亿元的企业有很大的不同。生搬硬套华为的做法不仅会削足适履，而且会水土不服；顶礼膜拜所有华为的管理方法而不寻究其假设前提和应用场景，言必称华为，会将企业引入歧途。

（2）我们在管理实践中也融入了不同规模、不同行业、不同细分市场客户的成功商业实践，加入了实践经验和体会，以适应不同的业务场景。从这些业务场景中提炼了一套适合企业经营的操作系统方法，以帮助企业达到从战略到执行，从偶然成功到必然成功，最终到"自由世界"的管理境界。

（3）商业环境是千变万化的，组织能力和经营能力的提升仰赖各种子系统的提升，比如生产运作系统、流程、人力资源建设、战略规划能力建设、研发体系建设、供应链体系建设、业务财务融合等。这些都类似于计算机操作系统中的各种软件。这些软件让计算机系统更加易用，更加强大。科学经营的方法（SOPK+）就是如同这类软件的基础，是操作系统，是底层逻辑。有了这套管理底层基石，其他的"软件"才能应用得顺畅有效。

我们所说的从战略策划到执行的科学经营的方法（SOPK+）就是基于科学的方法论和理论体系，基于学习华为经营智慧，基于数百家企业咨询实战经验总结所构建的一套企业经营的操作系统。

有了这套操作系统，企业就能在上面顺利地"热插拔""即插即用"各类子系统，也能顺利地实现企业内部的经营管理制度、理念的刷新和革新，既保持了企业的基本经营原则和理念方法的稳定性、持续性，又能根据企业发展对各个子模块的需求，与时俱进、海纳百川地融合各种能力提升模块和业务模块——这就类似于计算机系统上的软件。

先推动科学经营的认知升级，进而落地具体的科学经营系统，实现企业从战略到执行的闭环，从偶然胜利到必然胜利，让打胜仗成为企业的一种信仰。

笔者竭尽所能，希望用科学理性来萃取华为科学经营智慧，囿于水平，难免挂一漏万，甚至曲解了华为经营管理的方法，恳请广大读者多多包涵与指正。

第1章

经营大变局之十大挑战

"生命中的挑战并不是要让你陷于停顿，而是要帮助你发现自我。"

——约翰·森里根

企业经营环境变化越来越快，企业经营遇到了越来越大的挑战。我们在理论研究和企业咨询实践中发现，企业经营遇到了诸多新的难题和挑战。本章从企业经营的角度，基于科学经营的方法，从系统逻辑分析的视角去看企业经营中遇到了哪些难题、挑战、痛点，并相应地进行初步的分析。更详细的解决方法和分析将在后续章节中一一阐述。

1.1 挑战一：传统的经营方法论不再奏效

1.1.1 "乌卡时代"的到来

宝洁公司（Procter & Gamble）前首席运营官罗伯特·麦克唐纳（Robert McDonald）借用一个军事术语来描述现在新的商业世界格局："这是一个 VUCA 的世界。"VUCA 指的是不稳定的（Volatile）、不确定的（Uncertain）、复杂的（Complex）、模糊的（Ambiguous）。"乌卡时代"最大的特征是不确定性。

外部环境变化让企业经营者应接不暇，未来唯一确定的是未来不确定，如何用确定的方法来应对未来不确定呢？

如图 1-1 所示，方法论和时代背景密切相关。

回顾近三年全球及中国的商业环境，可谓波澜诡谲，异动异常。2020 年，新冠疫情突如其来，从全球暴发，到迟迟难退，进入疫情防控常态化，到国内全面放开封控；2021 全球经济有所恢复，但 2022 年伊始，各种变异毒株如"奥密克戎"叠加乌克兰危机，由此产生一波又一波的衍生影响：重创全球经济、国际贸易受阻、全球需求下降，供需更加不平衡，对中国的大多数行业、企业造成了沉重打击，也对企业的经营环境产生了很大影响；进入 2023 年后，疫情解封、百业待兴，美国硅谷银行等引发的世界金融危机愈演愈烈，ChatGPT 人工智能的发展让各行业充满了更多的变数。

——**外部环境剧变，政府监管加强**。"乌卡时代"不确定性增多；外部竞争不断加大，商业模式越来越难创新；企业核心竞争力不断被削弱，新的增长路径缺乏；从战略到执行，企业的能力不足，生产和运营成本不断上升。

——**消费者需求迅速变化，越来越难以捕捉**。以前能卖几年的产品，现在即便卖得好，几个月后就有人模仿，就需要升级；市场越来越细分，企业需要提供越来越个性化和定制化的产品；客户的需求进化太快，企业往往跟不上，疲于奔命。

——**年轻员工给内部管理带来持续的挑战**。00 后、90 后员工管理困难，自我实现要求高，员工动辄"提桶跑路"；企业也容易陷入倦怠状态，组织活力很难用简单交易思维和物质激励来持续保持。

工业时代背景下
外部环境确定；
供不应求；
体力劳动者为主；
目标和成果容易量化和衡量；
效果可以通过高效率体现

方法论的诞生
有其产生的时代背景；
会存在应用边界；
我们研究的目的就是发现边界后再找寻突破的做法

乌卡时代
外部环境不确定；
供需不对称；
知识工作者为主；
目标和成果难以量化和衡量；
效果不能简单地通过高效率体现

图 1-1　失效的不是方法，而是时代和场景变了，方法论也要变

1.1.2　增长的逻辑变了

数字经济时代，企业经营的难点是经营没有方向，组织没有活力。这是因为企业增长的逻辑变了，企业管理的重点变了，转变为需要激发人的创造力，而不是提升人的生产效率；竞争从供给端转到需求端，企业的竞争环节是研发和营销环节而不仅仅是生产环节；创造价值的主要要素从货币资本转移到知识资本，知识在创造"超级价值"。

如图 1-2 所示，知识经济时代和工业经济时代内外部环境不同，价值创造的环节不同。

从工业经济到知识经济，以前的好产品能卖几年，现在好产品只能卖几个月，这就是非连续性。另外，内外部经营环境也从确定性变成了非确定性，越来越变成"量子世界"——从 0 和 1 的数字世界变成了不可测的量子世界。

时代特征	经济时代	
	工业经济	知识经济
内外经营环境 发生转变	确定性 连续性	非确定性 非连续性
价值创造环节 发生转移	资本主义	知本主义

图 1-2　增长逻辑变化图

华为如何看待增长

　　华为办公室墙上有一段话:"资源是会枯竭的,唯有文化才会生生不息。一切工业产品都是人类智慧创造的。华为没有可以依存的自然资源,唯有在人的头脑中挖掘出大油田、大森林、大煤矿……精神是可以转化为物质的,物质文明有利于巩固精神文明。我们坚持以精神文明促进物质文明的方针。"

　　任正非说:"资源是会枯竭的,唯有文化才会生生不息。"关于这句话,还有一个故事。1996 年,任正非和外经贸部西亚非洲司司长石昶山、王汉江在联合国批准伊拉克石油换粮食活动过程中,在迪拜转机。飞机降落时,两位司长说下面是一个中东的"香港",任正非不相信,怎么可能在沙漠建设另一个"香港"呢?当时迪拜还是很破落的,不像今天这么好,但是阿联酋这个国家重视文化建设,总统把孩子们一批批送到欧美学习后再回来,提高整个社会文化素质水平,同时制定各种先进的制度,吸引世界的投资。这对任正非震撼很大,迪拜一滴石油都没有,所以要创造一个环境。华为公司也是一无所有,只能靠自己,和迪拜的精神是一样的。

1.1.3　"科学管理"正在走下神坛

　　本书内容是科学经营,那么什么是系统科学的企业经营的方法论?科学的方法论有其诞生的时代背景。

　　在供不应求的工业经济时代,外部环境稳定,企业处于产品供不应求的环境,只需要高效率低成本地生产产品即可发展。为了提高生产效率,科学管理应运而生,弗雷德里克·泰勒(Frederick Taylor)被称为"科学管理之父"。他在 1911 年出版了一本充满智慧的经典之作《科学管理原理》,标志着科学管理理论的诞生。他在《科学管理原理》中提出,提高劳动生产率是管理的现实目的,如何有效地提高劳动生产率,是管理原则和方法的终极目标。企业通过分工协作、工作定额、标准化、有差别的计件工资制、职能分工、培育一流人才、例外原则等消除了劳动者的"磨洋工"现象,

3

极大地提高了企业生产效率。100多年来，泰勒的科学管理理论仍然是现代企业管理的基础理论。

但是进入21世纪以来，企业经营的经济环境发生了巨大变化。随着"乌卡时代"的到来，知识经济和创新经济的发展，人类解放和自我实现、体现个人价值追求思想的逐步深入人心，新时代劳动者"躺平""物质无欲"，以及供过于求的追求个性化的买方市场的出现，让企业经营者突然发现自己的企业处于一个应用原有方法论越来越不能达到预期效果的时代。企业越来越需要适应新的劳资关系、新的市场环境、新的时代特点的、新的企业经营方法论来指导经营活动。

效益和效率都是企业所追求的。我们强调科学经营，更加强调效益，而不仅仅是效率。这是因为强调效率，只从自身出发，由内而外，强调特定的系统在单位时间内的投入与所取得的效果之间的比率；而强调效益，是由外而内，外向思考，达到内外平衡。效益是指某种活动所要产生的有益效果及其所达到的程度，是效果和利益的总称。从概念定义即可看出，企业不能单纯地追求产出的效率，而是要追求企业发展的整体效益。

在工业时代背景下，外部环境稳定，产品供不应求，生产者以体力劳动者为主，目标和成果容易量化和衡量，效果可以通过高效率体现。而在"乌卡时代"，外部环境是不确定的，企业主要关注的已不是生产效率，而是满足客户的需求，而需求又在不断变化。此时，企业的核心竞争力往往靠技术、创新来驱动，企业的核心员工也从以体力劳动者为主转为以知识工作者为主。对客户需求的管理、对员工的动力的激发，都需要从科学经营的角度，以提高企业的效益，而不仅仅通过科学管理来提高效率。

任正非：成功不是未来可靠的向导

"一棵树"理论在"多棵树"场景下运用的过程中，我们还会出现很多新问题，需要理念的扬弃与发展。

企业要生命长存，就要遵循生物学的进化法则，在外界环境变化缓慢时，持续积累是优势；而在外界环境快速变化时，要警惕依赖过去经验造成的发展障碍。

和业务、和时代环境相关的经验，可能发生了变化，不能路径依赖。

要坚持公司核心价值观的形而上的核心理念，可以逐步日落过去为适应阶段性需求的形而下的表象做法，积极开发探索适应变化的新方法。

——任正非：关于《人力资源管理纲要2.0》修订与研讨的讲话纪要，2018年，有删改

1.2　挑战二：客户需求"捉摸不定"

人有着各种各样的需求，马斯洛需求层次理论将人类需求像阶梯一样从低到高分为五种，分别是生理需求、安全需求、社交需求、尊重需求和自我实现需求。在不同场景下，人们形成了各种需求。满足客户的需求正是企业生存的首要目标。

1.2.1　客户需求"秒变"

身处"乌卡时代"不断变化的环境中，人的时间逐步被碎片化。高速运转的社会节奏也将消费者的需求不断地推向这样一种趋势，即追求即时满足，追求新奇特，追求身心的极致体验。暴发甚至过载的信息传递的内容和速度，超载的各类信息的接收与发布，也在瞬间改变着企业多年投入形成的品牌资产——"统一"方便面的"土坑榨菜"事件不仅真的"味道十足"，而且瞬间让"统一"品牌迅速跌下神坛，和其广告词一样成为笑柄："就是这个味。"

> 需求波动大是我们存在的挑战，但每个行业都存在类似的问题。波动对制造来讲是不可避免的，制造对波动性管理要更加科学，逐步改善。
>
> ——任正非：巡视松山湖制造现场的讲话纪要，2014年
>
> 研发作战部队直接面向客户，灵活机动，很多需求和问题就可以快速澄清和短路闭环。基层组织的调整要授权给业务决策组织，依据业务的变化快速调整。
>
> ——任正非：在产品与解决方案、2012实验室管理团队座谈会上的讲话，2018年

新时代的消费者不仅是移动互联网时代、大数据时代、社交时代、人工智能时代的全方位的接受者和传播者，更是"原住民"，是"创造者"。新时代中国的消费者比以往任何时代的中国人都更加自信，民族自信心和心理需求也都远超过他们的前辈。他们的社会心理需求也映射到了对企业产品和服务的人格化需求上——产品不仅要具备功能性、社交性，还要有极强的价值含义，代表着自己的价值追求，符合自我价值定位。

1.2.2　客户需求"秒变"的原因

企业要理解客户需求为什么"秒变"以及如何应对这种"秒变"，需要知道客户需求变化的原因。客户需求变化的主要来源如下。

（1）竞争对手的影响。竞争的结构构成了市场经济的基础，同赛道的对手、其他赛道的对手为了抢占市场份额会采取价格战、广告宣传和创新等手段，这些都会造成

对需求的不确定性。比如，2017年年末的时候，全球咖啡巨头星巴克占据了中国连锁咖啡品牌一半的市场份额，但是后来像瑞幸这类传统门店+互联网咖啡店——提供一样的咖啡但是更低价，以及更有个性特点的国潮、小资类型咖啡品牌飞速崛起，与星巴克展开激烈竞争，抢占了巨大的市场份额，也造成整个市场需求的波动。

（2）**全球及本地政治结构决定经济需求。**高科技芯片供给的收紧等，导致的电信行业、智能汽车行业对芯片需求的变化；消费者心理民族情绪上升对本国民族品牌的偏爱选择等，都会反映到客户需求的变化上。

（3）**经济趋势变化。**全球经济进入新一轮的"衰退期"，疫情期间防疫的要求，后疫情时代的情势变化改变了很多行业的生态。经济下行导致消费者压缩不必要的消费支出，市场需求总量因此下降。而在当下，就业压力、经济保持增长的压力，对可能发生的金融危机的担忧都加大了经济变化的幅度。这个时候企业更重要的是"活下去"。企业要实现活下去的经济目标，就需要洞察经济发展周期和发展规律。

（4）**产品生命周期的变化。**产品从创意到研发、到被推向市场，必然存在一段滞后期，即便踩准了消费者当下的需求痛点，也不能保证一直能贴合甚至引导消费者的需求。所以，企业对产品整个生命周期进行管理，形成公司层面的产品组合管理模式，形成新老产品的组合策略，平滑产品生命周期曲线，对保持可持续的增长具有重要意义。

（5）**迅速传播的信息渠道。**"双十一"销售额从2012年开始就呈现井喷式增长态势，从2011年的33.6亿元猛增到了191亿元，并在之后的每年里保持着急剧增长态势，这归功于互联网的普及。5G已经在商用，企业的各类正面负面信息都会被迅速传播，不会给企业留下多少反应时间。企业如果没有采用科学经营的方法来感知消费者需求并及时应对突发的危机，很容易在一夜之间被消费者抛弃。

（6）**供应链的全球布局和全球分工合作影响需求满足。**经济的全球化使得企业的供应网络遍布全球，同时导致了需求的不确定性。时空距离和全球产业分工产生了需求的牛鞭效应，即企业经营需求变异放大现象（通俗地称为"牛鞭效应"，原指供应链上的信息流从最终客户端向原始供应商端传递的时候，由于无法有效地实现信息共享，使得信息扭曲而逐渐放大，导致了需求信息出现越来越大的波动）。

1.2.3　你其实并不了解你的客户

什么是目标客户？目标客户是指准备掏钱买企业产品的用户，或影响掏钱买企业产品的用户的人。

——客户和用户可能不同，客户的选择代表了企业产品和价值的定位。

——理解客户需求 = 理解客户的场景 = 理解客户的心理诉求。

华为说以客户为中心，很多企业也这么说，但是很多企业并没有真正地研究过客户，这听起来很让人诧异。在商言商的企业家了解不了解自己的客户？比如说是否研究过客户高管的 KPI？关键决策人的述职报告、讲话稿、发言稿？他们的竞争对手？他们明年的战略？还是你以为你了解他们而实际却没有？如果一个企业的客户是企业，而不是终端消费者，下面几个问题有助于测试该企业是否了解客户。

（1）是否了解客户内部的组织架构图，客户 1~3 年的战略规划、战略重点，客户的今年预算构成。

（2）是否了解客户内部的采购流程和决策流程，在项目中客户内部的角色分工，包括：

——拍板者，使用者，技术影响者，商务影响者，决策影响者，关联干系人，内线 SPY。

——每个阶段中的核心干系人和决策参考依据。

（3）是否了解客户项目决策中的核心干系人是谁，包括：

——他的年度考核 KPI 是什么，他的痛点和痒点是什么。

——什么会导致他被领导批评，甚至丢掉"乌纱帽"。

——什么会导致他很有面子，可以有资本升职或升级。

——他的性格是什么，他引以为豪的优势是什么，什么场合容易让他放松。

任正非：只有客户需求清晰了，管理才能简单

过去我们片面理解客户需求，在收集客户需求时，没有归纳总结、分析提高，眉毛胡子一把抓。Marketing 收到客户一个需求，就认为我们要做，这样公司的战略就不聚焦了，一个项目产出几百万美元，规模也做不大，牵扯到公司管理体系变得复杂，每增加一个需求，就增加一个纵横的交叉点，增加几十个管理的交叉点的矩阵更复杂了，如何能做好管理呢？我们没有能力做到综合性全面管理之前，首先业务口要适当收缩，确保管理口能跟随上来。

这些都是大管理要考虑的，如何充分理解客户需求？我认为要学习毛泽东"去粗取精、去伪存真、由此及彼、由表及里"的思考方式。

我们不是万能的，客户需求中，也只能做到有价值的一部分，我们要做能支持大架构的东西，无论当前是否赚钱，我们都做。

——任正非关于"严格、有序、简化的认真管理是实现超越的关键"的座谈纪要，

2014 年，有删改

华为已经做到了管理客户的需求，通过了解企业级客户 1~3 年的战略规划和战略意图，通过营销来管理客户关系，以了解消费者的需求变动；并且进一步开始管理"客

户的"客户的需求，这样才能真正形成忠诚客户、伙伴的联盟和生态圈。

华为任正非在 2014 年一场会议上提出：要将高层干部"洞察客户、洞察市场、洞察技术、洞察国际商业生态环境"的要求顺序改为"洞察市场、洞察技术、洞察客户、洞察国际商业生态环境"，因为华为要从客户需求导向转变为社会结构导向。即使整个行业转变，客户也有可能会落后于华为对社会的认识，所以要超越客户，要首先洞察到市场和技术的变化。

华为对客户需求的看法

产品发展的路标是客户需求导向，深刻理解客户需求，客户需求导向优先于技术导向，客户需求与技术创造"拧麻花"，聚焦管道、压强投入、厚积薄发、开放合作，抓住国内外的产业变化机会，实现弯道超车。

——《人力资源管理纲要2.0》，2018 年

学习亚马逊模式，做好架构解耦，组织优化与架构解耦迭代前进。

研发作战部队直接面向客户，灵活机动，很多需求和问题就可以快速澄清和短路闭环。基层组织的调整要授权给业务决策组织，依据业务的变化快速调整。

——任正非：在产品与解决方案、2012实验室管理团队座谈会上的讲话，2018 年

战略机会永远都会出现，技术在进步，时代在进步，客户在变化，不是要完全颠覆已有的优势才可以获得战略机会。

我们现在还不清楚社会需求流量会有什么变化，未来管道整体结构设想也还没有清晰化，只是认为现有管道可能会越来越挤，未来还会变得很粗很大，所以华为还是坚持做优秀的管道设备供应商。

——任正非：在"重装旅"集训营座谈会上的讲话，2013 年

对于做 2B 业务的企业来说，不仅要销售产品给客户，还要帮助客户成功，让客户成功、让客户赢得他们的客户。这才是真正的以客户为中心，所以关注客户的客户才是真正的以客户为中心。

任正非谈如何帮助客户成功

战略力量要聚焦到一些优质客户上来，帮助他们打赢胜利，争取优质扩容机会。

——要坚持有利润的增长、有现金的利润，以生存为底线，2017 年

只要能帮助这个客户抢订单，我们就有扩容的希望。所以我们提出的"优质资源向优质客户倾斜"，与爱立信的"帮客户赢"是一样的。

——在销售项目经理资源池第一期学员座谈会上的讲话，2014 年

1.3　挑战三：机会主义成长尝尽苦头

1.3.1　大量机会其实仍然存在

自 2019 年以来，经过了三年疫情，全球经济受到了严重冲击。疫情之下部分产业受到严重影响。在后疫情时代，随着正常生产生活秩序的恢复，百业也看到了经济复苏的希望。与此同时，有些产业借助技术手段仍在迅速发展。随着"家里蹲"人群的剧烈增长以及 2000 年左右出生的"互联网原住民"逐渐步入而立之年，电商、5G 相关行业、线上会议、线上游戏、线上教育、线上 MBA、直播带货、线上服务等行业也得到了迅速的发展。中国部分制造业企业订单也在高速增加，各行各业都存在"温差加大，冷暖自知"的机会点，现在的局面已不是以往高歌猛进的各行业、全行业同步增长的局面。

追求健康的趋势，老龄化的趋势，中产阶级崛起的趋势，社交的趋势，注重环保、安全的趋势，品质生活追求扩大的趋势，精神价值重生的趋势，重视消费场景的趋势，重视情绪表达的趋势等，为企业开创新品牌或者小众品牌带来很多机遇；老龄化让大卖场逐步向社区综合体转变，集养老、健康、购物、餐饮、休闲于一体，构建老人的"15 分钟商业圈"；与此同时，"消费降级"也愈演愈烈，廉价、实用、务实的消费观念也在部分人群中越来越流行，这意味着消费者不再是"铁板一块"，或者说从来就没有"铁板一块"。在发展越来越受到挑战的今天，善于发现机会的企业也看到这块"低端"但是体量巨大的市场，性价比高越来越成为消费者在购物过程中最重要的衡量标准。企业在自有品牌上的建设也面临前所未有的机遇期，各类有特色、有故事的小品牌异军突起，冲击传统市场。

大数据时代，工业大数据、产业大数据、消费大数据几何式增长，众多企业利用大数据抢占价值高地。制造类企业不再将重心仅放在开发制造阶段，而是扩展到使用维护阶段、回收利用阶段；众多新商业生态借此诞生，智能汽车蓬勃发展；物联网、智能识别、跨界跨物理终端的链接促进了装备制造业升级；精准识别、精准广告推送和精准目标客户推送，促进制造类企业跨全产业链转型升级；新基建、5G 智慧医疗、智慧终端、智慧教育等在疫情时代的发展也更为迅猛。

战略性新兴产业，"高新技术""卡脖子""基础研发和产品的国家级战略投入"，环保节能产业推动"双减目标"实现，中西部地区持续崛起，中国制造业产能持续向国外输出，都使得处于这些领域和相关产业的企业面临的重大机会。

总之，在大机会时代，企业不是缺少机会，而是缺少顺应时代趋势的发现机会的眼睛和实现机会的能力。在当下，发现和捕捉机会的能力不仅是对企业家能力的考验，更是对企业战略洞察能力和从战略到执行落地能力的考验。

1.3.2　打下一口井就出油的时代已经一去不复返了

在全球化时代，全球化竞争、日新月异的科技浪潮、"黑天鹅"事件层出不穷。企业面临着各种不确定性，如政治、疫情、战争等导致的商业环境剧烈变化。中国企业包括世界各地的企业都面临在转入不确定时代后如何经营企业的问题。这个问题对于中国企业尤为突出。我们正在从过去机会驱动的增长转向创新驱动的增长，产业再升级、商业逻辑再造。这背后的驱动力是市场的主要矛盾发生了变化，企业经营的矛盾从供不应求的矛盾转向了不断满足新的"秒变"的客户需求的矛盾，那种依靠市场红利、机会主义成长起来，打下一口井就能够出油的卖方市场的时代已经一去不复返了。

为什么企业需要科学经营？正是因为当今中国企业面临转向不确定时代后如何经营企业的问题，从过去的机会主义驱动公司发展到现在的战略导向驱动公司发展，需要好的战略、好的执行、好的产品等来驱动公司的持续发展，这是一个新的发展阶段。产品的时间周期也和过去不一样了，变得更短。这一切都需要企业持续地积累、持续地奔跑，构建企业的核心竞争力、核心卡位点，也必然要求企业更新自身的经营理念。

1.3.3　禁不住短期利益的诱惑而见异思迁就是"找死"

回望中国商业发展历史，不少企业追求规模效应、盲目扩张，追求短期利益、盲目多元化，结果只能昙花一现。很多企业经不起短期利益的诱惑，对经营的科学规律没有应有的敬畏之心，怀有"做大做强"的规模情节。那些盲目追求规模而没有考虑企业经营底层逻辑到底是什么，追求短期利润和规模化带来的虚假的强大感，推进业务跨行业跨区域发展，认为越大越好的心理，我们称为企业经营的"航母情结"。这样发展的最终结果往往是耗散了企业的资源，不仅没能形成企业的核心竞争力，反而是企业盈利水平、管理能力随着业务的不断拓展而不断降低，一有风吹草动就陷入资金链紧绷的不利境地，甚至最终折戟沙场。

还有一些企业喜欢盲目跟风，喜欢走捷径，"东施效颦"，喜欢盲目模仿其他成功企业，处处跟着学，却处处学不到精髓。因为跟着学只是看到表面，没有看到对方赢的实质，或者今天学这个，明天学那个，学了一堆管理的名词，没弄清楚这些理论或者方法应用的场景和前提是什么，背后的逻辑是什么，导致"照猫画虎"，处处碰壁，反过来却怪方法不好，理论没用，这也是经营上典型的机会主义。

华为 30 年如一日聚焦主航道

聚焦主航道。非主航道业务首先要盈利，敢于放弃一些亏损项目，抢占战略机会点。

将来我们不会在所有领域都做到世界领先，可能会收缩在一块领域，所以非主航道的领域，交不出利润来，就要缩减。而且我们实行薪酬包管理，"减人、增产、涨工资"，你不减人，怎么可能涨工资？

这不是机会主义，就是要逼你转型，就像当年逼余承东一样，消费者 BG 不就转型过来了吗？

——任正非：在四季度区域总裁会议上的讲话，2014 年

应对商业环境的变化，需要企业"深淘滩，低作堰"，这源自李冰父子 2000 多年前治水的经验。华为公司总裁任正非在 2009 年年初该公司的一次内部讲话中活用了这个理念。其中"深淘滩"就是确保增强核心竞争力的资源投入，确保对未来的投入，同时降低运作成本，为客户提供更有价值的服务。"低作堰"就是节制对利润的贪欲，不要因为短期利益而牺牲长期目标。这也是科学经营的理念，即远离经营的机会主义，走向战略导向的科学经营。

1.4　挑战四：持续有效增长难

企业发展史是一部企业、企业家沉浮史。不少"成功"企业一时名声大噪，风起云涌后却如白驹过隙，如"流行"音乐一般被人遗忘。在市场的风口，靠着领导人敏锐的机会捕捉能力，企业迅速走过了初创期。一旦经过初创期，成长的烦恼就纷至沓来：是多元化还是专业化？人多了效率却低了，摊子大了利润却薄了，企业保持高速增长越来越困难，想为未来投入更多的战略性资源，却发现当下的生存问题都没有解决，企业陷入进退维谷的境地。

华为却能 30 年如一日保持高速增长，从年收入几十万元，到最高将近 9 000 亿元的营收，平均年复合增长率达到 40%，这在经济学上已经是接近极限的增长速度。众所周知，企业体量小的时候保持高增长速度并不那么困难，因为基数小，管理复杂度不高。当企业规模越来越大的时候，能保持持续稳定的增长是非常困难的。因为此时企业不仅管理的复杂度指数提高，而且规模基数越大，保持稳定的高增长就越困难。更何况华为在发展中不断突破自我，不断进行管理革新，不断投资主航道——做数据通信的管道，增大低时延、高吞吐的通信服务，不仅在 4G 领域，更在 5G 领域掌握核心技术，不仅做到了高增长，也做到了高成长。与此同时，华为人均产值从 100 多万元变成了将近 500 万元，做到了高增效。以上还是在华为任正非一直强调不要太高

利润，要给合作伙伴一些利润，要占领更多市场份额，不能定价过高的要求下实现的。

分析其他企业失败的原因，可以找到很多表面的原因，如新产品开发失败，新技术投入不足，内部管理不善，多元化发展导致资金链断裂等。这些的确是原因，但都是"术"，都是"障眼法"，拨云见日，寻根溯源，归根结底是企业对发展和成长的认知和态度出了问题。

1.4.1　大机会时代的机会主义

有些企业以赚钱为目的，把经营企业当作做生意，能抓到机会就搂一把。不可否认，任何企业要活下来都要先以赚钱为目的，但是一旦稳住阵脚，就要迅速转向，开始思考企业长远发展。但是很多企业往往摆脱不了短期利益的诱惑，地产赚钱做地产，互联网金融赚钱做互联网金融，大数据、人工智能听起来又很有前景，又想投入一波，还美其名曰分散风险、成本摊薄、培育新的增长点。知道自己不能做什么远比知道自己能做什么更重要，企业也是一样，不知道自身能力范围，左突右冲，不仅浪费了战略机会，没有培养起自身的核心竞争力，占据关键卡位点，还导致企业不能聚焦资源，能力分散，大而不强的弊病。这类企业的企业家更多地像一个生意人，是短跑型的选手，这种企业的成长属于机会型成长。

同时又有很多头部企业，一样都是抓住了某个机会活下来，不过在企业度过生死期后，就开始有远景规划，基于目标做了很多铺垫，做了很多前期的准备，这种企业的成长属于价值型成长。这类企业有很强的战略定力，几十年如一日在一个主航道上重兵投入，不轻易改变企业的赛道，最终形成对手无法模仿的竞争优势，建立起企业自己的护城河。华为就是这样，任正非说："华为坚持压强原则、针尖战略，将有限的资源集中投入一点上，压得死死的，我们才可能有突破，当时社会上都嘲笑挖苦我们。"在房地产风起云涌的时代，深圳房价飙升，当时华为内部不断有人跟任正非说要投资房地产，说钱很好赚，投入 1 亿元能赚 10 亿元回来，任正非最后听烦了，直接立下规矩：谁再提房地产，立即走人。这种企业家才堪称具有企业家精神的领袖，他们是长跑型选手，这种企业的成长属于价值型成长。

任正非谈华为"聚焦"

公司未来的价值创造要以客户为中心，聚焦万物互联的优势领域（ICT 基础设施和智能终端），汇聚内、外优秀价值链资源，成为智能社会的使能者和推动者。

我们要成为智能社会的使能者和推动者，要坚持聚焦，不是什么都做。万物互联，我们要敢于领先，持续扩大优势。万物感知，我们只聚焦做一部分，万物感知的特性是传感器，不是我们的业务特长范畴，我们只聚焦在其中的连接和边缘计算、分布计算，持续构建和巩固优势。万物智能是行业知识和信息技术相结合的结果，这是各行各业的业务领域，而且数据涉及隐私保护，处理这个问题是很难的。

但我们坚持"不做应用、不碰数据、不做股权投资"，同时也用于我们自己内部管理的智能化，使我们自己的内部管理更加简单、高效。

战略不要发散，ICT 基础设施和智能终端已经是很大很复杂的业务领域。

——任正非：在《人力资源管理纲要 2.0》沟通会上的讲话，2017 年，有删改

1.4.2　把"良田"种成了"盐碱地"

随着业务的发展，很多企业增长乏力，前途不明，主要是在经营的过程中过于追求多"打粮食"，不注重增加"土壤肥力"，地慢慢就变成了"盐碱地"，再也打不出粮食。

华为坚持业务发展既要多"打粮食"，也要增加"土壤肥力"。

何谓多"打粮食"？ 多"打粮食"就是要保持业绩的持续增长，包括企业的财务和非财务指标的增长、员工收入的增长两个方面。只有有了员工的收入增长，企业对其吸引力更大，才有利于保有这些人才，也有利于提高员工的个人能力，进而提高企业的组织能力。典型的多"打粮食"的增长性指标如图 1-3 所示。

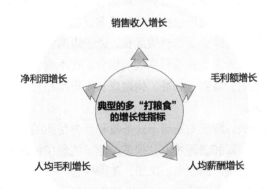

图 1-3　典型的多"打粮食"的增长性指标

何谓增加"土壤肥力"？ "土壤肥力"的成长指标更多地面向未来的增长。企业当下所做的前瞻性的布局和投入，往往当下无法看到经济产出，很难用清晰的财务指标来衡量，需要用其他指标来衡量。"土壤肥力"的成长指标如图 1-4 所示。

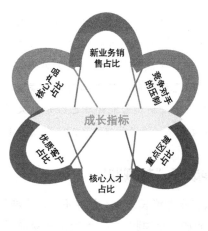

图 1-4 "土壤肥力"的成长指标

任正非说：华为没有成功，只有成长，公司的一切经营管理行为都要对准公司的增长和成长。这就是说要两手抓，一手抓"打粮食"，一手抓"土壤肥力"，两手都要抓，两手都要硬。

在不确定的世界，不是什么都要做。企业如果识别出价值不高的就可以不做或者缓做。明确了不做什么，就明确了边界。但是现实中往往有这种场景：企业投入了时间和资源，做了某个产品或者业务，最后结果证明这个产品或者业务不成功，但是企业只认可做出来什么，不认可创新过程中失败或者试错的价值，在考核激励机制上一票否决。这种判断机制会阻碍企业的价值成长，过于短期利益导向或者对创新失败缺乏容忍，会让企业丧失对未来的探索和突破的机会。在不确定性的世界里，企业要建立只有成长、没有成功的价值判断标准，构建成长性思维和允许犯错的氛围，才会结出百花齐放的创新之果。

有增长不一定有成长，增长的是当下业务量和业务目标的实现，成长更多的是指为未来的增长做的提前布局和资源投入。很多企业不能保持持续增长，很大一部分原因在于"土壤肥力"这块投入的缺失。比如，美国柯达，一直占据传统胶片市场份额70%以上，甚至是数码相机的发明者，却被数码产品碾压，被迫转型，原因就是内部一直难以割舍对滚滚利润来源的传统胶片业务的投入，这块业务增长空间不大但是利润很大，占据了企业大量的战略资源，所以公司一直未能投入资源到成长型的数码产品上。当然，市场竞争瞬息万变，打败柯达的数码相机品牌遭遇了手机摄像头时代，又重走了一次柯达的麦城老路。细细思忖，原因还是在于企业在增长的时候是否能看到要投入资源的成长机会并持续坚持投入，这对于以短期经济利益为核心的企业来说是一大挑战，但这也是优秀企业、基业长青企业和一般企业、流星式企业的"分水岭"。

企业在追求业务增长的时候还要追求企业的长期价值，要导向企业战略成长，在这方面要做单独的资源投入、倾斜以及单独的激励政策的牵引。

表 1-1 是华为各个代表处的考核方案，代表处是华为最小的经营单元。

表 1-1　华为各个代表处的考核方案示例

牵引点	序号	KPI 名称	设置目的及定义
多打粮食 （50%） （打分）	1	订货	促进和牵引订货的提高
	2	销售收入	促进和牵引销售收入的提高
	3	贡献利润	衡量盈利能力，体现经营结果
	4	经营性净现金流	衡量资金流动性状况，支撑有效运营
增强土壤肥力 （50%） （述职评议）	5	战略	战略山头项目，战略目标，营商环境
	6	客户	关键客户关系管理、客户满意度
	7	组织干部人才	基于业务的长期发展需要，构建关键业务与团队能力，获得竞争优势，牵引人均贡献提升
内外合规 （扣分项）	8	内外部合规	牵引代表处管理内外部合规风险； 当地法律合规； 财务内控合规； 流程内控合规

其中多"打粮食"就对应着增长型的指标，更多的是功在当下的指标；增加"土壤肥力"就对应着成长型的指标，更多的是面向未来业务的发展而提前做的"土壤肥力"的工作，往往不能进行精确的考核，而且可能要有很长的投入期，属于"洗盐碱地"的工作，当然要配合一些牵引的激励指标，引导员工愿意做"土壤肥力"的成长性的工作。

1.4.3　要通过不断的管理变革，推动企业系统性成长

华为 30 年如一日，在《华为基本法》的指引下，进行大规模的基础管理平台建设，形成了各种系统化的管理平台和工具，包括系统化的管理思想，建立了"武装到牙齿"的各种信息化管理平台，确保了华为公司持续有效增长。而一套系统的建立往往需要历经 5 年到 10 年甚至更长的时间，需要企业持续地投入。任正非曾说：要建立一系列的以客户为中心、以生存为底线的无生命的管理体系。这其实就是华为成熟的企业成长思维。如图 1-5 所示为华为增长曲线。

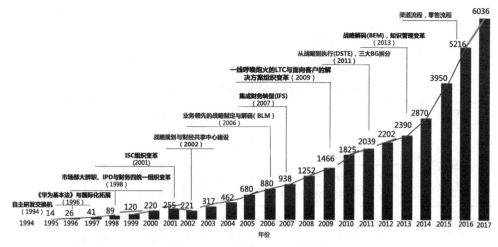

图 1-5　华为持续增长 30 年

任正非对管理变革的一些看法

为什么要变革？公司组织变革的主要目的是避免官僚主义产生，增强作战能力。

变革就是简单化，跟目标挂钩，目标就是多产粮食，变革应使到达目标更简单、更快捷、更安全。

我们的一切改革都是以产粮食为中心，这就是精神文明。变革就是要增加收入、多产粮食。考核变革是不是成功，就看粮食产量是否增加了、战斗力是否增强了。我们不能随意去改革，改革的最终目的是要产粮食。

在改革过程中，我们要把不同的人群区分出来。我们就把一些确定性工作稳定下来，这样改革就在主战部队里面改。不能改革的同时把职员给改丢了，然后换个主战部队人员去当职员，其实这个效率很低。

优化对变革参与人员的激励机制，选拔更多的优秀人员参与变革。IPD 变革就是先僵化、后优化、再固化，不换思想就换人。正在推行的改革过程是缓慢的，但思想要首先转变。

但过于激进的改革，可能会造成崩塌，公司平台的转变需要一个缓慢的过程，大家要有耐心，也需要大家共同努力，而且会有更多的优秀将军产生。

——摘自华为总裁办电邮

有些企业也能打胜仗，但是经常出现某一年做得好，下一年不好的情况。很多好的经验方法没有沉淀到企业里，没有成为企业共同的语言或者方法，导致企业很难持续打胜仗。提倡科学经营就是帮助企业从偶然的胜利走向必然的胜利，能够实现指哪打哪，打哪胜哪，这就是本书要阐述的。

1.5 挑战五：对手越来越专业，队友越来越拉胯

说一个耳熟能详的故事：两个人在森林里走，突然来了一只老虎，一个人赶忙系鞋带准备跑，另一个人说，反正咱们都跑不过老虎，干吗还跑呢？系鞋带的人说，我不需要跑过老虎，我只需要跑赢你就行了。

1.5.1 竞争是永恒的话题

任何行业都存在竞争，竞争是成长的动力。如果说对现状的不满是人类社会发展的动力的话，对企业现状的不满以及对竞争对手差距的分析就是企业发展的原动力。一个企业没有对手就没有活力，对整个行业的发展趋势也许并不清晰，看不见行业的发展趋势，但是对对手的行为肯定是看得见的，所以对对手的对标和分析显得尤为重要。

毛泽东在《中国社会各阶级的分析》中提出："谁是我们的敌人，谁是我们的朋友？这个问题是革命的首要问题！"企业也一样，首先要弄清谁是我们的"敌人"，才能抓住主要矛盾，不在非战略机会点上消耗资源。

跨国企业与中国企业的区别在于，当不具备某项竞争能力时它必将投资这种能力，或者是通过内部提升，或者是以战略投资和并购手段来获取这种能力，或者改写市场竞争规则。这是全球化时代、大变局时代里中国企业必然面对的问题。中外企业竞争也必将是更多的持久战与阵地战，所以中国企业应抓住时机实现产业升级，苦练内功、卧薪尝胆，为应对明天更加激烈的竞争做好充分准备。

> **任正非认为华为现在仍然是"游击队"**
>
> 我们还是要加强对基础的建设，因为华为公司从"游击队作风"转化到"地方部队"，还没有成为"正规军"。你看现在的正规军组织能力有多强，但我们还不够，主要体现在：第一，开发工具没有统一；第二，代码仓没有统一。以前研发大多数是"诸侯"，有些高级干部是"土包子"，自己不懂技术，没有能力，还按照自己"土包子"方法，每家都来开发自家工具，每家都有自己的代码仓，这样开发出来的工具就不统一。就像我前面说的，统一内部 ID 都如此困难，如果不是公司强力让几个部门联合起来进行统一，那公司现在还是"游击队"一样松散的组织。
>
> 以前的老师傅就会说："一要手艺巧，二要工具妙。"华为公司在工具问题上的重视程度不够，我们要统一"诸侯"。现在公司文件已有要求，所有干部都要通过资格考试，如果不具有这种资格，就要换岗。去年软件系统的干部下台率好像是69%，并不是说都辞职了，而是转到别的岗位上去。
>
> ——任正非 2021 年 5 月 8 日与 2020 年金牌员工的座谈中发言

我们公司为什么缺少系统性思维？因为是从小的游击战打过来的，提拔的都是务实的人，没有对务虚的人给予肯定。我们要转换，慢慢从人力资源机制中形成培养战略家、思想家的土壤。

——任正非：在公司近期激励导向和激励原则汇报会上的讲话，2014 年，有删改

1.5.2 谁才是你的竞争对手

你的对手在哪里？有时候对手并不是那么显而易见的。比如，现在方便面如"统一""康师傅"销量几年来大幅度下降，竞争对手是谁？是外卖吗？大家随时可以叫热腾腾的、新鲜的外卖。还是国家铁路局？大家随时可以坐高铁去各个地方品美食，大家还会需要方便面吗？还是人们日益增长的健康观念所致？

在刘慈欣的著作《三体》中有一句名言：我消灭你，和你没有关系。企业的竞争对手也许并不是你想象的那个，正如大润发的创始人黄明端离开大润发时的感慨之言："我战胜了所有对手，却输给了时代。"

要了解你的对手，知己知彼才能百战百胜。华为说以客户为中心，很多企业也这么说，但是很多企业并没有真正地研究过他们的客户。同样，很多企业也不了解他们的对手，他们往往活在自己的舒适圈内。这听起来很怪异，在商言商的企业家们不了解自己的竞争对手？事实可能的确如此，比如说是否研究过竞争对手的 KPI、他们的述职报告、他们的产品、他们的战略呢？还是企业自己以为了解他们？

竞争对手是那些和企业服务于同样的目标客户，提供类似价值产品且有能力与企业抗衡的企业。

——竞争对手分析要从场景谈起，不要试图跟所有人为敌；

——竞争对手不是永恒的，会因不同时间、地点、对象而变。

和很多企业不一样，华为对友商和竞争对手的定义不一样。如果华为定义你为竞争对手，那你要非常小心，因为华为内部会成立专门的部门来向你学习、和你竞争。比如，华为曾经成立的"打港办"——打击港湾网络公司办公室，"打爱办"——打击爱立信办公室，"打乐办"——打击乐视办公室。最后打来打去，华为成了第一。打不过的和不想打的才被称为"友商"。也可能在某个区域是对手，在另一个区域就是友商。比如，在国外华为和中兴是友商，在国内是竞争对手。一个经典的故事是同在非洲做生意，华为和中兴是冤家路窄，经常碰面。当时非洲不太认可中国产品，所以中兴推开客户门，第一句话就是：你们知道华为吧，我们是一样的，但是我们更便宜。

任正非怎么看待竞争对手

团结一切可以团结的力量，正面进行市场竞争。

以前我们是农民，从下向上打，员工加班加点、艰苦奋斗，用低价格破坏了世界电信市场秩序，伤害了竞争对手。成功了，我们想赚钱也是不可能的了，所以要改变现状。

坚持实事求是，不攻击思科。我认为思科还是一个伟大的公司，至少当年国际电信联盟决定全世界潮流走向 ATM 道路时，只有思科走了 IP，走出了今天的灿烂辉煌，我们要看到历史。在中国土地上，我们要控制，不去说多余的话，不要说我们的设备比思科安全，也别往思科身上泼脏水。

——任正非：在"重装旅"集训营座谈会上的讲话，2013 年，有删改

对准战略机会点来撕开"城墙"突破口；不要与恶意竞争对手拼商务。

领先和领导的区别：领先不是领导，领先是在技术上、商业模式上、质量及服务成本上……在中、低端产品上，硬件要达到德国、日本消费那样永不维修的水平，软件版本要通过网络升级。高端产品，我们还达不到绝对的稳定，一定要加强服务来弥补。领导是建立规则，引导同行进入竞争，目前我们没有这个能力，而且当前要合力应对风险，生存是第一位的。

——任正非：在剑桥和伊普斯威奇研究所座谈纪要，2018 年

有人说华为是狼性文化。狼是嗜血的，华为的销售人员确实狼性十足，在创业阶段也是有过一段与友商"血雨腥风"的鏖战史。不过华为一直向先进的竞争对手学习，不断变换竞争对手对标标杆，自身也在和竞争对手的对标中不断成长。实际上华为早就倡导要和友商"竞合"——既竞争也合作，甚至逐步提出要共建共享价值链，这是思维的转变，也是华为"开放"价值观的体现，也是瞄准更高的竞争维度——生态链竞争的必然。

任正非：与友商共同发展，既是竞争对手，也是合作伙伴

向拉宾学习，以土地换和平。

华为要快速增长，就意味着从友商手中夺取份额，华为人宁愿放弃一些市场、一些利益，也要与友商合作，成为伙伴，和友商共同创造良好的生存空间，共享价值链的利益。

近几年华为与国际同行在诸多领域携手合作，通过合作取得共赢、分享成功，实现"和而不同"，和谐以共生共长，不同以相辅相成，这是东方古代的智慧。华为将建立广泛的利益共同体，长期合作，相互依存，共同发展。

——任正非：华为与对手做朋友 海外不打价格战，2005 年，有删改

1.5.3 通过跑赢对手来激发组织活力

竞争策略就是研究企业怎样活下去，怎样才能比竞争对手活得更久、活得更好，思考如何赢得竞争对手，研究如何胜出竞争对手。

也正因为如此，华为在农村包围城市、走向中国、包围世界的时候，给所有管理层定下了三个指标：增长速度要跑赢 CPI 加 GDP，增长速度要跑赢行业增长率，增长速度要跑赢行业头部企业。这最后一个指标，跑赢行业头部企业，让华为从最初发生的谁都不信的"电信行业三分天下有华为"的预言的小公司，成长为全球最大的通信公司之一；从对爱立信的难以匹敌思想；到爱立信也不过如此思想；从做贸易商、模仿其他公司的产品的小公司到在 2008 年超越飞利浦，成为申请专利数量最多的通信公司。

> **华为立言：超越标杆"爱立信"**
>
> 江总书记的话引发了一个大家都很关心的问题：我国现在的邮电系统，最大的问题就是"万国博览会"，NEC、AT&T、西门子、阿尔卡特、爱立信等国外大公司都涌到我国市场上来，但作为像我们这么大的一个国家，将来总有一个主型机的问题，华为对此有什么看法？任总答道："我国目前的这种情况是改革开放带来的，它本身没有错。因为我国缺少资金，需要国外贷款，国外提供商业贷款，就要你买他的交换机。由于发展快，一个国家的产量供不上，就形成了七国八制，这种历史造成的状况今后要改写。因为国内一些机器的处理能力十分强，许多新业务、新技术都可以上去，如 C&C08 的处理能力就数倍于富士通。"
>
> ——江泽民总书记在深圳与企业座谈小记，1994 年，有删改
>
> 你们的目标，要瞄准爱立信，要在产品的水平、研究的手段、人员的数量与质量上，逐步与之靠拢。
>
> ——任正非：目前我们的形势和任务，在 1995 年总结大会上的讲话
>
> 所以现在公司在产品发展方向和管理目标上，我们是瞄准业界最佳。现在业界最佳是西门子、阿尔卡特、爱立信、诺基亚、朗讯、贝尔实验室……我们制定的产品和管理规划都要向他们靠拢，而且要跟随他们并超越他们。
>
> ——任正非：华为的红旗到底能打多久，1998 年，有删改

1.6 挑战六：机会点的识别犹如赌博

对企业来讲，既要善于观察新的市场机会，更要善于把握新的行业趋势。如果企业对新的市场趋势视而不见，或者麻木不仁，企业在竞争中就必定步人后尘。优秀的

企业往往能够敏锐地洞察趋势，把握先机。当行业的外部环境与竞争条件发生变化，既有的产业格局和价值链条发生战略性调整、重组时，就有可能出现新的商业趋势，也就意味着新的战略机会的到来。新的战略机会很可能也孕育着新的商业模式，对企业来讲，正确地识别新的战略机会是企业在竞争中居于领先地位的第一步。

陷阱往往以机会的伪装出现，是机会还是"赌博"，取决于企业的战略洞察能力，更取决于企业从战略到执行的科学经营能力，最终是陷阱还是机会，要看经营结果。

任正非：要么前三，要么就是赌博

公司未来每棵树的全球市场占有率必须企望达到全球前三，没有可能达到的，立项要控制。

这样我们让多元化业务在我们公司生长，甚至小的创业模型出来了，我们也容忍，但你是受限、受控的，不能赌博式的无底洞投入，你必须企望进入世界前三，在世界 IT 版图上拥有自己的一席之地。各业务必须创造出价值来公司才给你，没有创造出价值，也别讲故事。

——任正非：关于《人力资源管理纲要 2.0》修订与研讨的讲话纪要，2018 年，有删改

1.6.1　机会看不见，跟不上

中国各行业的领军企业都需要构建战略洞察能力来发现和抓住未来的战略机会，从跟随战略走向引领战略。但是机会和陷阱往往只有一步之遥。优秀的公司能看清市场趋势、技术趋势、产业发展趋势，而一般公司只能跟随，甚至看不到机会，失去机会。面对发展趋势和机会，有名的一句话是："看不见，看不起，看不懂，跟不上。"从没有市场感知能力的看不见，到盲目自信、不屑一顾地看不起，再到认真研究却不理解、看不明白，到最后终于明白了竞争对手的各种操作，看清楚了机会准备有所动作，却发现早已落后千里——早已跟不上了。

2002 年，华为请美世（Mercer）给华为做了战略规划 SP 到经营计划 BP 的咨询项目。之所以引入战略咨询，是因为华为错过了"小灵通"的战略发展机会，而 UT-斯达康和中兴凭借这个机会快速发展了起来。华为在那几年内显得非常被动，而这个发展机会华为不是没看到，是任正非本人没有看到——多位高管都多次力荐抓住"小灵通"的发展机会，都被任正非直言拒绝了。后来任正非痛定思痛，反思华为在"小灵通"上的决策失误，并在 2003 年引入了轮值 CEO 制度，防止对新战略机会的一言堂决策，避免"小灵通"事件重演。

任正非谈"战略机会点"

选择机会的时候，只有市场规模大，技术上又足够难，才能建立起门槛。没有门槛我们就在红海中挣扎。

当发现一个战略机会点，我们可以千军万马压上去，后发式追赶，你们要敢于用投资的方式，而不仅仅是以人力的方式，把资源堆上去，这就是和小公司创新不一样的地方。

——任正非：在公司 2013 年度干部工作会议的讲话

我们梳理出战略沙盘 68 个战略机会点时，就发现缺少攻占战略机会点的指挥官，因此战略机会点拿不下来，其实跟我们的知识结构、思维结构、组织结构等没有做战略定位有关。华为要产生越来越多的大思维家、战略家，今天若不培养，到大数据时，战略机会点就可能会一个个丢掉。

在战略关键机会点上，生存危机点上，我们可以不惜代价投入，但在非战略机会点上不能乱花钱。

——任正非：在公司近期激励导向和激励原则汇报会上的讲话，2014 年

1.6.2 没有"金刚钻"不揽瓷器活

是不是"战略机会主义"，关键看识别和抓住的机会是否导向了构建企业的核心竞争力，是否有利于主航道业务的发展和拓展，是否加强了公司主营业务的护城河建设。草莽创业时期的华为，也是采用机会主义，机会第一：卖个电话机，卖个墓碑，啥赚钱干啥。但是一旦走过生存期，华为开始发现经营和管理问题的苗头，便在 1995 年筹划《华为基本法》，1998 年通过《华为基本法》。2000 年就分两年以 10 亿元咨询费引入 IBM 的 IPD（集成产品研发），一步步构建自身的战略思维和科学经营的能力。由此华为摆脱了战略机会主义，进入了用科学经营的方式规划企业成长路径，系统地发现、识别和处理战略机会的阶段。

企业的利润来自不确定的风险，如果机会没有伴随风险，那就不一定能带来利润，更不要说超额利润。但是如果有过高的风险，又没有用系统科学的方法进行机会点识别，后续的战略规划和执行的过程必然风险层层叠加，那就变成了战略机会主义，而不是发现战略机会。所以，企业是不是采用战略机会主义，关键在于是否对机会进行系统的思考和分析，是否规划了实现机会的路径，是否进行有效的定期复盘，是否采取了有效的纠偏措施。在这个过程中领导力非常重要，优秀的领导者不是能力第一，而是洞察机会和把握机会的能力第一，有什么样的能力决定能把握住什么样的机会。"没有金刚钻不揽瓷器活"，再好的机会，不在企业的主航道上，不在企业的能力圈范

围内，就不是机会而是陷阱。另外，诚如任正非所言，大机会带来大的改进，大机会带来大的人才聚集效应，是机会倒逼了能力成长；机会很多，抓不住说明能力不够。但是也如任正非在人民大会堂发言时所说：大机会时代，面对各种机会，一定要有战略耐性。

任正非谈"战略机会主义"

决胜取决于坚如磐石的信念，信念来自专注。

华为产生于倒买倒卖时期，环境特别艰苦。当时也是深圳的泡沫经济时期，到处在炒股票、房地产，但华为几百人没有一个参与其中。

高科技行业投入巨大，而且规模越大投入也越大。尽管公司现在98%的员工还没有住房，公司丝毫没有降低科研投入。我们明年的科研预算在1.6亿元至2亿元之间。这么高的投入也是不得已，高科技产业必须有非常高的投入，否则是没有竞争力的。

——任正非：集体奋斗 发展高新技术产业，

863专家访问华为座谈会发言，1995年，有删改

聚焦主航道。非主航道业务首先要盈利，敢于放弃一些亏损项目，抢占战略机会点。

有人会说我们机会主义，就是要逼你转型，就像当年逼余承东一样，消费者BG不就转型过来了吗？

我对老余讲："相信未来两三年，华为公司终端的质量会大幅度提升，让它惯性往下走。老余应该重点抓商业模式、计划管理这些方面"。

——任正非：遍地英雄下夕烟，六亿神州尽舜尧，

任总在四季度区域总裁会议上的讲话，2014年

1.6.3 机会是企业发展的首要牵引力

中国企业与跨国公司的本质区别，首先就在于战略思维的区别。跨国公司擅长战略思维，擅长构建系统化的组织能力，包括战略机会洞察的能力。他们凭借系统、组合的资源和经营管理能力优势，以及全面的战略竞争能力取胜。

有时候不是机会太少了，而是看起来机会太多了，企业无法选择或者选择错误。回顾华为过去三十多年的发展，华为基本都是在正确的阶段做了正确的事，没有犯下大的错误。而西方的北电、诺基亚、摩托罗拉等企业，都在战略方向上出现了错误，因此导致了巨大的挫折和失败。

为什么华为对机会的洞察如此精准？《华为基本法》早在1998年就定义了华为

对战略机会的看法。

华为在哪里找成长机会？基本法第一条："华为的追求是在电子信息领域实现顾客的梦想，并依靠点点滴滴、锲而不舍的艰苦追求，使我们成为世界级领先企业。"华为为了避免机会主义，甚至说："为了使华为成为世界一流的设备供应商，我们将永不进入信息服务业。"虽然后面这条实际上有所调整，不过也是在主航道内坚持培育了数十年之后。

华为依靠什么找到机会？基本法第六条："资源是会枯竭的，唯有文化才会生生不息。一切工业产品都是人类智慧创造的。华为没有可以依存的自然资源，唯有在人的头脑中挖掘出大油田、大森林、大煤矿……"

华为对抓住机会成长的牵引力的排序是什么？基本法第十三条："机会、人才、技术和产品是公司成长的主要牵引力。这四种力量之间存在着相互作用。机会牵引人才，人才牵引技术，技术牵引产品，产品牵引更多更大的机会。加大这四种力量的牵引力度，促进它们之间的良性循环，就会加快公司的成长。"这一条明确定义了机会第一、人才第二、技术第三、产品第四，是公司成长的主要牵引力，这是一个螺旋上升的循环。大机会才能牵引大量人才的加入。

所以说成功不是偶然的，对战略机会的认知和把握，可以说无论是从深度还是广度，无论是理念还是制度流程，华为都达到了很多企业难以企及的高度。华为的成功似乎一骑绝尘，同时代的中兴、联想甚至海尔等著名企业似乎都难以匹敌，追根究底有很多原因，但首要的就是其战略的成功，是对战略机会点把控的成功。

华为原战略规划部部长、"蓝血十杰"获得者林强总结华为最厉害之处在于三点：

首先，它能时刻看到产业的机会；

其次，看到机会后能够抓住机会，达到自己的目标；

更厉害的是，在它没有看到战略机会或对战略机会判断失误的时候，等它醒悟了、改变战略了，再去追赶，也能够成功。

寻找战略机会要贴近市场，大家都能看到的市场机会，那不一定是机会。要从制度上要求企业内每个细胞、每个岗位都秉持以客户为中心的价值观，有洞察机会的能力。

任正非每年要飞80万千米，超过很多飞行员的飞行里程，而且从不需要当地公司接待，因为在任正非看来，一旦接待，就说明该公司是瞄准上级而不是客户，这也会隔绝自己和业务一线的联系，不能让自己听到一线的"炮火"声。华为干部的绩效管理中有一些考核指标，如考核你在办公室的时间，如果待在办公室的时间太多就可能被下岗。一个华为管理层从业务现场回到公司，在办公室待了三天以上就会心里很慌张，就必须出去走到业务一线，走到客户面前，走到最需要他们支持的地方去投入战斗、支援战斗。华为所谓的培养"将军型连长"，或者培养有"将军"能力的人作为一线指挥官，就是时刻警惕官位越高，越脱离群众，距离客户越远。华为每一个中高层干部一年在外的时间都不会少于 1/3，华为从激励制度、晋升制度上也对在一线打过仗的"士兵"进行制度倾斜，甚至进行火线提拔，不拘一格降人才，不经过基层锻炼的人不能当干部。

任正非谈干部的机会洞察能力

高级干部不仅要具备业务洞察能力、决定力，还要强调视野、见识、知识。比如，三星电子的CEO，一年中有半年时间在全世界与别人做交流，通过战略的洞察，确定三星的战略方向。在战略洞察能力上，我们与之（三星）还有一定差距。我们是做出了成绩，但还是在低层次的追赶之中，战略布局还不够。例如，采购现在是以深圳为中心，以中国人为中心，甲方心态。为什么不在采购集中地建立能力中心？为什么不用当地国家人？

我认为，我们不要求基层干部做战略布局这些事情，但我们的高级干部要抬头仰望星空，看一看这个世界，否则容易迷失道路，走错了方向可能会拖垮整个公司。

——任正非：在人力资源管理纲要2.0沟通会上的讲话，2017年，有删改

正职必须有战略洞察能力与战斗的决断力，要敢于进攻。文质彬彬、温良恭俭、事无巨细、眉毛胡子一把抓，而且越抓越细的人是不适合做正职的。关键在行动。

副职一定通过精细化管理，撕开口子后，要能精耕细作，守得住，具备正确的执行力，来实施组织意图，这就是"狈"的行为。

我们年轻人不仅仅要有血性，也要容许一部分人温情脉脉，工作慢条斯理，执着认真，做好"狈"的工作。

"一切为了胜利"是我们共同的心愿。这就是"狼狈"合作的最佳进攻组织。

——任正非：在2016年1月13日市场工作大会上的讲话

1.7 挑战七：团队的共识比见识重要

1.7.1 作战指令不统一或者不清晰，各级员工工作方向发生了偏移

一般企业都是采取科层制的组织结构和决策方式，从上往下发指令，层层下发，员工按照指令的要求进行工作。随着工作复杂程度的增加，分工越来越细，部门越来越多，导致个人和个人之间，部门和部门之间出现协同上的困难。与此同时，新世代的员工有更多自我价值追求，有自身想法，加上很多工作本身的创造性和协作性也要

求员工能自发自主地工作，于是在工作中经常出现如图 1-6 所示的情况。

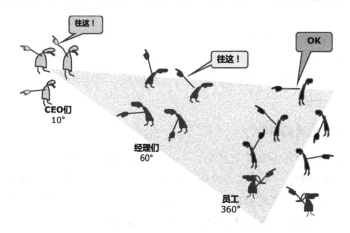

图 1-6 作战指令不统一

图中，CEO 或者公司高层要求往左走，但经理层的理解各有各的不同，越往组织层级下级走，偏差越大。这就类似于蝴蝶效应，在纽约一只蝴蝶扇动一下翅膀，在中国可能会引起飓风。企业也是一样，企业的层级越多，规模越大，从高层到底层的偏差不断扩大，指挥的效率越来越低，发生偏差的问题也就很难避免。

即便在华为，公司员工也经常发生类似的感慨：

（来自内部员工评论）急需马甲正式澄清下 "个人价值观"、"道德" 和 "公德" 的概念，没有统一的语言，现在的理解已经是千差万别，离题甚远了。

什么是 "灰度"？为了利益，不说破、不追究，这是灰度；如果没有利益或利益冲突了，打破砂锅，黑白立见，被追责的又是谁呢？

（本书作者的评论）：很多任正非的话没有被正确解读，被曲解了，很多华为员工看起来并不经常读任正非的讲话。

针对公司内部深恶痛绝的胶片文化（ppt 在华为内部被称为胶片），轮值 CEO 徐直军说：

我想说的是，对做胶片我们不要僵化地理解。如果说，我们做胶片的过程，是进一步去思考、去讨论、去达成共识、去找到方向、去找到思路，那么做胶片的过程是增值的；但是这个过程，主管不要找太多人，如果我们做一套胶片要一二十人集体来做，那效率就太低了，就太以领导为中心了。按道理来说，主管自己的汇报，最好是自己来写胶片。我在 EMT 汇报的胶片大多都是我自己写的，一般也就是几页。

——徐直军在 PSST 体系干部大会上的讲话："谈管理者的惰怠行为"，2011 年，有删改之所以发生这种情况，是由于作战指令不统一或者不清晰，各级员工没有形成共识，在工作方向上发生了偏移。

1.7.2 公司领导往往容易变成消防员

正所谓高层干经理的活，经理干员工的活，员工不知道怎么干活（见图1-7）；或者说老板干着经理的活，经理干着员工的活，员工干着老板的活——经常议论老板的决策，觉得不科学不合理，应该"如此如此"干才对；公司上下最忙的是老板，老板四处灭火，最闲的却是员工，员工不知道怎么干，也觉得干了没用，干了被骂，干好干坏也一个样；或者大家看起来都很忙，但是要么就是救火，要么就是不知道方向，不知道怎么干，盲目地干，导致公司整体效率偏低，想法和干法出现大的偏差。

图1-7 高层干经理的活，经理干员工的活，员工不知道怎么干活

第一次就把事情做好，而不是救火

质量管理大师、"零缺陷之父"菲利浦·克劳士比（Philip Crosby）的一些思想：克劳士比在《质量免费》中说道，通过预防缺陷可以让你致富。如果我们在工作上也逐渐强化预防的意识、掌握预防的知识和手段、改掉有意或无意的漫不经心的态度，那我们就向职业化又迈进了一步。第一次就把事情做好，而不要去救火，事情只做一次是最便宜的。质量能够用金钱来衡量，克劳士比算过账，如果把做错及重做事情的费用加起来，它超过了总收入的20%，甚至还要多得多。

1.7.3 从战略规划到执行，上下相互担心、相互指责

上面的人（经理、老板）总是在想：为什么我的想法执行起来总会出现很大的偏差？为什么我的目标不能达成？这是企业的领导者、管理者经常会有的感受：手下能不能长点脑子？

下面的人（员工）经常在想：上面的领导一天一个新想法，自己都没有想清楚就

让我们开始做，刚做一半，想法又变了，我们整天都在疲于奔命，能不能想好了再让我们干？

我们经常说计划赶不上变化快，所有的规划、计划，枪声一响就重新来，不算数了。这就导致了员工对规划、计划的抱怨和指责，久而久之，公司和领导就不再有权威了。

各层级员工要取得共识，要分工明确却又能打破部门墙，需要一套科学经营管理系统来推动公司各层级左右一致、上下对齐、内外对齐。很多公司，部门和员工之间、部门之间部门墙厚重，横向协作困难，纵向的指挥链和协作链也反应缓慢，协作效率低，不是华为所说的"混凝土""铁三角"，而是"山头"和支离破碎的部门主义，而不是公司文化。这本质上还是没有一套管理系统将每个环节、每个人员拉通①对齐，形成战略共识、思想共识、行为共识，形成企业内的共同语言，"行业黑话"。

任正非谈部门融合

通过业务发展与财经目标拧麻花，直接参与作战、提升经营质量。

战争是发生在电磁波中，呼唤这些炮火的不一定是塔顶的将军，而是贴近前线的铁三角。千里之外的炮火支援，胜过千军万马的贴身厮杀。我们公司现在的铁三角，就是通过公司的平台，及时准确、有效地完成了一系列调节，调动了力量。

——任正非：在公司 2013 年度干部工作会议的讲话：用乌龟精神，追上龙飞船

学习谷歌军团，谷歌军团的编制不大，战斗力极强，要好好向谷歌军团学习。终端发展迅速就是采用了正确的方法，他们搞四组一队，实行三三制，实际上和谷歌军团是一致的。

（华为 CBG 总裁余承东）在学习和作战中，我们强调"四组一队"的作战阵型，即建立一个立体的团队，比如 GTM、渠道、零售、MKT、服务等多兵种协同作战，攻下市场。过程中要不断研讨、复盘，快速学习新的战法，复制成功经验，取得更大胜利。

——任正非：在杭州研究所业务汇报会上的讲话：开放心态，做钱塘弄潮儿，杀出一条血路，2019 年

1.8 挑战八：战略从规划到执行形式化、工具化

战略不是规划出来的，是打出来的。要用科学经营的方法来对战略进行管理，去

---

① 拉通为华为内部术语，具体含义在不同的语境下有不同的解释，整体可以理解为"打通"壁垒，使顺畅运行。

迎接不确定的未来，达到从畏惧战略到拥抱战略。有些公司是有战略的，但是没有把战略进行解码，没有针对战略重新设计企业的业务，所以落地执行起来更是战略和执行两张皮，互不搭界——你想你的，我干我的。

1.8.1　从战略到执行的八大乱象

（1）**对外部环境不敏感**：脚踏西瓜皮，溜到哪里算哪里。几乎没有科学严谨的战略洞察过程，对消费者需求变化、市场大势走向没有做过认真的研判。

（2）**盲目跟风，典型的机会主义**：喜欢走捷径，东施效颦，跟着学只是看到表面，没有看到对方赢的实质，结果就是很容易成为陪跑的对象，别人的企业吃肉，自己的企业连粥都喝不上。

（3）**规模情节**：很多企业家想把企业做得越大越好，追求规模，没有考虑经营底层逻辑到底是什么，认为跨行业、跨区域发展越大越好。这就是我们所说的"航母情结"。没有考虑公司的核心能力是什么，公司的核心资源是什么，自己的发展路径如何规划，如何避免企业的摊子越大、越脆弱，企业的竞争力越差的情况出现。

（4）**禁不住短期利益风口的诱惑，见异思迁**：对需要长久投入的技术、产品没有定力，对市场的变化，不能看到未来三年到五年的发展趋势，一看到哪里有新的机会，就很快地调整策略。这种策略调整实际上没有任何的逻辑可言，没有保持从战略制定到战略落地的各个重大项目、各类长中短期业务在时间和逻辑上的承接性和一致性。

（5）**组织流程和文化无法支撑战略实施**：企业发展到不同的阶段，一定面临内部运作体系、流程制度、各种管理方法不能适应新的发展的问题。要通过变革来实现新的发展。这是和企业发展阶段匹配的，即新的战略决定企业的组织，新的组织决定企业的人才干部。企业一定要进行管理变革，跟着企业的战略来变化，否则就是用旧的体系装新的战略，即"旧瓶装新酒"，达不到应有的战略落地的效果。

（6）**战略规划和经营计划与预算相互脱节的"秀才兵法"**：战略预算和经营预算或者财务预算相互脱节，即企业的想法没有转化为干法，很多战略规划没有具体落实到预算或者考核上，没有形成"互锁"，最后就是有很多想法，没有干法，没有干成事的结果。

（7）**有业务战略，没有人才战略**：虽然有远大宏伟的目标，但是人才匮乏，企业宏伟战略与人才匮乏的矛盾突出，导致"赶鸭子上架"，影响企业战略落地。企业战略制定后需要相应的能力匹配。人才从哪里来？要保证企业战略和经营的一致性、延续性或者说耦合性，即所有资源要支撑企业战略，而不是认为战略分解后计划、考核等措施一做，就能实现这个战略。另外，企业的能力不一定是匹配的，任何企业新的想法、新的规划，遇到的首要问题就是企业的能力"瓶颈"或者能力不足，因为资源的获取在当今并不是首要的、最困难的，只要有好的市场机会，获取各种资源都有渠道，核心在于企业能否快速地构建自身的组织能力。

（8）**瞬息万变经营环境下的战略控制手段僵化**：环境发生变化时，企业的战略是否能够进行相应的调整，在战略复盘中、在执行过程中不断纠偏。

战略制定和战略执行是一体的，是一个硬币的两面。战略管理流程包括战略制定、解码到年度计划、执行监控、复盘，是一个闭环的流程。每个公司都有年度的商业计划，但往往是考虑当年的业务目标多一点，对于支撑未来的业务目标，关键措施的落地，一些资源的分配、考核，都没有对齐战略规划，所以往往战略规划做完了以后，没有把战略规划和经营计划连接起来。

任正非谈战略的支撑

企业管理的目标是流程化组织建设：建立以客户为中心、以生存为底线的管理体系。实现外部压力无衰减的内部传递，提升响应客户需求的速度，强化组织整体的执行力。建立并推动"端到端"的流程贯通，以流程来分配责任、权力和资源。持续管理改良而非革命，变革讲究因地制宜，遵循七个反对，以不断提升公司管理平台的核心业务能力。

——任正非：在 PIRB 产品路标规划评审会议上的讲话，2003 年，有删改

我们要把握住这次大时代转型的机会点发力，但如果我们还是粗放管理的公司，看到机会，只能望洋兴叹。

——任正非：坚持为世界创造价值，为价值而创新，在战略务虚会上的讲话，2015 年

我们即使有了正确的战略，我们现在的各级主管与专家有没有胆略？

一旦战略方向及布局确定后，我们要坚定不移向前进，决不动摇，毫不犹豫，我们也决不在困难面前退缩，也不在负议论中犹豫，不然大军忽然转向会一片混乱。

——任正非：在市场工作大会上的讲话：决胜取决于坚如磐石的信念，信念来自专注，2016 年

1.8.2 "坏战略"的样子

列夫·托尔斯泰在《安娜·卡列尼娜》中说：幸福的家庭是相似的，不幸的家庭各有各的不幸。战略亦如此，坏的战略总是各有各的原因。

（1）**华丽的文本，漂亮的 PPT，完美的汇报**：通过各种模型和框架图，企图将战略工具化、模板化，僵化使用，导致战略中看不中用。很多企业总是以一种漂亮的、美好的形式，工具化的形式来体现战略的高深，用模型代替了实践，而事实上有没有

一套工具能够马上实现战略？如果你有这套工具，那么全世界都有了，你的战略还有什么差异性和竞争性？

（2）**战略制定缺乏民主集中的过程**：只是老板独自定下的战略，往往在战略制定过程中思考"集中"——高层几个人甚至老板一人或少数人思考，在落地的过程中"民主"——大家议论纷纷，缺乏战略共识；而实际上应该是讨论过程中"民主"——大家一起思考未来，决策上"集中"——少数人进行决断决策。

> 《华为基本法》第五十三条　我们遵循民主决策、权威管理的原则。
>
> 高层重大决策需经高层管理委员会**充分讨论**。决策的依据是公司的宗旨、目标和基本政策；决策的原则是，**从贤不从众**。真理往往掌握在少数人手里，要造成一种环境，让不同意见存在和发表。一经形成决议，就要实行权威管理。

（3）**没有有机集成、相互联动**：各部门各做各的战略，集团或者总部做自己的战略，汇总达到格式一致，实际上没有统筹，有些甚至美其名曰集中大家的智慧，从下到上汇总大家的想法和建议，以此作为战略。没有从上到下、从下到上的两次"握手"过程，没有形成部门战略对公司战略的承接，也没有形成部门之间战略指标的"互锁"，这当然无法形成好的战略。

（4）**缺乏落实的具体行动，未能形成可持续的核心能力**：有了战略，却没有实现战略的具体行动和保障措施。没有真正形成护城河、战略卡位点，而是误认为商业上的机会点就是竞争力。同时也没有聚焦企业自身资源，战略目标非常散，"广泛撒网"，什么都想做，什么都做得不深。

（5）**缺乏战略的执行管理**：只是把战略当作规划，做好了塞在文件柜里，没有日常的复盘，更不要说对复盘后的差距进行深入分析甚至追责了；没有经营分析会和战略规划会等保障机制和措施。不要以为战略执行只是操作层面的事情，战略管理也应该包含战略的执行管理，不能落地的战略等于没有战略。此外，战略中也应该包括应对动态的环境变化的对策。

（6）**坏战略总是善于伪装，充满热血，当原形毕露的时候，就有企业受伤**：有些企业强调热血，强调个人智慧，缺乏逻辑的思考，这不符合客观的规律。没有做假设的论证，而是用老板个体的想法代替全部人的想法，工具代替了思考，这怎么能产生好战略？让人兴奋的战略如果没有经过痛苦的思考过程，一帆风顺地通过了，这不是战略的本来面目。华为为了起草自己的经营原则《华为基本法》，不到一万七千字的定稿文本竟然用了三年时间，参与人数达数千人；为了明确《人力资源管理纲要2.0》，从启动到定稿前后用了两年多时间；华为从机会主义的代理交换机到确立步入ICT主航道，用了十几年来不断地研讨。所以战略制定，包括放弃某块战略从来不是一个简单的和让人"愉快"的过程，更不要说从战略到执行了。伟大的公司总是拥有工具，但是忘记工具。

以上"坏战略"的样子在作者观察和服务的中国大多数企业中都广泛存在，只是或多或少，最终导致用战术执行上的勤奋，代替了战略思考上的懒惰，战术上再勤奋也没有给公司带来根本的变化，战略成了老板的战略，很多战略弄成了一套工具、几个模板，并没有真正形成公司的战略。

华为轮值董事长郭平从电信软件战线收缩谈华为战略放弃的能力

对于电信软件业务的改革，2017 年上海战略务虚会上做了很激烈的讨论，激烈到任总中途离场去花园里散步了，因为 30 年来，华为从来没有放弃过一个行业，永远是从胜利到胜利。对撤销 CRM，他回来不到十秒就鼓掌，说明他胸有成竹。

我也能体会大家心里的挣扎，因为董事会内部的争吵也很多。华为从来没有失败过，从来没有放弃过哪个领域。史耀宏当时会上就在不断抵御，会后也跟我们每个人做了几十次、上百次的工作，希望公司还能再给他一次机会，他还想拼一次。

面对未来，在选定的有限业务范围内，我们要战胜全世界最强对手的不择手段地打压，必须进一步聚焦。过去两年，在悄无声息中完成了这次变革，使我们增强了信心。

之所以表彰业软的员工，因为你们创造了一个历史——华为不可为而不为，是可以实现的。

——任正非：在电信软件改革表彰大会上的讲话：寂寞英雄是伟大的英雄，2019 年

1.8.3 "好战略"的样子

大道至简，好的战略看起来并不遥远，并不是空中楼阁，如同一个好的思想，总是平易近人的。

（1）好的战略是一个科学的过程而非热血的尝试：可以验证、可以重复的才叫作科学，否则只能说是意识流，顶多算个人经验。科学的过程就要有假设、原理、原则、方法和实践验证，并且是可以导向持续的成功的。而热血是义和团式的，拍脑袋的，踩着西瓜皮溜到哪里算哪里。科学经营，要将战略管理形成一个机制、流程、制度，最终转化为企业的战略能力。

（2）好的战略需要好的机制以融合集体智慧：战略管理中要不要强调老板的个人特征？战略和老板特征的灰度处理方面，在企业规模小的时候，企业文化的底色就是老板文化，在企业规模小的时候，制定战略更需要发挥创业家精神、企业家的远见能力。但是在企业逐步壮大的时候就要灰度处理，逐步稀释或者说融入老板的特点。就

像华为任正非说的：他们现在也觉得我不懂，也不需要我做什么决策，虽然我保留了 1% 左右的股份，那是在关键时刻力挽狂澜用的，我去不去公司对华为这种规模的企业已经不重要了。当然，老板的企业家精神、独特的思考，必然要融入公司战略管理，但是我们更加强调组织智慧而不是个体，只有超越个人的智慧，才能避免一群聪明人在一起成为笨蛋，才能将有限的个人生命融入到无限的组织生命中。

（3）**好的战略管理将每个人的零散的经验融入组织系统**：通过机制和流程系统性地推动，强调用科学的方法推动组织智慧。战略重要的不是"战"而是"略"，底线是活着——stay in the game，进而去赢——compete to win，最终成为游戏规则的制定者——change the game。

所以说战略并不复杂，一个好的战略总是平易近人的，但是正如爱因斯坦的名言一样："伟大的思想总是遭到庸人的残酷迫害。"大道至简的战略思想往往不被理解甚至被嘲笑，比如图 1-8 中华为余承东微博上提出的不到两百字的华为终端战略，在嘲笑中，几年时间就使华为终端成长为几千亿的"大树"。

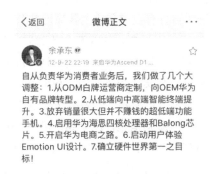

图 1-8　华为的终端战略

当然，在动态的外部环境下，要对战略进行调整。战略的起点是面向客户，战略的终点是实现客户价值。战略也要流程化，"端到端"的价值在于保证战略能够科学地进行调整。

1.9　挑战九：经营结果偏差越来越大

很多企业有战略规划和经营计划与预算相互脱节的"秀才兵法"：想法没有转化为干法。很多战略规划没有转为经营计划和绩效考核，形成"互锁"。企业很多的想法并没有转化成实际的干法，进而无法转化成经营成果，从经营目标和实际运营结果来看就是经营结果和目标偏差越来越大。

企业为什么会产生战略到执行、目标到成果的偏差呢？

1.9.1 导致这些"偏差"的原因是"五假"

（1）假战略：以为是有战略，但是实际上企业的战略是口号，没有实现的路径，也没有向各层级宣贯，让企业所有员工都明白公司的战略是什么，为什么这样制定。结果是战略变成了口号，谁也不相信，谁也不理解，谁也不执行。

（2）假共识：老板一言堂，谁的建议都不听，企业员工开会的时候不敢说，只带着耳朵不带着嘴，当面举手同意，下面满腹牢骚。

（3）假对齐：企业科学经营需要"五对齐"：上下对齐，左右对齐，长短对齐，因果对齐，内外对齐。很多的目标、计划、策略都没有达到"五对齐"的标准，导致部门墙似铜墙铁壁，上阵缺兵少将，开战缺粮少弹。

（4）假执行：在战略执行的时候，企业每个员工似乎都忙着自己手里的事情，没有经过公司整体的规划。尤其是公司整体的战略任务事项，没有按照战略规划、战略解码的实现路径的要求去推进。大家开完战略会议后，还是该干啥干啥，按照老方法、老路径去走；到了每个月度汇报的时候，对于目标偏差，每个人都讲得头头是道，在会上都会摆出很多理由，证明目标存在偏差的主要原因在公司、在外部、在其他部门，就是不在自身；由于缺乏执行保障机制，往往开会的时候"信誓旦旦"，会后不了了之。甚至有些企业把战略规划、战略解码后形成的文档、PPT 当作企业高度机密，只给董事长、总经理等高管看，其他员工都不知道，更谈不上真正执行了。

（5）假考核：企业有目标及关键举措，但没有设计以结果为导向的考核激励方案（多元化激励）。没有考核，没有激励措施，没有约束机制，使得员工对执行结果既没有动力也没有畏惧，无法达成指哪打哪、打哪哪胜的战略执行效果。

这"五假"导致很多企业的想法不能转化为干法，没有体现为经营成果。而在企业运行过程中，在企业从战略到执行落地的过程中，要经常分析企业的增长是否是可持续的、有质量的，是否能持续地打胜仗。

1.9.2 没有发现偏差的例行机制

在经营过程中，执行管理存在四大误区。

误区一：认为执行不力是执行力的问题，不是领导的问题：表现为计划推演不够，路径不清，执行沿着惯性往前"滑"；计划完不成，出现偏差互相找茬；抱怨团队执行力不够，没有得力干将。

实际上执行力是个伪命题，领导力才是真问题。领导力就是带领团队走到从未走过的地方的能力。领导要勇敢并坦诚地面对现实，担当并对最复杂的问题负责，向失败学习并总结经验教训，建立一系列可操作、可模仿、可践行的方法和工具。

误区二：**只注重看结果抓评价，不注重过程复盘找方法**：表现为考核很勤奋，按月甚至按日考核，结果"烤糊了"；复盘不到位，同样的问题频频发生而不知根因，全民"打仗"，无人"修渠"；忙于各种突发性问题的"救火"，没有时间建立应对同类问题的"防火机制"。为了避免过于关注绩效评价结果而忽视过程管理，应把组织绩效过程管理纳入例行工作。

管理抓手主要是"经营分析会"（月度例行）、半年度/年终述职和重点工作审视会（不定期，按需召开）；不能用考核管理的勤奋，掩盖过程管理的懒惰。

误区三：**经营分析就是财务指标完成情况分析，经营分析与财务分析混为一谈，仅仅停留在"数据"的层面**：实际上经营分析是一把手（CEO）工程，财务分析是CFO工程。经营分析的目的是解决一切阻碍目标达成的问题。经营分析有一套科学的运作机制和问题闭环管理体系。经营分析会议是企业运营中的重要会议，是落实战略、达成年度经营目标的作战指挥会议。其围绕目标、发现差距、分析问题和解决问题，通过 PDCA 闭环管理，使得年初制定的战略和目标能够有效达成。

财务分析与经营分析要协同管理，财务分析、差异分析要发现问题，经营分析和专题分析要对准目标解决问题。

误区四：**过程管理是问题导向而非目标导向**：表现为不作预测，走一步看一步，解决问题的意愿和能力均不足；问题是散点爆发的，解决问题到处抓瞎；前面月份目标没完成，后面也没有"追赢计划"；资源管理也缺乏弹性管理机制。

执行过程管理要集中力量打胜仗，实现年度经营目标，聚焦目标、聚焦问题、聚焦机会点。通过滚动预测的三个 GAP 和三个 LIST 对准差距抓落地、抓执行，确保目标达成。（三个 GAP 和三个 LIST 的具体内容将在后续章节详细阐述。）

产生这四大误区的原因是在执行中没有例行机制，企业应该将组织绩效的过程管理，月度、年度经营分析会，高管述职和重点工作审视会等例行机制建立起来。

1.9.3　过程管控要定期复盘纠偏

要运用复盘思维提升工作业绩，执行复盘与业绩改进要边干边学、快速迭代、达成目标。问题总会层出不穷，但是问题不应该一直是问题，这就是复盘思维。企业的"厄运之轮"显示，企业的目标是以组织层级为单位的，每增加一级，目标以 70% 的速度衰减，而复盘的"学习之轮"可以把业绩衰减率降低 60%，通过复盘企业就可以找到管理中存在的问题，厘清本质问题，提升工作业绩。

1.10 挑战十：组织缺乏活力，执行难落地

华为任正非说：企业管理最难的工作是如何分钱，钱分好了，一大半的管理问题就解决了。很多问题看起来是管理问题，做了很多管理动作，增加了很多管理成本，但是效果不佳，这就是用管理代替经营，实际上经营背后的本质问题是利益问题。

> 企业的活力除来自目标的牵引、来自机会的牵引以外，在很大程度上是受利益驱动的。企业的经营机制，说到底就是一种利益的驱动机制。价值分配系统必须合理，使那些真正为企业做出贡献的人才得到合理的回报，企业才能具有持续的活力。
>
> ——华为之熵 光明之矢，2012实验室技术思想研究院秘书处，2017年

1.10.1 组织僵化无法应对变化

现代化大生产以来，人类社会物质极大丰富，需求越来越多，专业分工越来越细，内外系统的协调难度越来越大，供需矛盾加大。

——客户越来越难找到合适的产品，需求的效用递减效应越来越明显，更高层次需要（精神需求）的满足越来越困难。

——企业再生产循环无法持续，企业效率最大化导致产能过剩，产品无法完成交换。

——供需对接的矛盾扩大：需求的多样化和个性化，导致需求信息的搜集分析难度加大。

——对市场的变化迟钝：供给的规模化和标准化，导致供给企业内部的官僚化和行政化。

分工是个伟大的发现，亚当·斯密的《国富论》中就指出分工的重要性。现代社会分工越来越细，这是协同问题出现的根本原因，分工越来越细，导致内外协同难度加大。分工太细也导致外部协调（供应商、客户）变得越来越困难。加上只是物质上的需求满足已经远远不能达到客户要求，需要增加很多精神性需求。这个需求变动很大，"场景化"元素很多。另外，分工越来越细，产能越来越过剩，需求需要秒到，导致协同越来越困难。

企业横向各个部门、纵向各个层级如果不能有效协同，必然不能"力出一孔，利出一孔"，必然会产生各种冲突，无法发挥组织合力。企业组织僵化、利益板结，就无法有效应对外部变化。

任正非看"协同"

> 管仲在《管子·国蓄第七十三》中说"利出于一孔者,其国无敌;出二孔者,其兵不诎;出三孔者,不可以举兵;出四孔者,其国必亡"。
>
> 我们要研究八爪鱼的控制系统,它的 2/3 神经元在爪尖上,所以它的几根爪不会打架混乱。
>
> ——任正非:关于《人力资源管理纲要 2.0》修订与研讨的讲话纪要,2018 年,有删改
>
> 如果我们能坚持"力出一孔,利出一孔""下一个倒下的就不会是华为",如果我们发散了"力出一孔,利出一孔"的原则,"下一个倒下的也许可能就是华为"。历史上的大企业,一旦过了拐点,进入下滑通道,很少有回头重整成功的。我们不甘倒下,那么我们就要克己复礼,团结一心,努力奋斗。
>
> ——任正非:力出一孔,利出一孔,2013 年,有删改

1.10.2 传统的考核激励往往打击士气

有人笑谈,70 后给钱就使劲干,80 后给钱挑着干,90 后给钱也不想干,00 后干脆躺平,啥也不干。新时代的员工物质不缺,追求自由,不喜欢约束,难以用传统管理手段激发动力。

激励最常见的四大误区如下。

(1)基于存量业绩做激励:激励没有基于绩效改进,出现躺平现象、躺赢现象、内卷现象、内部博弈。

(2)基于财务业绩指标做激励:激励不及时,员工没有动力;数据不准确,员工不相信;价值没有区分,员工很短视;核算太复杂,员工很疑虑。产生的原因是激励没有基于价值贡献。解决方法是激励要导向价值贡献,追求企业有效增长。

(3)基于个人绩效做激励:考核避重就轻,虚假繁荣;各部门各自为政,部门墙厚重、流程不畅;个人主义导致斤斤计较。产生的原因是激励没有基于团队作战。应当"力出一孔,利出一孔",大河有水小河满,激励先到团队,后到个人。

(4)基于经济利益做激励:员工一切向钱看,薪酬成本下不来,员工缺乏内驱力,文化挂在墙上而不是在员工心里。产生的原因是激励没有基于欲望,激励的原点是欲望,包括物质需求、精神需求。

1.10.3 要基于人性管理激活组织

管理机制背后是利益驱动机制,当然激励除分钱外,还有对权力、职权、名誉的分享,具体激励内容请参考《科学分钱》一书。

管理首要的就是要了解人性，有人说管理就是反人性的，这话既对也不对，人人都有惰怠的可能，有自私为己的本性，但是即便要反熵增，也可以主动思考人性、引导人性。管理并不必然反人性，人性中也有很多好的方面能为企业所用，如责任感、使命感、成就感、荣誉感等，能成为企业发展和个人发展相融合的管理抓手。

高压力、高绩效、高薪酬的华为强执行力文化推动了华为30年的高速发展，但是面对变化的员工群体诉求、市场环境，华为从上到下也在反思管理的变革，变为信任管理：

将来我们要基于信任进行管理，如果基于不信任，会造成要层层PPT汇报、搞承诺，使用KPI这个压力枷锁。其实我们早期创业就是基于相互信任，每个人都很有干劲，互相帮助。现在公司的规则、制度等都已经建立起来了，这个时候谈信任是有管理的，应该可以简化考核。《人力资源管理纲要2.0》的思考主要从过去的不信任管理体系，向信任体系转变。要构建信任、协作、奋斗的组织氛围，逐步实施以信任为基础的管理，持续激发组织与员工积极创造的精神动力。

华为过去"胜则举杯相庆，败则拼死相救"的精神就很好，大家一听说你做的产品有问题，都到你那里帮忙。那时虽然我们的产品不够好，但勤能补拙，大家互相帮助、互相信任。我们要回到这种状态，这是有价值的。

——任正非：在《人力资源管理纲要2.0》沟通会上的讲话，2017年

（来自华为员工的评论）华为顾问田涛讲的华为的管理之道就是"洞悉人性，顺应人性，驾驭人性"，还说人性中的基本点是懒惰、贪图安逸、恐惧，所以滋生惰怠、腐败、山头主义；华为人力资源的成功之道就是反人性，进行熵减。但是我同意要抑制和警惕人性中恶的一面，这是增强组织活力的基本政策，但要适度和灵活处理。例如，员工需要照顾家庭，是很自然的需求，某种程度上是人性中"善"的一面，不能简单地认为员工就贪图安逸了。奋斗也不是不管不顾家人，一门心思扑在工作上（外人看来就是为了个人的升官发财，这才是"恶"）。怎么界定"基于不信任的管理"中的合理与不合理，这个话题就很复杂，要具体分析，还要具备高度的管理技巧。

田涛（华为管理顾问）在《蓬生麻中，不扶自直——华为基于人性的代际管理》一文中也说："人性的根本无非包含三个方面：贪婪、恐惧、惰怠。某种意义上，贪婪是人类进步的巨大动力，包括人对财富、权力、荣誉感以及成就感的贪婪。但是贪婪一旦越过某个边界，又会带来三个黑洞：腐败、山头、惰怠。"

第 2 章

科学经营的原点：
为客户创造价值

> 企业唯一的使命就是创造客户，一切要从了解客户开始，找到客户真正
> 看重的一切。
>
> ——彼得·德鲁克

要理性地、系统地思考企业管理问题，必须有一个客观的价值观体系，必须有一个正确的思维方式和出发点。其中最重要的就是基于企业的本质问题的思考。也就是说，要回到原点，回归企业的"基本面"，要在商言商。

2.1　企业存在的目的是为客户创造价值

一些学者（包括相当数量的经济学家）将企业理解为"一个创造利润的组织"，或"一种谋利的组织"，并认为利润之于企业有其独特的职能。他们认为：

（1）利润是检验企业绩效唯一可靠的标准；

（2）利润是企业不确定风险的报酬；

（3）利润为未来的工作贡献资本；

（4）利润可以支付社会服务与提供经济满足。

但彼得·德鲁克认为，对于任何一家工商企业而言，利润虽然必要，但并非企业存在的目的，人们不能用利润来说明或界定企业。一些公司简单地认为企业的目的就是赚钱，这种说法就像说生活的目的就是吃饭一样，毫无意义。一味地生产以创造利润的企业就像得了"营销近视症"。"企业的宗旨只有一种恰当的定义，那就是创造客户。"彼得·德鲁克（Peter Drucker）关于企业目的的思想与他的恩师约瑟夫·阿洛伊斯·熊彼特（Joseph Alois Schumpeter）不谋而合。熊彼特认为企业的最终目的就是"引导消费，创造客户"。

客户价值优先于股东价值，竞争力优先于增值，但是不以交易做背书的以客户为中心都是"耍流氓"。

似乎没有一个公司会否认"以客户为中心"的重要性，但是不少公司高管和员工往往流行"向上管理"，眼睛盯着上级和老板，屁股对着客户，而不是服务客户。

华为几十年来一直贯彻以客户为中心、以生存为底线的理念，建设以客户为中心的管理体系

从企业活下去的根本来看，企业要有利润，但利润只能从客户那里来。华为的生存本身是靠满足客户需求、提供客户所需的产品和服务并获得合理的回报来支撑的；员工是要给工资的，股东是要给回报的，天底下唯一一给华为钱的，只有客户。我们不为客户服务，还能为谁服务？客户是我们生存的唯一理由。

——《华为公司的核心价值观》2007 版

我们要建立一系列以客户为中心、以生存为底线的管理体系，而不是依赖企业家个人的决策制度。这个管理体系在进行规范运作的时候，企业之魂就不再是企业家，而变成了客户需求。牢记客户永远是企业之魂。

——任正非：在干部管理培训班上的讲话：在理性与平实中存活，2003 年

无为而治中必须有灵魂。华为的魂就是客户，客户是永远存在的。我们要琢磨客户在想要什么，我们做什么东西卖给他们，怎么才能使客户的利益最大化。我们天天围着客户转，就会像长江水一样循环，川流不息、奔向大海。一切围绕着客户来运作，运作久了就忘了企业的领袖了。

——任正非：静水潜流，围绕客户需求持续进行优化和改进，2002 年

我们至今仍深深感谢那些宽容我们的幼稚、接受我们的缺陷，使我们能从一个幼儿成长到今天的人们。吃水不忘挖井人，永远不要忘记客户需求是我们的发展之魂。

——任正非：在无线产品线奋斗大会上的讲话：让青春的火花，
点燃无愧无悔的人生，2008 年，有删改

我们坚持为客户创造价值，敏捷地为客户服务。利用好华为自身内部的 IT、终端云、GTS 云的典型需求，服务好内部客户，培养一批队伍，这批队伍就会理解政企对云的需求。现在内部客户的体验有待加强，不要浪费了需求的价值。

——任正非：在企业业务及云业务汇报会上的发言，2020 年，有删改

每个行业都有自己的生存和发展之"道"，商道和官道不一样，官道，乃做官之道；商道，乃经商之道。当官最重要的是讲政治，而民心是最大的政治。经商最重要的是要讲利益，而客户价值是最大的利益。

任正非谈"商道"

有人问我："你们的商道是什么？"我说："我们没有商道，就是为客户服务。"

——任正非：在战略务虚会上的讲话：坚持为世界创造价值，

为价值而创新，2015年，有删改

如果大家总是去盯着竞争对手，最终会不知道客户的需求和价值体系是什么。这种只关注技术、不关注体验的模式不会成功，客户需求是客观存在的，关键是存在的客户需求怎么去解决。我认为要研究家庭网络的价值。家庭网络不是现在的这种服务模式。

我们以客户为中心，帮助客户商业成功，但也不能无条件地去满足客户需求。第一，不能满足客户不合理的需求，如果使用不法手段产的粮食，给公司带来的是不安全，欲速而不达。第二，客户需求是合理的，但要求急单优先发货，那就多付钱。因为整个公司流程都改变了，多收飞机运费还不够，生产线也进行了调整，加班加点，这个钱也要付。因此在满足客户需求中，我们强调合同场景、概算、项目的计划性和可行性。

——任正非：在销售项目经理资源池第一期学员座谈会上的讲话，2014年

华为以客户为中心，以结果为导向。为什么以客户为中心？华为认为，因为只有客户给钱，除了生身父母，就是衣食父母，客户。

任正非说：华为注定是为客户而存在的，除了客户，华为没有存在的任何理由。任正非不需要人接送，出差都是一个人搭飞机，一个人等车，就是希望员工屁股对着老板，面向客户。任正非为什么对自己这么苛刻？"上行下效"，因为老板做什么，手下一定在做什么，人不是靠学习来学习的，是靠模仿来学习的，员工不是听企业家怎么说的，而是看他怎么做的。

恒大为什么爆雷，有很多原因。大公司出问题一般是从内部而不是从外部；据说恒大内部有三个干部看出问题，却首先抛售自己的股票，引起基本盘出了问题，最终引发"雪崩效应"，导致资金链断裂爆雷。

现在几乎每个企业都宣称自己以客户为中心，客户第一，但是往往可能这就是挂在墙上的一个口号而已。那么究竟怎样才是真正的"以客户为中心"呢？

华为"以客户为中心"的三大举措

第一，采用第三方客户满意度报告。就是在任何客户界面都要保持敬畏之心，让我们的服务超出客户预期，不要动不动搞满意度，满意度是通过第三方进行评测的，不然好像我们给了客户许多礼品以求带来虚假的满意度。

第二，建设以客户为中心的业务管理流程。用规则的确定性来应对市场的不确定性，把不确定的事情做成了标准的服务流程。本质上，这才是坚持做到了以客户为中心，才能快速响应客户的任何需求。很多公司流程不叫作"端到端"，而是"段到段"；华为两个部门负责人吵架相互指责，就会互换下位置，比如销售部门说人力资源部门不行，那么销售总裁会被直接变成人力资源总裁。三个部门吵架，就将三个部门整合起来；组织架构和组织管理体系以客户为中心，比如华为的"铁三角"，华为的按照产品部和地区部、代表处划分的组织结构，包括现在的华为行业兵团，都是根据客户需求，做出相应解决方案满足客户需要的。很多公司以职能划分，比如大客户部门，而华为基于客户需求设定组织，比如煤炭事业部总部设定在太原。

第三，华为企业文化价值观以客户为中心。任正非说："你们要脑袋对着客户，屁股对着领导。不要为了迎接领导，像疯子一样，从上到下地忙着做胶片……不要以为领导喜欢你就升官了，这样下去我们的战斗力是会削弱的。"在华为，坚决提拔那些眼睛盯着客户、屁股对着老板的员工；坚决淘汰那些眼睛盯着老板、屁股对着客户的干部。任正非出行从来不允许华为当地公司接待，谁接待谁立马会被降级处分。

运筹不在帷幄之中，而是在客户现场，决胜不在千里之外，而在客户心里。

1999年，华为公司给所有高管发了一双皮鞋，任正非说"以客户为中心，客户现场有神灵"，年底考核就看谁的鞋磨破得快，所谓"鞋苦功高"。任正非自己一年四季都在外面跑，所以华为公司高管没有会议，也不敢在公司内待半天以上。任正非每年在6月之前待在公司多一些，发布公司的战略报告，做3~5年的战略思考；6月30日之后一般在外面跟基层员工访谈，跟外面的人喝咖啡，"一杯咖啡汇聚宇宙的力量"。

与客户的距离无限近，企业发展的空间就无限大。

华为的以客户为中心的核心价值观发展经过了如图2-1、图2-2所示的两个阶段。

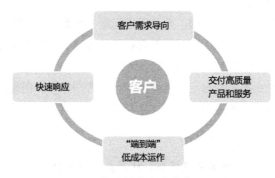

图2-1　华为以客户为中心1.0版

图 2-2　华为以客户为中心 2.0 版

以客户为中心 1.0 版是以客户需求导向、增长导向来不断做功能、做产品。华为当时经常说的一句话是"能力不够，态度来补"。当时华为的产品某些性能很差，经常刮风下雨就会出问题。于是一旦刮风下雨就会有工程师拿个毯子住在客户的机房里，客户虽然觉得质量不行，但是看服务态度很好，也不好说什么。

客户需求导向→快速响应→"端到端"低成本运作→交付高质量的产品和服务，这个服务流程符合华为创业初期发展的阶段特点。

在 2010 年之后，华为经过数轮改革，将以客户为中心升级为 2.0 版本。

以客户为中心 2.0 版瞄准的是帮助客户商业成功。从洞察客户需求出发，沿着客户洞察→产品与服务解决方案→商业与经营模式→伙伴关系的价值创造路径，不仅提供产品，而且提供全套解决方案和商业经营模式，和客户构建起长期合作伙伴关系，和客户的关系更为主动，主动参与到客户的需求分析、价值传递的工作中，形成了客户和自身战略融合，从交易性客户关系变成战略型"同路人"的伙伴关系。

要做到帮助客户成功，华为构建了"三大理念"，发展了"三大能力"。

华为发展的三大理念：以客户为中心、以奋斗者为本、坚持长期艰苦奋斗。这里讲的就是第一个理念，以客户为中心，真正以客户为中心，而不是挂在嘴边。

华为构建的三大能力：发展客户的能力、发展组织的能力、发展个人的能力。

华为以客户为中心的价值观深入企业文化底座

为客户服务是华为存在的唯一理由；客户需求是华为发展的原动力。

（1）真正认识到为客户服务是华为存在的唯一理由。从企业活下去的根本来看，企业要有利润，但利润只能从客户那里来。华为的生存本身是靠满足客户需求、提供客户所需的产品和服务并获得合理的回报来支撑的；员工是要给工资，股东是要给回报的。天底下唯一给华为钱的，只有客户。我们不为客户服务，还能为谁服务？客户是我们生存的唯一理由！既然决定企业生死存亡的是客户，提供企业生存价值的是客户，企业就必须为客户服务。

（2）真正认识到客户需求是华为发展的原动力。我们处在一个信息产品过剩的时代，这与物质社会的规律不一致。人们对物质的需求与欲望是无限的，而资源是有限的。而信息恰好反过来，人们对信息的需求是有限的（人要睡觉，人口不能无限地增长……），而制造信息产品的资源是无限的。

2.2　以创造而不是创新满足客户

华为有两份报纸，一份是《华为人报》，专门给客户看的，大部分是说华为做的好的地方。另一份是《管理优化报》，是给内部员工看的，专门说华为的各种问题和解决方案。

2011 年出现了华为历史上著名的"马电事件"。马来西亚电信公司 CEO 忍无可忍，终将华为服务差、推诿数月不解决问题的事情以正式邮件形式告知了华为董事长孙亚芳，华为高层这才发现这个严重损害客户利益、偏离华为"以客户为中心"理念的事件。整个华为高层震动，非常重视，在承诺为客户修复所有问题、承担所有责任和费用后，又将整件事情所有涉及的责任人、当时处理的方法、哪些点违反了公司以客户为中心的原则、当事人当时处理的心态和后来反思的内容，从高管到基层员工一一点名，并让所有高层均现身说法，表态担责。

这一过程历时半年，华为公司内部完全完整地复盘了整个事件，前后发文几十篇，数十万字，公司上下形成几百项纠偏措施，最终形成了轮值 CEO 徐直军亲自撰写的一个报告文学性质的问题研究报告，并且专门发到《华为人报》和外部论坛上，让所有客户和外界都能参与讨论，提出批评。将这一并不光彩的事件展示在一贯"报喜"的《华为人报》上并邮寄给所有客户看，也展示了华为以客户为中心的坚定决心。

这和很多企业出了问题就否认、推诿、"盖盖子"的行为形成了鲜明的对比。华为让客户和员工都知道，华为以客户为中心不是开玩笑，华为对损害客户利益的行为零容忍。这次事件，华为前后以开除、降级降职、扣罚奖金等方式处理了华为几十名干部。

华为将违反以客户为中心的"马电事件"从里到外透彻分析，开展内部的自我反思和批判活动，引发了内部几万人参与跟帖的全员大讨论，部分文章标题如下：

《我们还是以客户为中心吗？！马电 CEO 投诉始末》——徐直军、徐文伟、丁耘、姚福海，2011 年；

《华为如何活下去之——马电事件之后》，2011 年；

《从马电事件看人力资源管理》，2011 年；

《以史为鉴》——中东地区部组织学习《我们还是以客户为中心吗？！》，2011 年；

《"谈管理者的情怠行为"》——徐直军，2011 年；

《马电事件周年回望：谁正在重蹈覆辙？》——写在《我们还是以客户为中心吗？！》发表一周年之际，2012。

……

（来自华为员工的评论）有个客户的反馈令我不寒而栗！客户对我们的反思，认为停留在表面上，认为我们对责任没有一查到底，我感到我们正在失去客户对我们的信任。我们喊了这么多年的解决方案能力，一直没有真正构建起来，各产品还是独立作战，甚至在市场上自己打自己，这种来自中基层的狼性，应该在更高的层次，通过强大的解决方案团队来协调解决。我们不能以解决方案为中心，而是以客户为中心。

很多企业心口不一，口中全是理念，言必称客户，心中却全是生意。试问企业老板、高管有多少次出现在客户交付一线现场？企业资源投入客户这里有多少？

企业要活下来，首先以客户为中心，彼得·德鲁克认为企业的目的只有一个，就是创造客户，为客户创造价值，并且完成交易的循环。华为自称没有创新，只有不断满足客户需求，为客户创造价值。现在很多营销名词看起来很高深莫测，但其实来自自媒体、来自杜撰，很多互联网名词是不可验证的，很多新词听起来很有道理，但是说一千道一万，终归要回到客户这个点上。也就是抱着敬畏之心，踏踏实实地去做好客户工作，"人在做好客户工作，天在看"，任正非说"客户那里有神灵"。

华为后来引入 IPD 研发流程，以更快更好地响应客户对产品的需求，后来又引入集成供应链管理，从销售线索到现金、管理客户关系等主干流程。瞄准销售机会点和客户服务的关键流程，将华为闭门造车的工程师思维转化为"工程师商人"的思维——既关注产品本身，也关注客户价值。

如图 2-3 所示，创造和创新有如下不同。

（1）创造体现企业的本质，体现客户导向，满足客户的某种需求。所有创造都是重新发现。

（2）创新体现科学技术本质，体现自我导向，满足自我的某种需求。所有创新都是重新发明。

企业要创造客户，创新性地满足客户需求。满足客户需求的是创造不是创新，强调这一理念，就是要纠正以自我为中心的思维惯性，在企业所有经营活动中时刻关注客户价值。

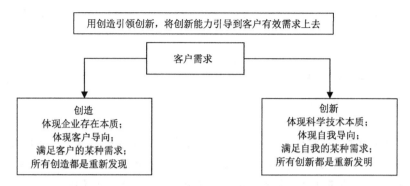

图 2-3　创造与创新在客户需求导向上的不同

科学家和艺术家一样，都是在表达自我。而企业家以客户为中心，是满足客户需要；企业家要打胜仗，又和军事家很像，所以美国 500 强中的 CEO，据说更多地来自西点军校而不是商学院，这不仅因为军事院校强调的执行力、坚韧、勇气、担当精神、寻找作战机会点和企业家要求的素质极为相像，而且因为他们都非常关注自己的"作战对象"——知己知彼，百战不殆。

2.3　构建创造客户价值的经营理念

可以通过如下五个方面构建创造客户价值的经营理念（见图 2-4）。

图 2-4　创造顾客价值的五个方面

2.3.1　正确选择高价值客户，建立客户需求导向的流程

华为将客户分为商业客户、价值客户和战略客户。

（1）商业客户：就是做生意，能赚钱就做，不赚钱不做。

（2）价值客户：给我主要贡献粮食，即利润和销售额来源的客户，要维护好这类客户。

（3）战略客户：想做还没有做成的客户，对品牌有价值，有时候亏钱也要做。

很多公司将大量的资源消耗在商业客户上。商业客户审批在华为就很快，判断也很简单，以提高效率，绝不投入过多资源。而战略客户有专门的服务对接部门和详细的服务流程，力图在每个接触点上都展现出华为值得信赖，客户受到极大尊重。不同客户匹配的流程和配置的资源不一样，这样才可以聚焦资源，提高效率。

> **华为以"五个一"工程提高客户满意度**
>
> 围绕"五个一"（PO 前处理 1 天、从订单到发货准备 1 周、所有产品从订单确认到客户指定地点 1 个月、软件从客户订单到下载准备 1 分钟、站点交付验收 1 个月）目标，打通相关流程和 IT 系统，加速提升从签订高质量合同、快速准确交付到加速回款的"端到端"项目经营能力，各代表处、各地区部及各流程 Owner 和相关组织，都要围绕此目标找差距、找根因，协同改进，2014 年在实现"五个一"目标的征程上有切实进步。
>
> ——轮值 CEO 徐直军：聚焦战略，简化管理，有效增长，2014 年，有删改

2.3.2　建立"端到端"服务客户的组织

很多企业家说企业的执行力差，实际上执行力差的本质原因是领导力差和流程能力差；说团队执行力差，往往是说老板和高管的领导力差，加上组织没有流程能力，所以执行力不能总归因于外。

华为有大大小小的流程，但是所有流程中都建立了以客户需求为导向的流程，核心有三大流程（见图 2-5）：LTC（Lead To Cash，从销售线索到现金）、IPD（Integrated Product Development，集成产品研发）、ITR（Issue To Resolution，问题解决流程），其他流程都是子流程或者辅助流程。华为要求三大主干流程一定要清晰，末端流程一定要灵活，在服务客户的每个环节做设计。

图 2-5　华为三大流程

任正非谈流程建设

变革最主要是围绕"为客户服务创造价值"来设立流程、制度，不能为这个中心服务的，我们都要简化。

现在流程的烦琐，就是因为我们以前没有弄清楚目的到底是什么。在未来变革过程中，我们要强调目的才是最重要的，目的就是要多产粮食、产生战略贡献和增加土地肥力，凡是不能为这两个目的服务的，都要逐步简化。这样我们提高了作战效率。

——任正非：在四季度区域总裁会议上的讲话：遍地英雄下夕烟，

六亿神州尽舜尧，2014年，有删改

将来我们在流程建设或未来架构建设中应该四位一体：①明确业务场景和规则；②设计流程、数据、IT；③相应支撑运作组织体系和KPI；④相应流程体系的度量和Metrics。

将来流程发布应包括三个方面：①流程架构层面；②面向业务流的流程视图，将客户、华为、供应商包含在一起；③相应的定制方法。

——任正非：关于"严格、有序、简化的认真管理是实现超越的关键"的座谈纪要，

2014年，有删改

第3章

科学经营的原理：
用机会牵引成长

"机会不上门来找人，只有人去找机会。"

——狄更斯

3.1　科学经营的三大基本假设

谈科学经营的实践方法，一定要谈科学经营的理念和理论，而谈理论就一定要清楚假设的重要性。

彼得·德鲁克谈企业经营的"假设条件"

德鲁克认为经营理论可以称为一种理论，因为它是企业建立以及进行商业运作的基础假设条件。他认为一个清晰明确、前后一致、目的明确并且独具特色的经营理论，无论是对企业还是非营利性机构，都是强大的。

德鲁克用大量的事例说明了企业出现危机的根源并不是经营管理不善，甚至也并非存在明显的管理错误。事实上，在大多数情况下，人们所作所为是正确的，但又毫无收获。这一明显矛盾的根源何在呢？人们努力工作，但又一无所获，应当怎样解释这一现象呢？德鲁克（1994）认为原因在于，作为一个企业建立以及商业运作的基础假设条件已经不再适应现实。

这些假设决定了企业的运作方式，指导其经营策略的制定，定义了企业存在和发展的根本目的。它们应该包含市场，包含客户或是竞争者，以及他们的价值观念或处世之道；它们应和科技及其发展息息相关，与公司的优势以及缺点密切相连；它们指导着一个公司如何去争取利润。因此，企业经营理论的核心问题是基本假设的确定问题。

任正非十分强调假设的重要作用。

没有正确的假设，就没有正确的方向；

没有正确的方向，就没有正确的思想；

没有正确的思想，就没有正确的理论；

没有正确的理论，就不会有正确的战略。

思想家的作用就是假设，只有有正确的假设，才有正确的思想；只有有正确的思想，才有正确的方向；只有有正确的方向，才有正确的理论；只有有正确的理论，才有正确的战略……

——任正非：与 Fellow 座谈会上的讲话，2016 年

彼得·德鲁克认为，一个企业经营理论应该由三部分基本假设组成：企业对自身所处环境的假设，企业对自身根本目标的假设，企业实现预定目标的自身优劣势的假设。

3.1.1 企业对所处环境的假设

企业对所处环境的假设应该包括关于公司组织结构、市场定位的假设，以及关于客户和产品科学技术的假设。

对于彼得·德鲁克提出的企业环境假设的认识，管理学家已经发展出一种新的权变理论。在企业经营中我们常遇到的问题是企业究竟是选择适应环境，还是选择创造环境；是选择市场驱动营销，还是选择营销驱动市场。这些是企业经营的重大问题，非常值得思考。麦肯锡咨询公司高级管理顾问休·库特尼（Hugh Courtney）建议，决策者需要深刻理解企业面临的不确定性的程度和本质。只有这样，他们才能提出更丰富的可行方案，做出更好的选择。适应环境的企业会接受既定的产业结构和行为方式。当市场稳定时，环境适应者努力在现有的产业结构中界定出具有防御能力的定位；当高度不确定性出现时，他们就试图快速反应，识别并捕捉到市场变化中的新机会。

当今，企业面临的外部生存环境越来越复杂多变，如果企业外部的环境不复杂，也不变化，企业就不需要科学经营的方法。

《人类简史》提到一个观点：社会演化的方向是社会环境越来越变幻莫测。我们进入了"乌卡时代"。社会环境越来越具有"魔幻色彩"——如同三年前任何人都可能无法想象这三年来疫情对中国社会的影响，是由很多因素导致的，最核心的因素就是科学技术的发展、全球化的发展。科学技术的发展带来了环境的变化，带来了更多的不确定性，带来了需求的变化。

企业的变化一般都落后于环境的变化，如果此间差距越来越大，企业走向灭亡的风险也就越来越大。

随着需求的变化，企业过去注重追求效率、注重生产经营的思路越来越无法满足企业生存的需要。消费者需求效用递减，个性化的需求越来越多，与此同时，供给方面不断向规模化和标准化演进，这两者之间存在冲突，即需求效用递减和需求个性化与供给的规模化和标准化之间的矛盾，也就是个性化和需求效用递减要求企业不走标准化和规模化道路，但是随着竞争的加剧，企业必须要走标准化和规模化之路才能降低成本，才能生存。

企业内部、外部环境越来越复杂，比如对中国企业来说，中美贸易摩擦、美国对华为的打压等，包括科技变化越来越快，所以企业生存越来越困难，经营管理难度越来越高。

华为谈环境变化

公司面临崭新商业环境：

客户范围更广泛：运营商+五大行业+安平+云服务客户+消费者……

业务模式更繁多：产品、解决方案、云服务、智能终端……

竞争对手更多：CT/IT 设备商+云服务提供商+芯片商+白牌硬件+开源软件+OTT 跨界……

竞争方式更陌生：技术竞争、产品竞争、商业模式竞争、生态能力竞争、商业思想竞争……

——华为公司《人力资源管理纲要 2.0 总纲》，2018 年，有删改

这种极端恶劣的环境，逼迫你们要改变多年来因发展顺利而滋生的臃肿以及因内部复杂程序造成的战斗力削弱。在内忧外患、机会与挑战并存的当下，开展改革要有一股勇气，就像在刀尖上跳舞，除了世界第一，就是死亡。

——任正非在运营商 BG 组织变革方向汇报会上的讲话：对准联结领域绝对领先，
不断激活组织，改变作战方式，提升作战能力和效率，2019 年，有删改

3.1.2　企业对自身根本目标的假设

彼得·德鲁克认为，无论是营利组织还是非营利组织，都必须有明确的宗旨和使命，这是有效管理的基础。要想提高运作效率，一个企业首先必须确定衡量工作效率的标准。对企业而言，利润是最重要的衡量指标。企业在管理方面的成功，在很大程度上是因为有这个明确的评价标准。非营利组织既然是利用社会资源为社会提供服务的，理所当然也应该考虑经济上的合理性，也必须规定工作绩效及衡量标准。

华为早在 1997 年就在《华为基本法》中定义了企业的目标。

《华为基本法》第二十一条——我们将按照我们的事业的可持续成长的要求，设立每个时期合理的利润率和利润目标，而不单纯追求利润的最大化。

《华为基本法》第十四条——我们追求在一定利润水平上的成长的最大化。

增长来自成长，通过追求最大化的成长，实现持续的增长。企业不要急功近利，追求短期利润，让利益相关者利益受损，让公司长期的应该投入的资源没有投入，从而影响公司长远的利益。

1997年《华为基本法》完成了华为成长的系统思考，明确了公司的定位和发展的目标——**追求成长**（见图3-1）。

图 3-1　华为对成长的思考

成长逻辑分为四个方面。

（1）**成长领域**：《华为基本法》第十二条指出，我们进入的新成长领域，应当有利于提升公司的核心技术水平，有利于发挥公司资源的综合优势，有利于带动公司的整体扩张。顺应技术发展的大趋势，顺应市场变化的大趋势，顺应社会发展的大趋势，就能使我们避免大的风险。只有当我们看准了时机和有了新的构想，确信能够在该领域中对客户做出与众不同的贡献时，才进入相关新领域。

（2）**成长牵引**：《华为基本法》第十三条指出，机会、人才、技术和产品是公司成长的主要牵引力。这四种力量之间存在着相互作用。机会牵引人才，人才牵引技术，技术牵引产品，产品牵引更多更大的机会。加大这四种力量的牵引力度，促进了它们之间的良性循环，就会加快公司的成长。

（3）**成长速度**：《华为基本法》第十四条指出，我们追求在一定利润率水平上的

52

成长的最大化。我们必须达到和保持高于行业平均的增长速度和行业中主要竞争对手的增长速度，以增强公司的活力，吸引最优秀的人才，以及实现公司各种经营资源的最佳配置。在电子信息产业中，要么成为领先者，要么被淘汰，没有第三条路可走。

（4）**成长管理**：《华为基本法》第十五条指出，我们不单纯追求规模上的扩展，而是要使自己变得更优秀。因此，高层领导必须警惕长期高速增长有可能给公司造成的脆弱和隐藏的缺点，必须对成长进行有效的管理。在促进公司迅速成为一个大规模企业的同时，公司必须以更大的管理努力，促使公司更加灵活和更为有效，要始终保持造势与做实的协调发展。

3.1.3　企业实现预定目标的自身优劣势的假设

彼得·德鲁克关于企业实现预定目标的优势的假设，已经发展出一套核心能力理论。从德鲁克的论述中我们可以看出，不少企业对自身优势所在的假设实际上存在极大的问题。

德鲁克谈企业核心能力

（优势是唯一的）任何企业都需要了解本身的优点，并依据这些优点来拟定策略。我们擅长哪种业务？我们营运的领域有哪些？大多数企业与公共服务机构都相信自己可以在每个领域中成为"领导者。"但是，优点总是特定且独一无二的。

——德鲁克《动荡时代的管理》

（要分析现有优势）对优势进行分析，就能知道哪些现有的优势需要改进或增强以及可以从哪些地方吸收到新的优势力量，这也同时显示出什么是企业能做和该做的。

每个组织都有不同的核心能力，它可以说是组织个性的一部分，但是，每个组织不仅仅是企业，都需要一种核心能力：创新。

——德鲁克《巨变时代的管理》

（从内部看不到自己的优势）一般来说，要知道怎么做比较容易。结果，企业内部的人却常常不假思索地认为他们的知识和特殊能力并没有什么，同时会认为所有的同业者也必须具备这种能力。他们越来越看重的是那些他们觉得困难的事务，也就是他们特别不擅长的事务。

——德鲁克《成果管理》

（经过比较才能知道自己的优势劣势）企业要问自己的第一个问题就是：哪些是我们过去一直做得很好，而且也不会感到特别吃力，其他人却无法做好的工作？

接着再问，哪些是我们做得不好，但其他人似乎是毫不费力就能完成的工作？

——德鲁克《成果管理》

企业要问自己：我们对企业增长满意吗？增长来源于什么？比如，华为认为增长来源于机会、人才、技术和产品的循环，持续增长源于成长。找到自身企业实现目标的优势和劣势的假设，才能找到实现目标的要素，规划出实现目标的有效路径。

华为对实现目标的路径的看法

曾几何时，高速增长是华为的优先追求，超强的执行力是华为的鲜明特征；这造就了华为的快速成长，也形成了华为粗放管理的诟病。在趋于平缓的业务增长态势下，我们需要合理的效益来支撑公司战略的持续投入。

——华为公司轮值CEO 郭平：聚焦战略，简化管理，提高效益，2013年新年献词

2023年甚至到2025年，一定要把活下来作为最主要的纲领。活下来，有质量地活下来，这个口号很好，每个业务都要去认真执行。目前我们要活下来，不是为了理想而奋斗。

要坚持有利润的增长、有现金的利润，以生存为底线。

——任正非：整个公司的经营方针要从追求规模转向追求利润和现金流，

2022年，有删改

增长和成长来自哪里？机会第一！

如图3-2所示，机会、人才、技术和产品是公司成长的主要牵引力，这是一个螺旋上升的循环过程。这四种力量之间存在着相互作用：机会牵引人才，人才牵引技术，技术牵引产品，产品牵引更多更大的机会。先有市场机会，后有能力，利润来自未来的不确定风险，成长的牵引是机会牵引人才，人才来了带来技术和产品。没有大的机会，没法牵引大的人才。

我们认为企业发展的主要牵引动力是机会、人才、技术、产品。这四种力量相互作用，机会牵引人才，人才牵引技术，技术牵引产品，产品牵引更多更大的机会，这是一个循环。员工在这个成长圈中处于主动位置。要重视对人的研究，让他在集体奋斗的大环境中，去充分释放潜能，更有力、有序地推动公司前进。

——任正非：华为的红旗到底能打多久，向中国电信调研团的汇报以及

在联通总部与处以上干部座谈会上的发言，1998年，有删改

图 3-2 增长源自机会点

华为认为自身没有成功，只有成长。

> **什么叫成功？是像日本那些企业那样，经九死一生还能好好地活着，这才是真正的成功。华为没有成功，只是在成长。**
>
> ——任正非：北国之春，2001 年，有删改

企业成长要方向大致正确，要顺应技术发展的大趋势，顺应市场变化的大趋势，顺应社会发展的大趋势，这就是方向大致正确的保证。企业如果尝试做新的东西，最好能反哺企业的核心竞争力。华为的实现目标的核心能力假设是"超宽带，低时延"，华为《人力资源管理纲要 2.0》中说，要用新的业务的增长来反哺核心能力的增长。

通过不断优化内部管理促进公司有质量地成长，不单纯追求规模的扩展，因为业务规模增长会带来内部管理能力不足，管理能力跟不上，规模扩张就无法持续。华为认为，要追求一定利润水平上的成长最大化，不应过分强调利润，只要保持超过主要竞争对手或者行业平均的增长速度就可以。

企业对自身所处环境的假设，企业对自身根本目标的假设，企业实现预定目标的自身优劣势的假设，这三大假设决定了企业的经营管理理念、目标和自身定位。

华为在《人力资源管理纲要 2.0》中总结自身发展："过去 30 年，公司基于正确的社会与产业洞察与假设，形成并坚持了正确的发展思想与路线。"具体内容如图 3-3 所示。

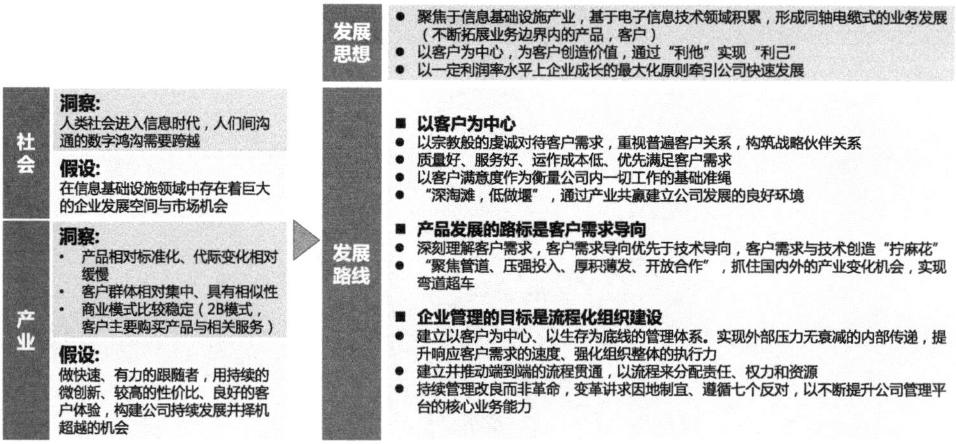

图 3-3　华为过去 30 年的战略假设

华为对自身科学经营的假设

我司历经三十几年的战略假设是："依托全球化平台，聚集一切力量，攻击一个'城墙口'，实施战略突破。"

——任正非：星光不问赶路人，2020 年

原来人才假设是正态分布，即依靠集体的力量，认为优秀领袖并没有那么重要。但新的人才假设是：新"帕雷托曲线"，企业发展更依赖优质人才的创新，对外加强全球新技术"优才"的获取，对内实施队伍结构调整，"不换脑就换人"。

假设一变，政策、策略、制度流程都要跟着变化。

在 2014 年，任正非在人力资源工作汇报会上说：我提出四个假设，你们来看是否正确。

第一个假设：流程组织优化，在五年内是否会逐渐进步？进步的标志就是人员减少，工作效率提高，利润增加。

第二个假设：针尖战略是否将增加我们定价和议价的能力？

第三个假设：3~5 年内，有的竞争对手在衰退，我们的商业生态环境是否在改变？

第四个假设：现在人力资源改革产生的动力，特别是分享机制形成以后，会不会提高生产力？

如果这四个假设成立，意味着利润会增加，我们可分配薪酬包也就增加了。股东、劳动者收益分配要有合理比例。未来为华为创造价值，要承认资本的力量，但

更主要是靠劳动者的力量，特别在互联网时代，年轻人的作战能力提升很迅速。有了合理的资本/劳动分配比例、劳动者创造新价值这几点，那么分钱的方法就出来了，敢于涨工资。这样人力资源改革的胆子就大一些，底气就足一些。

华为发展到如今高度也是基于正确的假设

过去 30 年，在公司创始人及创业团队奋力牵引下，在全体员工共同奋斗中，公司实现了从"一无所有"到"三分天下"、从"积极跟随者"到"行业领先者"的跨越式发展。

过去 30 年的市场洞察：

社会方面　洞察：人类社会进入信息时代，人们间沟通的数字鸿沟需要跨越。假设：在信息基础设施领域中存在着巨大的企业发展空间与市场机会。

产业方面　洞察：产品相对标准化、代际变化相对缓慢；客户群体相对集中、具有相似性；商业模式比较稳定（2B 模式，客户主要购买产品与相关服务）。假设：做快速、有力的跟随者，用持续的微创新、较高的性价比、良好的客户体验，构建公司持续发展并择机超越的机会。

——人力资源管理纲要 2.0：总纲，2018 年

假设一变，战略也要跟着变

我司历经三十几年的战略假设是："依托全球化平台，聚集一切力量，攻击一个'城墙口'，实施战略突破。"

而现实是我们的理想与我们的遭遇不一致，美国的制裁使我们全球化战略不能完全实施，我们可能依靠不了部分全球化平台，至少最先进的美国平台不支持我们。

现在必须全面靠自己打造产品，这是我们的能力与战略极大的不匹配，是我们最薄弱的环节，逼着我们从小学生做起，而且要快速跳级再跳级到博士，我们哪有这么大的弹跳能力。我们既不是巧媳妇，也没有米。

——任正非：星光不问赶路人，2020 年

3.2　企业经营的原理

3.2.1　机会圈和能力圈之间要动态平衡

企业经营底层的逻辑或者说经营的起点在哪里？第一性的原理在哪里？

企业经营就是要找到机会圈和能力圈的重叠部分（见图 3-4），就是要找到市场机

会和企业自身能力最匹配的交集。这个交集就是企业经营的成果，企业经营的好坏就取决于这个交集的大小。

目标差距背后都藏着业务设计的短板和组织能力的短板

图3-4　能力圈和机会圈重叠

如果企业看到了很多机会，但是能力达不到，就不会有好的经营结果；如果说企业能力很不错，但是看不到市场机会，则空有一身武功，没有地方发挥，那么能力也就成了"屠龙术"。

企业经营就是要根据市场机会圈的变化，不断地调整企业的能力圈，抓住市场机会，让市场机会反哺企业能力的成长，以便抓住更大的市场机会。

增长是果，因是成长，经营的原点就是让能力圈与机会圈的重合度越大越好。目标差距背后都藏着业务设计的短板和组织能力的短板。业绩存在差距，一定是能力圈与机会圈两者没匹配好。

机会、人才、技术和产品是公司成长的主要牵引力，这是一个螺旋上升的循环过程。利润来自不确定的风险，能力决定能否抓住机会，"没有金刚钻不揽瓷器活"，优秀的管理者不是能力第一，而是机会倒逼能力。

先有能力，再看机会，或者先看机会，再构建核心能力，是企业达成绩效的两条路径。机会和能力可以分先后，但是不可或缺。干部的核心使命就是洞察机会、抓住机会；而机会来自外部市场洞察，所以说企业经营的成果不在内部，而在外部，在于不断发现新的机会，并转化为商业成功。

任正非谈机会圈和能力圈

任正非曾说：企业市场没有什么兵家必争之地，不要奢谈格局问题，一定要找到适合你的突破点，突破了，再撕大口子，逐步做大。终端也没有格局问题，都要以盈利为基础稳健发展。在这种市场上，不能动不动就搞什么恶战，别老是想低价竞争的问题，这是历史了，这是过去华为公司的错路，要终止，否则我们就会破坏这个世界，破坏社会秩序了。我们还是要以优质的产品和服务打动客户，恶战、低价是没有出路的。

——任正非：和广州代表处座谈纪要，2013 年

有人曾经问华为在未来选择领域的时候，到底是基于公司能力、实力的大小，还是基于产业的盈利能力、增长的前景（机会）？当时回答问题时，据说，孙亚芳说重在抓住机遇，机不可失时不再来，应该先进去，进去以后再形成实力。郑宝用说，机会很多，你都能够去抓吗？你都能形成能力吗？还是应该从自己的优势和强项出发。任正非最后说：我看在公司实力和产业机会之间，应该增加一个时间的维度，要加一个时间维度，有一个时期以扩张为主，接下来转为能力提升，随着实力和能力提升后，在下一个阶段可能又把重点放在捕捉机会上。

因此现在华为公司决心构筑管理与服务的进步体系，当一旦出现新的机会点时，抓住它，我们就可能成长为巨人。现在是有机会也抓不住，最多在中国非主流市场上打一个小胜仗，大量的国际市场让给了西方公司。

因此我们新技术的出现往往不能带给我们巨大的利益，这个巨大利益怎样产生呢？那就是优良的管理和良好的服务。

——任正非：不做昙花一现的英雄，1998 年，有删改

3.2.2　企业创业期是机会牵引成长

大部分企业家在开始创业的时候没有一个深思熟虑的规划，更多的是见机行事或者说是机会主义者。企业家理论和企业成长理论的奠基人伊迪丝·彭罗斯（Edith Penrose）将企业家发现企业生产机会的能力叫作企业家服务，其核心就是预见未来和发现生产机会。

任正非在总结华为创业阶段成功发展的原因时说：

华为成长在全球信息产业发展最快的时期，特别是在中国从一个落后网改造成为世界级先进网，迅速发展的大潮流中，华为像一片树叶，有幸掉到了这个潮流的大船上，是躺在大船上随波逐流到今天的，本身并没有经历惊涛骇浪、洪水泛滥、大堤崩溃等危机的考验。因此，华为的成功应该是机遇大于其素质与本领。

——任正非：北国之春，2001 年

得益于世界高科技浪潮风起云涌的有利的外部环境，华为是站在当代计算机技术和集成电路技术的高度，利用了世界最先进的科技文明，破除迷信，大胆创新，不断发展起来的。华为吸收了许多前人的经验和技术，有了更高的起点，也少走了

许多弯路，一步到位就站在0.5~0.6mm芯片技术和世界最先进的软件工具的平台上。

——任正非：广东省邮电管理局与华为公司联合举办管理研讨会上的讲话，

1996年，有删改

创业阶段的成功积累，也让华为有能力和信息去捕捉更大的发展机会。

成功使我们获得了前所未有的条件与能力；

成功使我们有信心、有实力去系统地克服迅速成长中的弱点；

成功使我们有勇气、有胆略去捕捉更大的战略机会，使我们从根本上摆脱过去，获得内在可持续成长的生命力。

——任正非：再论反骄破满，在思想上艰苦奋斗，1996年，有删改

3.2.3　成熟期核心能力牵引新的机会

彭罗斯认为企业家分为两种，一种是工匠型企业家，主要专注内部管理提升；另一种是帝国建设者，兴趣在于不断地扩大企业的边界。

在中国，随着改革开放成长起来的第一代企业家、随着互联网兴起而成长的第二代企业家以及随着移动互联网、大数据、人工智能发展而崛起的第三代企业家，逐步从靠机会主义起家的企业家转变为"工匠型企业家"，进而发展成为帝国建设者。

随着企业发展，企业家需要由一个随机性的机会主义者转变成一个深思熟虑的创造者，成为《基业长青》的作者吉姆·柯林斯（Jim Coullins）所说的"造时钟"的人。

彭罗斯认为，管理是成长过程中的加速器，也是制动器，所以在企业的成长过程中有一个管理的约束。企业发展过程中，除非企业能够迅速调整组织所拥有的凝聚力以适应扩张的可能性，否则它不能持续扩张。吸纳新管理能力的数量和速度限制着企业的发展，缺乏管理资源也就成为企业扩张的主要约束力量。

《回归核心》一书的作者克里斯·祖克（Chris Zook）通过对不同行业2 000多家企业历时10年的研究，得出结论：大部分企业的成长战略不能扩大价值，反而会损害价值，基本原因在于它们错误地偏离了核心业务。在企业核心业务中建立市场竞争力，是获取竞争优势和成功扩张的关键源泉。

企业成长的最佳路径，就是要专注一个强大的核心业务，以核心业务为基础，创造一套可复制的扩张模式，向周边相邻领域逐步扩张，实现企业的有机增长，并且选择适当的时机，不断重新界定自己的核心业务。大多数企业低估了自身核心业务的成长潜力，也未能释放出核心业务全部的潜在成长价值。在动荡的发展中，企业的核心业务与其说是一种主要产品或者主要的客户，不如说是企业核心能力和核心资产，这是企业重新定义核心业务的前提。

这也是华为不断强调"聚焦"，始终投身 ICT 管道、通信方面的核心能力，并在此基础上拓展出如消费者 3C、企业业务等业务机会点，用核心能力牵引新的机会，但在"主战场"——运营商业务技术底座的投入上一直不遗余力的原因。

华为在《华为基本法》中就确定了永远不进入电信运营业务和服务领域，即便在消费者业务营收超过原本主营业务运营商业务营收时，仍然定位消费者业务是辅助战场，运营商业务是主战场。之所以这样定位，是因为无论是业务"新势力"——消费者业务、培植的业务——企业业务，还是运营商业务，其基础都是华为最核心的能力：ICT 行业的"联结"的"管道能力"——低延迟、高带宽。做大做粗这个管道的能力，就能够支撑华为新的业务机会点的发展，无论是 3C，还是 5G，抑或是智能产业等。

《华为基本法》第一条，华为的追求是在电子信息领域实现客户的梦想，并依靠点点滴滴、锲而不舍的艰苦追求，成为世界级领先企业。

为了使华为成为世界一流的设备供应商，我们将永不进入信息服务业。通过无依赖的市场压力传递，使内部机制永远处于激活状态。

任正非谈华为的主战场和辅助战场

（注：CNBG 是华为发家的业务板块，运营商业务主要是 2B、2G 业务，CBG 是华为于 2012 年开始转型并大发展的消费者业务板块，目前营收已经超过 CNBG 约两三倍）

CNBG 业务对公司具有极大的战略地位，未来二三十年，人类社会将经历重大转折，从几千年的传统社会转变为信息社会。信息社会是什么样子，我们不知道；信息社会的实现形式是什么，我们也不知道。

将来的信息社会是云的社会，云社会的基础是联结与计算。在"联结"这个问题上，我们已经是世界第一了。

如果你们培育了用户上我们的网、用我们设备的一种习惯，这个习惯根深蒂固到了人们的生活中，你们就有了战略地位，就有了战略生根、扎根的地位。

虽然 CBG 在辅助领域作战，CNBG 在主要战场上作战，但是如果没有外围的作战，就没有主战场的胜利！

——任正非：战场是最好的阅兵场，在 CBG"军团作战"誓师大会上的讲话，

2019 年，有删改

3.3 经营者的使命：持续、高质量完成业绩

如图 3-5 所示的，经营者的使命就是持续、高质量、完成业绩。这句话有三个关键词语：

持续：不能因为看到市场机会就让企业成为机会型选手。只是完成交易，赚了钱，那企业明天的机会在哪里？后天的机会在哪里？企业要对未来进行规划和准备。任正非曾说：我们制定《华为基本法》、推行各种法治建设，最终目的就是要解决公司的长治久安，而不是把希望寄托在一个人身上……

持续增长对每个经营者来说都是一个巨大的挑战，正如邓小平说的"发展才是硬道理"。有人问企业一定要增长吗？我们的回答是：企业家对此要有宗教般的信仰，即企业经营就必须有增长，如果没有增长，一定是企业家哪里没有做对，一定要深入研究，找到增长点。

高质量：看到机会也能够抓住机会，转化为经营的实际成果。有些机会企业看得到，但是由于运能能力、产品、技术等短板，没有办法转化为高质量的成果。公司在发展过程中一定有所取舍，取舍的过程就体现了公司的战略意图，质量不是一味地强调赚钱多，比如华为公司并不是追求利润的最大化，而是追求成长的最大化，不断让企业的战略目标实现。任正非曾说：保证公司生存下来有多方面手段，但最主要的就是盯住有效的增长。有效的增长就是高质量的增长，高质量就是战略方向上有成果，包括增长、成长（长期增长）、增效（提高效率）。

完成业绩：对应的就是目标达成，有持续，高质量地完成业绩才代表了商业的成功。

- 持续
- 高质量
- 完成业绩

商业成功 ↑ 战略实现 ↑ 目标达成

图 3-5 经营者的使命

持续增长的两个抓手：多"打粮食"和增加"土壤肥力"，既要有业绩量的增长，也要考虑数字增长背后的结构和质量。持续增长的核心是构建企业核心能力，保持企业核心竞争优势。

完成业绩自不必言，很多企业经营者都能理解这个目标，但持续和高质量是企业往往忽视的。在经营管理中，华为特别强调"持续"和"高质量"这两个关键词。持

续投入以构建持续的竞争优势也符合华为的"压强理论"理念。

"持续"和"有质量"是华为经营者提及的高频词

华为采用了压强原则，依靠持续大规模科研投入和集中精力突破一点的科研开发方法，集中优势兵力打歼灭战，再逐个击破。（任正非，1996年）

持续管理变革，实现高效的流程化运作，确保"端到端"的优质交付。（任正非，2004年）

在知识爆炸、行业快速变化的今天，充满活力的组织要让领袖听得见来自各个层级的声音，吸收全组织的精华，以保证持续维持大致正确的方向。（任正非，2017年）

我们要成为智能社会的使能者和推动者，万物互联我们要敢于领先，持续扩大优势。（任正非，2017年）

ICT产业是华为总体产业组合的基座，是华为得以持续发展的基础。（任正非，2019年）

微软就是通过与客户的联合创新，持续构筑了竞争优势。（任正非，2020年）

通过持续为客户创造价值，我们有信心多产粮食、度过困难时期，就像海涅的诗句一样：冬天夺走的，春天都会还回来。（郭平，2021年）

持续战略投入，构建未来能力。（郭平，2021年）

仅靠节衣缩食实现不了高质量生存，坚持战略投入，强大自身才有未来。提高效益保证让我们有质量地持续活下去。（郭平，2021年）

2022年，在新的一年里，我们要多产粮食，做强根基，持续投入未来，通过为客户及伙伴创造价值，"活下来、有质量地活下来"。（任正非，2022年）

第4章

科学经营的原则：
让打胜仗变成信仰

"没有退路就是胜利之路。"

——任正非

第1章详细阐述了企业经营中遇到的十大挑战。本章就这些企业管理者面临的挑战介绍科学经营的原则，以应对这些挑战。

为了更加充分地阐述如何用科学经营的原则应对这些挑战，本文就企业经营管理的烦恼、企业老板经常会遇到的问题、这些问题的一些典型表现等进行深入梳理，以抽丝剥茧，用"解剖麻雀"的方法明确导致这些经营问题的原因。

华为任正非也特别推崇"解剖麻雀"的方法，用此方法弄清企业经营的实质，在解剖的过程中培养管理者的思考能力和经营感。

> 我们选择了两个小国试点，培养一些种子，小国容易实现综合落地。在小国，我们培养战略后备队，通过小麻雀解剖，找到做大项目的经验。
>
> 小国干部最大的优势是综合成长，在大国不可能有这种综合锻炼，因为在大国都是流程化组织运作，能摸到"大象腿"，也不知道"大象腿"的含义。而小国很综合化，"麻雀虽小，五脏俱全"，实际上什么都能涉及，比如预算、成本核算、计划核算……就有了跨领域的经验，得到比别人更多的综合能力锻炼，所以小国是很容易出英雄、出领袖的，将来他可以选择走专家路线或者管理路线，和"烟囱式"成长的人有很大区别。
>
> ——任正非：在片联区域管理部小国工作思路汇报上的讲话：
> 小国要率先实现精兵战略，让听得见炮声的人呼唤炮火，2015年，有删改

4.1 基本原则一：方向要大致正确，组织要充满活力

4.1.1 方向只能大致正确

华为蓝军部潘少钦曾经对华为提出的"方向大致正确，组织充满活力"做了如下解读：为什么方向只能大致正确？因为环境变化很快，战略规划无法消除风险。其实我们都知道，在当今复杂的形势下，战略规划无法消除风险，最多只能增大成功概率。

管理大师彼得·德鲁克是这样定义"决策"的："决策是一种判断，是若干项方案中的选择。所谓选择，通常不是'是与非'的选择，至多只是'似是与似非'的选择。"

战略是越来越不重要了吗？企业管理学家都在反思，重新评估战略的作用与价值。战略不是不重要，而是更重要。但是最根本的是怎么看待战略本身以及如何在不断调整中推动战略执行。

若想勇敢做出战略抉择，管理者必须首先接受这一事实：这种关键业务领域的拓展，其实和创业非常相似，再有能力的创业者也无法在出发之前就想清楚所有的事情，即便当时已经想清楚，一旦开始做也会发生很多变化，绝大多数公司成功时的方向和最初设想的方向大相径庭。

我们有的时候战略方向相对正确，有的时候只能说大致正确，有的时候甚至大致不正确。战略对的时候我们能加快发展，不太对的时候能及时调整，华为总体上靠的是就是速度快，学得快、做得快、改得快。快的后面是勤奋，勤奋后面就是组织活力，组织上上下下的活力。任正非为什么在公司这么多年特别推崇"熵减"的管理哲学？因为"熵减"的核心价值就是激活组织和组织中的人。

在战略方向不能保证完全正确，最多只能大致正确，甚至有的阶段还会出现偏差的情况下，企业还要夺取战略胜利，在这个过程中，组织充满活力就格外关键。

华为著名的管理军规——"方向大致正确，组织始终充满活力"

华为为什么能持续 30 年年均复合增长 30%以上？方向大致正确，组织始终充满活力。

2017 年华为上海战略务虚会议上，任正非提出华为公司发展的基本逻辑：方向要大致正确，组织必须充满活力。

当时，与会的一些领导还是有所争议的，有的认为不能说方向大致正确，有些方向一定要绝对正确，如以客户为中心；有的认为讨论战略的时候，放入组织活力的课题是否合适。

对此，任正非做了两点澄清：

首先，这里的方向是指产业方向和技术方向，我们不可能完全看得准，做到大致准确就很了不起。

其次，在方向大致准确的前提下，组织充满活力非常重要，这是确保战略执行、走向成功的关键。

方向没有绝对正确，只有大致正确，做事业就像舞龙，龙头要抬起来，这就是方向，大致要正确；更重要的是随后龙身子要舞动起来，要有力，整个龙才能舞起来、活起来，说的就是这个道理。

——《华为人》，2017 年

现在每个团队不是正在讨论吗？重新认识我们怎么胜利的。我们胜利的两个基础，一是方向要大致正确；二是组织要充满活力。

我们一定要有正确的方向，正确的方向我们不一定能找得到，只能不断探索，方向大致正确就行。

但组织的活力我们是有信心建立起来的，这就是精神文明，组织活力就是精神文明！

——任正非：与中国地区部代表及主管座谈纪要，2017 年，有删减

4.1.2　组织要始终充满活力

任正非说：我们胜利的两个基础，一是方向要大致正确；二是组织要充满活力。领袖要素是方向大致正确的一个保障，组织充满活力要成为方向大致正确的另一个保障。

任正非看《莫斯科保卫战》

2008 年，对华为来说是一个重要的"窗口期。"一是次贷危机拖累了全球经济，对电信业冲击特别大；二是华为国际市场的销售份额已占到 75%，分布全球的地区部扩展到 22 个，管理效率和可控性开始出现问题；三是任正非认为又一个冬天来临，有必要放慢脚步来追求利润和强化管理，为此，华为决定把决策和预算权力下放。任正非要求大家观看《莫斯科保卫战》上集，用历史和直观的方法来认识中层不决策的危害。之所以只看上集不看下集，是因为下集苏联反攻，又一片歌舞升平。因为他想让大家看到的是问题，而不是取得胜利的结果。当时的华为像苏军当年一样，最严重的问题是：中层不决策，不承担责任，高层听不到炮声，做不出正确决策。

"今年是我们把计划和预算权力下放到地区部的第一年，这一年是很关键的一

年。如果我们走错了路，我们可能三到五年都纠正不回来；如果走对了路，那我们发展的速度会非常快，所以今天我给你们带来了一个光碟，《莫斯科保卫战》上集，下集扔了，只给你们看上集。这是描写第二次世界大战中，苏德战场上苏军早期在西线全面溃败的情景。在苏德战争初期，除了斯大林同志的刚愎自用、听不进任何意见、没有做战略准备外，还有斯大林时代清洗了八百万红军和党的干部，从而使苏联红军不成熟，教条主义横行。苏军的中层不决策、执行中的僵化教条，也使得希特勒以闪电战攻击的时候，苏军毫无还手之力，在西线是全线溃败，让德军合围。苏联在卫国战争中共死亡 3 500 万人，其中 2 500 万是军人，多数应该是在早期西线溃败的时候牺牲的。这个错误是以数百万军人生命为代价的。敌人都已经兵临城下了，应该不应该做战争准备？保管员甚至以签字不完成为由不打开武器库；不会打仗的军事委员们，一件小事都要等大本营的指示，恰好电话线已被德军炸断；……这样一个状况跟我们今天很相像。"

——任正非在埃及代表处的讲话纪要，2008 年，有删改

　　任正非说华为不需要乖孩子，要勇于担当。华为高层哪个是"乖孩子？"华为制订了各种流程，乃至建设流程型组织，但是公司定流程的目的到底是什么？是为了提高效率，不要把流程当成铁律，不然就是刻舟求剑。

　　（华为蓝军部　潘少钦）在华为内部认为：战术有千百条，头一条就是肯打，离开了肯打，其他的全是白扯。理论玩得非常漂亮，天花乱坠，离开了肯打，一切皆空。成功最大的敌人，不是没有机会，而是没有立刻行动。对于一个容易犯官僚主义问题的大公司来说，立刻行动、肯打、能打就意味着组织活力。

4.1.3　把压力转为组织活力

　　企业组织的自然走向是：随着企业的发展，组织会开始懈怠，流程开始僵化，缺乏创新动力和文化，封闭保守、固化守成，这个过程就是"熵增"。理解熵定律，就如我们理解了万有引力定律一样，就能反向做功，通过制造"负熵"，让组织出现"熵减"，让组织活力增加，让企业的生命力得以延续。因此，推动企业走向灭亡的力就是"熵增"（表 4-1）。熵增，就是组织活力的衰退，熵减就是组织活力的增加，负熵就是不断制造熵减效应的活性因子，不断打破平衡，构建组织内部的"温差"。要想让组织充满活力，就要给组织注入活性因子，保持人员和组织的负熵。

表 4-1　"熵"与组织的关系解读

	特　征	解　读
熵增	混乱无效的增加，导致功能减弱或失效	人的衰老、组织的滞怠是自然的熵增，表现为功能逐渐丧失
熵减	更加有效，导致功能增强	通过摄入食物、建立效用机制，人和组织可以实现熵减，表现为功能增强
负熵	带来"熵减"效应的活性因子	物质、能量、信息是人的负熵，新成员、新知识、简化管理等是组织的负熵

华为为了让组织充满活力，基于对物理学上熵定律的理解，设计了维持企业生命力的活力引擎，正如火箭摆脱万有引力需要有强大的动力引擎一样，熵减也为华为组织活力提供了强大引擎（见图 4-1）。

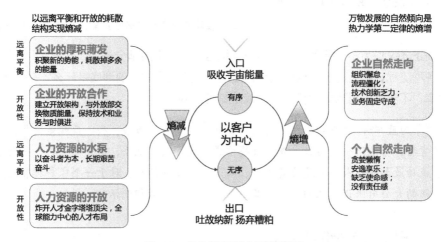

图 4-1　华为组织活力引擎模型

如何构建组织内部活力因子负熵？正如构建系统的"温差"，以避免物体之间不传递热量而停止做功，进入热寂的死亡状态一样，让企业的活性因子始终处于做功的状态，才能保持熵减。

《华为基本法》第一条就明确："通过无依赖的市场压力传递，使内部机制永远处于激活状态。"《华为基本法》第三十条进一步明确："我们要通过影响每个员工的切身利益传递市场压力，不断提高公司的整体响应能力。"

如何激发组织活力，基于对人性的理解，就是要通过利益机制来激发组织活力。

任正非说，企业经营机制说到底就是一种利益的驱动机制，这个利益的驱动机制就是让组织形成"利益差"。只有通过构筑企业利益差，才能让企业产生利益的交换和流动，犹如水差产生溪流河流，温差产生风流气流。企业的利益差让企业充满活力。这种利益差表现为两个方面：企业外部利益差和企业内部利益差。

构筑企业外部利益差，即通过与外部企业对标，相比同行和市场上其他企业，为员工构建更有竞争力的利益分配机制，不断提升企业自身吸引和保有优秀人才的能力。构筑企业内部利益差，即以奋斗者为本，不让奋斗者吃亏，让奋斗者获得超过普通劳动者更多的利益回报，让奋斗者所得超过资本所得，拉开利益分配的差距，"给火车头加满油"，充分激发组织活力。

华为几十年来不断推动熵减

1996 年，华为公司市场部集体大辞职。因为当时每个省有个"老大"，形成派系，有愈演愈烈，成"山头"之势。任正非要求所有的代表处提交两个报告：述职报告和辞职报告。任正非只会在其中一份上签字。干部如果干得不好，签了辞职报告，就要被降级、调岗甚至辞退。

2000 年，互联网泡沫，为了摆脱困境，华为让员工成为公司的代理商，将市场压力传递给大家，期间 3 000 人离开华为，开始内部大创业。

2004 年，开始为了保持组织活力，也为了兑现《华为基本法》对员工的退休保障承诺。华为做出了一项允许老员工提前退休的特殊规定：工龄 8 年以上，年龄 45 岁以上，达到一定的职位要求，就可以申请提前退休。

2007 年，为了"应对"即将实施的《劳动合同法》，员工自愿重新辞职上岗，所有人换工号，劳动合同重新续签，华为该给员工补的钱都补给员工，都是 N+1 个月补偿，不管是主动离职还是被动离职。华为就是告诉大家，想走的可以随便走，不要用劳动关系来威胁企业。

2010 年，华为大规模校园招聘、社招，稀释了奋斗者文化，为此华为提出大家写奋斗者承诺书，将奋斗者和一般的劳动者区分开来。

2012 年，为了发展 CBG 消费者业务，华为成立消费者兵团试点，此后逐步启动平台化组织变革。

2014 年，华为启动"精兵战略"，构建精兵组织，"向一线授权，让听得见炮火的人呼唤炮火"。

2019 年，为了拓展企业板块业务，贴近客户行业一线，华为成立几十个"行业军团"，千军万马上战场。

华为员工都说，华为没有一年没有大动作的，大家都习惯了变化，哪天不变了反而感觉很奇怪。

4.2 基本原则二：机会牵引，聚焦主航道，构建核心能力

4.2.1 机会牵引

任正非在总结华为三十年高速发展的原因时说：在信息基础设施领域中存在着巨大的企业发展空间与市场机会，华为过去三十年的发展得益于改革开放的大形势，得益于世界高科技浪潮风起云涌的有利的外部环境。

而在受到美国持续打压时，任正非说：大家不要单纯认为外部环境对我们不好，危险同样也是机会。外部打压其实推动了我们内部的改革，因为大家都感到紧迫，改革的积极性也提升了。我们内部的改革已初见成效，我们无路可走，只有胜利。

华为的使命从"通信行业三分天下，华为占一"，到超越爱立信，在几乎所有涉及的领域做到前三，再到把数字世界带给每个人、每个家庭、每个组织，构建万物互联的智能世界。企业若不树立远大目标并以此为导向，就无法使客户建立强烈的信赖感，也无法使员工保持足够的奋斗激情，发扬脚踏实地的创业精神。

华为抓住发展机会，用远大目标牵引发展

1994 年，任正非提出振聋发聩的十年狂想："10 年之后，世界通信行业三分天下，华为将占一份。"没有人相信会有实现的那天。那时的华为跟 IBM、朗讯（前身可追溯到贝尔实验室）等公司根本没法比，2004 年的华为也并未实现诺言。

但正是因为远大目标的牵引，如今华为早已是行业的领导者。2020 年，华为营收 1 367 亿美元，IBM 是 736 亿美元。2019 年，华为的营收是四大通信厂商后三位（中兴、诺基亚、爱立信）的两倍。

这一路走来，当年华为的目标朗讯，2006 年迫于竞争压力与法国公司阿尔卡特合并，2016 年合并后的公司又整体被诺基亚收购；而诺基亚、爱立信和中兴加起来的营收都不如华为，这也许就是有没有足够远大理想所带来的差异。

愿景的实践有"四化"：具体化、日常化、普及化、个人化，要让使命愿景变得有活力。

华为公司愿景的具体化

"我一贯不是一个低调的人，否则不可能鼓动十几万华为人。"

"我是一个思想领袖，不是说悄悄话就成功的。我不把我的思想告诉所有人，我怎么能成功。"

在华为早期的时候，任正非告诉员工："以后公司会有很多钱，大家会有很多钱，大家买房子的时候，客厅可以小一点，卧室也可以小一点，但阳台一定要大，

还要买一个大耙子，天气好的时候，别忘了在阳台上晒钱，否则你的钱就发霉了。"

未来二三十年世界会爆发一场巨大的技术革命，这是人类社会几千年来不曾有过的，其深度、广度我们还想象不到。但是过去的二十多年，我们十几万人一同努力划桨，已经把华为的航母划到起跑线上了。我们要"力出一孔、利出一孔"，密集炮火攻击前进，努力进入无人区。

——任正非在 2016 年 1 月 13 日市场工作大会上的讲话：
决胜取决于坚如磐石的信念，信念来自专注，2016 年，有删改

而随着企业的发展，华为进一步明晰了自身的企业使命。

公司的使命是使能智能社会的转型、为客户创造价值、为社会做出贡献。

——任正非：在《人力资源管理纲要 2.0》沟通会上的讲话，2017 年

华为对机会的洞察和预见能力

任正非在《华为的冬天》里说，"没有预见，没有预防，就会冻死。那时谁有棉衣，谁就活下来了。"在同 2012 实验室专家谈话的时候，任正非也提到华为终端做操作系统是出于战略的考虑，避免被人断了"粮食"，"断了我们粮食的时候，备份系统要能用得上。"

有人认为任正非最厉害的有两方面，一方面是他团结人的本事，团结就是力量，他非常善于鼓动人心，团结别人，不断提升组织力。

还有一方面则是任正非的战略意识，他对事物发展的洞察和预见是非常强的，我们看华为过去三十多年，基本是在正确的阶段做了正确的事，没有犯下大的错误。

而西方的北电、诺基亚、摩托罗拉等企业，都在战略方向上出现了错误，因此导致了巨大的挫折和失败。

4.2.2　聚焦主航道，饱和攻击

美国军队纵然很强大，但实际上翻看美军战史，美军从不与对手"公平较量"，往往是集中几十倍于敌的先进装备，搞碾压式打击，海湾战争就是这样的典型；毛主席十大军事原则中也强调集中兵力优势，打歼灭战。

《孙子兵法》的核心就讲三点：如何不战、如何不败、以多胜少。首先教我们如何不战，其次是如何不失败，《孙子兵法》中最重要的打胜仗的方法就是第三点，以多胜少。

从来不存在以少胜多的神话，这不"科学"。所谓以少胜多的战例，也是在局部上形成优势，对敌方分割消灭，实际上还是"以多胜少"，这和华为倡导的饱和攻击的"压强原则"一致。资源配置压强原则的本质是打胜仗的铁律——"饱和攻击以多胜少"。

华为数十年坚持"聚焦"，坚持"针尖战略"，坚持"压强原则"

《华为基本法》第二十三条：我们坚持"压强原则"，在成功关键因素和选定的战略生长点上，以超过主要竞争对手的强度配置资源，要么不做，要做，就极大地集中人力、物力和财力，实现重点突破。

在资源的分配上，应努力消除资源合理配置与有效利用的障碍。我们认识到对人、财、物这三种关键资源的分配，首先是对优秀人才的分配。我们的方针是使最优秀的人拥有充分的职权和必要的资源去实现分派给他们的任务。

任正非说：我们要继续坚持"压强原则"，即集中力量，在一个点、一个面上有重大突破，这样，逐步改善公司的总体条件。华为坚定不移的钉子精神、压强原则，集中一切可以集中的力量，突破一点，局部领先，使华为度过起步阶段的艰难时期。

华为随便抓一个机会就可以挣几百亿，但如果我们为短期利益所困，就会在非战略机会上耽误时间而丧失战略机遇。所以，华为的"傻"，还体现为不为短期挣钱机会所左右，不急功近利，不为单一规模成长所动，敢于放弃非战略性机会，敢赌未来。敢赌就是战略眼光，就是聚焦于大的战略机会，看准了，就集中配置资源，压强在关键成功要素上。

我们公司在技术战略上强调"针尖"战略，正因为我们这二十几年来，加强压强原则，坚持只做一件事，坚持像"乌龟"一样慢慢地爬，才有可能在几个领域里成为世界领先，但现在领先的只是技术，并非地盘。

在华为，有一个16字的Slogan：绝不在非战略市场消耗战略竞争力量。这句话是任正非的告诫，提醒大家要做到战略聚焦，坚持在主航道上发力。

华为曾经做过一个巨幅广告，图片很具冲击力：在刚果河边生活的少数民族，非常落后，为了生存他们把命都赌上了，稍有闪失，他们就会葬身刚果河。如果他们不是站在恰当的地点，用恰当的角度和力量，很快就会被大浪卷走。

"我们要坚持以3GPP为大标准的路线不动摇，搭大船，过大海。坚持在大平台上持久地大规模投入，拒绝机会主义，拒绝短视。要看到30亿用户共同一张网、并如何不断地及时更新，满足客户需求，提供及时有效的服务，其技术支持的艰难度，是很难想象的，我们还任重道远。我们要坚信全IP、有线无线合一的宽带化是未来的道路。要敢于加大投入，要敢于吸收有用的人才与我们一起奋斗，共享未来的成功。"

——任正非：让青春的火花 点燃无愧无悔的人生，

在无线产品线奋斗大会上的讲话纪要，2008 年

4.2.3　构建核心能力

为了支撑企业的持续高质量增长，企业要建立自身的核心能力，形成自己的竞争优势，成为压制竞争对手的卡位点、"护城河"。这个核心能力要让其他企业学不会、偷不走、买不来。

比如华为的核心卡位点在通信技术，宝洁的核心卡位点在品牌，高通、ARM 拥有标准。华为增强核心能力，就是在"超宽带、低时延"领域不断地增强能力。不管华为发展企业业务、消费者 BG，还是云端业务，核心都是在建立自己的通道，如端、管、云的核心能力。华为无论发展什么业务、发展什么产品，都在不断地增强自身的"超宽带、低时延"的核心能力。

核心能力的标志是学不会、偷不走、买不来。学不会，或者学得慢，买不来即不可能通过挖人或者买技术就能超过拥有该核心能力的企业。反之，如果能够偷得走、学得会、买得来，说明企业的核心能力是不稳固的，说明企业即便现在赚钱，核心优势还是没法持续。

要不断思考我们的核心能力是什么，如何保持和强化核心能力，取得持续商业成功的风险点在哪里。企业要在竞争中获胜，首先需要从市场上感知竞争的关键要素，围绕关键要素进行资源和能力建设，形成竞争优势。在此基础上企业通过日常的科学经营管理持续增肥，强化核心能力。

企业要强化自身核心能力，还要有战略定力，要能聚焦主业，才能实现超越。

任正非谈"战略定力"和核心能力聚焦

但我们只可能在针尖大的领域里领先美国公司，如果扩展到火柴头或小木棒这么大，就绝不可能实现这种超越。

我们追赶的艰难，决不像喊口号那么容易。口号连篇，就是管理的浪费。

不要为互联网的成功所冲动，我们也是互联网公司，是为互联网传递数据流量的管道做铁皮。

能做太平洋这么粗的管道铁皮的公司以后会越来越少；做信息传送管道的公司还会有千百家；做信息管理的公司可能有千万家。

别光羡慕别人的风光，别那么互联网冲动。有互联网冲动的员工，应该踏踏实

实地用互联网的方式，优化内部供应交易的电子化，提高效率，及时、准确地运行。

我们不需要热血沸腾，因为它不能点燃为基站供电。我们需要的是热烈而镇定的情绪，紧张而有秩序的工作，一切要以创造价值为基础。

——任正非：用乌龟精神，追上龙飞船，在公司 2013 年度干部工作会议的讲话

4.3　基本原则三：既要多"打粮食"，又要增加"土壤肥力"

4.3.1　判断企业经营好坏的标准

美国学者斯坦利认为：评价一个组织的绩效需要基于三个层次指标进行。

一是从属性低层次指标群所反映出的当前经营状况。

二是由若干项短期指标衡量组织的短期经营业绩。组织的长期总体目标是由短期目标综合得到的。

三是组织长期总体目标的实现状况。

这三类指标能及时、综合地反映组织朝向最终目标的程度，或者能反映企业达成成功的可能性的大小。

组织的绩效围绕着组织目标的实现展开，组织目标有经营管理的目标，主要以财务指标和非财务指标来衡量。

其中财务指标又叫作"打粮食"的指标，包括：

——规模：签约额、回款额等；

——经营的质量：利润、利润率、EBIT、EVA 等；

——经营的效率：周转率、杠杆率；

——安全：现金流和资产负债率等。

非财务指标又叫作"土壤肥力"的指标，包括：

——按业务划分的市场实现、市场地位、品牌、资源和能力培养的情况等。如果按照平衡计分卡的分类，除了财务指标外的其他三个指标：客户类型的指标，如客户满意度；内部运营的指标，如变革能力、质量管理、内控等；学习与成长的指标，如人才的数量和质量（人才密度）、人均产值等，都是"土壤肥力"指标。

"土壤肥力"指标的达成体现了对企业未来财务指标的战略投入，是对企业长期发展的支撑，是支撑未来企业多"打粮食"的基础。

华为将财经的内控要求加入了指标体系，从"土壤肥力"中分离出来，不仅"打粮食"的经营动作要合规，而且增强"土壤肥力"的经营动作也要合规；不仅符合企业外部法律法规的要求，也要符合企业内控和各种规则制度的要求。这样一来，"土

壤肥力"指标和"打粮食"指标之外就有了内控指标，即"打'健康'的粮食"，比如，华为消费者 BG 的业绩指标构成，如表 4-2 所示。

表4-2　华为消费者 BG 组织绩效考核标准

维　　度	权　　重	考 核 项
多打粮食 （当期经营结果）	70%	• 增长：销售收； • 盈利：贡献利润率； • 现金流
增加土地肥力 （30%~50%）	30%	• 质量与用户体验； • 消费者市场品牌； • 组织能力
内外合规 （风险管理）	扣分项	• 对内合规按成熟度和重大负向事件考核，对外合规按 　重大负向事件考核； • 存货风险控制

4.3.2　基于核心能力的有效增长（增长性指标）

基于核心能力的有效增长（增长性指标），包括销售收入增长、净利润增长、毛利增长、人均毛利增长和人均薪酬增长。

一个企业有增长当然很好，但是还要看其是否围绕着核心能力增长，围绕核心业务增长；或者现在有增长，未来有没有增长。这样来审视和思考，企业才能不断找到增长和成长的突破口。

任正非要求华为既要关注"打粮食"增长指标也要关注"土壤肥力"成长指标

当前人力资源的战略重心是解决绩效管理的合理性和规则性：

一是坚持以责任结果为导向，"产粮食"的结果是可以计算出来的，占比多少，如 70%。人的见识比知识更重要，我们还是强调以贡献为中心，不是因为学习成绩好，就被提拔、涨薪。

二是强调战略贡献，"增加土地肥力"是评议出来的，战略贡献还包括协同，这 30 分包括协作部门对你的评价、下级给上级打分。当然，主官和普通员工的考核比重应该不一样，高级主官可能 70% 是战略贡献、30% 是当前结果。主官一定要牵引公司前进，领袖就是以战略方向为中心。如果没有战略思维，就不是主官，他可以退成主管，抓事务性的日常工作。

三是差异化管理，不做一刀切，差异化评价不同类型的人群（作战类、资源类、能力类和管控类），实战中练兵选将，去"南郭化"。小国考核和大国考核不同，在绩效考核上，一方面，面向不同的业务人群，实施差异化绩效管理，不搞一刀切，充分发挥每个团队成员的潜力。另一方面，要简化组织 KPI，增强协同考核，重塑"胜则举杯相庆，败则拼死相救"的共同奋斗精神。

——任正非在个人绩效管理优化工作汇报会上的讲话，2019 年，有删改

4.3.3 基于核心能力的有效成长（成长性指标）

有增长不一定有成长，现在有增长，是否可以持续，是否围绕着核心能力增长，未来是否可以增长，这是需要进一步思考的问题。

基于核心能力的有效成长（成长性指标），包括新业务销售占比、竞争对手的压制情况、核心产品占比、优质客户占比、重点区域占比等。如果一个企业增长指标不错，就要回头重点看看成长性指标如何。指标不错，说明企业过去做对了一些事情，但是未来未必。

任正非非常关注成长性指标，甚过关注当年业绩是否能完成。很多企业经营者自我感觉很不错，因为眼前的增长性指标都不错，但是谈到成长性指标就会冒出一身冷汗，因为这些都是企业不曾关注、不曾投入的。

华为代表处增长性指标，多打粮占 50%，KPI 包括订货、销售收入、贡献利润、经营性净现金流等。

成长性指标，增加土壤肥力占 50%（通过述职评议评价），KPI 包括战略（战略山头项目等）、客户（关键客户关系管理等）、组织干部人才培养（基于业务的长期发展需要，构建关键业务和团队能力，获得竞争优势，牵引人均贡献提升）。

内外合规（扣分项）KPI 包括财务内控合规、法律内控当地法律合规、流程内控合规等。

三项指标的具体内容如表 4-3 所示。

表 4-3 华为代表处考核指标示例

牵引点	序号	KPI 名称	设置目的及定义
多打粮食 （50%） （打分）	1	订货	促进和牵引订货的提高
	2	销售收入	促进和牵引销售收入的提高
	3	贡献利润	衡量盈利能力，体现经营结果
	4	经营性 净现金流	衡量资金流动性状况，支撑有效运营

续表

牵引点	序号	KPI 名称	设置目的及定义
增加土壤肥力（50%）（述职评议）	5	战略	战略山头项目，战略目标，营商环境
	6	客户	关键客户关系管理、客户满意度
	7	组织干部人才培养	基于业务的长期发展需要，构建关键业务与团队能力，获得竞争优势，牵引人均贡献提升
内外合规（扣分项）	8	内外部合规	牵引代表处管理内外部合规风险，当地法律合规，财务内控合规，流程内控合规

华为经营单元的考核维度兼顾了增长性指标和成长性指标

年度粮食包按照一个总包授予消费者 BG，奖金包按消费者 BG 的奖金 TUP 前贡献利润的××%生成，奖金包内的 10%~15%用作战略/土地肥力奖金，与考核中的土地肥力考核要求挂钩，以牵引消费者 BG 自身对于中长期业务发展基础的投入。

——华为：消费者 BG 粮食包管理高阶方案（试行），2019 年，有删减

华为代表处的新试点改革 2019 年（高阶方案）最终确定的试点代表处组织绩效管理的考核框架如下。

为简化管理、聚焦关键经营结果，试点代表处的组织绩效目标聚焦在多产粮食、增加"土壤肥力"、内外合规三个方面，其中：

多产粮食部分占 50%~70%的权重，采用指标计算方式，以牵引关注当期的经营结果。多产粮食部分体现业务规模和盈利要求，具体分为订货、收入、贡献利润（率）、经营性净现金流。

增加"土壤肥力"部分占 30%~50%的权重，采用述职评议方式，以牵引关注长期的可持续发展。增加"土壤肥力"部分体现客户、长期发展、竞争、组织能力、协同促进等要求，具体分为客户关系与客户满意度、战略山头项目、竞争项目运作、关键人才获取与发展、对他人产出的贡献、利用他人产出更好贡献。

内外合规是代表处业务持续发展的基础，通过述职评议方式，作为扣分项考核。

试点代表处可根据业务管理需要，自主设计 BG 业务部的组织绩效方案。

——华为：合同在代表处审结的试点方向与改革要点（试行），2018 年，有删改

4.4 基本原则四：业绩差距就是认知差距，要坚持自我批判，提升认知能力

4.4.1 业务目标偏差本质上是认知偏差

马云说：任何一次商机的到来，都必将经历四个阶段："看不见""看不起""看不懂""来不及"；任何一次财富的缔造必将经历一个过程："先知先觉经营者，后知后觉跟随者，不知不觉消费者！"

科学经营的原理就源自认知偏差，如同科学分钱的原理是利益差一样。如果没有认知偏差的客观存在，就不需要科学经营。科学经营者通过对目标偏差的分析，反复纠正认知偏差，进而采取纠偏措施来消除目标偏差。

有句耳熟能详的话：你赚不了你认知范围以外的钱。思想的高度决定了认知的高度，企业家的认知高度又是企业发展的天花板。企业各层级管理者的认知水平决定了其市场洞察能力、战略规划能力、经营管理能力，最终决定了企业是否能持续取得胜利。

人与人之间的最大差异在于认知，在于思想。企业和企业之间的最大差异在于企业认知能力。企业认知能力的核心在于企业家的认知，在于企业高管团队的认知。在笔者团队为企业提供咨询的过程中，经常听到企业老板抱怨员工执行力不足，企业高管能力不足，"搞不定人，搞不定事情。"但一番深入调研分析下来，往往会发现问题的根因在于企业家本人，在于其自身的管理方法、理念，其人力资源策略认识高度或者广度不足。而对于这一点，企业家处在封闭的无人点拨的企业环境中并不自知。

高管、员工和企业家之间往往也存在巨大的认知偏差，我们叫作"温差"。对同一件事情他往往有各自不同的理解，这些不同的认知正是造成企业战略能力低下、执行力低下、不能齐心协力完成公司经营目标的根本原因。但是对于这一点，往往在没有外脑支持的情况下，企业家和公司高管、员工双方都不自知，导致台上没有意见，台下没有结果，而且找不到原因，还往往缘木求鱼，引进各种管理方法，甚至将业界标杆企业的管理方法悉数引进，如向华为、阿里等学习，弄得老板和员工精疲力尽也不得要领，甚至怀疑标杆企业的方法，最终导致企业搞管理不得法，对经营也失去了聚焦，丧失了企业战略发展机会。

究其原因，这些企业经营者本质上还是没有认识到自身的认知局限，没有提升认知高度，没有实施科学有效的经营方法和流程来保证从老板到高管、到员工能信息互通、认知拉通对齐，于是产生了认知偏差，大到对战略机会点判断失误，小到对干部员工评价失真。

4.4.2　通过纠正认知偏差来矫正业务偏差

要纠正业务偏差，首先要纠正认知偏差。下面列举华为的一些典型的纠正认知偏差的思想和行动，来给企业经营者一些纠正认知偏差的启发，以期提升企业科学经营的认知能力。

> **任正非：过去的成功不是未来前进的可靠向导**
>
> 华为公司过去的成功，能不能代表未来的成功？不见得。成功不是未来前进的可靠向导。成功也有可能导致我们经验主义，导致我们步入陷阱。历史上有很多成功的公司步入陷阱的，例子很多。时间、空间、管理者的状态都在不断变化，我们不可能刻舟求剑，所以成功是不可能复制的。能不能成功，在于我们要掌握、应用我们的文化和经验，并灵活地去实践，这并不是一件容易的事情。它熬干了多少人的血液和灵魂，多少优秀人才为此付出了巨大的生命代价，不然人类社会怎么会演变到今天。我们要借鉴它（成功）的思维方式，而不是它的工作方法。不是说原来怎么做的，我就怎么做，然后沿着这条路走下去就行了。我们现在很多员工在思想上是比较惰怠的，没有积极思维的。没有认真去研究如何简化它的工作，提高贡献能力。
>
> ——任正非在公司市场大会上的讲话，2011 年，有删改
>
> 人力资源管理要通过实现组织持续的熵减与开放，去除积弊、焕发活力，保证在业务方向大致正确时高效执行，在业务方向发生偏差时及时纠偏，保障公司在业务上实现持续的商业成功，在适应时代的变迁上实现优先进化。
>
> ——华为《人力资源管理纲要 2.0》，2018 年，有删改

任正非曾说华为的成功在某种程度上是人力资源政策的成功（不是广为谬传的人力资源部门）。华为对人力资源功能的认知也经历了几个阶段，从劳动者到奋斗者，到不让雷锋吃亏，到卓有成效的奋斗者，到思想上的奋斗者；也经过了认知的不断调整和升级，比如，对人力资源 HRBP 的认知，就从单纯的业务伙伴变成了拥有六大功能定位的角色。

> 2012 年公司设立了 HRBP 角色之后，今天是第一次对 HRBP 部长做角色认知和赋能，只有首先认识了这个角色，才能扮演好这个角色。
>
> 在转型过程中，华为提炼了 HRBP 的角色模型：V-CROSS。在这个模型中，华为 HRBP 将在公司扮演六大角色。
>
> 战略伙伴：基于战略目标设计有力的支撑措施，并辅助实施；

> HR 解决方案集成者：打破模块的界限，针对业务问题提供完整的解决方案；
>
> HR 流程运作者：设计 HR 流程并保持高效运转；
>
> 关系管理者：与内外部利益相关者保持紧密的沟通，建立良好的关系；
>
> 变革推动者：面向未来，辅助管理层推动必要的组织变革；
>
> 核心价值观传承的驱动者：驱动华为"以客户为中心、以奋斗者为本"的文化落地。
>
> ——胡厚崑：胡总与 HRBP 部长座谈纪要，2012 年，有删改

华为在 30 多年的发展历程中也多次吃过认知的亏。但华为凭借相对成熟的经营管理机制，不断纠正认知偏差、不断激活组织和个人活力，推动企业不断成长。

比如华为不断调整组织架构，也设计过多层矩阵架构，这一架构曾经对华为平衡业务的增长和成长发挥了重要作用。但是环境一变，认知也要跟着变化，过于复杂的多层矩阵架构拖慢了华为的决策速度。在 2018 年，华为提出公司运作模式改变为"天—森林—地"的统治与分治并重的"分布式"管理体系，更新了这一组织认知。

华为反思组织建设：组织建设要对准目标，而不是对准功能；组织运作要以项目为中心而不是以部门为中心

> 组织建设要对准目标，而不是对准功能，齐全的功能会形成封建的"土围子"，过去对准部门功能的建设思想要调整。各个部门要面向目标主战，去除多余的非主战的结构与程序，去除平庸。
>
> "一片森林"顶着公司共同的价值观，共同的价值观，是共同发展的基础；有了共同发展的基本认知，才可能针对业务特点展开差异化的管理；如何形成共同基础？我们要有价值创造及价值分配的共同思想基础。为客户服务是我们共同的价值观，支撑这个价值观的长期、短期激励机制，是实现这个目标的有力措施。
>
> ——任正非：在武汉研究所的讲话：万里长江水奔腾向海洋，2019 年

> 加快从以功能部门为中心向以项目为中心的运作机制的转变，项目是公司经营管理的基础和细胞，只有高质量的项目经营，才有整个公司高质量的运营，我们要通过 2~3 年的时间，把公司从以功能部门为中心的运作转向以项目为中心的运作。这是一个巨大的转变，意味着将激活千万作战团队，意味着功能部门未来就是能力中心、资源中心，而不再是权力中心。
>
> ——徐直军：聚焦战略，简化管理，有效增长，2015 年，有删改

华为也曾经没有认识到几个事业部的管理差异，导致云业务等发展缓慢，落后于竞争对手，企业业务长期无法突破瓶颈，达到公司目标。经过自我批判与反思调整，

华为认识到：

> 我们要认识到不同组织要遵循不同的业务运作规律，只有进行差异化管理，才能真正地焕发各类组织的活力。
>
> ——任正非：非主航道组织要率先实现流程责任制，通过流程责任来选拔管理者，
>
> 淘汰不作为员工，为公司管理进步摸索经验，2015 年，有删改

华为曾经引以为豪的让其销售收入超越千亿美元的 IPD 等流程，在发展的过程中也变得越来越厚重，变成了部门墙，形成了部门主义的"烟囱式"的结构，导致流程不是"端到端"而是"段到段"，变成了流程割裂、效率低下的"铁路警察各管一段"；过于风险控制导致了灵活性的丧失、反应速度的丧失；变以客户为中心为以流程为核心导致僵化、效率低下、怨声载道。华为的组织自我更新机制推动其不断改进认知，最终认识到：

> 华为公司要在这 3~5 年完成转型，而我们绝大多数人能力不够，没有队形来针对流程管理有充分的认识。所以我们一定要提高效率，我们现在总的来说还是流程责任人不承担责任，但用流程责任制来制约经营和管理质量的途径是复杂的，需要大量的机制、政策摸索以及思想认识与工作方法调整。
>
> ——任正非：非主航道组织要率先实现流程责任制，通过流程责任来选拔管理者，
>
> 淘汰不作为员工，为公司管理进步摸索经验，2015 年

曾经华为对干部管理非常严苛，干部犯了一点错就要被"打入冷宫"，眼睛里容不得沙子，将干部拿下、严苛地淘汰干部，不留一丝情面；现在除了对违反 BCG 商业行为指引的严重违规违法行为严厉处罚外，会对犯错的、不称职的干部报以宽容态度，并辅以干部流动、战略预备队、人才市场等"转人磨芯"的机制，不把人一棒子打死，这也是在对人性、人才有更深认知基础上才有的管理改进。

任正非谈什么是对"战友"也要"容错"

我们一起冲锋，冲错了，一起改正，相互帮助，这才是战友。

我们既然胸怀世界，就要敢于气吞山河，团结一切你不愿团结的人、反对过你而且又反对了的人，也包括反错了的人。没有胸怀，怎么会有天下。

主官和组织要有容错度，个别干部在使用过程中出现问题，在对主管提诚勉的同时，也不要轻易上纲上线。主官不允许发生系统性或方向性的错误，对过程中的磕磕碰碰是要包容的。这样主官才会更加大胆地推荐和提拔"不完美的英雄"。

1997 年开始，华为大力引进 HAY 公司的任职资格评价体系。任正非期望用科学

管理的一套任职资格评价规则，将干部、员工的短期贡献用奖金来体现，可持续性贡献用任职资格的方式来评价体现；希望通过任职资格的建设，用科学的评价体系，大幅度将企业感情化、经验化管理转向有序管理。任职资格在华为历史上确实对规范、管理员工干部起到了重要作用，但是正如任何工具都有缺陷、任何工具的应用都有偏差一样，任职资格在华为也产生了一些僵化应用，比如只看干部缺点、不宽容、不考虑业务特点而一刀切、烦琐、僵化的标准脱离工作实际等。

华为对干部任职资格标准的反思

在共性标准基础上，要形成适应不同业务的差异化标准体系。干部标准中的共性标准要求应少而精，坚持公司对干部品德、核心价值观和绩效的最核心要求。按不同业务特点、各业务不同发展阶段、干部承担岗位性质不同（作战、经营、支撑服务、监管等），鼓励各部门开展干部标准的差异化制定，形成核心一致、内容适配的多样化干部标准体系，让针对业务适用的干部标准真正起到牵引干部行为的实用效果。

要避免"唯标准论"的干部标准使用误区：干部标准提供了评估干部的初步参考，要清醒地认识到干部标准中过往成功经验与特质的总结未必适应未来的业务要求、新的战略要求，这一点还有待实践验证，选拔干部时不能"唯标准论"。要基于岗位对干部的实际要求，用人所长、避其所短，将合适的干部配置到相应的岗位上，要真正从岗位责任的短期和长期结果来评价干部，避免简单地基于汇报内容来评价干部。

曾经华为不计成本地"以客户为中心"，让高级别技术专家向客户提供无偿技术服务，对所有客户都一样，导致"以客户为中心"严重左偏。

任正非谈客户分类

并非有需求就是客户，有需求但是不付钱，怎么能叫客户呢？付款买需要的东西，还能让企业赚到钱，这才叫客户，付多钱买东西的叫优质客户。我们对客户的认识要做适当改变。世界那么大，我们不能什么市场都做，如果为了服务几个低价值客户，把优质客户的价格都拉下来了，那就不值得了。

优质资源向优质客户需求倾斜，要放弃一部分低端客户需求。那我们一定会在优质客户上赚更多的钱，就把优秀"少将"派到这个客户那里去做"连长"，服务成本上升了，竞争能力增强了。

——任正非：在四季度区域总裁会议上的讲话：遍地英雄下夕烟，

六亿神州尽舜尧，2014年，有删改

华为曾经尤其强调绩效评价的强制排名分布，无论任何岗位，末位 10%强制淘汰，绩效评估占 B 的比例高达 40%以上——考核分数为 B，在华为被认为是平庸者。这导致大部分员工"被平庸"，找不到成就感，工作效率低，大量离职。华为也长期十分强调火车头激励和获取分享制，并且在执行中僵化地一刀切，导致绩效评价为 A 的火车头奖金是绩效评价为 B+的 2 倍以上。获取分享制是华为激励制度的核心，不过对于位于"盐碱地"、小国穷国，需要长期投入，难以看到短期成绩的业务和员工就不公平，导致员工怨声载道，业务发展也受阻。

最终华为还是通过自我批判、引入外脑咨询、内部讨论等方式修正了认知，更新了绩效考核的理念和方法。

绩效考核也从每季度调整一次到每半年调整一次，并且按照员工类型区分相对考核和绝对考核

专业类岗位以绝对考核为主，基于岗位要求考核，不要搞末位淘汰。绝对考核就是火车开过去考核就完成了，不要花很多精力去考核，主要区分合格、不合格。

将来我们的岗位分为三个类别：职员类、专家类、管理类。第一个是职员类，也叫专业化岗位。这些岗位对年龄没有限制，因为有经验，可以做到 50~60 岁，职级只有 15 级、16 级也可以，将来他们还会有工龄津贴、岗位补贴、质量补贴……保持一定的合理收入；职员类岗位采用绝对考核，不涉及末位淘汰，你适合这个岗位就安安心心做下去，为什么要换个年轻的呢？为什么不能干到 60 岁、70 岁呢？都是用纤纤细手去敲键盘，又不是拼刺刀，只要力气能够按得动键盘就行了。

——任正非：与战略预备队学员和新员工座谈会上的讲话："你们今天桃李芬芳，明天是
社会的栋梁"，2020 年，有删改

考核与激励过于短期化与精细化，导致组织经营与管理行为过于短期化，也削弱了组织集体奋斗的战斗力，更不适应业务发展的多样化激励需求。在过于精细化的组织考核及结果应用关联下，组织间过度计较业绩核算，关注分蛋糕而不是做大蛋糕，正在破坏组织以客户为中心、"胜则举杯相庆、败则拼死相救"的集体奋斗传统，也导致组织间过于复杂的核算关系、过大的内部管理成本……

——人力资源管理纲要 2.0：总纲，2018 年，有删改

在绩效考核上，一方面，面向不同的业务人群，实施差异化绩效管理，不搞一刀切，充分发挥每个团队成员的潜力；另一方面，要简化组织 KPI、增强协同考核，重塑"胜则举杯相庆，败则拼死相救"的共同奋斗精神。

——任正非：在产品与解决方案、2012 实验室管理团队座谈会上的讲话：
研发要做智能世界的"发动机"，2018 年，有删改

并且将末位淘汰局限在了主官和主管层面

主官、主管一定实行每年 10% 的末位淘汰，迫使其自我学习、持续奋斗。干部也不能拿公司做人情，对于做不出成绩，对于不敢淘汰和降级不合格员工的主官，要坚持每年 10% 的末位淘汰。

我们坚定不移在代表处代表和地区部总裁中贯彻末位淘汰制，经营不好的干部要下台，否则都不改进，都来讲故事，讲故事的钱从哪来？

——任正非：在后备干部项目管理与经营短训项目座谈会上的讲话，2014 年，有删改

曾经华为有 35 岁的 PL（项目组长）不予任命、45 岁不予续签合同的说法，虽然经过公司"辟谣"，但是显然存在这种现象，所以才引起了内部极大的负面评价。华为后来明确：

人力资源考核机制对不同岗位有不同要求，没有设年龄限制，关键看个人的能力和贡献能不能适应岗位要求。

所以，我们的岗位没有对年龄的限制，而是看你的能力和贡献能不能适应作战，如果只看年龄，我早就被淘汰了。

当然，我们的退休机制也很宽松，公司已经有明确规定，带病可以退休，允许保留一定的股票。如果你认为自己病了，写个报告给领导即可，不需要医生证明，只有你最了解你，退休后把身体养好；如果你认为自己还年轻，想奋斗，那就好好学习，努力贡献，一定要跟上队，要有驾驭工作的能力，否则没人会同情你。

——任正非：与战略预备队学员和新员工座谈会上的讲话：
"你们今天桃李芬芳，明天是社会的栋梁"，2020 年，有删改

曾经在华为广泛流传的《华为不是家》让华为公司和员工的关系变成了赤裸裸的交易关系。当时任正非也在看了此文后评论说，"我们什么时候让员工感觉公司是家了，这是错误的。"但随着 90 后、95 后员工越来越多，公司意识到大家对尊重、认可的需求越来越大，越来越不是之前 PSD 的人才模型——Poor（贫穷）、Smart（聪明）、Desire（有企图心）——所能定义的人才画像了；而且对于早已摆脱贫困甚至财务自由的华为干部来说，越来越难以只是通过强有力的物质激励来刺激其成就感和工作投入度了。任正非及华为高管通过不断调研、讨论，逐步升级认知，越来越强调精神激励，如荣誉激励、宽容、信任、尊重的作用。

任正非"首次"谈"基于信任的管理"在华为内部引起轰动

将来我们要基于信任进行管理，如果基于不信任，会造成要层层 PPT 汇报、搞

承诺，使用 KPI 这个压力枷锁。其实我们早期创业就是基于相互信任，每个人都很有干劲，互相帮助。现在公司的规则、制度等都已经建立起来了，这个时候谈信任是有基础的，应该可以简化考核。

逐步实施以信任为基础的管理，在边界清晰、结果自担基础上，充分发挥员工的工作自主性，要形成信任为基础的管理假设与体系。

……这些员工天天面面相见，不用写考核日记，减轻他们的负担，把精力好好用在工作上；

低绩效员工还是要坚持逐渐辞退的方式，但可以好聚好散。辞退时，也要多肯定人家的优点，可以开个欢送会，像送行朋友一样，让人家留个念想，别冷冰冰的。开个欢送会、吃顿饭也是可以报销的。也欢迎他们常回来玩玩。

——任正非：在《人力资源管理纲要 2.0》沟通会上的讲话，2017 年

华为被外界认为一直强调狼性团队，实行步调一致的"军队式"管理。但是随着社会的发展，价值追求的多元化，"不想当将军的士兵不是好士兵"的"一定要烧不死的才是凤凰的奋斗者"的认知理念也在发生变化。

华为谈"平凡"与多样化

我们绝大多数员工应该快乐地度过平凡的一生。他们不想当将军，不想跳"芭蕾"，就不必受那个磨难，只要贡献大于成本就可以了，这也符合战略竞争力量不应过多消耗在非战略目标上的原则。

——任正非：非主航道组织要率先实现流程责任制，通过流程责任来选拔管理者，
淘汰不作为员工，为公司管理进步摸索经验，2015 年

我们追求的是精神的一致，不必过多地追求外表的一致，我们不是军队，他们的步调一致使他们进行更严格的外在与内在管理。我们更追求多元化的一致，精神多元化的一致，因此，我们不要过多追求服饰的统一，多姿多彩更富有创造力。

——任正非：在《人力资源管理纲要 2.0》沟通会上的讲话，2017 年，有删改

70 后觉得 80 后"不靠谱"；80 后认为 90 后"非主流"；90 后认为 00 后"二次元。"每一个时代都有鲜明的特点，每一代人也都有自己的价值观和世界观。华为尊重个体差异，不统一思想，只为共同的目标而群体奋斗！

——孟晚舟：改变世界的从来都是年轻人，2017 年

总之，企业家的认知能力和企业认知能力都需要不断提升，因为企业面临的环境在不断变化，企业的管理对象和组织也在不断变化，认知必然要跟着变化。优秀的企业甚至要提前洞察内外部环境变化，及早进行认知升级以掌握变革的主动权。

任正非谈"认知"随着环境要升级

"一棵树"理论在"多棵树"场景下使用的过程中，我们还会遇到很多新问题，需要理念的扬弃与发展。总结和扬弃的原则是和人性相关的管理经验，未来可能依然适用；和业务、时代环境相关的经验，可能发生了变化，不能路径依赖。要坚持公司核心价值观的形而上的核心理念，可以逐步日落过去为适应阶段性需求的形而下的表象做法，积极开放探索适应变化的新方法。

——任正非：关于《人力资源管理纲要2.0》修订与研讨的讲话纪要，2018年

4.4.3 认知能力提升的要点和方法

华为历来重视干部和各类职员、专家的能力建设，提出华为大学等培训机构的培训出发点就是提高员工认知能力。

华为谈"认知"提升

对外招专家要尊重，他们的外部经验利于我们内部补充和提升认知，对公司也是一种贡献，他们在外部的经验就等于我们内部的认知。

新员工进来后要进行培训，比如，规章制度、思想道德培训。除此之外是认知与技能培训，一定要知道华为是干什么的，要实习。

在坚持人才对自身发展负责的原则基础上，基层员工开展"认知型"周边流动，知晓工作场景，掌握岗位必备技能，熟悉周边岗位技能。

（1）战略认知态度的改变：战略的本质是试错与纠偏。

华为在战略务虚会议上总结出了华为战略规划和经营管理的两句话——方向大致正确，组织充满活力。战略正确的时候能够让它落地，战略不正确的时候还能把战略修正回来。

首先我们要不断地形成方向大致正确、组织充满活力，才能胜出。如果方向不正确，是产生不出价值来的，组织也难以充满活力。领袖要素是方向大致正确的一个保障，组织充满活力要成为方向大致正确的另一个保障；也要善于自我批判，使得一旦方向脱离大致正确后，能够及时纠偏。

——任正非：在《人力资源管理纲要2.0》沟通会上的讲话，2017年

战略其实有两条线，一条是从上往下，从正确的战略到正确地执行；一条是自下而上，在执行的过程中，能够根据实际情况去修订战略。

　　未来二三十年世界会爆发一场巨大的技术革命，这是人类社会几千年来不曾有过的，其深度、广度我们还想象不到。千军万马必须谋定而后动，大战役也无密可保，我们现在就是征求意见：方向对不对；时间是不是到机会点了；二十多年来我们储备的能量够不够；战略后备部队的前赴后继有没有准备好；有没有挫折时的预案……

　　还要不断修正战略方向，当然我们也会在行进中不断完善，从机制和制度上全面构建自我批判的能力，通过自我批判不断纠正方向。特别是决心形成的未来两、三年中，我们会不断地听取所有批评，不断纠偏。我们的组织变革、流程变革要支持我们的战略。

——任正非：在市场工作大会上的讲话：决胜取决于坚如磐石的信念，
信念来自专注，2016 年，有删改

　　华为管理顾问田涛曾说：不但自然科学是基于假设的科学，是基于有限信息、有限数据进行模型设计的科学，社会研究、组织管理活动也同样充满了假设之上的预测，或者叫基于已有数据和信息的战略设计。它们都有一些共同点，一是数据和信息的有限性，二是数据与信息的不确定性，三是数据与信息的变化性，四是数据和信息的可靠性，五是数据和信息的不完整性，六是偶然性数据与信息的干扰，七是掌握和应用数据与信息的识别力与决策力。

　　以上诸因素从根本上决定了战略的本质和决策的本质是冒险与试错，是自我批判、自我纠偏和自我修正。什么叫做一流的战略家？不是你对未知精确的判断。没有什么天才英才，任何人手中握有的骰子都是非线性的，混合着概率与运气等多元因素。真正卓越的组织领袖，一是善于发挥群体的想象力，二是不迷信所谓永恒真理，三是在方向大致正确的前提下敢于面向未来押赌注，四是用组织活力弥补和战胜方向上的偏差，五是在前进过程中不断矫正准星，或者不断微调战略靶心。

任正非谈战略试错

　　公司允许试错，在评价成功和失败的过程中，对从事未来工作的人主要是对其工作过程进行评价，不完全是看结果，因为失败的项目中也会有优秀的人产生。

　　可以进一步完善研究创新的投资决策流程，但要考虑研究创新的特点，给予研究团队试错的空间，不能管得太死。

——任正非：在 ICT 产业投资组合管理工作汇报时的讲话：
不懂战略退却的人，就不会战略进攻，2019 年，有删改

　　（2）战略洞察能力的提升：干部要具备的首要能力是战略洞察能力。

　　干部要具备的首要能力就是战略洞察能力，尤其是高级干部，因为他们属于掌舵

人。企业家尤其应该具备拿着望远镜能看到一般干部和员工不能看到的方向和距离的能力，正如任正非所说：产业的失败，领袖与主官要承担主要责任。

任正非：主官要提升战略洞察能力

我们很多主官可能十几年没摸过代码了，实操自然生疏。现在我们的干部打一打，就不打了，慢慢地战略洞察能力就弱了。每一个领兵人都要有战略洞察能力，都要知道要实现这个目标应该怎么做，怎么能省工省时。

主官要深入实践，提升战略洞察能力。主官的职责是天天盯着地图，争取胜利，而不是听汇报发文解决问题；主官要拿着铁锹，背上背包，走上战场，亲自去解决问题。主官都走向战场了，听汇报的时间就少了，自然管理就简化了，胶片文化就逐步减少到必要，主官走向战场了，和作战部队一起作战，就能发现流程为什么复杂，为了胜利就会主动梳理流程；主官走向战场，平时就练兵提升能力，提升了能力就能争取更大的胜利。

——任正非：在产品与解决方案、2012 实验室管理团队座谈会上的讲话：
研发要做智能世界的"发动机"，2018 年，有删改

比如华为 2018 年的市场洞察："公司内、外经营环境正在变得更复杂……数字革命的大背景下，产业环境更加复杂、更加不确定，机会更多，对手更强，风险更大。

业界企业的人才观、组织模式出现新变化，比如人才的新'帕雷托曲线'，企业发展更依赖优质人才的创新，比如组织，'团队的兴起'，平台+业务团队式的敏捷组织模式盛行。

公司面临更为复杂的管理挑战。一方面，成熟业务（如运营商业务）需要持续优化、夯实；另一方面，成长性业务（如消费者业务与企业业务）和探索性业务（如云业务）需要结合其业务特点建立有效的管理体系……"

任正非：干部要有战略洞察能力、结构性思维能力和全面实践经验

华为对干部的要求：干部能上能下，要有洞察能力、结构性思维能力和全面的实践经验。中高级干部一定要有洞察能力、结构性思维能力和全面的实践经验，华为干部"烟囱式"成长的数量太多了，不理解专业就缺少结构性思维。我们的年轻人早点明白，就可以早点做将军，做领袖了嘛。

——任正非：在运营商 BG 组织变革方向汇报会上的讲话：对准联结领域绝对领先，
不断激活组织，改变作战方式，提升作战能力和效率，2019 年，有删改

（3）战略思考能力的提升：不要用执行的勤快掩盖思想的懒惰。

很多中层干部甚至高层干部在工作中盲从的多，独立思考的少，说得好听是执行

力强，但本质上是缺乏独立思考能力，缺乏管理创新。他们往往都要等问题很严重了，才通过老板发话来纠偏。

很多企业一言堂，管理者认为干部根本没有战略思考的必要。很多企业家自身不学习，不了解本行业最新发展趋势，走经验主义，走企业内部"土皇帝"的经验管理道路而不自知。

华为也存在这种情况，尤其是华为一直强调高度执行力，强调先僵化，再优化，再固化，甚至要"砍掉员工的脑袋，高管的腿"。华为执行力超强，加上任正非几十年如一日在华为相当于神一样的存在，使得华为的干部往往缺乏了战略思考能力。

任正非反思华为缺少思想家、战略家

华为缺少思想家、战略家，很多人都想去作战，一手拿枪、一手拿镐，猛打猛冲……我们很多干部从基层打仗上来，眼睛容易盯着下面看，将流程越做越复杂；而且更多人是盯着自己的一亩三分地，容易形成部门墙（流程隔墙），很少有人站在全局观点来看整体流程；当我们让他眼睛向上看时，他就认为被剥夺了一些权力，被架空了，找不到做思想家、战略家的感觉。

我们希望培养出一批英勇善战、不屈不挠、富有牺牲精神的勇士，但是华为公司更需要一大批思想家和战略家，诺曼底登陆需要战略领袖，需要战役指挥能力，如果我们也能产生这么伟大的思想家，如果我们也有指挥诺曼底登陆的指挥能力，抢占世界大数据流量的机会点怎么可能不行？但是，现在离我们要求的目标还很远。（黄卫伟：任正非对你们期望很高。能把事情的细节做好，同时又有宏观思维，这两方面结合才有可能成为将军。）

——任正非：在后备干部项目管理与经营短训项目座谈会上的讲话，2014年，有删改

（4）战略规划能力的提升：不确定性转化为确定性。

华为原战略规划部部长林强说高层的**战略规划能力**包括三个方面的能力。

能够理解公司的愿景、使命、价值观和业务思想。比如，华为公司的使命是为智能社会的转型、客户创造价值、社会贡献力量。

能够处理一些复杂的、不确定的、互相矛盾的一些事情。是否能够处理复杂和不确定的事情，是任正非定义的干部主官和主管的主要区别。

在困难的情况下，能激励团队往前走。看不见未来的情况下，在黑暗之中，也能发出一丝微光，带领大家往前走。

如卡尔·冯·克劳塞维茨（Carl Von Clausewitz）在《战争论》中讲过的："伟大的将军们，是在茫茫黑暗中，把自己的心拿出来点燃，用微光照亮队伍前行""面对战争中的不可预见性，优秀的指挥员必备两大要素，这两大要素在和平时期一个也看

不出来，但在战争时期绝对管用。第一，即便在最黑暗的时刻也具有能够发现一线微光的慧眼。第二，具有敢于跟随这一线微光前进的勇气。"

一些企业中，企业管理者缺乏真正的战略规划能力，往往随波逐流，眼界看不过一年，其他人做什么他做什么，什么赚钱做什么，没有自身独立的判断。这是由于其能力主要用在管理日常经营活动，没有基于战略洞察能力、战略思考能力的战略规划能力。

华为的战略规划能力的培养也是在战争中学会的。在犯了丢了"小灵通"，丢了CDMA 市场，云业务"起个大早赶个晚集"等一系列战略失误后，华为才逐步认识到自身战略规划能力的不足，也明确了集体领导的公司治理机制。

任正非：华为缺乏商业领袖

但是我们的战略投入还不够，首先是还没有做好战略投入需求的洞察、规划。我们培养了很多技术领袖，但真正的商业领袖不多。公司要产生更多的商业领袖，他们对未来架构性描述要有很清晰的观点，对未来商业模式要有所构想。我们现在还不能像西方公司那样，在一个产品还没做出来之前，就对相应的生态环境、架构性认识已经有了构想或措施，往往是等这个产品做出来后，才想到还要去做什么生态伙伴、商业环境等建设。

——任正非：在日落法人力资源秘书处及 AT 运作优化工作汇报上的讲话，2019 年

任正非：公司命运不能维系于某个人

今后，公司继续坚持贯彻立法权大于行政权的运行机制。最高权力要放在集体领导、规则遵循、行为约束的笼子里。参照了英国的"王在法下，王在议会"中的成功经验，当值期间的轮值董事长受常务董事会集体领导的辅佐与制约；常务董事会的决策须经董事会的授权、制衡与表决；董事会的决策需按董事会议事规则表决确定。轮值董事长、常务董事会及董事会的行权都要受持股员工代表会的规则约束，他们的履职行为也要受到监事会的监督。此权力循环约束机制体现了集体领导的运作精髓，有利于公司长期稳健发展。

治理章程是公司集体领导与制度化接班思想的具体体现。公司的命运不能系于个人。集体领导是公司过去 30 年在不断的失败中，从胜利走向胜利的坚强保障；面向未来不确定的生存与发展环境，我们唯有坚持集体领导，才能发挥集体智慧，不断战胜困难，取得持续的胜利。

——任正非：在第四届持股员工代表会的讲话，2019 年，有删改

企业家的战略规划能力的提升需要通过后天练习来习得，除了理论学习，更重要的是在"干中学"，在战争中学会战争。

任正非谈如何提高战略管理能力

首先要有一个角色的认知，知道自己在战略方面该承担什么责任，该做什么事情。

要知道该做哪些具体的事情才算做好了战略管理，就是要通过流程、方法，让高层管理者知道自己该做什么事情，把这些问题回答了，就把战略管理的责任履行起来了。其实在流程里面定义清楚了要做哪些课题，每年考一遍，让他不断地去答题，这样他的能力就提升了。

干中学，更重要的是把该做的事情做起来，经过实践的积累，战略管理能力自然就提升起来了。可能过了几年以后，他都没有意识到自己的战略管理能力已经上了一个台阶。

——华为原战略规划部部长：战略要落地，必须有这 5 个保障，2019 年，有删改

第 5 章

科学经营的基本方法：
从偶然胜利到必然胜利

"巧干能捕雄狮，蛮干难捉蟋蟀"

——俄罗斯谚语

5.1　科学经营是个闭环的系统

我们将科学经营的方法形象地总结为"六法"，如图 5-1 所示。

	落后的方法	改进的方法
看法	牛顿世界观	量子世界观
想法	靠想象发散式思维	科学逻辑算法描述验证
干法	踩着西瓜皮各自干	目标策略、行动资源协同干
算法	基本都是语文题	基本转化为数学题
考法	个人绩效考核为主	组织绩效管理为主
奖法	基于存量利益躺赢为主	基于增量价值创造为主

图 5-1　科学经营"六法"

通过此六法，企业可以建立一套科学经营的方法，确保企业在有想法的时候用科学的方法转变为干法，能够让团队一起持续打胜仗。本章具体说明科学经营的六法：看法、想法、干法、算法、考法、奖法。

5.1.1　看法

科学经营首先是重塑看法。看法是指企业员工统一的价值观和世界观，一定是先有认知或者说思想的改变才会有行为的改变。科学经营方法在企业实施的时候不是一套简单的工具或者模板，实际上是要重塑企业对新的商业环境的管理认知。比如，要从过去的牛顿世界观转变为现在的量子世界观。牛顿世界观起到接触、相互影响作用；量子世界观是指复杂科学、混沌理论、多变量相互作用、万物皆有联系、皆能够发生相互影响。接受量子世界观即承认世界的不确定性。企业的战略要基于这种不确定性来不断地进行调整。在不确定性中，企业努力的方向是要去寻找其中的确定性，用确定性的科学经营方法来应对不确定性，这需要企业经营者的认知或者思想改变。

科学经营，企业首要的是改变惯性、常规的甚至是错误的观点，要改变对环境的认知，承认世界的不确定性，更要明确在不确定性中寻找确定性的规则和方法。

任正非谈对世界技术发展的看法

我们公司对这个世界的看法，就是任何一个小模块都可以人工智能化。

任正非谈对组织变革的看法

通过 3~5 年时间，华为公司一定会换一次"血"，让组织充满活力、充满新鲜血液。包括我们自己的"血"被激活起来，也是换血。当我们度过最危险的历史阶段，公司就会产生一支生力军，干什么？称霸世界。

5.1.2　想法

有了成熟的"看法"之后，观察外部市场环境的变化，企业就能够发现一些市场机会。过去发现机会，企业家更多的是靠自身的经验，靠想象，靠右脑去进行感性经验判断。现在做科学经营，企业更加强调用科学逻辑的算法去验证，或者用做试验的方法去验证。比如，我们现在讲精益创业，就是类似于用做试验的方法去验证。先用一个试管做实验去验证，如果可行，接着用一个烧杯去做验证，如果达到预期效果，我们可以建立大的中试线，用大的反应釜做验证，这就是科学的方法、科学的精神和科学的态度。

有了"看法"，有了初步"想法"还不够。靠想象、靠发散性思维产生的"想法"，要通过科学的方法论指导，才能从认知层面的看法转化为有逻辑的想法，以指导"干法"。

任正非谈对世界技术发展的想法

只要我们将大量的重复劳动自动化，提高了效率，就达成了我们的期望结果。人工智能，我们整体上还是落后于世界的，要多投入一些。

横向看，车联网、人工智能、边缘计算是我们未来的三大突破点。

任正非谈对组织变革的想法

第一是号召大家立功，第二是尽快把优秀人员选拔上来，增加组织的"活血"。绝大多数员工应心静如水，做好本职工作就是参战。

5.1.3 干法

"干法"就是指企业有了想法后如何转化为实际执行的过程。过去很多企业就是想到哪里干到哪里，"踩着西瓜皮溜到哪里算哪里"，现在要转化为基于目标的策略、行动以及所匹配的资源，同时包括上下、左右拉通、对齐、协同的干法。不再是过去基于经验主义、机会主义的"游击队"的干法。企业要做正规军，打"阵地战"，从踩着西瓜皮各自干，转化为基于目标、策略、计划和资源协同干。

比如，企业根据年度战略解码形成目标后，还要列出年度任务目标，任务还要有具体的时间、责任人等，以及实现目标的策略，而且要对策略进行推演，确保干法的最优路径。

计划的任务项要有对应的时间和责任人，如依照计划责任矩阵（表 5-1）进行任务分工。

表 5-1　计划责任矩阵

重点工作计划	任务分工							
	总部	事业部	营销部	产品部	运营部	技术部	人力资源部	财务部
XXXX	A	M	P	E	S			
XXXX								
XXXX								

在计划责任矩阵中，A 代表审批，M 代表监督，P 代表计划，E 代表执行，S 代表协助。不同的部门在这样一项任务上是扮演不同角色的，这就在一项任务上，把不同部门拉通对齐了。**大家在同一件事情上有不同的角色**，而不是说各做各的事，这就避免了需要别的部门协作的时候只能硬着头皮去要求其他部门或者请求其他部门的现象。

策略和计划是整个"干法"的主要构成部分，经过分解成的各个任务项形成一个个完成目标的路径。我们需要在成本、效率、时间，包括客户满意等方面寻求一个最优解，这里蕴含着思考和决策的过程，需要进行实现路径的可行性分析，确定后再落实这个计划，如表 5-2 所示。

表 5-2　把目标、策略和行动计划串起来

	要　素	内　容
目标	1. 目标是什么？	要努力实现的经营成果
	2. 达到什么程度？	达到的质、量、状态
策略	3. 完成目标的最优路径	完成计划的巧劲（最快、成本最低、最容易）
	4. 路径的可行性分析	为了完成目标，应该采取的措施，手段，方法
计划	5. 计划制订	时间、地点、任务、计划表、日程表、责任人
	6. 计划的管理：沟通、对齐、控制与监控？	期限、预定计划表、日程表

　　策略和计划管理，向上承接了战略规划和经营目标，向下输出预算和考核。它是企业管理承上启下的关键环节。我们经常在为企业做预算的时候，会问企业的业务计划是什么。假如企业没有业务计划，那么预算就是拍脑袋，要么不够，要么浪费。又比如考核，如果企业的业务计划制订得不准，最后考核就没办法严格执行，导致没有办法进行科学的分配，形成恶性的循环，导致经营计划完不成，最后导致整个战略规划——"想法"失败。

　　管理者在"干法"——策略和计划管理上多花一点时间，多花一些精力去思考，是非常有价值的，是事半功倍的事情。这与哲学家说"未经审视的人生不值得去过"是同样的道理，没有进行过审慎思考的"干法"不值得执行，因为这可能是一个错误的"干法"。

　　基于科学经营的逻辑推演的"干法"才是正规军的作战方式，才能保证企业在主航道、主营业务上的持续成功。

华为谈正规军的"干法"

　　随着时代的发展，我们需要从游击队转向正规军，像参谋作业一样策划市场，像织布那样精密管理市场。

　　　　　　　　　——任正非：再论反骄破满，在思想上艰苦奋斗，1996 年，有删减

　　有一部分干部凭着经验做事，走的是"经验主义"的老路。华为要从"土八路"走向正规军，过去的成功经验并不是未来前进的方向标，必须开放自己，自我批判，时刻学习。

　　　　　　　　　——徐直军：华为眼中管理者的 18 种惰怠行为，2011 年

　　你们最主要是将外部经验带入华为，对"游击队"进行整改，让我们逐步转为"正规军"。因为华为公司这 30 多年是在摸着石头过河，建立了自己的体系。虽然

我们在向"猫"学习，但其实学得还不像，至少我们还不会"上树"，现在你们带来了职业经验，就要教我们"老虎"怎么上树。这样三五年以后，我们度过困难时期，才有更强大的战略地位。

——任正非：与2020年金牌员工代表座谈会上的讲话，2021年

5.1.4 算法

为了将企业经营好，达到预期效果，光有"干法"还不行，还要有"算法"。为什么会计是商业的语言？就是因为会计讲算法、讲数字。比如，古代战争都讲究计谋，计就是计算，要掐指一算，要找到天时地利人和的节点，这都体现了算法。所有事物之间的关系用数学的方式进行描述是最准确的，这就是算法的意义所在。过去我们在企业经营中经常说一些"语文题"式的任务描述，比如"把这个事情干一下"，或者就是"进一步加强""较好""较差""巩固"等，这些是非常模糊的描述。但是在科学经营的体系中，在企业经营的日常工作、工作汇报中都要用"数学题"式的方式去描述，就不会再出现"进一步提升产品的质量"这种描述。这种话什么时候都可以讲，所有的经营管理语言的描述要转化为科学经营的"数学题"式的语言，比如前句，就应该说现在的质量合格率是70%，明年提升到90%，很明确地提出要提升20%。

"算法"最主要的体现就是把"干法"用货币化、数字化的语言进行表达，去看"干法"对准的目标是否经得起"算法"验证，还是拍脑袋定的目标；"干法"要求的资源是否能够满足；资源投入产出是否合理；最后的经营成果是否达到预期，这个过程就是全面预算。有了预算才能预判，有了预判才有胜算。

本书后续章节中详细说明的经营分析、财务分析、全面预算等都属于"算法"，在"语文题"基础上做"数学题"，从而形成问题的解决方法。在华为，除了财务讲"算法"，各个业务经营单元都要有"算法"思维，比如，华为IFS集成财经服务渗透到基层经营单元，项目财经人员PFC、代表处CFO是代表处CEO的左右手，各部门主官如CEO自身也要非常熟悉各类"算法"。

任正非谈各类人员都要会"算"

人力资源的改革首先是强调人力资源与干部人员要深入战场，自己独立承担一个任务的计划、预算、核算，我就算你开始搞明白了一点。

也有销售项目经理问"如何努力才能成为商业领袖"，我们主张把事情做好，不在乎项目大小。我从小项目看到你是个苗子，就会重用你；即使你做的项目再大，你能力不够，也会换掉你。

山头有块岩石，总部怎么知道呢？你根据岩石情况，在前线做出概算，然后才

开始合同谈判，价格该进、该退、能赚多少钱，心里都是有底的。如果将概算都提供给你了，那你只是一个打工仔。

PFC 在公司有什么作用？这些高智商的财经人员进入项目后，就开始懂业务，知道华为是干什么的、怎么干、怎么样才能干好。从核算开始，经过预算、计划、项目管理，垫好人生的第一块砖。

真正弄懂、弄明白基层的具体工作，怎么干、怎样干、怎么把它做好，将来升至机关，不至于是"空军司令。"

有部分适合做财务工作的业务人员，在基层熟悉财务后，也可以混合进入这个队列。

总之，科学经营的方法论和操作系统要改变过去基本上只有"语文题"而没有"数学题"的情况。现在要转变成先有"语文题"的拉通，然后有"数学题"算法的验证。

5.1.5　考法

有了看法、想法、干法、算法，企业最后能否达到想要的经营成果呢？企业对组织、对部门、对个人都要进行相应的考核评价，即要有评价机制。没有科学的评价机制，就不会有合理的科学分配，没有合理的科学分配，就不会有大家全力地创造最好的价值。

很多企业以个人绩效考核为主，陷入了类似科学管理时代的计件制、计时制，这在强调效率的工业化时代没有问题。但是现在要完成项目，或者要达到企业经营的目标，企业就必须强调组织成员之间的协同，要靠团队合作。所以，这个时候企业更多地强调组织绩效管理。

组织绩效才是管理的纲，纲举目张，个人绩效放在组织绩效之下进行管理。如果组织绩效做得好，即部门绩效做得好，各部门负责人对所辖部门排出员工的优良、中等、差的名次即可。但是组织绩效是耦合公司战略目标的，这是科学经营中科学考评的重点。这样既促进了团队协调，打破部门墙，促进部门合作，也降低了管理的成本，发挥了员工个人的创造力。

任正非谈华为的"考法"

既要尊重人，又要考核科学，又要坚持责任结果导向。

人力资源考核机制对不同岗位有不同要求，没有设年龄限制，关键看个人的能力和贡献能不能满足岗位要求。

公司允许试错，在评价成功和失败的过程中，对从事未来工作的人主要是对其工作过程进行评价，不完全是看结果，因为失败的项目中也会有优秀的人产生。

——任正非：在 ICT 产业投资组合管理工作汇报时的讲话：不懂战略退却的人，

就不会战略进攻，2019 年，有删改

5.1.6 奖法

进行科学评价后要进行科学激励，从过去的基于存量利益为主导向以增量绩效为主，有没有创造增量的价值是奖励的优先考虑标准。

"奖法"的总体原则是要基于绩效改进进行激励：增长、增效、增肥，如图 5-2 所示。

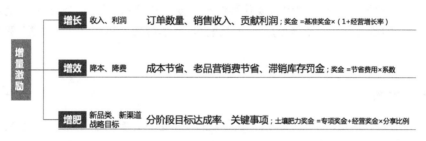

图 5-2　基于绩效改进进行激励

5.2　科学经营的操作系统

以上科学经营方法，从看法、到干法、到奖法的基本方法，要转为化可以实操的系统方法，以便于企业统一逻辑、统一语言、统一工具，提高经营管理的效率。结合华为的从战略到执行的流程，我们把科学经营整合为一套更加适于落地的实操方法：SOPK+。

SOPK+可以理解为企业经营的操作系统，类似个人电脑。首先，要有操作系统，不管是 IOS 还是 Windows，还是安卓。运行任何软件之前首先要有个基础的系统，即操作系统，然后在其上才能安装各种应用软件。企业也一样，只有先有一套统一的经营操作系统，才能驱动企业正常运营，也才能在其上"嫁接"各种能力建设系统，如人才管理、绩效管理、研发管理、流程管理、质量管理、财务管理等管理系统。这些都可以在 SOPK+中作为一个"插件"来嵌入和使用。反之，有些企业做了很多管理模块，上了很多 IT 系统，参加了很多培训，引入了很多"时髦"子系统，如流程、激励、绩效等系统，但是对于核心的操作系统——企业的经营管理系统却迟迟未能建立，导致各种"应用软件"经常打架，没有统一性，达不到预期的效果。这类企业要明白具有基础软件功能的操作系统的重要作用——首先建立了一个科学经营系统

SOPK+，其后建立的各种"软件系统"才能让各个子系统发挥更大的效能。

科学经营系统逻辑上分解为 S、O、P、K、+，其中的四个字母是四个核心经营管理要素的英文单词的缩写，如图 5-3 所示。

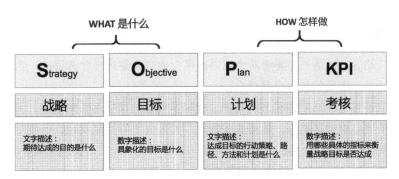

图 5-3　SOPK+图解

SOPK+是一种用于从战略规划到执行管理的简易、强大的工具，瞄准商业成功，强调目标解码的上下对齐、左右拉通等"五对齐"，通过事前的沙盘推演、过程中的经营分析和监控、事后的复盘纠偏，促进团队为了实现共同目标而协同作战，确保企业战略的落地实施以及目标实现，从而让企业走出混沌，从偶然胜利走向必然胜利，从必然王国走向自由王国。

任正非论企业经营的理想——从必然王国走向自由王国，从偶然胜利走向必然胜利

毛主席说过："人类的历史，就是一个不断地从必然王国走向自由王国发展的历史。这个历史永远不会完结……人类总得不断地总结经验，有所发现，有所发明，有所创造，有所前进。"人们只有走进了自由王国才能释放出巨大的潜能，从而极大地提高企业的效率。但当您步入自由王国时，您又在新的领域进入了必然王国。不断地周而复始，人类从一个文明又迈上了一个更新的文明。

什么叫自由，火车从北京到广州沿着轨道走而不翻车，这就是自由。自由是相对必然而言的。自由是对客观的认识。人为地制定一些规则，进行引导、制约，使之运行合理就是自由。孔子说他人生的最高境界是"从心所欲而不逾矩"，这就是自由。必然是对客观规律还没有完全认识，还不能驾驭和控制这些规律，主观还受到客观的支配。例如，粮食现在还不能很大地丰产，水灾和地震还不断给人类造成危害，我们的交换机软件如何发展与稳定……

——任正非：要从必然王国，走向自由王国，1998 年，有删改

一个企业的内、外发展规律是否真正认识清楚，管理是否可以做到无为而治，

这是需要我们一代又一代的优秀员工不断探索的问题。只要我们努力，就一定可以从必然王国走向自由王国。

——任正非：华为的红旗到底能打多久，1998 年

5.2.1 战略

所谓战略 S，就是一定要清晰地描述出来企业究竟要达成什么目的，企业想要去的方向是什么，市场的机会点是什么。

战略管理包括战略规划和战略解码。战略要根据公司的愿景来制定，引导团队前进，而且不受环境过多影响，要用企业使命、愿景去引导战略实现，但是对于一般人来说，愿景往往太高、太远、太模糊。可以采取"四化"的方法实现愿景，即具体化、日常化、普及化，个人化，让使命远景为每个人所理解，变得鲜活、有活力、有能量。

华为的愿景和战略

"华为的愿景就是不断通过自己的存在，来丰富人们的沟通、生活与促进经济发展，这也是华为公司作为一个企业存在的社会价值，我们可以达到丰富人们的沟通和生活，也能够不断促进经济的全球化发展。"

后来，华为的愿景又进行了升级，变成"致力于把数字世界带给每个人、每个家庭、每个组织，构建万物互联的智能世界""华为的追求是在电子信息领域实现顾客的梦想，并依靠点点滴滴、锲而不舍的艰苦追求，使我们成为世界级领先企业"。更大的愿景牵引更大的平台，包容更多的人才和更大的成功。

黄卫伟说《华为基本法》的主题框架包括四个方面：一个是企业的目的，包括企业的使命和愿景；第二个是核心价值观；第三个是成长，因为对当时的华为来说，面临的主要任务是如何尽快缩小与跨国公司尤其是跨国电信设备制造商的差距；第四个是价值创造和价值分配。

《华为基本法》八易其稿，中间经历了长达两年半之久的上上下下的讨论与争论，既熔铸进了许多西方的管理精华，也充分提炼了华为 10 年发展的成功实践，集中了华为不少年轻管理者的思想火花，尤其贯穿了创始人任正非的宏大理想、国家主义情结以及建立在对人性深刻洞悉基础上的一整套管理思想。

创立不到 10 年的华为，高速发展的背后潜伏着重大危机：主义林立，思想多元，充满了活力，也充斥着混乱。客观而论，《华为基本法》于华为而言，真正起到的重要意义是统一思想，凝聚共识。

——《走出混沌》，2002 年，有删改

5.2.2　目标

所谓目标 O，即业务目标，包括团队目标和个人目标。目标制定包括 6 个关键步骤：部门目标的制定，全面预算的启动，二级部门的目标制定，三级部门的目标制定，各部门目标上下对齐、左右拉通，目标策略计划的沟通。

目标更多地要通过"数学题"来描述，具象化的目标包括战略目标、经济目标、管理目标等；经济目标直接体现为企业的收入、利润、回款、市场占有率等，这些都可以量化为具体的企业目标、部门目标和当年的目标。

"S"和"O"的核心是解决企业是什么，究竟要什么的问题，就是企业的看法和想法。

5.2.3　计划

所谓计划 P，就是完成目标的具体行动计划。这个计划还包括完成目标的最优路径选择，这个思考的过程就是策略。计划包括了实现计划的策略，具体的策略主要包含五个：**增长策略、竞争策略、产品策略、客户策略、风险策略。支撑行动计划完成的资源需求，就是预算，也是计划的一部分。**"P"是解决如何做的问题，包含干法和算法。

计划分为年度计划 BP（Business Plan）和 3~5 年的战略计划 SP（Strategy Plan），华为的年度计划模板如图 5-4 所示。

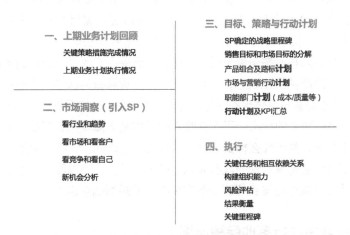

图 5-4　华为年度业务计划（BP）模板提纲

图中，第一部分是对上期业务计划进行回顾，包括关键策略措施完成情况和上期业务计划执行情况，所以制订下一期的计划前，要先把上一期的计划进行复盘和总结。

华为特别注重总结和盘点，企业每一次做计划的时候就得基于上次的完成情况，重新进行归纳总结，然后才能有所提升，策略有所改善，而不是一个简单的惯性的例行工作。

第二个部分是市场洞察，引入 SP。所谓 SP 就是三年期的战略规划，BP 和 SP 是一脉相承的，而不是说企业单纯就年度计划做年度计划，企业也要看自身短期的年度计划跟企业中长期的计划是不是能衔接联动起来，从而解决短期利益和长期利益的矛盾。

第三部分是目标、策略与行动计划，包括产品组合及路标计划、市场与营销行动计划以及职能部门的计划。企业的产品组合包括市场营销，这些是业务端，然后是职能端。企业首先要制定策略，然后才是落实为部门行动计划，以及组织绩效、个人绩效 KPI 的汇总。

第四部分是计划的执行落地。我们总结华为的 BP 模板，里面前三个部分（环节），是"三位一体"的制定过程，第四个部分（环节）即制订了以后如何去执行，这里面又包括关键任务和相互依赖关系。计划制订以后，还要去进行关键任务项之间的拉通。关键任务项之间有依赖关系，不能每个部门搞自己的一套相互独立的任务项；同时还要评估公司的组织能力，评估企业制订的计划是不是一定能完成。

5.2.4　考核

所谓考核 K，即拆解评价绩效的衡量指标，包括组织绩效 KPI 和个人 PBC；最后落实为部门和个人的考核激励沟通和签署。绩效 KPI 是衡量计划和策略是否成功的标尺。"K"是解决如何评价的问题，就是我们的考法和奖法。

用哪些指标来考核、来衡量想法和干法、目标是否实现以及战略的实施状态？一个企业可能处于战略的实施状态，也可能处于做生意赚钱的状态，这是企业两种不同的成长状态，企业经营成果体现在财务上可能都差不多，比如都有收入、利润、回款等。如果企业处于战略成长的状态，那么其收入的结构就会体现出公司战略的意志——公司要进入什么市场，要给什么样的客户提供什么样的产品。如果企业处于一种生意模式的状态，那么企业也有利润回款和收入，结果就是体现为以赚钱为目的，没有体现出企业以战略或者某个愿景目标驱动的有前瞻性的规划的意志。

5.2.5　过程管理执行落地保障措施

上面四步是 SOPK+科学经营系统的主体部分，在四个主体部分之外还有一个加号"+"。企业及时对整个 SOPK+进行持续的跟踪和复盘，表现形式为每个月会有经营分析会和经营分析报告，季度有季度经营分析会，年度有年度经营分析会，通过不断地回顾过去、展望未来来进行纠偏和改进。复盘会议通过定期回顾总结、自我批判、不断完善来迭代持续成长，并把个人的经验得失沉淀在组织上。

"+"的保障机制包括经营日历、经营分析报告、经营分析会、战略规划和战略解码的相关会议和其他例行机制等，这些将在后续章节中阐述。

SOPK+科学经营系统中包括几类会议：战略规划启动会、战略解码会、业务策略的沟通会、预算评审会、目标计划宣贯会等。并且企业在实施过程中要开三种例会：业务策略会、经营分析会和管理改进专题会议。

其中业务策略会的核心在于如何打仗；管理改进专题会议是在业务策略会和经营分析会之外，针对某个问题所开的专项会议，如成本专题会议。根据专题会议的目的不同，可以将其放在经营分析会或者业务策略会中，也可以单独召开。对于中小型企业来说，可能几类会议合在一起召开。经营分析会要等财务数据出来后才能召开，对数据进行分析，一般在次月10日前后召开，业务策略会一般在本月25日左右召开。

"+"的问题是"六法"如何有机结合起来达到循环闭环的问题，从监控和保障的角度来保证科学经营的"六法"能协同达成企业经营目标。

第 6 章

战略规划：
共识比见识重要

"胜则举杯酒以让功，败则出死力以相救。"

——曾国潘

6.1　有关战略的正确认知

6.1.1　对战略的认知

1. 管理学家的定义

钱德勒认为战略是企业基本的长期目标和任务。安德鲁斯认为战略是关于企业宗旨、目的和目标的一种模式，以及为达到企业目标所制定的主要政策，并且界定企业目前从事什么业务和将要从事什么业务，企业目前是一种什么类型和将要成为什么类型。迈克尔·波特认为战略的本质是定位，企业要在竞争中不断进行取舍，选择什么是可为和不可为。明茨伯格将战略定义为 5P，即认为战略是一种计划 Plan，是一种谋略（Plot），是一种模式方式（Pattern），是一种定位（Position），是一种观念、想法（Perspective）。德鲁克认为战略就是未来做现在的决策。

管理学家对战略的定义，更多的是站在未来去思考现在企业应该做什么、应该做什么规划。

2. 企业家的定义

杰克·韦尔奇认为战略就是关于企业如何赢的问题。任正非认为战略就是企业如何活下去。

企业家的定义相对更为务实，没有把战略描述得过于宏大。

任正非谈华为企业战略

　　华为的战略定位就是一家商业公司，期望商业上能获得成功，没有其他战略定位。如果做其他方面，没有能力就不可能成功。所以，我们收缩在一个合理的能力面上，在这个面上我们争取能成功。我们不需要每个员工都去阅读公司的总战略，不要关注太大的事情，"不在其位，不谋其政"，没有处在一定的位置，读了也不一定理解。战略是太复杂的问题，几句话是讲不清的，你积累到一定时候，一定会心领神会，一定有能力参与，今天还是踏踏实实做好本职工作，一步一步地爬上楼。

——任正非在战略预备队学员和新员工座谈会上的讲话：
你们今天桃李芬芳，明天是社会的栋梁，2020年，有删改

未来三年有质量地活下去

我们要看到公司面临的困难，以及未来的困难。未来十年应该是一个非常痛苦的历史时期，全球经济会持续衰退，那么消费能力会有很大幅度下降，对我们产生不仅是供应的压力，还有市场的压力。2023年，甚至到2025年，一定要把活下来作为最主要的纲领。"活下来，有质量地活下来"，这个口号很好，每个业务都要去认真执行。目前我们要活下来，不是为了理想而奋斗。

——任正非：整个公司的经营方针要从追求规模转向追求利润和现金流；2022年，有删改

结合管理学家和企业家两派的定义，我们发现：企业既要满足未来的需求，也要为当前考虑，让自己活下去。战略就是如何让企业更好地活下来、持续地活下来。持续地活下来有两个含义：第一个就是基于外部环境变化，企业如何获取持续的盈利能力；第二个就是保持企业竞争能力。前者是保证现在活下来，后者是保证活得比别人更好。所以，企业在做战略规划的时候，不仅要看到当下，还要看到明年、后年。企业要考虑清楚企业现有的成熟业务是什么，即"碗里的"业务；处于成长期的业务是什么，即"锅里面"的业务；未来的创新业务是什么，即"田里面"的业务。

华为如何定义自己的业务战略？华为认为，要将核心能力匹配到客户的有效需求上。华为公司的核心能力是满足面向未来的信息社会对"超带宽、低延迟"的要求，即要有足够的带宽，能够承载大量的信息，也要随需获得信息，没有延迟。华为原来定义的客户有效需求是丰富人们的生活和沟通，现在定义的有效需求是把数字世界带给每个人、每个家庭、每个组织，构建万物互联的智能世界。新旧有效需求对比，说明华为发现了新的市场机会，把客户的有效需求重新做了定义。

企业家经常会将战略、目标、使命混用。其实这三者是有区别的。但是对于着眼于企业经营实际的企业家来说"空谈误国"。任正非也曾说"华为没有战略"，但其经常谈及华为的企业使命、目标，以及实现这些目标的路径和方法，这反映了华为的实际战略追求。对企业家而言，空谈企业战略不如明确企业的业务战略和具体目标。

华为定义自己的业务战略

公司未来的价值创造要以客户为中心，聚焦在万物互联的优势领域[ICT（information and communications technologry，信息与通信技术）基础设施和智能终端]，汇聚内、外优秀价值链资源，成为智能社会的使能者和推动者。

我们要成为智能社会的使能者和推动者，要坚持聚焦，不是什么都做，万物互联我们要敢于领先，持续扩大优势。但我们坚持"不做应用、不碰数据、不做股权投资"。战略不要发散，ICT 基础设施和智能终端已经是很大、很复杂的业务领域了。

公司内、外经营环境正在变得更复杂……数字革命的大背景下，产业环境更加复杂、更加不确定、机会更多、对手更强、风险更大……人类进入智能社会，孕育公司巨大的发展机会，公司持续价值创造的使命：把数字世界带给每个人、每个家庭、每个组织，构建万物互联的智能世界。

——任正非在《人力资源管理纲要 2.0》沟通会上的讲话，2017 年，有删改

华为唯一的武器是团结，唯一的战术是开放。

我们要坚定不移地在主航道上奋勇前进，面对目标我们也要有灵活机动的战略战术。

——任正非在市场工作大会上的讲话：决胜取决于坚如磐石的信念，
信念来自专注，2016 年

2014 年我们要平衡短期经营绩效提升和长期有效增长，坚定不移地把握良好的战略机遇，将更多的精力和资源投向未来，在聚焦的战略领域、核心技术和战略客户、战略市场格局上敢于进行战略投入，为公司未来发展奠定良好的基础，进一步推进组织变革、简化管理、下移管理重心，加大一线授权。公司可以越做越大，但管理不能越来越复杂。严格、有序、简单化的认真管理是实现超越的关键。

——轮值 CEO 徐直军：聚焦战略，简化管理，有效增长，2014 年

不要神话战略

战略是指适合企业自身的选择而已。把简单的事情坚持做下来，做到极致就是企业自身的战略。

战略是一个思考过程。企业家应该去思考并回答关于所处行业的一些深层次的问题，如企业的存在价值、行业的变迁规律和方向、行业价值转移的趋势等，思考这些问题可以让企业更清晰地认识自身并预见未来。

战略是一个选择过程，是一个舍得过程。选择和舍得的唯一标准，就是如何让企

业在资源有限情况下活下去并且保持竞争优势。资源有限，企业无论如何都要进行选择，因为没有一家企业可以做所有的事情。在选择中，即使不是最佳选择也总比没有选择好。

战略是一个沟通过程。战略必须落实到每个员工的理解和行为中，而不能只是停留在领导层和管理层，需要企业上下左右拉通对齐，在同一个层面上达成共识。

战略是一个激发活力的过程。战略要有力量、激情和机制，去创造未来；战略是一个提升企业凝聚力和拓展视野的过程，战略建设的过程价值远胜过一个完美的战略描述文本。制定一个好的战略，有助于企业吸引更好的人才。

战略是一个压力传导的过程。一个公司可能业绩尚可，甚至处于快速增长期，但依然要激发全体员工去思考企业的价值和保持团队创业激情的方法。企业经营要如履薄冰，要让市场压力和竞争压力传递到每个员工身上。企业并不是每次制定战略的时候都是站在对未来美好的想象的基础之上的，很多时候会面对现实的困境。例如，如何转型、如何突破现在的增长"瓶颈"、如何将压力传递到组织内部等。

战略是一个管理体系，而不是一次热血沸腾的演讲。企业家要思考如何形成战略中心型组织。企业的经营重点、业务流程、组织和员工行为需要以战略为核心，以实现战略制定、战略执行、战略评估和战略管理的全过程。例如，华为公司的战略管理是一个 DSTE（Develop Strategy to Execution，从战略到执行）的流程；比如 SOPK+是一套作战指挥系统。

战略也是一个变革过程，变革就是从 As-Is（假设是什么）到 To-Be（将要是什么）的过程，也是一个失去现有"奶酪"和创造新"奶酪"的过程。变革需要每个人参与，变革是外部驱动而非内部驱动。企业制定战略要站在未来看当下，看清企业要去到什么地方，回头看企业要做什么调整，要做哪些内功来提升。

战略要学会退却和迂回

不懂战略退却的人，就不会战略进攻，公司对产业怎么"养"已经有了一套清晰的规则，接下来，你们要把产业的"生"和"死"也管起来，尤其是"死"管起来。有所为而有所不为，对于不能在世界战略领先的产品，我认为就应该退出其生命周期，对于产业的战略性退出，一定有序地退出。产业的失败，领导与主官要承担主要责任，但从事这些产业的员工是我们公司的宝贵财富，他们的经验对其他业务也有用，可以根据特长转到新业务去做出新的贡献。过去所有失败的项目、淘汰的产品，其实就是浪费（当然浪费的钱也是大家挣来的），但没有浪费，就没有大家今天坐到这儿。

——任正非在 ICT 产业投资组合管理工作汇报时的讲话：
不懂战略退却的人，就不会战略进攻，2019 年，有删改

> 战争没有你想象中那么复杂，也没你想象中那么简单，你们讲了半天抓不住要领，不知道仗应该怎么打，因为你不懂，所以讲了半天都是游戏。真正战争时，需要抓住主要矛盾，要抓主要矛盾中的主要问题，然后就攻其一点，注意迂回。
>
> ——任正非：华为大学要成为将军的摇篮，2006年，有删改

6.1.2　战略有用吗

人们对待战略的态度，往往有以下两种误区：第一种是认为战略的规划万能；第二种是认为战略的规划无用。

这是两个极端，我们要用灰度的管理思想，在其中找到平衡点，既不能说战略能解决所有问题，也不能说战略无用。企业家要有战略规划的意识，这会让企业前进的步伐更稳健。严谨的战略规划能够带给企业稳定性，稳定的结果反过来又会带给企业战略灵活性。越是经营结果不稳定，越是没有前瞻性的思考，就越不敢做中长期的投入和规划，越不做中长期的战略规划，就会越关注短期的业绩实现，越关注短期的业绩实现，业务结果可能越不如意，这就陷入了恶性循环，思想蜕变成了小聪明，而不是大智慧。其差别在于后者在"因"上去寻找，前者在"果"上去寻找。大智慧是事先有前瞻性的规划，只要在"因"上努力，"果"是水到渠成的事。

众生求果，菩萨寻因

菩萨畏因，众生畏果——出自印光法师的《印光法师》：

"信因果者，其心常畏，畏则不敢作恶；不信因果者，其心常肆，肆则无所忌惮。经所谓：菩萨畏因，众生畏果，正是如此。"

相信因果的人，他的内心经常保持敬畏，因为敬畏而不敢去做坏事，而不信因果的人，他的内心常常肆意妄为，无所忌惮。

大家都想追寻事情的结果，但是菩萨只寻求一件事的起因，有因才有果。

战略规划也要讲究稳定性和灵活性。战略和策略是辩证统一的关系，正确的战略需要正确的策略来落实，策略是在战略指导下为战略服务的。要取得斗争的胜利，不仅要有战略谋划和坚定斗志，还要有策略、有智慧、有方法，把战略的坚定性和策略的灵活性结合起来。

要保持灵活机动的战略战术

当年的抗大（中国人民抗日军事政治大学）教育方针就是"坚定不移的政治方向，艰苦朴素的工作作风，加上灵活机动的战略战术"，我们既要有坚定不移的方向，又不能过分教条，战略队形和组织结构要随着环境变化进行调整和变化。

> 眼前我们的问题是利润不够，所以要做些小盒子到各地去抢粮食。所以，队形要根据市场进行变化，不能僵化和教条，要有灵活机动的战略战术，我们的宗旨就是活下去。
>
> ——任正非：发挥核心团队作用，不断提高人均效益，2013 年，有删改
>
> 要有坚定不移的管理原则与风格，还需要灵活机动的战略战术。
>
> ——任正非：上甘岭在你心中，无论何时何地都可以产生英雄，2007 年，有删改

战略就是选择，企业各业务一把手必须要对自己负责的业务担责并且有决断力，但是很多人不敢选择，因为有退路。战略实际上来自战场，需要企业有决断力，不能留退路。华为对干部的要求中有一条就是要有决断力，要敢于拍板，不要怕错。

6.1.3　战略规划的误区

常见的战略规划误区有以下几点。

（1）思考战略是老板的事情，跟普通员工没关系。

（2）战略就是老板的发言和想法。

（3）战略就是文本或者口号。

（4）战略就是画大饼、撞大运，其实没什么作用。

（5）战略是年度工作报告和工作计划。

（6）没有战略也能工作。

（7）战略是收入和利润指标。

（8）战略规划赶不上变化，对实际业务没有指导意义。

1998 年，任正非在推动华为公司 IPD（Integrated Product Development，集成产品开发）改革时说过一段重要的话："我们无法回避对未来的思考，我们愿意花时间去反复地修补想法，努力把事情做正确，却不愿花时间或者没有方法去研究如何保证我们做的是正确的事。"华为公司当年要引入 IPD 的时候，并不确定产品在市场上是否有竞争力，都是在产品上市后不断修正，这导致华为产品质量极其不稳定。领导层经过总结后才发现员工没有花时间去研究为什么要做这个产品，为什么要做这个项目，却愿意花时间在做错之后反复纠正。这其实也是缺乏因果的智慧，往往在"果"上面反复思考，而不首先考虑"因"。企业事先应该思考所要生产的产品，是不是符合企业的战略，是否是企业需要的产品。

战略规划的本质目的是解决企业活下去和持续有效增长的问题。

首先，战略规划要解决增长问题。企业家在做战略规划时，可以不用知道诸多名词、概念，但是一定要明确一点：一定要解决增长和成长问题，包括增长多少、在哪

里增长、怎么增长等。

其次，战略规划要解决质量问题。

差距分析透——企业现在增长的速度和企业希望的速度相比、和同行业相比、和竞争对手相比，差距在哪里？

增长机会清——企业还有哪些增长的空间？

增长路径明——如果有增长空间，企业增长路径在哪里？如何去实现？

要从这三个方面去支撑企业持续有效地增长，即战略规划最终是要表述出企业活下去乃至持续有效增长的方法和路径。

企业家、企业的经营管理者对战略规划可以做深度思考和复杂描述，但是对企业全体员工来说，需要清晰、简单、明确的表达。因为，只有全体员工理解才能产生凝聚力，才能在执行战略的过程中有共同的语言和愿景。

6.2 战略规划的通病

6.2.1 差距分析不透彻

战略规划的起点在于差距分析，华为的战略规划方法论 BLM（Business Leadership Model，商业领导力模型）也是从差距分析开始的。

差距分析的"不良"现象：在战略制定的过程中，企业高层怕伤害员工士气，不敢谈存在的差距；下面的员工怕丢面子，怕被追责而隐藏差距。

差距分析非常重要，差距背后隐藏着组织能力或者业务设计的短板，一定是对现状不满意才引出来企业的差距究竟在哪里。企业对差距直面分析，才能制定出更符合企业现状的战略规划。

差距分析存在问题的根本原因有两个。首先是企业缺少自我批判的文化，很少主动去发现差距产生的原因。很多企业做汇报、做沟通时都是强调自身的功劳、掩盖自身的问题。坦诚地面对自身存在的问题才是企业和员工自信、组织文化强大的表现。

其次是缺少剖析方法，虽然企业能够直面问题，但是缺少数据量化，缺乏剖析方法——不知道如何按照区域、客户、产品做根因分析，如何做归因分析，也找不到正确解决差距的策略和方法。

差距分析应有的姿态：要直面差距找到原因。

如图 6-1 所示，有两种不同类型的差距：业绩差距和机会差距。

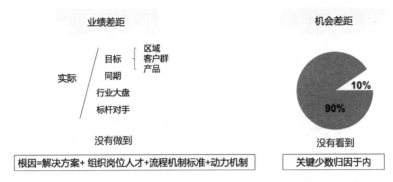

图 6-1　业绩差距和机会差距

业绩差距，即相比原有的目标，目前已经形成的现实差距。企业可以跟自我树立的目标对比找差距，也可以跟行业大盘、标杆对手对比找差距，核心在于找到企业没有做到的原因。机会企业看到了，也在做，但是做得没有对手好，或者没有预期的结果好。这种差距的根因可能源于解决方案、组织、岗位人才、流程机制标准、动力机制等。

机会差距，即指企业根本都没有看到这种需求，竞争对手却看到了。也就是说，企业根本没有意识到还有这样一种需求、这样一种客户、这样一种市场存在。因为机会差距，企业从一开始就错过了抓住这个机会的时机。机会差距往往源自认知差距，是更难以解决的差距。

在企业里，一方面要看到业绩差距，另一方面也要看到机会差距。

6.2.2　增长机会不清

这是指企业根本不知道企业的销售机会点或者战略机会点有多少，只是简单地进行目标分解。例如，这个市场有 3 000 亿元的规模，企业应该做到 30 亿~500 亿元的规模，于是就分成几个事业部，每个事业部的机会是多少；或者很多企业看到市场很大，只要占据 10% 就有几十亿元，但这只是简单的数字分解和业务想象，看似有数字分析却没有真正分析这个数字后的逻辑。

增长机会不清就会造成两个结果：第一个结果是企业干部和员工有一万个理由告诉企业老板做不到，纠结于目标的博弈而不是实现目标的路径和所需要资源，最后往往依据双方的强硬程度而不是科学分析的结果来确定目标。第二个结果是每年都面对糟糕的完成率，员工证明领导欲望过高不现实，领导指责员工无能不努力。

真正的增长机会不是飘在空中的。企业要打开视野，看到客户、看到市场，在每个可能的地方数一数、算一算企业的机会在哪里。

制定目标，数清增长机会的方法：先数出机会，再设定目标，没有机会支撑的目标全是口号，如图 6-2 所示。

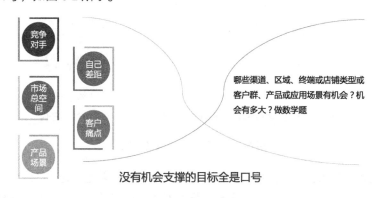

图 6-2 发现机会的方法

例如，每个店铺的机会点在哪里？如果达不到，还要新开多少店铺？企业要把机会数出来、算出来，即先做"数学题"。哪些地方有机会？机会概率有多大？算法要收敛到最小的经营单元、收敛到最小的业绩指标。

增长机会不清的原因如图 6-3 所示。

缺少方法：规划战略的人远离一线，不知道从各个维度去看机会点。对增长究竟是如何计算出的、究竟对应哪些关键指标不知道，对增长背后要具有的资源和能力也不知道。

缺少机会：**缺少找到机会的意愿。**对增长目标、增长的速度，包括增长后的奖金不认可，激励也没有用增量绩效的方法，结果导致机会越大、目标越高，目标越高、完成率越低，完成率越低、奖金越少，结果员工做起来没有积极性。

缺乏根因分析的方法：如果能把机会通过"业绩方程式"算出来，就一定能知道企业增长的来源和空间；不能只是基于企业自身业绩的历史的延长线，或者基于自身能力，或者单纯的数据分解来做当年的机会点分析。

图 6-3 找不到增长机会点的原因

对经营存在的差距、机会没有厘清，等于问题没有分析清楚，当然找不到解决问题的方法。

6.2.3　增长路径不明

缺乏找到增长路径的方法，没有借助方法进行系统的思考，明确增长的路径。是从业务组合如H1、H2、H3出发找到增长路径，还是从现有业务（如销售力×产品力×交付力）出发找到增长路径，还是从产业链整合、价值链整合找到增长路径，都需要企业予以明确。

明确当前业务增长路径：销售力×产品力×交付力，如图6-4所示。

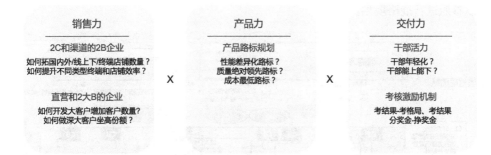

图6-4　增长机会的路径分解

例如，首先，从销售力算起，不管2C（to customer，面向消费者）还是2B（to busirness，面向企业）的业务都可以用类似逻辑计算，如市场终端、覆盖率、每个店铺销售情况等。把关键的业绩对应的指标提炼出来，算出增长路径，这是销售力分解。其次，从产品的角度，规划产品路标、产品力的提升源自哪里。最后，交付力，如整个内部运营、组织、干部活力、考核激励机制等，交付力就是让组织充满活力。

6.3　战略规划的方法要点

战略规划是企业经营的起点，它回答了企业应该到哪里、要在哪里增长和成长、怎么去的核心问题。作为企业的掌舵人，企业家和高管团队必须要掌握科学的战略分析与规划方法，有了战略规划力才有战略控制力，才能有效地实现战略落地，进而实现业绩倍增计划。

战略规划中企业重点要思考和回应的几个核心问题如下：

——企业的愿景、使命、目标是什么？

——企业的经营环境是什么?

——市场的机会是什么?

——企业的核心能力是什么?

——客户的需求是什么?

——基于客户的需求,要达成实现机会的目标,企业的战略路径是什么?

6.3.1 做战略规划工作计划

1. 战略规划日程安排

图 6-5 是华为战略规划(Strategic Planning,SP)步骤与日程表部分全景图,企业可以参照进行战略规划。

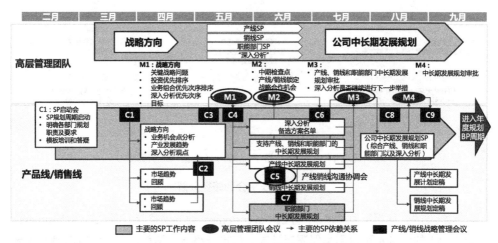

图 6-5　华为战略规划的日程安排示例

战略规划沿着时间轴展开,是一个周而复始的循环过程。战略规划要跟着经营的周期走,所以需要日历日程表,或者叫作战略管理日历表。从战略规划到执行的一些跟踪闭环的机制,也是在管理日历表中体现的。

战略规划如何在企业内部展开,有关键的步骤或者维度,如高层团队要做战略方向的规划,首先要对产品线和销售线做战略规划,职能部门也要做战略规划,相互之间要拉通对齐。

战略规划首先要梳理出战略问题,包括战略方向、机会点、产品和业务组合及对应策略、中长期发展规划等。其中有四个关键节点:M1、M2、M3、M4,M 代表需要高层介入。然后往下分解到产品线、销售线。一般是产品线先行先动。产品线要看有哪些新的产品要投入市场,产品要如何优化迭代。其次是梳理销售线,销售线如何推广这些产品，或者基于现有产品，未来产品如何将这些产品的市场份额扩大。其中会议有 C1~C9，代表产线（产品研发）和销线（市场与销售）在关键节点都会召开一些会议，C 代表会议。

从时间维度看：

1~3 月做战略的准备工作，高层管理团队首先要做的工作是确定战略的方向 M1。确定战略方向、战略指引，进行专题战略问题研究。有了指引以后进入各个部门开始做自己的战略规划阶段。

5~6 月各个部门开始做战略规划，主要涉及三类部门。第一类是产品线，产品线决定了公司能卖什么，代表着公司对客户需求的理解，所以首先对应产品线的战略规划，对产线 SP。第二类是销售线，销售线基于已有的产品和服务，基于客户的需求来实现公司的销售目标，所以对应销售部门战略规划，对应销线 SP。第三类是职能部门，职能部门是为了支撑产线和销线能够打胜仗，所以对应职能部门战略规划，职能线 SP。深入分析是做"互锁"，产线、销线、职能部门如何能够上下左右拉通对齐，所以此时 M2 的工作主要是各种交叉的会议、锁定的会议、检查的会议、审视的会议，这些都需要高层参与。

7~8 月形成公司中长期发展规划，到了 M3，即对前面各种战略规划做最终定稿。

8~9 月就是对各种中长期战略规划进行审批，到了 M4，对中长期战略规划的审批，隐含了关键战略任务和关键战略指标的确定，包括在什么时间节点要完成什么工作，甚至涉及资源的投放，此时的战略规划更加细致，处于执行的、可以发布的状态。

以上是高层管理团队要重点关注和参与的四类会议、关键活动及对应产出。

C1~C9 代表公司产线和销线各个体系需要做的关键活动，以及包括这些部门的输入和输出。C1~C9 的活动都对应关键时间节点，到了时间节点，需要连接到 M1~M4 高层参与的会议点，向高管层进行汇报。

人力资源、供应链、基建、财经等职能部门对其他部门进行支撑，也要有战略规划，C7 会议确定职能部门的中长期发展规划。

以上所有工作完成后，企业就要对未来 1~3 年的经营计划形成指导输出。有一些内容要进入年度业务计划（Business Plan，BP）成为输入。

2. 战略规划各阶段主要的部门间信息集成

如图 6-6 所示，战略规划是由各个部门协同完成的，部门之间要进行对齐互通，要能够形成相互之间的协同、支撑。

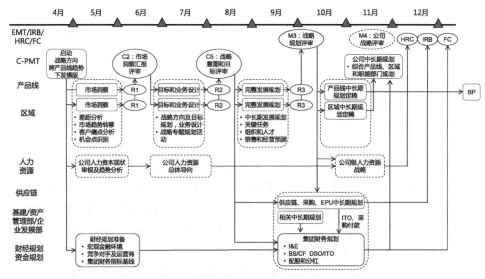

图 6-6　战略规划在部门间的协同

根据上述 SP 全景图打开来看：

EMT（Executive Management Team，经营管理团队）是公司的经营管理团队，到各个体系各个部门用 C（会议）表达，然后是产品线，区域（销售线），人力资源，供应链，后勤部门（基建、资产管理部，企业发展部），财经部门（财经规划、资金规划）。职能部门不仅要做本部门的战略规划，最关键是他们的战略规划要支撑产品线和销售线战略规划的实现。最后，各个体系各个部门的战略规划还要提交到公司做战略汇报，M1~M4 管理层会议进行审批，最终形成第二年的具体经营计划中。

如图 6-7 所示，从集团、区域、BU（Business Unit，业务单元）、战略 MKT（Marketing，市场营销）、集团财经、HR（Human Resource，人力资源）、供应链等部门交叉的二维矩阵表示部门之间在战略规划方面的信息集成关系。例如，站在集团层面来看，集团要确认区域（销售线）、BU（产品线）以及其他职能部门分别要做什么，落实到每个责任主体，确保每一个责任主体工作界面清晰，并将部门相互之间的协同关系、信息的输入关系、相互之间"互锁"的关系标识出来。

华为的战略规划充满了从上到下、从下到上的反复握手。从上到下中的"上"指的是上面要想清楚战略"问题"，标志就是战略指引和战略专题清单，这是大的战略思想和规划，下面的部门就开始就此"答题"。

战略规划工作如果启动太晚将直接导致：市场洞察及机会共识不足，上下左右对齐和"互锁"不够，战略解码不清晰，战略落地效果差等问题。

	集团	区域	BU	战略MKT	集团财经	HR	供应链
集团		• 总体战略方向指引	• 总体战略方向指引	• 总体战略方向指引	• 总体战略方向指引	• 总体战略方向指引	• 总体战略方向指引
区域	• 市场机会点识别 • 订货量 • 收入		• 市场机会点识别 • 订货量 • 收入	• 订货量 • 收入	• 完整损益	• 市场机会点识别	• 订货量 • 市场洞察 • 区域战略
BU	• 市场机会点识别 • 订货量 • 收入	• 市场机会点识别 • 订货量 • 收入		• 订货量 • 收入	• 完整损益	• 市场机会点识别	• 订货量 • 市场洞察 • 区域战略
战略MKT	• 向集团汇报集团战略	• 差距分析 • 市场洞察 • 深入分析主题	• 差距分析 • 市场洞察 • 深入分析主题			• General Guidance • Market insight	• General Guidance • Market insight
集团财经	向FC汇报财务规划，包含三张财务报表			• 提供三张财务报表作为集团战略的一部分			
HR	向HRC汇报公司人力资源战略						
供应链		提供供应链战略	提供供应链战略	提供供应链战略	采购需求量ITO		

图 6-7　部门之间信息集成矩阵图

6.3.2　战略规划的关键工作和步骤

战略规划的关键步骤包括两部分：战略规划启动工作和战略规划详细设计工作，如图 6-8 所示。

图 6-8　战略规划的关键步骤

第一部分：战略规划启动工作包括战略健康度审视、战略意图梳理、战略指引梳理、列出战略专题清单、战略规划开工会五项工作。

第二部分：战略规划详细设计工作包括差距分析、战略洞察、机会分析、战略业务设计、战略共识和战略批准、战略宣讲共六项工作。

下面将分别对两个部分进行一一解读。

1. 战略规划启动工作

第一项：战略健康度审视

如图 6-9 所示，战略健康度审视主要是指对上一个战略规划周期的相关工作进行回顾和审视，核心是发现过去做对什么、哪些做错、哪些做得还不够、发现当前短板和问题、提炼出标杆做法。

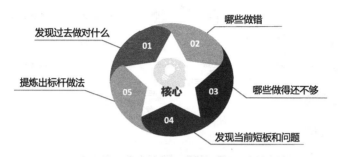

图 6-9　战略健康度审视

战略健康度审视主要是回顾过去、检讨差距，为下一轮战略规划做第一个输入，如图 6-10 所示。

关于健康度审视	M1的四个部分
1. 差距分析=健康审视：找出问题，基于问题的改进 2. 市场洞察=五看，看出机会：用来牵引现在 3. 战略意图=五维度追求：战略指引，第一个一致性 4. 关键问题识别及战略课题研究 下属各机构（含产品线、区域、功能部门）同样要做124并得出3,3只尽量承接公司的3	1. 我们抓住了什么机会、没抓住什么机会，静态看按年度业务计划和预算对比，动态看过程中我们的应对是否得当 2. 两个为什么：已经选择我们的客户为什么选择我们？没有选择我们的客户为什么没有选择我们？ 3. 竞争维度：要敢于言说，特别是敢于发现对手的长处和自己的短处，总结出h2l和h2b 4. 产品竞争力方面 5. 运营效率方面 6. 组织关系和管理方面

图 6-10　战略健康度审视的四个方面及具体内容

我们每年都要定期做体检，根据体检的结果调整我们的生活习惯、工作方式等。将企业当作一个生物体，企业也是需要每年做"体检"的。以下是"体检"的关键步骤和科目。

（1）差距分析。差距分析是企业分析的源头，所有战略的起点都是基于企业对现状的不满意，不满意就存在需要改进的地方。各个部门都需要去做差距分析，要通过回顾过去、检讨差距为下一轮战略规划做第一个输入。

（2）市场洞察。看到了差距，对现况不满意，怎么去做呢？需要外部的市场洞察，通过"五看"牵引出机会点。

（3）战略意图。有了市场洞察后，要明确战略意图。战略意图有五个维度，包括使命、愿景、核心价值观、战略定位、战略目标。

（4）关键问题识别及战略课题研究：有哪些关键问题对弥补差距、满足市场机会点、增强企业自身控制力有益，就要做问题识别和问题对策的专题研究。

每个部门需要对上述内容进行思考，最终形成企业的战略意图。

战略健康度审视核心要抓住以下六个关键维度，如图 6-11 所示。

机会
我们抓住了哪些机会？错过了哪些机会？例如，竞争对手的某款产品热销，我们却没有推出相应的产品

客户
已经选择我们的客户为什么选择我们？没有选择我们的客户为什么没有选择我们？了解我们成功的原因，也分析客户流失的原因

竞争
发现竞争对手和自己的长处和短处分别是什么，特别是竞争对手的长处和自己的短处，how-to-learn and how-to-beat。一边向竞争对手学习、一边打击竞争对手

战略健康度审视（6维度）

产品竞争力
明白自己在产品和营销方面比竞争对手强或者竞争对手比自己强的地方在哪里。是成本领先，还是差异化；是产品、服务还是营销

运营效率
财务三张表，产品版本、周期、质量、返修周期等

组织关系和管理
考核关系，汇报关系，业务流程的完整性，IT建设、数字化转型等

图 6-11　从六个维度开展健康度审视

（1）机会维度。我们抓住了哪些机会？错过了哪些机会？静态看，就将年度业务计划和预算进行对比分析；动态看，就看过程中企业是否对机会的处理应对得当。

（2）客户维度。已经选择我们的客户为什么选择我们？没有选择我们的客户为什么没有选择我们？了解我们成功的原因，也分析客户流失的原因。

（3）竞争维度。要敢于说出我们和竞争对手相比，长处和短处分别是什么。How to learn——如何向竞争对手学习；How to beat——如何打败竞争对手。

（4）产品竞争力维度：我们产品的竞争力如何？要明白企业在产品和营销方面比竞争对手强或者弱的地方在哪里。是成本领先，还是差异化，是产品能力突出或者不足，还是服务和营销能力突出或者不足。

（5）运营效率维度：我们的运营效率如何？包括对财务三张表（现金流量、资产负债、利润表）、产品版本、周期、质量、返修周期等的分析。

（6）组织关系和管理维度。例如，考核关系、汇报关系、业务流程的完整、IT 建设、数字化转型等。

究竟什么在影响我们的效率

很多企业，公司越来越大，"官"越来越多，"肚子"越来越大，企业"健康度"预警信号越来越多，需要及时警醒，防患于未然。

不追求盲目的虚的数字上的增长，加大合同质量的提升，进一步提升健康度和

> 盈利性应该是一条稳定的原则，夯实下去。
>
> ——《华为人》，2011 年

第二项：战略意图梳理

如图 6-12 所示，经过企业健康度检查后，企业决定做"减肥"还是"增强运动增强肌肉"，这是基于公司未来总体规划，也是基于企业的愿景、使命或追求进行的调整。

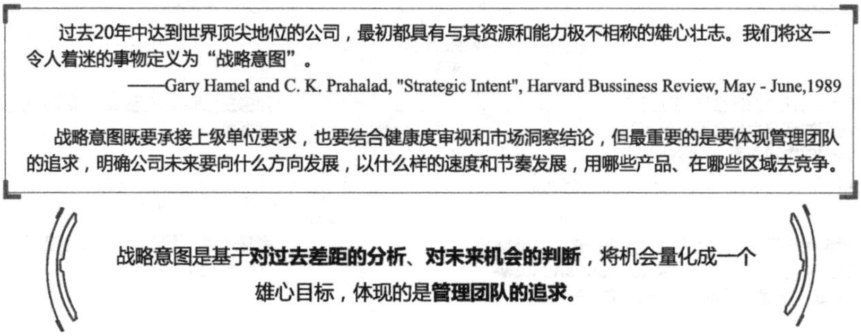

> 过去20年中达到世界顶尖地位的公司，最初都具有与其资源和能力极不相称的雄心壮志。我们将这一令人着迷的事物定义为"战略意图"。
>
> ——Gary Hamel and C. K. Prahalad, "Strategic Intent", Harvard Bussiness Review, May - June,1989
>
> 战略意图既要承接上级单位要求，也要结合健康度审视和市场洞察结论，但最重要的是要体现管理团队的追求，明确公司未来要向什么方向发展，以什么样的速度和节奏发展，用哪些产品、在哪些区域去竞争。

战略意图是基于**对过去差距的分析、对未来机会的判断**，将机会量化成一个雄心目标，体现的是**管理团队的追求。**

图 6-12　战略意图的含义

战略意图是指企业基于对过去差距的分析、对未来机会的判断，将机会量化成一个雄心目标，体现的是企业或者管理团队的追求和决心。

战略意图是指企业对未来的大胆假设，还没有经过详细的小心求证的过程。

战略意图的描述包含五个维度，如图 6-13 所示。

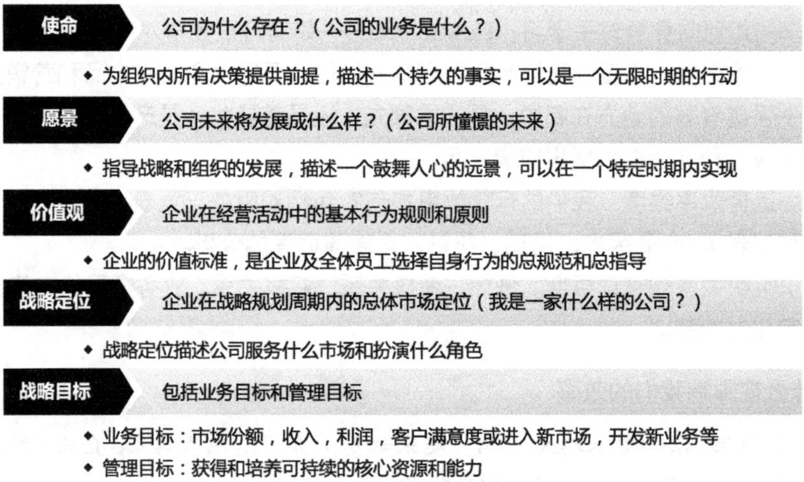

使命　公司为什么存在？（公司的业务是什么？）
- 为组织内所有决策提供前提，描述一个持久的事实，可以是一个无限时期的行动

愿景　公司未来将发展成什么样？（公司所憧憬的未来）
- 指导战略和组织的发展，描述一个鼓舞人心的远景，可以在一个特定时期内实现

价值观　企业在经营活动中的基本行为规则和原则
- 企业的价值标准，是企业及全体员工选择自身行为的总规范和总指导

战略定位　企业在战略规划周期内的总体市场定位（我是一家什么样的公司？）
- 战略定位描述公司服务什么市场和扮演什么角色

战略目标　包括业务目标和管理目标
- 业务目标：市场份额，收入，利润，客户满意度或进入新市场，开发新业务等
- 管理目标：获得和培养可持续的核心资源和能力

图 6-13　战略意图的描述的五个维度

战略意图的具象化，分为五个维度展开：客户、区域、产品、运营效率、财务指标。具体来说对应包括客户目标、区域目标、产品目标、运作目标、财务目标。某公司的战略目标描述如图 6-14 所示。

- 客户：我们的目标客户是谁？是全覆盖还是有细分人群？例如，中国移动早期的4个品牌"全球通、神州行、动感地带、本地卡"把全国13亿人口全部覆盖。
- 区域：我们在什么区域竞争？是聚焦局部市场还是全国扩张？是否需要适时开启国际化？
- 产品：针对目标客户要推出什么样的产品去满足客户需求？产品线是否完善、立体？
- 运营效率：包括资产效率、质量、交货周期、经销商和运营商的效率。
- 财务指标：包括增长、毛利率、利润率的要求。

图 6-14　战略意图的具象化的五个维度

某家公司的战略意图如图 6-15 所示。该公司的战略意图从使命、愿景、核心价值观、战略定位、战略目标五个维度来描述。

使命	致力于人人轻松享有安全的品质生活
愿景	打造国内最大的互联网视频云平台服务商
核心价值观	专注、极致、美好！

◆ **战略定位**：以消费者为主要用户（包括中小商业和部分行业客户）、以视频和智能分析为产品技术主线、以内容和数据为载体、以互通互联为入口的互联网视频云平台服务商

2020年战略目标

关键指标	2015年	2016年	2017年	2018年	2019年	2020年
营业收入(亿元)	XX	XX	XX	XX	XX	XX
净利润(亿元)	XX	XX	XX	XX	XX	XX
总用户数(万)	XX	XX	XX	XX	XX	XX
活跃用户数(万)	XX	XX	XX	XX	XX	XX

图 6-15　战略意图示例

华为公司的战略意图（部分描述）

在内忧外患、机会与挑战并存的当下，开展改革是要有一股勇气，就像在刀尖上跳舞，除了世界第一，就是死亡。

——任正非在运营商 BG 组织变革方向汇报会上的讲话：对准联结领域绝对领先，

不断激活组织，改变作战方式，提升作战能力和效率，2019 年

摄像机也要坚定不移地做边缘计算，做智能摄像机，聚焦在智能 AI，聚焦在超高清，坚定不移地和终端做技术合作，勇猛冲锋，杀出一条血路来。

——任正非在杭州研究所业务汇报会上的讲话：

开放心态，做钱塘弄潮儿，杀出一条血路，2019 年，有删改

首先要有战略自信，做好战略准备，华为都那么先进了，不利用领先优势，却用低价去竞争，那就没找对路。没找对路，就没赚到钱，就做不好服务。在整个中亚地区甚至全球，我们首先要建立的是战略自信，不能被恶意竞争对手牵着鼻子走。华为公司可是经过 28 年人力资源的磨合，28 年才形成合理性的分配结构，世界上像这样做的企业是少有的。

——任正非

第三项：战略指引（战略底稿）梳理

战略指引又称战略底稿，就是指公司战略的顶层设计。战略指引就是在各部门制定战略规划之前，明确企业的战略方向及要求，使各部门聚焦主航道，力出一孔。换句话说，就是企业的战略规划初稿，要说明企业聚焦的主航道是什么，要明确告诉大家企业做什么、不做什么。

如果不做战略指引，各个部门就会有各自的业务理解，没有整体性；公司战略与业务战略脱节、区域战略与产品线战略脱节、业务部门战略与职能部门战略脱节。不做战略指引，好比战略规划失去了灵魂，如同一间房屋只有柱子而没有房顶，缺乏顶层设计和引导。

战略指引也就是公司的 SP 底稿。底稿说明了企业对各个部门、业务板块的要求，强调哪些事情是重要的、必须做的。有了底稿，各部门就方便"答题"，形成定稿的战略。

公司战略规划部门根据战略健康度审视、市场洞察及战略意图输出战略指引初稿，然后在公司第一次战略评审会上评审。

如何做战略指引？战略指引除了上面说的战略意图中所涵盖的使命、愿景、核心价值观、战略定位、战略目标等粗略描述，还更有操作性，包括业务、财务、组织、竞争、生态等各个方面，如变革项目、新业务、关键竞争要素等。战略指引用素描的方式将战略重要的方面确定下来。在战略意图的牵引下，各部门明确了哪些工作是必需的。

某公司的战略指引（部分）大纲示例如图 6-16 所示。

- ◆ **保增长: 对每个产业提出整体希望和要求**
  - ➢ ××业务要快速增长；
  - ➢ 根据前几年执行的短板，××业务在重点行业打开局面提升份额；
  - ➢ 在××行业目标是加速××的产业化、保持增长
- ◆ **提能力**
  - ➢ 面对当前不确定环境，要识别战略能力的短板，同时面对××的限制；
  - ➢ 做好××芯片和生态建设
- ◆ **优组织**
  - ➢ 层级的精简、××部门的裁撤
- ◆ **防风险**
  - ➢ 保证供应链的连续性；
  - ➢ 用户及隐私安全

图 6-16　战略指引示例

其中，明确第一个要求是保增长，说明企业不是转型、不是调整，还处于上升期；明确哪些组织能力需要提升，组织结构需要做什么调整，以及需要防范什么样的风险。

华为 2014 年战略指引：聚焦战略，简化管理，有效增长

总体目标：我们将继续在聚焦战略、简化管理的同时，力促有效增长，构筑公司面向下一个十年新一轮发展的基石。

要在继续坚持稳健经营的基础上，鼓励冲锋、鼓励有效增长。

有效增长：2014 年，我们要平衡短期经营绩效提升和长期有效增长，坚定不移地把握良好的战略机遇，将更多的精力和资源投向未来，在聚焦的战略领域、核心技术和战略客户、战略市场格局上敢于进行战略投入，为公司未来发展奠定良好的基础。

能力建设：继续强化面向客户界面的投入，建成战略预备队[包括交付项目经理和项目 CFO（Chief Financial Officer，首席财务官）、销售项目经理和解决方案"重装旅"]，为把握未来战略机会储备力量。

组织变革：进一步推进组织变革、简化管理、下移管理重心，加大一线授权。公司可以越做越大，但管理不能越来越复杂。严格、有序、简单化的认真管理是实现超越的关键。加快从以功能部门为中心向以项目为中心的运作机制的转变，2014年，公司将进一步推进组织变革，下移管理重心，推动机关从管控型向服务、支持型转变，加大向一线的授权，让听得见炮火的组织更有责、更有权；

我们将加强在一线作战面的流程集成，提升一线"端到端"效率，使客户更容易、更简单地与我们做生意。

2016 年，华为将"我们要主动向优质客户（多次购买或多次推荐华为产品的消费者等）、主流供应商和骨干员工进行价值（利益）分配，以构建可持续的和谐的商业生态环境"作为战略指引写入战略规划，而且各部门、各体系也把战略指引纳入了年

度重点工作。

第四项：列出战略专题清单

为什么要输出战略清单？

每个组织所处的内外部环境充满了不确定性，也充满了机会和风险，而 SP 和 BP 都是讨论确定性的事情，所以在战略规划的过程中，需要将关键战略课题提出来并做深度研究。例如，厨电行业内的企业就需要思考品牌定位、产品主航道，以及是否推出新品集成灶、考核激励变革、流程组织变革等。这些问题不思考清楚，企业战略规划和年度经营计划就缺乏依据和输入。

在战略制定过程中，对不确定的、要深入进行探讨的内容形成专题，进行深度研究，不能基于浅层次的思考，或者基于历史的延长线，或者基于业务现状可以回答的问题。这就需要企业形成专题，成立新的项目组来深入研究，研究后输出战略的一些方向。

例如，华为公司战略专题分为两种类型：确定性的专题和不确定性的专题，如图 6-17 所示。

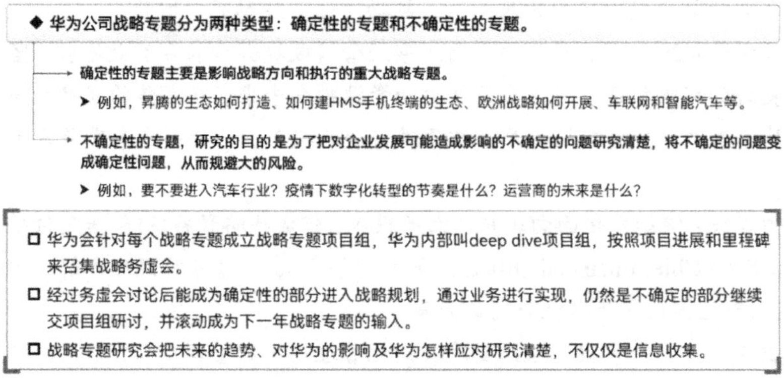

◆ 华为公司战略专题分为两种类型：确定性的专题和不确定性的专题。

> ─► 确定性的专题主要是影响战略方向和执行的重大战略专题。
>
> ➤ 例如，昇腾的生态如何打造、如何建HMS手机终端的生态、欧洲战略如何开展、车联网和智能汽车等。
>
> ─► 不确定性的专题，研究的目的是为了把对企业发展可能造成影响的不确定的问题研究清楚，将不确定的问题变成确定性问题，从而规避大的风险。
>
> ➤ 例如，要不要进入汽车行业？疫情下数字化转型的节奏是什么？运营商的未来是什么？

❏ 华为会针对每个战略专题成立战略专题项目组，华为内部叫deep dive项目组，按照项目进展和里程碑来召集战略务虚会。

❏ 经过务虚会讨论后能成为确定性的部分进入战略规划，通过业务进行实现，仍然是不确定的部分继续交项目组研讨，并滚动成为下一年战略专题的输入。

❏ 战略专题研究会把未来的趋势、对华为的影响及华为怎样应对研究清楚，不仅仅是信息收集。

图 6-17 华为的战略专题

确定性的专题指的是已经知道了大致的方向是确定的，只是企业如何做得更好的问题，不存在做与不做的问题。

不确定性的专题，研究的目的是把对企业发展可能造成影响的不确定问题研究清楚，将不确定性的问题变为确定性的问题，从而避免大的风险。

战略专题主要研究一些不确定性的、方向性的问题。

华为每年都会对不确定的事情进行专题研究，将这些不确定的释疑叫作 Deep Dive（深潜）项目组。潜水很深，才能看到真正的问题，思考才能有深度。战略专题研究不是收集信息，而是要确定地回答一些非常有挑战性的问题。

战略指引和战略专题的关系：战略指引指导战略专题，不至于让战略专题研究跑偏；战略指引本身也可能包含一些战略专题。战略指引给出战略专题的方向，有些战略专题从战略指引导出，战略指引中一些指导性的思想，需要战略专题去完善和深化。战略指引提出问题，战略专题研究问题，战略专题一般不超过 10 个。有些战略指引不需要战略专题，如某个流程的推行。企业在明确战略指引和专题清单后，就要开战略开工会。

> 战略专题与高潜力人才链接，有效增长过程中的关键问题解决（洞悉新市场机会、构建解决方案能力、帮助客户商业成功、快速高效交付等），都是难点（上甘岭）；公布岗位标准，将极大地促进人才辈出，攻入无人区。
>
> ——对《任正非在继任计划工作汇报会上的讲话》的评论，2017 年，有删改
>
> （华为内部员工评论）思想家的思想，如何落地发芽、开花、结果？谁是思想家？除了老板，谁都难以打上思想家的标签。这个不是一个 Title、岗位。成为思想家很难，大部分人估计也就是一个思想者——在某些领域有所思考、有所独特的见解。
>
> 思想者，就隐藏在公司的技术大牛、管理大牛之中。在他们的工作中，他们的思想在自然地碰撞、完善、扩散。公司除了消极地顺其自然，还是需要做点什么的，让思想者的思想有组织地、主动地去被整理、讨论、扩散。论坛？务虚会？正式的战略专题？
>
> 积极与消极因素：公司擅长凝聚团队的力量（对思想者而非思想家而言，应该更加重要）；但是公司的某些氛围，又制约思想者的思考和思想碰撞。我想，这是一个值得探索的课题。
>
> ——对《任正非与上研专家座谈会上的讲话：一杯咖啡吸收宇宙的能量》的评论，
>
> 2014 年，有删改

第五项：开战略规划开工会

在把战略健康度的审视、战略意图、战略指引、战略专题确定之后，企业已有了大概的战略规划工作内容，于是就可以召开战略规划开工会，主要是确定谁来具体做战略规划中的哪项事情。

如图 6-18 所示，战略规划开始实施，要召开战略开工会，成立战略规划项目组、明确战略意图、清晰战略指引、输出战略专题、确定战略规划日历和确定战略规划沟通汇报机制。

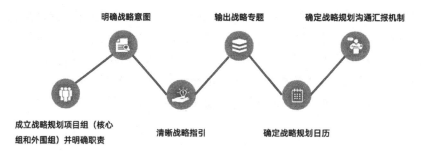

图 6-18　战略规划开工会

　　各个部门的负责人更了解自身业务，因此战略规划部是组织大家有节奏、有步骤、有方法地制定部门战略。战略规划部门要给各个部门进行赋能和培训，组织各个部门开展战略市场洞察、战略解码等战略规划到执行的一系列工作。

2. 战略规划的六项详细设计

第一项：差距分析

　　战略是由不满意激发的，而不满意是企业对现状和期望业绩之间差距的一种感知。之前我们分析过：差距有业绩差距和机会差距两种。第一种是业绩差距（没有能完成目标），强调企业虽然看到了这个目标，但没有做到，这需要自我归因。第二种是机会差距（没有看到的目标），更多的是向外找原因，企业可能需要做新的业务设计，可能要培植新的业务资源；也可能是企业组织能力不够。业绩差距强调要从经营管理执行层面改善，机会差距强调重新对资源进行配置。

　　业绩差距分析如图 6-19 所示。

子业务或产品线	关键业绩指标	上年目标值	上年实际达成情况	目标达成率
业务A	销售收入（亿元）	29	24.5	85%
	市场份额	24%	20.1%	84%
	利润率			
业务B	销售收入（亿元）	3	2.6	86.7%
	市场份额	18%	15.3%	87%
	利润率			
业务C	销售收入（亿元）	0.7	0.6	85.7%
	市场份额	6%	5%	86%
	利润率			
业务D	销售收入（亿元）	2.5	2.2	88%
	市场份额	21%	18.3%	88%
	利润率			

图 6-19　业绩差距分析示例

对业绩差距，一般会从一些维度如按照销售收入、市场份额、利润率等进行分析，以便对业绩差距进行综合分析。

机会差距分析表如图6-20所示。

	机会差距	机会说明
1	PPP模式的项目	这个市场有1 000亿元潜力，我司有可能获得其中20%的份额
2	城市综合治理安全监控机会	2016年，中央综合办全国筛选38个示范城市，进行公共安全视频监控建设联网应用，每个示范城市中央投资5 000万元，整体市场规模18亿元潜力，我司有可能获得1亿~2亿元的份额
3	电子政务云机会	电子政务云至2018年有3 800亿元市场，由于方案产品储备不足，未涉足
4	智慧城市、智慧园区市场机会	住建部推动的智慧城市试点已接近300个，中央网信办推动的新型智慧城市试点也逐步开展，在智慧城市的项目上，我们前期被动响应居多，机会把握不够； 由智慧城市带动的智慧园区建设，机会把握不够
5	互联网、大数据战略机会把握不足	国家、各省市各区域、各细分行业互联网+、大数据战略相关政策没有形成系统分析，把握不足。对政策的消化利用不够，产品技术方案上缺乏针对性的思考和设计

图6-20　业绩差距分析示例

机会差距分析是要验证企业对外部环境和机会点的认知是否出了问题、企业的商业模式是否出了问题。

所谓的业绩差距和机会差距，其实是关于差距问题的两种归因，它们既可以独立存在，也可能交织在一起，如图6-21所示。

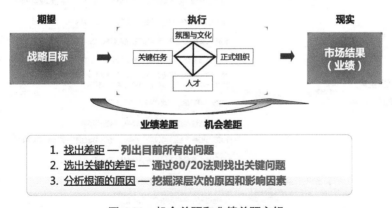

图6-21　机会差距和业绩差距交织

从原因来看，业绩差距分析更多是自我归因，找出内部原因中企业自身的问题；机会差距往往是因为自身认知能力不足，没有看到机会点，也可能是因为外部市场环境发生了某种变化。因此，差距分析既要对内看，也要向外看。

差距分析一定要找到差距的根因是什么。首先要列出目前所有的问题,通过 80/20 法则找出关键问题,抓住主要矛盾;其次分析问题的根因,挖掘深层次的影响因素,如图 6-22 所示。

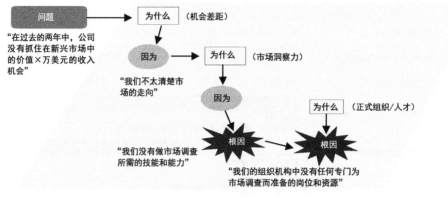

图 6-22　找出差距背后的根因

也可以用思维导图的方法来分析差距产生的原因,如图 6-23 所示。

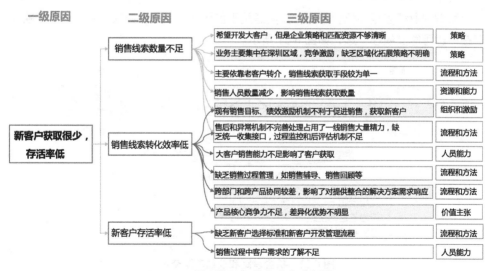

图 6-23　用思维导图的方法来分析差距

还可以用鱼骨图的方式,做一级根因、二级根因分析,例如,可以按照部门的原因展开分析,如图 6-24 所示。

2012年收入、毛利较之目标差23%、14%，其中，产品线和产能不足是主要根因，未来应着力提升研发品质和生产对应能力。

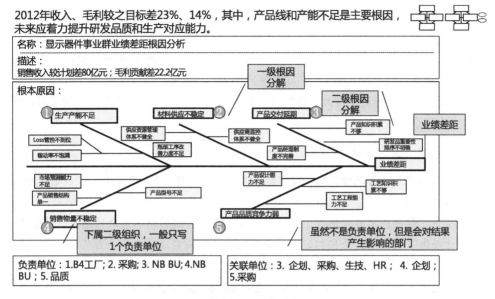

图 6-24 用鱼骨图的方式分析差距

差距分析找到根本原因后，核心在于改进建议和改进计划，如图 6-25 所示。

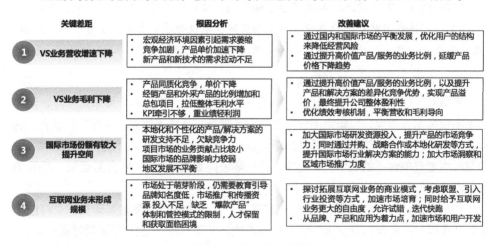

图 6-25 差距分析案例

差距分析的"三只眼"

第一只眼：从客户诉求的视角看

客户的投诉是我们需要重点分析的内容，客户的需求也是我们需要重点分析的内容。

例如，传音手机由宁波波导股份有限公司的副总经理竺兆江辞职后创立，传音上市不到 2 年便占领了 50%的非洲市场。其实，传音手机看起来也没有什么"核心科技"：内置补光软件"把黑人变白"、支持四卡四待、部分支持八卡八待——这是因为非洲运营商的覆盖区域很窄，需要客户同时使用不同的运营商，而 iPhone 到现在也只支持双卡单待。另外，传音支持大功率外放，有着很炫酷的灯光，这些功能成就了来自深圳的"非洲手机之王"。

传音手机懂"黑"客户

竺兆江定下三大运营策略，即智能美黑、四卡四待、手机低音炮。可以这么说，传音就是靠这三招成了非洲朋友的挚爱选择。

首先，智能美黑就是抓住了非洲朋友皮肤黑，夜间拍照不清晰的痛点。传音在这一方面做了优化，无论任何时候，非洲朋友拍照都能清晰地照出自己的面孔。

其次，四卡四待的决定优势。当时，非洲市场跟国内和其他发达国家都不同，他们的通信运营商很多，各自占据着一块地区，不仅泾渭分明而且互不开放，很多人出门要带好几部手机。但是传音一部手机可以放四张卡就完美地解决了这个痛点。

第三，"手机低音炮"的音质，声音很有穿透力，在人潮涌动的大街上都不怕听不到手机响。因为非洲人都热爱音乐和舞蹈，传音手机推出的这一功能，正是为了满足非洲消费者对音乐的喜爱，八个扬声器，不仅音量非常大，还可以环绕式播放，声音大音质也能保障，简直是播放音乐的不二选择。

第二只眼：从竞争对手的视角看

竞争对手怼我们的"点"就是企业改进的方向。华为在国内外厮杀几十年，竞争对手不仅多而且强大，但华为不仅与竞争对手竞争，还将其作为"标杆"来研究。例如，华为内部在讨论新品上市或者战略会议时，往往会在前排桌上摆一排座位牌，上面写着主要竞争对手的名字，在会中，往往要设问如果是对手 A 会怎么做、对手 B 怎么看这个问题。

华为内部还有"红蓝军"机制。"红蓝军"思考的一个维度就是研究怎么打败华为，从竞争对手角度出发怎么向华为发起进攻。任正非说："主官都要做过蓝军军长，打不败红军就不要当红军军长，你都不知道怎么打败红军，你成长的空间也就有限了。"

内部的竞争对手：华为的"红蓝军"机制

任正非说："我们要从蓝军里面选拔红军司令，你都打不败华为，你怎么能接班呢？"

1995 年，华为的"红蓝军"机制成立，第一个负责人是郑宝用。

蓝军部门允许用阳谋，用更好的方案替代你，也允许用阴谋，用乱招打死你。一般组织机制是红军先讲，蓝军挑战，相互对事不对人。一周后双方再来碰一次，旁边坐着专家评判。如果蓝军胜利，这个项目要止损，甚至干脆不要干了。如果红军赢了，或者打平了，就会让红军负责人当场收编蓝军一半兵力，共同保障项目成功。

现在蓝军已经下沉到了各个 BU，蓝军司令要定期更换。任正非认为蓝军司令的任期不要超过 2 年，不然容易把公事变成私仇。

2005 年，李一男从华为离职成立港湾网络公司，并带走了一半的研发员工，因为蓝军的司令一直是郑宝用，红军的司令一直是李一男，任正非后来反省，自己最大的失误就是没有处理好和李一男之间的关系。

第三只眼：从未来回头看的视角（从未来往现在看）

从 3 年后、5 年后、10 年后的角度看现在，看看哪些问题、哪些痛点、哪些需求依然存在。例如，现在手机特别重、玻璃屏幕容易碎、手机容易丢等。可能多年后，技术成熟，只需要一个手环、一个眼镜，各种信息便可以从云端推送过来。

习惯站在未来看现在的一是行业领导者，二是行业颠覆者——未来的行业领导者，行业领导者进入了"无人区"，没有可以摸着过河的石头参照，必须站在未来看现在；行业的颠覆者更加要立足未来，因为地上没有路，只有企业自己蹚出一条路。例如，华为和小米要做电视，不需要学习其他品牌，而是要重新规划自己的赛道。

其实，还有第四只眼来看差距，但这个方法是拿来校验的，即看其他人的看法，例如，看你分析的和企业决策层的看法是否一致。

形成差距共识

（1）畅所欲言，群策群力。

（2）根据复盘情况，采用利于差距分析的各个工具，从各种角度来科学有效地输出差距分析。

（3）针对过去的宏观差距找到问题的根因，并把根因放入差距汇总。

（4）投票共识（找出关键差距，各个维度不超过五项）。

——每个人都要举手表决，直到都同意，不然就有人扮演事后诸葛亮。

——很多人找差距不是真正在找差距，而是在找借口。分析差距的目的不是追责，而是缩短差距。

——**不能改善的叫作借口。**例如，企业进入这个市场比较晚、产品部门做差距分析时说自己销售能力不够，这些都是借口。

（5）陈述差距（业绩差距和机会差距）。

业绩差距是对现有经营结果和期望值之间差距的一种量化陈述，是当下差距。对于业绩差距，企业通常可以通过努力执行去弥补，并不需要改变业务本身的设计。

机会差距是指现有的经营结果和新的业务设计所能带来的经营结果的一种差距，即填补一个机会差距需要新的业务设计。这是未来可能出现的差距。

差距分析要将这两种差距清晰地表述出来，并且找到根因，形成共识。

第二项：战略洞察

经过差距分析后，企业要做战略洞察，找到战略机会点。

"五看三定"法是很简便的进行战略洞察的方法，如图 6-26 所示。

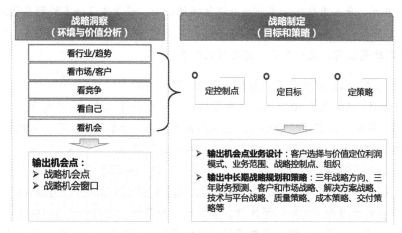

图 6-26 用"五看三定"法进行战略洞察

"五看"包括看行业/趋势、看市场/客户、看竞争、看自己、看机会。核心是输出战略机会点和战略机会窗口：输出战略机会，即企业在哪里有增长机会；输出战略机会窗口，即增长点的窗口期时间为多少，这决定了企业业务推进的节奏。

"三定"，即针对机会点，要对业务进行重新设计，输出中长期战略规划和策略。这包括"定控制点"，即要抓住机会、实现机会，企业要有自身核心能力，要构建自己的护城河；"定目标"，即定公司的短期目标和长期目标、产品目标、市场目标、管理目标、战略目标等多维度和多层次的目标；"定策略"，即确定实现目标的计划和具体策略。

"五看三定"法和常用的 SWOT〔Strengths（优势）、Weaknesses（劣势）、Opportunities（机会）、threats（威胁）〕法具有内在的逻辑一致性，对应到 SWOT 分析，如图 6-27 所示。

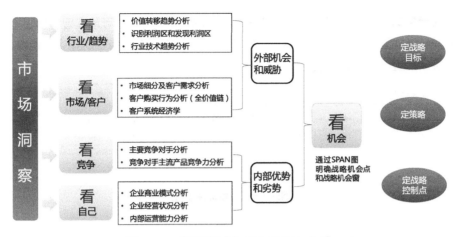

图 6-27 "五看三定"对应 SWOT 分析

华为要求高层要具有战略洞察能力

高层领导要学会"仰望星空"。通过"走出去、沉下去"，加强对外部社会、客户、行业、技术、管理思想等发展趋势的理解，深化对内部业务、技术与管理运营等变化的感知，用自身战略洞察的理论高度、全球广度和实践深度来支撑对公司前进方向的前瞻性思考。

高层领导要在思想与方向上引领公司前行。高层领导的洞察与思考要"放得开、收得拢"，通过加强个体与集体学习，开放借鉴内外成功经验与失败教训，加快对行业、技术发展趋势与规律形成共识；在学习中，要广泛汲取古今中外优秀的管理思想与实践经验，结合公司自身发展的实际，优化与创建适合公司发展的业务、技术与管理思想体系；在引领发展中，要不断理清并赋予组织新的发展使命与远大抱负。通过持续的战略洞察、思想与方向的形成、及时发展评估与纠偏循环，确保公司业务的"方向大致正确"。

"五看三定"之"五看"

第一看：看行业/趋势找机会

企业研究宏观环境，看市场和行业趋势，主要目的是要找到机会。核心在于识别利润区、市场容量和市场结构在发生什么样的变化，发现市场有什么样的价值转移趋势，如图 6-28 所示。

洞察后的成果输出如图 6-29 所示。

例如，汽车行业之前主要是制造优势，谁能在行业内标准化，谁就能做行业老大。后来出现新能源汽车，企业此时主要的能力环节不在生产环节上，而是在能源电池、充电技术等环节上。再往后展望，未来汽车企业的主要发力环节可能在智能驾驶方面。这样分析，就能感知行业的价值链正在转移，只有在新的价值点上构建企业能力，才能抓住价值链转移带来的机会。

- 市场正在/可能产生什么发展变化，对我们产生什么影响？
- 这个产业有些什么特征？是大众化的，还是高附加值的，还是介于这两者之间？是长周期的，还是短周期的？它处在产业增长曲线的什么位置？决定利润率的主要因素都是什么？
- 一个细分市场吸引我们的因素是什么？（规模/增长/利润/其他）？
- 渠道合作伙伴的想法、需求、业务发展、问题有哪些？

图 6-28　洞察环境变化

- **发现价值转移趋势，辨别行业价值转移方向。**例如，你是做电子模组加工的，利润非常薄，通过分析发现上下游价值链中有个摄像头是高价值区域，于是做业务延展，舜宇光电就是按照这个思路来做的。再如，以前造车很赚钱，主要价值链在制造环节，后来直到马斯克发现新能源是未来高价值区域，才有了特斯拉；华为发现未来汽车的高价值区可能是智能驾驶系统，所以华为直接切入这个高价值区。
- **识别和发现利润区。**
- **市场容量和市场结构。**

图 6-29　洞察环境后的输出

行业分析工具 **1**——行业趋势分析有很多方法，如 **STEEP** 环境分析法。从社会（Social）、技术（Technology）、经济（Economy）、环境（Environment）、政策（Policy）角度分析行业趋势，如图 6-30 所示。

	宏观环境趋势	对本行业的影响
社会因素	• 食品安全事件频发，同时各方缺乏相关知识科普，消费者对国内食品安全信心依然不足 • 消费者面临社会压力较大，健康状况面临多样问题，更加注重食品的安全、营养和健康 • 中国消费者人均乳品消费量，远低于世界平均水平，未来将逐年攀升	• 乳制品、保健品市场潜力巨大，行业中长期的发展看好 • 拥有良好商誉及专业产品线的企业，将得到消费者的信赖 • 消费者愿意为他们认为“更健康”的产品支付溢价
技术因素	• 互联网和移动互联网的快速发展，催生电子商务、移动互联和社交媒体的蓬勃发展，并极大地改变人们的生活、沟通和互动方式	• 人们更多通过互联网和社交化媒体获取产品信息及相关知识，以电子商务的方式进行购买和互动
经济因素	• 随着人们收入水平的提高，消费者愿意支付溢价来获得更优质的产品	• 高端产品、定制产品组合在各市场比例将逐年提高
环境因素	• 随着国内的环境污染问题的凸显，人们对自身的健康安全问题日益关注	• 消费者健康意识不断增强，追捧具有“健康”概念的产品及服务
政策因素	• 政府修订食品安全法，加强对食品、药品、保健品行业的管控；国务院出台的若干意见，推动奶粉、保健品等行业快速发展 • 单独二孩政策放开，二胎政策即将全面放开	• 国内乳制品、保健品行业准入门槛提高，市场环境将进一步得到净化 • 新生儿数量增长，市场对婴童食品、母婴营养品等需求将进一步放大

图 6-30　STEEP 环境分析法示例

行业分析工具 2——对环境可以采用环境的稳定性和复杂性交叉矩阵进行分析。

如图 6-31 所示，分析的目的是明确外部环境的复杂性和稳定性，综合决定分析的方法。例如，归入外部环境是简单的、稳定的，更多的是基于历史做分析预测；外部环境是简单但是不稳定的，那就进行组合分析；外部环境是复杂且稳定的，仍然可以基于历史趋势进行分析，不过环境变量较多，此时可以划分成业务单元，对不同的板块分别进行分析；对于又复杂又不稳定的，可能要运用一些经验，或者用一些不确定的分析方法来分析。

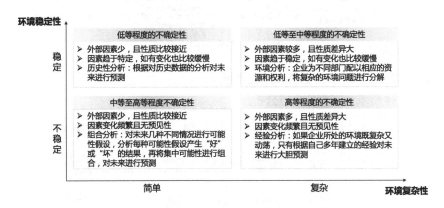

图 6-31　环境分析矩阵

行业分析工具 3——还可以看行业技术生命周期（见图 6-32）。

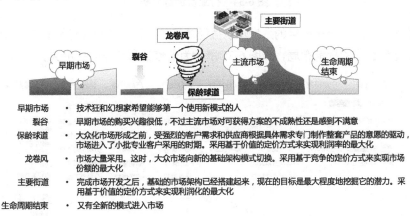

图 6-32　行业技术生命周期

企业根据行业所处不同周期，按照行业竞争、风险、毛利和利润几个维度区分不同特点，匹配不同策略，如图 6-33 所示。

内容	导入期	成长期	成熟期	衰退期
竞争	◆ 少量公司	◆ 进入许多竞争者 ◆ 许多兼并和意外事件	◆ 价格竞争 ◆ 淘汰 ◆ 品牌增多	◆ 少数竞争者退出
风险	◆ 高风险	◆ 因为增长可以风险，所以可以冒险	◆ 周期性品牌出现	——
毛利和利润	◆ 高价格，高毛利 ◆ 低净利 ◆ 价格弹性不如成熟期高	◆ 高毛利 ◆ 净利提高 ◆ 适当的高价格，比导入期低 ◆ 抗萧条能力高 ◆ 较好的收购时机	◆ 价格下降 ◆ 净利润较低 ◆ 毛利较低 ◆ 市场份额及价格结构的稳定性增强 ◆ 收购环境交叉——出手企业困难，价格和毛利最低	◆ 低价格，低毛利 ◆ 价格下降 ◆ 在衰退后期，价格可能上扬
总体策略	◆ 扩大市场份额的最好时机 ◆ 研究开发、工程技术是重要职能	◆ 改变价格和质量形象非常重要 ◆ 市场营销是关键职能	◆ 不利于增长市场份额的时机，特别是市场份额占有率低的企业 ◆ 竞争成本是关键因素 ◆ 不利于改变价格和质量形象 ◆ 市场营销有效性是关键	◆ 产品创新 ◆ 营销创新 ◆ 成本控制是关键

图 6-33　行业周期分类

行业分析工具 4——价值链和产业分析。

如图 6-34 所示为行为价值链分析。

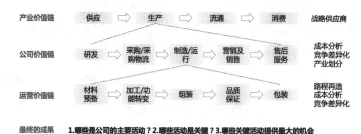

最终的成果　**1.哪些是公司的主要活动？2.哪些活动是关键？3.哪些关键活动提供最大的机会**

图 6-34　行业价值链分析

价值链和产业分析的目的是发现价值链转移的规律，匹配公司价值链，识别企业在其中做什么样的提前布局，如图 6-35 所示为价值链和产业分析示例。

产品规划	产品研发	产品设计	物料采购	产品生产	产品营销	销售/分销	产品服务
关键的增值活动：							
·产品市场调研	·产品技术开发	·机械设计	·元器件采购	·生产计划	·品牌建立	·销售人员管理	·产品保修和维修
·产品市场细分	·产品应用开发	·零配件设计	·物流管理	·生产流程	·公共关系	·销售绩效管理	·售后服务网络建立
·产品市场选择	·新技术研究	·电路设计	·库存管理	·物料管理	·市场推广	·分销渠道建立	·用户服务计划和增值服务
·产品系列定位		·解决方案设计		·装配管理	·价格管理	·分销渠道控制	
		·技术文件编制		·质量控制	·市场情报	·分销渠道维护	·用户产品和市场服务信息反馈

图 6-35　价值链和产业分析示例

行业分析工具 5——行业关键成功要素。

行业关键成功要素是指企业在竞争中取胜的关键环节，如日化产业中，品牌、销售和市场推广就是企业获得成功的关键要素。企业分析关键成功要素，可以正确识别当前竞争中的关键决定因素，分析企业是否抓住了关键成功要素。

如图 6-36 所示，行业关键成功要素分析的操作方法是两两比较：如果 A 因素比 B 因素重要则打 2 分，同样重要打 1 分，不重要打 0 分。最终对矩阵中所有方格打分后，横向每一行进行加总，就成为该成功因素的权重因素。也可以采取饼状图示的方式来表示。

内容	技术	市场推广	品牌销售	物流	售后服务	产品质量	资金	政府关系	生产能力	人力资源	总分
技术											
销售											
市场推广											
品牌											

图 6-36　行业关键成功要素分析

某企业和竞争对手在关键成功因素上的优势劣势对比，如图 6-37 所示。

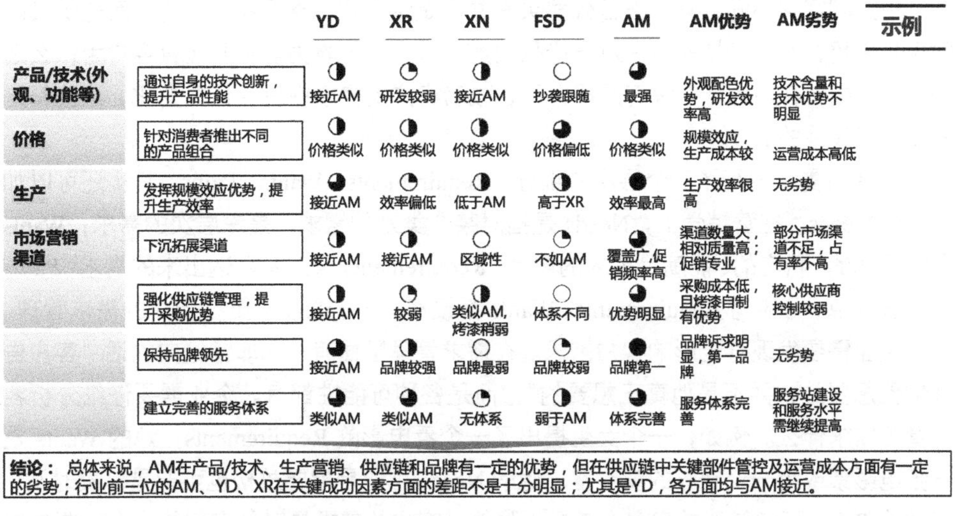

		YD	XR	XN	FSD	AM	AM优势	AM劣势	示例
产品/技术(外观、功能等)	通过自身的技术创新，提升产品性能	接近AM	研发较弱	接近AM	抄袭跟随	最强	外观配色优势，研发效率高	技术含量和技术优势不明显	
价格	针对消费者推出不同的产品组合	价格类似	价格类似	价格类似	价格偏低	价格类似	规模效应，生产成本较低	运营成本高低	
生产	发挥规模效应优势，提升生产效率	接近AM	效率偏低	低于AM	高于XR	效率最高	生产效率很高	无劣势	
市场营销渠道	下沉拓展渠道	接近AM	接近AM	区域性	不如AM	覆盖广、促销频次高	渠道数量大，相对质量高；促销专业	部分市场渠道不足，占有率不高	
	强化供应链管理，提升采购优势	接近AM	较弱	类似AM，烤漆稍弱	体系不同	优势明显	采购成本低且烤漆自制有优势	核心供应商控制较弱	
	保持品牌领先	接近AM	品牌较强	品牌最弱	品牌较弱	品牌第一	品牌诉求明显，第一品牌	无劣势	
	建立完善的服务体系	类似AM	类似AM	无体系	弱于AM	体系完善	服务体系完善	服务站建设和服务水平需继续提高	

结论：总体来说，AM在产品/技术、生产营销、供应链和品牌有一定的优势，但在供应链中关键部件管控及运营成本方面有一定的劣势；行业前三位的AM、YD、XR在关键成功因素方面的差距不是十分明显；尤其是YD，各方面均与AM接近。

图 6-37　行业关键成功要素分析示例：二轮电动车业务

行业分析工具 6——产业地图分析

产业地图如图 6-38 所示，一般包含产业链环节要素，如产业内代表企业、市场规模、市场增速、平均毛利、竞争情况、行业规范、格局变化趋势、行业整体风险、关键竞争要素等。此行业分析工具用于明确企业所处的产业赛道、识别竞争对手、识别合作伙伴、识别竞争制高点、洞察潜在的市场机会，以及制定和调整竞争策略。

产业链环节	三元	正极材料	动力电池	整车
代表企业	杉杉股份、当升科技	五矿资本、厦门钨业	宁德时代、比亚迪	上汽集团、比亚迪
市场规模	76亿元	103亿元	854亿元	2135亿元
市场增速	140%	17%	58%	19%
平均毛利	20%	28.1%	21.6%	12.5%
竞争情况	分散	较高	较高	较高
行业规范	较高	较高	较高	较高
格局变化趋势	利润压缩	利润压缩	——	利润压缩
行业整体风险	——	——	——	——
关键竞争要素	原材料	原材料	技术	牌照、技术

图 6-38　电动汽车产业地图分析示例

第二看：看市场客户找定位

看市场客户包括：看市场结构、规模和增长情况，客户细分和目标细分市场，市场地图分析，客户系统经济学，客户购买偏好、可持续需求和需要分析等。

企业的客户、渠道代理商、经销商，都是企业需要去看的内容。这里的客户是泛指，一般把做购买决策的人、掏钱购买的人、对决定买或不买的行为起决定作用的人和企业，都叫作客户。

用户和客户不同，有些设备公司买来并不是给客户（购买者）用的，而是供其内部用户使用，使用产品的用户对于产品的购买也会有影响力。企业要看客户为什么选择自己，或者客户为什么没有选择自己，或者客户的需求在发生什么变化，这些都是需要重点关注的。

IBM 对需求进行了三个层次的细分：Requirements、Wants、Pains，其实还可以加上一个 Needs。在营销学上，Needs 是指对某个类别的需求，是深层次的需求；Wants 是指具体的、特定的、能满足需求的产品；Requirements 只涉及表达出来的需求；Pains 是直击痛点，可能与 Requirements、Wants 都没有关系，这涉及更高层面的需求管理。

企业需要发现甚至影响客户需求。在需求管理里面有一句非常经典的话"客户告诉你他想要的，并不是他真正想要的"，而是各种可能性都有。企业需要仔细分析客户真正需求什么。例如，一个女生提出了一个看电影的 Requirements，她的 Wants 是一张电影票或者一个独立的观影室，她的 Needs 可能是需要放松也可能是打发时间，而她的 Pains 可能是孤单寂寞、需要人陪伴。客户的需求是时刻变化的，企业要先把客户现在的需求理解清楚，才能在需求变化的时候紧跟需求找到机会。为了真正把握需求，企业要看客户需求背后表现出来的行为，客户有了需求必然会产生焦虑感，会期望需求得到满足。企业满足需求的行为分析能帮助找到客户真正的需求。

市场客户分析工具 1——"Appeals"客户需求分析。

客户需求分析包括七个维度，简称"Appeals"，如图 6-39 所示。客户需求分析内容包括：价格（Price）、可获得性（Attainable）、包装（Package）、性能（Performance）、易用性（Easy）、保证（Assure）、生命周期成本（Lifetime cost）、社会接受程度（Social acceptance）等。企业进行分析的时候要具有结构化的思维。

价格（$）	可获得性（A）	包装（P）	性能（P）	易用性（E）	保证（A）	生命周期成本（L）	社会接受程度（S）
受以下要素的影响	在何时、何地，以什么方式提供客户所需的东西	物理和几何形态、客户看到的	产品功能如何	要考虑所有的使用者、购买者、运营商、分销商	在可预测的情况下，稳定可靠的性能	生命周期是一项功能，包括以下内容	用户以外影响购买的因素
◆设计	◆行销	◆外形	◆功能	◆用户友好	◆可靠性	◆寿命	◆间接影响
◆可生产性	◆销售	◆尺寸	◆吸引力	◆操纵控制	◆质量	◆正常运作/停工时间	◆顾问
◆技术	◆渠道	◆数量	◆规格	◆显示	◆安全性	◆保险	◆采购代理商
◆材料	◆分销	◆几何设计	◆功率	◆人机工程	◆误差幅度	◆责任	◆标准组织
◆生产	◆交货期	◆模块化	◆速度	◆培训	◆完整性	◆可维护性	◆政府
◆供应商	◆广告	◆架构	◆容量	◆文档	◆强度	◆服务	◆社会认可程度
◆制造	◆配置	◆表面	◆灵活性	◆帮助系统	◆灵活性	◆备件	◆法律事宜
◆部件	◆选样	◆结构	◆多功能	◆人性化因素	◆动力	◆迁移路径	◆政治
◆人力成本	◆定价	◆标识	◆尺寸	◆接口	◆负荷量	◆标准化	◆股东
◆管理费用	◆客户定制	◆图形	◆操作	◆冗余	◆基础设施	◆管理层
◆装备		◆内部、外部				◆运转成本	◆工人、工作场所

图 6-39　"Appeals" 客户需求分析

市场客户分析工具 2——客户移情图。

客户移情图（Empathy Map）是帮助企业换位思考，站在客户的角度看待客户需求的强有力的工具，如图 6-40 所示。客户移情图可以协助企业更好地理解客户的环境、行为、感受、偏好和困惑等。客户移情图不仅有助于企业创新价值主张，同时对选择更便捷的接触客户途径、更优的客户关系、更合适的支付方式和收益点都有很强的指导意义。

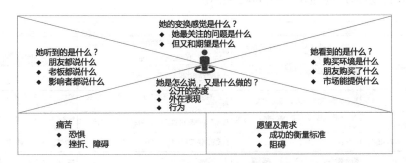

图 6-40　客户移情图分析

客户的"五官感觉"都要关注：客户看到的、听到的、感受到的、情绪状态如何？是喜欢还是不喜欢？期望是什么？客户是怎么说的？客户的痛苦是什么？客户的选择有什么驱动因素？

市场客户分析工具 3——市场细分。

市场细分的分析步骤如图 6-41 所示。

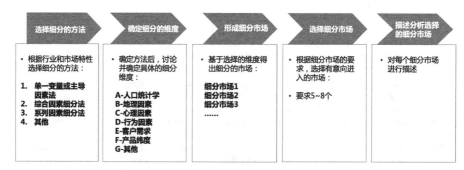

图 6-41 市场细分的分析步骤

市场细分可以采用单一变量主导或者综合因素细分法。例如，只按照区域进行市场划分，这是一个变量；既按照区域又按照客户的年龄段划分，就是两个维度。另外，企业还可以加入很多维度分析，如产品维度变量分析，变量越多，呈现出来的可能就是四象限或者九宫格。

企业做市场细分，首先要确定市场细分的维度。例如，按照人口统计学（年龄段、性别、上班族和非上班族、大城市和乡村等）、地理因素（华北、华南等区域）、心理因素（客户需求的心理因素是什么）、行为因素、产品维度、客户需求等细分。细分之后，企业要聚焦企业资源到所选择的细分市场。

奶粉市场细分示例描述如图 6-42 所示。

细分市场	婴幼儿超高端奶粉	婴幼儿中高端奶粉	婴幼儿大众平价奶粉
目标客户群特征	高学历，中高收入，民主且自信的妈妈。26~35岁，渴望产品专业知识、网络及口碑是主要信息获取渠道。三级以上市场，关注食品安全，相信权威及专业推荐	二三线为主，以85后90后消费群为主，中等收入家庭 -望子成龙，认为好孩子要争第一 -认为孩子健康活泼比较重要 -选择产品时比较注重营养的均衡 -购买过程中受价格及促销影响比较大	中低端价格带目标消费群，自身经济条件较紧张，且渴望下一代改变现状
客户的需求	进口奶源帮助宝宝智力、视力发展	对营养的本质需求，希望产品营养全面，宝宝长得健康	价格、大品牌、营养全面，满足宝宝成长基本营养需求
消费或使用场景	母乳不足情况下的辅助，家中使用、外出使用	母乳不足情况下的辅助：家中使用、外出使用	母乳不足情况下使用：家中或外出使用
提供的产品、方案和服务	以原装进口产品为主	外资和国内品牌的国产产品和进口产品	国产品牌的中低端产品
市场的规模和增速	超高端市场规模约100亿元，快速增长	市场规模约310亿元，持平	市场规模约60亿元，加速下滑
主要竞争对手	美赞臣	YL金领冠为主的国产奶粉（雅士利/飞鹤等），220元左右产品	杂牌、150元以下产品
客户购买决策因素	品牌、品质	品牌、品质、性价比	价格、促销活动
目前消费者主要面临的问题或痛点	产品的品牌力不足，消费者更倾向于外资品牌	品牌太多，不知如何选择	品牌良莠不齐

图 6-42 奶粉市场细分示例

市场客户分析工具 4——SPAN 矩阵：市场吸引力 × 企业竞争力。

母婴食品市场 SPAN 矩阵分析示例如图 6-43 所示。

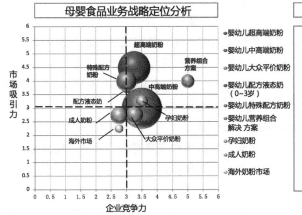

图 6-43 母婴食品市场 SPAN 矩阵分析示例

企业进行市场定位和细分后，通过 SPAN 矩阵进行"市场吸引力 × 企业竞争力"定位分析。矩阵的纵轴代表市场吸引力，横轴代表企业竞争力。竞争没有那么激烈，同时市场空间吸引力很大是最好的状态。不过，大部分情况是吸引力大，竞争程度也很大，企业要根据资源和能力决定市场策略。

市场分析的主要输出成果是市场地图。企业选取几个关键变量如选择区域、产品、客户维度进行市场解读，最好是立体的或者多维度的解读；对每个细分的市场进行解读，要关注每个细分市场的特征是什么，竞争或者成功的关键要素是什么，以及市场的空间、吸引力、竞争程度等，最终确定企业的目标细分市场。

看客户的主要输出成果是客户分类和对应的服务策略。

例如，战略客户是对企业有战略价值和意义的客户，是未来要进入的重点客户，现在企业并不一定已经"拿下"这类客户；价值客户是对企业贡献营业额和利润的主要客户，是企业的衣食父母；商业客户是交易性客户，有钱就赚，企业不一定愿意给这类客户做定制化的产品，如果企业从这类客户赚不到钱，那么可能这类客户就不是重点服务的对象。

第三看：看竞争找差距

从以下环节找差距：

——看行业核心竞争要素是谁？

——看主要竞争对手是谁？

——他们的规模怎么样？主要的经营区域是哪里？主要的经营模式是怎样的？

——他们在什么样的细分市场上具有什么优势和劣势?

——他们的未来目标是什么?

——他们又在做什么动作? 这些动作有可能影响市场格局和企业吗?

——我们可以从他们的管理、市场活动中借鉴什么?

——是否有人引进了可以改变游戏规则的产品、技术或者新的商业模式?

——是否有新的进入者? 是否有龙头企业切入这个细分市场?

——我们的"粮仓市场"(主要收入和利润的市场)和"主攻方向"(主要想战略性占领的区域或市场)是否遇竞争对手的阻击?

——竞争对手会做什么来让你的公司出局?

企业在采取跟随战略的时候,很难看清趋势和客户需求,只有模糊的感觉,但是明确竞争对手怎么做是确定的,这个时候观察竞争对手是唯一可以帮助企业确定战略机会点的方法。例如,在 2009 年之前,华为无线做战略规划的时候,既看不透行业,也看不透市场和客户,只看清楚了竞争对手在做什么、标杆企业在做什么。因为彼时的华为无线还很弱小,不能比行业领军企业看得透彻深刻,所以华为对对标的标杆企业未来三年的产品规划进行深入研究,找到了自己的机会点并进行了相应的路径规划,最终华为无线取得了巨大的成功。

类似地,企业在自己的行业找到对标企业和标杆企业,然后进行深入研究,可能就会迅速找到机会点,同时也可以观察借鉴竞争对手的核心竞争能力(战略控制点);或者解决竞争对手产品或者服务存在的问题(他的客户对他不满意的地方),可能也是企业发展的机会。

竞争对手分析工具 1——竞争对手评估。

如图 6-44 所示,企业在分析中要将行业成功要素列出来,并将这些成功要素的每个竞争对手分别列出来,然后看每个竞争对手有什么优势、劣势。这个分析模板也可以理解成是一个竞争态势分析的地图。

研究重点	竞争对手A	竞争对手B	竞争对手C
发展战略			
商业模式			
品牌策略			
产品策略			
营销策略			
供应商策略			
资源能力			
客户群体			
产品力			
业绩对比			

图 6-44 竞争对手评估模板

案例1 休闲食品行业竞争情况分析

休闲食品行业竞争情况分析示例如图 6-45 所示。

公司	主要客群定位	区域选择	品类策略	市场推广策略	公司的应对策略
XX公司	26~35岁，年轻白领	华东，覆盖一、二线城市	全品类零食，共七大类，1000种，以水果引流	网红+IP的互联网情感化传播	增加品牌与消费者的情感联系
XX公司					
XX公司					
XX公司					
……					

- **主要客群定位**：公司的目标客户群描述
- **区域选择**：公司重点经营的区域，以及已覆盖的区域
- **品类策略**：在品类选择方面采取的策略。可包括零食品类数量、不同品类的定位等，如全品类/主打果脯/坚果引流等
- **市场推广策略**：用一句话描述品牌的整合营销传播策略，包括线下/线上推广方式等
- **良品的应对策略**：良品在该市场应对该公司竞争的策略简述

图 6-45　休闲食品行业竞争情况分析示例

案例2　二轮电动车竞争情况分析

二轮电动车竞争情况分析示例图 6-46 所示。

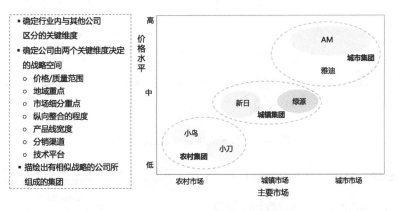

图 6-46　二轮电动车竞争情况分析示例

每个细分市场竞争所要求的关键成功要素是不同的，所要求的企业能力也是不同的，企业必须要知道自己的目标细分市场在哪里，成功要素是什么，竞争差距是什么。

竞争对手分析工具2——与竞争对手市场对比分析。

例如，市场份额，企业按照核心维度的变化，或者产品对应的市场份额的变化，或者区域来分析企业和竞争对手的市场份额的变化，如图 6-47 所示。

按照市场细分的变量，企业分别在各个维度和竞争对手进行对比分析。分析中要有量化的数据支撑，如在区域和细分客户购买因素维度上的对比分析，如图 6-48 所示。

143

企业在产品组合、关键成功要素维度和竞争对手进行对比分析，如图 6-49 所示。

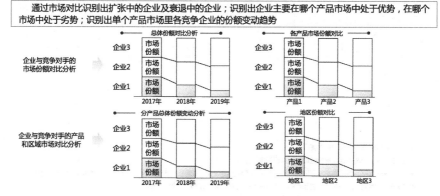

图 6-47　与竞争对手市场对比分析 1

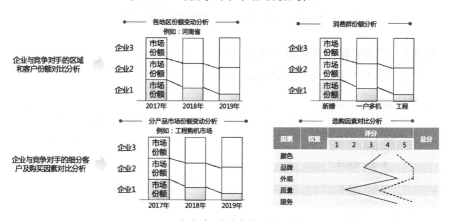

图 6-48　与竞争对手市场对比分析 2

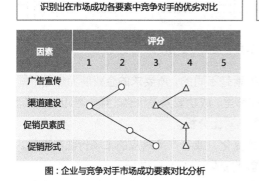

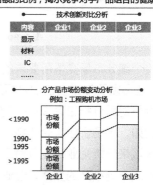

图 6-49　与竞争对手市场对比分析 3

企业在财务数据、盈利能力维度和竞争对手方面进行对比分析，如图 6-50 所示。

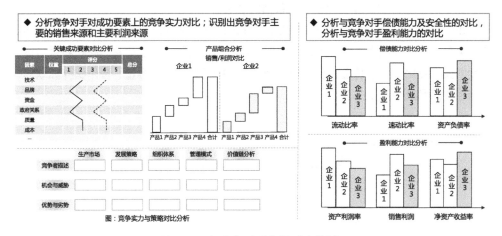

图 6-50　与竞争对手市场对比分析 4

企业从不同维度综合进行对比分析，有利于全方位地了解企业的竞争对手，找出竞争胜出的关键抓手。

竞争对手分析工具 3——"波特五力"分析工具。

"波特五力"分析工具从供应商、潜在的进入者、渠道、目标消费者、替代品五个维度对同行业内的竞争者进行竞争态势分析。

二轮电动车行业的"波特五力"分析的示例如图 6-51 所示。

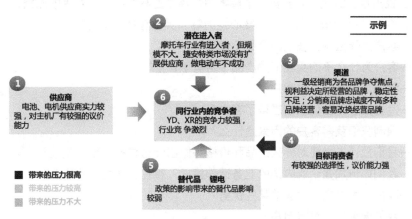

图 6-51　"波特五力"分析示例

一般来说，2B 业务的客户议价能力很强，企业的营销策略和营销组织架构就应该根据 2B 的业务特点来设计。例如，2B 业务特别需要"铁三角"的作战模式，因为客户的影响能力太强，企业需要从多个维度进行集团作战去拿下客户。

竞争对手分析工具 4——18 个竞争情报要素。

如图 6-52 所示为 18 个关键竞争要素：利润、市场份额和趋势、新产品、客户和客户关系、价格和成本、增长策略、财务安全、产品范围、产品质量、原材料供应商、奖金方案、文化和人的特征、收购和投资、存在的问题、市场容量、合作伙伴和联盟、战略控制点和商业模式、组织架构。

1. Profits	10. Raw Material Suppliers
2. Market Share & Trend	11. Bonus Structure/Measurement
3. New Products in Pipeline	12. People Characteristic & Culture
4. Customers & Relationships	13. Acquisitions/Investments
5. Prices & Costs	14. Problems
6. Growth Strategy	15. Capacities
7. Financial Security	16. Partner & Allies
8. Range of Products	17. Strategic Control point & Business model
9. Product Quality	18. Organization Structure

图 6-52　竞争情报要素分析

企业可以根据这 18 个竞争情报要素来分析竞争对手的特征，从而制定应对策略。

看竞争找差距主要的成果输出：企业主要和潜在的竞争对手是哪些？他们各自的优势和劣势是什么？竞争对手的主要的策略是什么？这些策略对企业会产生什么影响？他们会对企业在市场的竞争地位产什么影响？

第四看：看自己找优势劣势

企业找出自己的优势和劣势，了解客户选择企业和选择竞争对手的原因、客户的满意度、企业产品价值定位、企业核心能力等，具体包括以下内容：

——客户为什么购买我们的产品（优势）？

——客户为什么不购买我们的产品（劣势）？

——我们为什么会丢失客户？

——过去做了什么使我们赢得了客户？

——限制我们获得客户的因素是什么？

——我们预计未来要对什么产品和价格等做出什么样的调整或改进？

——我们如何加强企业内部的业务运作模式？存在哪些主要的痛点？

——我们是否失去了过去的某些优势？

——我们未来怎么赢得用户？

看自己是最难的，从《自私的基因》一书中的描述看，人对自己的剖析基本都是雷声大雨点小，就像《西游记》中的真假美猴王打得不分高下。后世评说假悟空就是孙悟空的心魔——自己是最难看清自己的，也最难"打败"自己。

另外，企业一旦看清楚自己，就要对自己做减法——剥离非主航道业务。做加法大家都高兴，高高兴兴地做战略投入，各种资源齐上阵。做减法就是在否认企业各级经营者甚至老板拍板做的决策，其难度可想而知。但正如华为所倡导的，要有“刀刃向内的勇气”和“时刻惶恐”的危机文化，在此基础上企业才能真正运用一些分析工具，如商业模型画布，包括重要伙伴、关键业务、核心资源、价值主张、客户关系、渠道、目标客户、成本、收入、战略控制点和组织等要素来分析企业的SWOT，也才可能真正分析清楚企业目前的经营状况，客观地分析企业内部的运营能力，最终通过SPAN矩阵、商业漏斗等工具将战略机会点一个个数出来，按照其重要性，通过结构化数字化的方式表示出来。

看自己分析工具1——历史成功要素分析。

企业先从历史大事件入手，梳理出时间线，然后对企业成功的历史事件进行回顾分析，总结出企业历史成功要素，如图6-53所示。

历史大事件梳理表

战略转型	行业	
	目标客户	
	产品	
	技术路线	
	模式	
突破点	财务	
	技术	
其他重大事件		

图6-53　企业自身历史大事件梳理表

企业再根据历史成功要素，分析自身所积累的能力和资源，如图6-54所示。

历史成功要素与核心能力表

历史大事件	历史成功要素	核心能力和资源

图6-54　历史成功要素和核心能力梳理

历史成功要素分析共有四个维度：取得了什么成绩？把握住了什么机会？做对了什么，所以把握住了机会？当时具备什么竞争优势？

华为经常会定期回顾总结历史，在回顾中经常会问同样的问题：“华为为什么还能活下来？活下来的关键要素是什么？这些成功要素是否能支撑企业在未来取得成功？"任正非曾经说：过去的成功未必会成为我们未来成功的可靠向导，就是说过去的成功有可能成为我们的历史包袱，不一定会导致我们以后也必然成功。因此，企业需要非常理性地看待过去的成功，时刻分析环境发生了什么样的变化，现在和之前有什么不同。

任正非谈看"历史"

繁荣的背后都充满着危机。这个危机不是繁荣本身的必然特性，而是处在繁荣包围中的人的意识。艰苦奋斗必然带来繁荣，繁荣以后不再艰苦奋斗，必然丢失繁荣。"千古兴亡多少事，悠悠，不尽长江滚滚流"，历史是一面镜子，它给了我们多么深刻的启示。忘却过去的艰苦奋斗，就意味着背弃了华为文化。

成功使我们获得了前所未有的条件与能力；成功使我们有信心、有实力去系统地克服迅速成长中的弱点；成功使我们有勇气、有胆略去捕捉更大的战略机会，使我们从根本上摆脱过去，获得内在可持续成长的生命力。

——任正非在市场庆功及科研成果表彰大会上的讲话：
再论反骄破满，在思想上艰苦奋斗，1996年，有删改

华为公司未来的胜利保障，主要是三点：第一，要形成一个坚强、有力的领导集团，但这个核心集团要听得进批评；第二，要有严格、有序的制度和规则，这个制度与规则是进取的；第三，要拥有一个庞大的、勤劳勇敢的奋斗群体，这个群体的特征是善于学习。

——任正非在四季度区域总裁会议上的讲话：遍地英雄下夕烟，六亿神州尽舜尧，
2014年，有删改

我们要拥抱大数据流量，要拥抱创新，不要因循守旧，不要认为走我们过去走过的路才是正确的。接受别人的挑战，不要别人一挑战就解释，解释就是拥抱过去的成功。

——任正非在GTS网规网优业务座谈会上的讲话，2014年

看自己分析工具2——商业模型画布。

如图6-55所示，用商业模型画布（Business Model Canvas）要明确：企业有什么价值主张？要给行业带来什么？解决什么痛点？基于这个主张，企业的目标客户是谁？企业如何建立客户关系？如何触及客户？企业要向客户提供什么关键产品或服务？为了服务好这些客户，企业要有哪些重要伙伴？要有哪些核心资源？企业的收入和成本是什么（构建收入和成本模型）？企业的战略控制点及组织结构是什么？

【重要伙伴】供应商、合作伙伴等重大战略客户对华为的认识和期望	【关键业务】实施商业模式必需的研发、生产、销售等活动	【价值主张】我们能够给目标客户提供什么？产品与服务为客户带来什么价值，或者为客户解决什么痛点	【客户关系】通过何种方式维系和增加和客户的关系	【目标客户】高价值目标客户群我们选择什么样的客户
	【核心资源】平台/网络、关键人才、客户关系或关键设备等	我们特有的和优势性的价值定位是什么	【渠道】如何找到客户突破战略客户必要的认证和资质（俱乐部）	• 什么公司 • 所处位置 • 什么样的决策者 该客户的战略竞争对手或许是首选
【成本】制造成本 销售费用 研发费用 管理费用			【收入】盈利模式 客户价值 销售收入 利润	
战略控制点和组织				

图 6-55　用商业模型画布分析自身

使用商业模型画布不仅使企业能够深入分析自身的优势、劣势和差距，还能找问题差距和改进方向。

用商业模型画布做问题分析如图 6-56 所示。

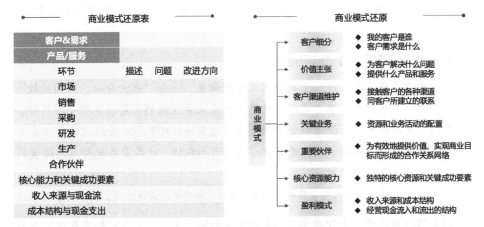

图 6-56　用商业模型画布做问题分析

看自己分析工具 3——管理基础评估。

对企业的管理成熟度，如管理模式、组织结构、权责体系、流程规范、绩效薪酬、信息传递、企业文化、团队建设进行评估，如图 6-57 所示。

管理模式：企业是战略管理、财务管理，还是运营管理？尤其是在企业有很多事业部、子公司的情况下。要理解和应用不同管理模式。例如，如果是战略管理，集团对运营的管理就会比较弱，对事业部一般只做指导。

组织结构：组织是职能型、矩阵型，还是流程型？企业要理解和应用不同的组织结构，如职能型容易产生官僚主义。

管理基础评估表

项目	评估要点	描述
管理模式	◆ 管理模式是否匹配当下战略发展的需求 ◆ 战略目标是否能有效地分解和落实 ◆ 管理模式是否匹配业务发展需求	
组织结构	◆ 组织架构模式是否匹配管控模式的需求 ◆ 部门和岗位设置是否覆盖经营活动的所有环节	
权责体系	◆ 职能分配是否涵盖经营活动的所有内容，且划分清晰 ◆ 各部门、岗位责任与权力是否匹配，能够满足经营活动的不同要求	
流程规范	◆ 业务流程是否规范，使各项经营活动有章可循 ◆ 流程规范是否得到正确执行，以规避可能存在的经营风险	
绩效薪酬	◆ 绩效考核是否能够统一员工与公司目标，引导员工做出贡献 ◆ 薪酬激励是否有效带动员工工作意愿，实现员工、企业共赢	
信息传递	◆ 报表、会议和信息系统是否覆盖了经营活动应覆盖的所有环节 ◆ 信息传递是否流畅、有效，避免经营活动出现停滞	
企业文化	◆ 企业文化是否能够正确引导员工 ◆ 企业文化是否能够创造积极发展的公司氛围	
团队建设	◆ 人员能力是否可以支撑经营活动的开展，人才储备是否可以保障公司长远发展	

图 6-57 评估自身管理基础

除此之外，权责体系是否清晰，流程是否规范，绩效激励是否有效，信息传递是否及时、畅通，企业文化是否积极向上，团队是否具备人才和干部的管理能力也是评估的维度。

任正非谈"组织管理"与"组织结构"

公司未来是统治与分治并重的分布式管理体系，采用"横向分权，纵向授权"的权力结构。未来集团董事会是经持股员工代表大会授权的公司最高领导委员会，代表集团的统治权力，下面是消费者业务管理委员会、ICT基础设施业务管理委员会和平台协调管理委员会。我们是有中心地发散与收敛，使各业务既有自由运营的灵活机动，又有天地的管控。

——任正非关于人力资源管理纲要2.0修订与研讨的讲话纪要，2018年，有删改

机关组织应该进一步分离管控、资源中心和能力中心。管控的职责是承接集团与公司的意志，采用定岗定编的方式管理；资源中心的职责是高效支撑作战，采用市场机制运作与考核；能力中心承接战略诉求，既参与作战，也要负责能力的主建工作，采用能力评估和市场机制运作与考核。能力及资源一步获得的办法，是旅途费用进入空耗，让多个资源中心、能力中心比赛谁更得前方欢迎。

——任正非在运营商BG组织变革研讨会上的讲话，2019年，有删改

看自己分析工具4——自我认知共识分析。

企业内部是否有共识：发展方向是否清晰、量化目标是否清晰、商业模式是否清晰，靠什么击败竞争对手等，如图6-58所示。

企业战略共识度

评价题	清晰度（1-10）	问答题	回答
Q1-1：发展方向是否清晰？		Q1-2：公司发展方向是什么？	
Q2-1：量化目标是否清晰？		Q2-2：制定了哪些量化目标？	
Q3-1：商业模式是否清晰？		Q3-2：商业模式实施中是什么问题？	
Q4-1：靠什么击败竞争对手？		Q4-2：未来靠什么击败竞争对手？	

图 6-58　分析自身企业战略共识度

我们过去成功的因素是什么？我们未来的目标在哪里？我们要如何赢得客户？对这些关键性的问题，企业是否形成了共识？如果企业对未来的公司发展方向都没有共识，没有思想的统一，就不会有行为的统一。另外，企业还要看是否有量化的目标，制定了哪些量化的目标、量化指标是多少等。

此外，企业还可以再采用更细化的维度对自我认知进行分析，如对企业具有的资源和能力进行分析，如图 6-59 所示。

企业拥有资源与能力程度分析（示例）

项目	优劣衡量指标	竞争对比	
		拥有程度 优势	拥有程度 劣势
技术	开发速度快、技术领先		
品牌	知名度高、品牌形象好		
市场推广	市场分析能力强、市场推广能力强		
质量	质量稳定且合格率高		
政府关系	与地方政府及产业主管部门的关系良好		
物流	快速的物流服务、低成本		
生产	满足需要的生产能力、灵活的生产方式		
成本	低成本		
采购	底采购价格、稳定的购货渠道		
销售	快速分销能力、有力的销售控制		
资金	强大的资金实力		
人力资源	丰富且高素质的人力资源		

资源能力分析的目的是确认企业当前战略与特定的强势与弱势之间的关系程度，处理和组织好应对环境变化的能力，帮助企业找到制定战略的新方向

1	确定公司的强势和资源能力

◆ 一项技能和重要的专门技术
◆ 宝贵的有形资产
◆ 宝贵的人力资源
◆ 宝贵的组织资源
◆ 竞争能力
◆ 某种能够使公司在市场上获得某种竞争优势的成就或属性
◆ 联盟和合作公司
◆ ……

2	确定公司的弱势和资源的缺陷

3	确定公司的核心能力

确定企业资源和能力的强势和弱势

图 6-59　企业资源和能力分析

第五看：看机会找聚焦

看机会包括：新机会概览、新机会的价值空间的确定、新增长机会分析、机会描述（业务设计）、判断机会的优先级、明确机会的范围和定位、总结机会对公司的意义等。

通过了解前面"四看"，企业需要回答以下问题：

——我们准备参与哪个价值市场的竞争？

——客户、用户、合作伙伴需求的优先考虑因素在发生什么变化？

——本行业中涌现出什么样的利润模型和商业模式？

——现在的竞争状态如何？谁是赢家，谁是输家？如果竞争对手很强，企业进入就很困难。

——客户认为我们的优势和劣势是什么？

——我们存在什么样的机会和威胁？

——我们从中可以获得怎样的新的见解？

从商业的角度，企业要通过思考上面的问题，对机会点进行排序，找出更有价值的、企业更能够抓得住的机会点（见图 6-60）。

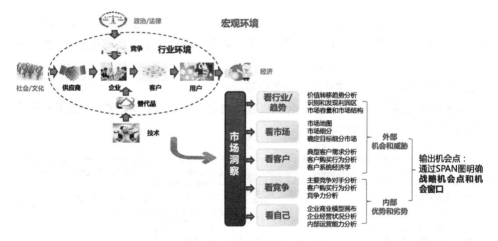

图 6-60　市场洞察找机会点

看机会输出的主要成果是机会点和机会窗口。

机会窗口代表机会持续的时间，是一年、两年，还是三年、五年等。很多消费产品只有短暂的生命周期，对企业来说，产品的生命周期长短决定了机会窗口的长短。企业要考虑是否有能力在机会窗口内实现最大的商业目标。

市场机会分析要聚焦企业抓住机会的关键：客户选择、价值获取、差异化/战略控制策略、业务范围、采购政策、制造或设备、资本密集度、产品及研发、销售机制、组织结构，等等，如图 6-61 所示。

在排序选择市场机会的时候，企业还可以进一步详细分析以上问题，如：选择哪些客户？放弃哪些客户？哪些客户是高价值客户？在获取这些客户的时候，企业需要什么样的关键能力？企业的业务范围是什么？要抓住市场机会，投资规模需要多大？对企业的产品研发要求如何？销售架构和组织架构如何？需要什么样的作战队形才能抓住这个机会？

要素	关键问题
客户选择	为哪些客户创造价值？可以从哪些客户获利？放弃哪些客户？
价值获取	如何为客户创造价值？如何盈利？
差异化/战略控制	客户为何选择本企业产品？企业与竞争对手的差异有哪些？用哪些手段控制竞争对手？
业务范围	向客户提供哪些产品？从事哪些辅助业务？哪些业务可以外包或外购？
采购政策	如何采购？与供应商的关系如何？
制造或设备	产品自制或外包的结构是什么？制造成本优势是什么？采用何种设备（普通或先进）？
资本密集度	选择资本密集、固定成本高的生产系统，还是选择资本密集度较低、更灵活的生产系统？
产品及研发	自行开发，还是外部采购？注重工艺流程，还是注重产品？开发速度如何？
销售机制	销售渠道如何选择？如何扩大销售渠道？如何管理销售渠道？
组织结构	集中管理与分散管理如何选择？内部管理组织形式的选择？管理人员如何选聘？激励制度如何？

图 6-61　机会分析要聚焦关键问题

任正非谈客户需求和机会点

客户需求是一个哲学问题，是一个去粗取精、由此及彼的问题，不是哪一个客户表述的问题。我们要围绕最终客户的需求，围绕业务本质，敢拉着愿意跑的客户先跑，跑出价值来。

选择机会的时候，只有市场规模大，技术上又足够难，才能建立起门槛。没有门槛，我们就在红海中挣扎。

当发现一个战略机会点，我们可以千军万马压上去，后发式追赶，你们要敢于用投资的方式，而不仅仅是以人力的方式，把资源堆上去，这就是和小公司创新不一样的地方。

——任正非在公司 2013 年度干部工作会议的讲话：
用乌龟精神，追上龙飞船，2013 年，有删改

公司战略沙盘很快会给各级干部公布，每一个大数据流量机会点，华为所占市场份额要在 1/3 左右，剩下的留给竞争对手。当我们抢不到大数据流量的机会点时，就会被边缘化、死亡；当我们全部占领大数据流量机会点时，也会是惰怠，也会是死亡。

总的一句话，我们要作战胜利。我们只有五年时间，这五年中，华为就是要在大数据流量上对世界作出贡献，五年过后就没有你的机会了，战略机会点已经过去了。

——任正非在后备干部项目管理与经营短训项目座谈会上的讲话，2014 年，有删改

第三项：机会分析

企业基于市场洞察完整输出市场空间和可参与空间，在可参与空间内，确定企业的战略关键控制点，如图 6-62 所示。

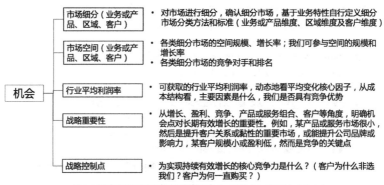

图 6-62 通过机会分析确定战略控制点

企业做战略机会分析一定要做"数学题",所有的分析要基于事实和数据,而不能基于想象和经验,只有数据是比较准确的,而且容易达成共识,如图 6-63 所示。

数据来源及要求	逻辑关系说明
1. 市场空间与可参与空间应基于细分市场分类输出	1. 市场空间与可参与市场空间应与市场洞察匹配,关注"空间"数据对比异常点
2. 市场空间应打开想象,扩大视野,目前未参与的市场也需要看到	2. 战略控制点是判断未来市场份额、格局的依据
3. 可参与空间基于市场分析、战略控制点战略诉求确定	3. 行业平均利润率用于判断行业的盈利能力、市场吸引力,确定机会点是否能达到战略目标和战略诉求
4. 市场空间数据与可参与市场空间数据之间要做对比分析	4. 战略重要性说明该机会的重要程度及原因,是资源投入优先级的参考依据
5. 不同细分市场对应的可参与空间之间数据需要相互印证	
6. 由市场最前沿的人员主导输出	
7. 数据的支撑及变化要有逻辑支撑,尽量避免由自己的主观喜好来判断	

先做加法,才能后做减少,资源才会聚焦到主航道、主战场及重要的核心竞争上去

图 6-63 做"数学题"数战略机会点

战略增长来自机会承接,要通过业务组合来说明增长从哪里来。如果将机会比作田地,企业就要找到最肥沃的田地。企业要在土壤最肥沃的田地中种什么,不仅要看市场行情,还要看最适合种什么。这样,企业才能算出企业的增长有多少,地里能长出的"庄稼"有多少,如图 6-64 所示。

通过 SPAN 矩阵来表达出要发现、筛选、聚焦的机会点,如图 6-65 所示。实际上就是对应每块田里能种出来的"庄稼"有多少,如果种西瓜,能种出多大的西瓜。机会点有大小,华为称之为市场的"泡泡图"。画泡泡,数豆子,泡泡越大,而且是企

业能力能达到的，就应该重点在这个机会点寻找增长点；泡泡越小，而且企业能力又达不到的，就要想办法转型甚至撤出。

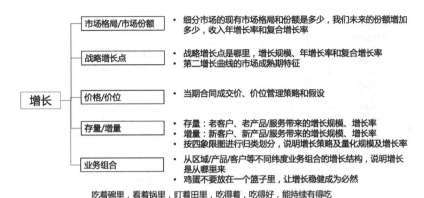

图 6-64　增长点分析分解

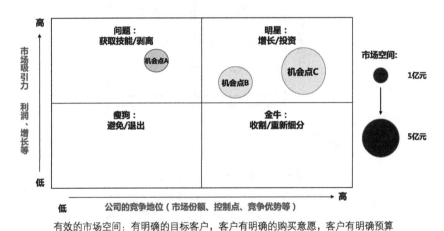

有效的市场空间：有明确的目标客户，客户有明确的购买意愿，客户有明确预算

图 6-65　通过 SPAN 矩阵来筛选机会点

对于到底能长出多少"庄稼"，企业要做分析计算，如图 6-66 所示。

机会分析工具 1——SPAN。

如图 6-67 所示，根据市场吸引力、竞争程度，以及企业的资源和能力，决定哪些是企业要投入的、哪些是保持的、哪些是收获的、哪些是放弃的。

机会分析工具 2——机会窗。

企业"碗里的""锅里的""地里的"业务，即 H1、H2、H3 业务，是成长的三条曲线，如图 6-68 所示。

客户类别	产品或服务类别	2020年				2021年				2022年				2023年			
		收入	销毛	目前现状	拓展策略	收入	销毛	同比增长	拓展策略	收入	销毛	同比增长	拓展策略	收入	销毛	同比增长	拓展策略
核心客户	产品或服务1																
	产品或服务2																
	产品或服务3																
	产品或服务4																
新增客户	产品或服务1																
	产品或服务2																
	产品或服务3																
	产品或服务4																
目标客户	产品或服务1																
	产品或服务2																
	产品或服务3																
	产品或服务4																
合计																	

- 在产品或服务与客户群体间按照四象限进行匹配
- 不同的客户的价值主张是什么？why me

图 6-66　分析计算最终的业务增长点

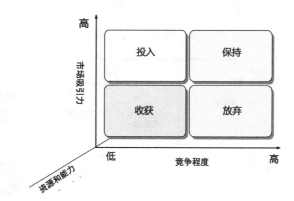

图 6-67　用 SPAN 分析市场机会

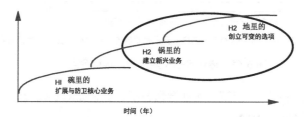

	H1-核心业务	H2-成长业务	H3-新兴业务
定义与特征	延伸、捍卫、增加生产力的利润贡献 stay in the game	将已经认证的业务模式扩大规模、增加市场份额、成长为市场机会 compete to win	验证业务/产品的创新组合，加强未来的机会的优势 change the game
管理重点与指标	近期的利润表现与现金流 ——利润 ——生产效率	收入的增长和投资回报 ——收入增长 ——新客户/关键客户获取 ——市场份额增长 ——投资回报率	回报的多少和成功的可能性 ——项目进展和关键里程碑 ——机会店的投资回报评估 ——从创意到商用的成功概率
核心产品			

图 6-68　三类业务机会窗

156

H1 是"碗里的"业务，是核心业务，是企业的现金流业务，是公司安身立命的业务。

H2 是"锅里的"业务，是已经验证过了，已经处于成长期，下一个支撑公司成长发展的关键业务。

H3 是"地里的"业务，是新的业务，是未来的业务，还处于验证期，还需要投入，未来收益未定。

企业在把握机会的时候，要注意机会之间的组合，既要考虑"碗里的"业务——要能"吃得饱"，也要保证"锅里的"业务——"心不慌"，还要能够看到"地里的"业务，要有未来成长的、持续活下来的机会。

第四项：战略业务设计

战略业务设计方法 1——针对机会点做业务设计，帮助有效抓住并实现机会点

针对机会点做业务设计，帮助有效抓住并实现机会点，如图 6-69 所示。

（1）客户选择和定位：包括制定增长策略（客户策略、产品策略、竞争策略、增长策略等）。

（2）价值获取/利润模式：设计好企业的盈利模式。

（3）业务范围：设计好企业的业务范围，哪些做、哪些不做、哪些核心的做、哪些非核心的外包等。

（4）战略控制和风险管理：将战略控制点和风险管理做好。

（5）设定最终组织架构。

图 6-69　战略业务的设计方法 1

战略业务设计方法 2——商业模型画布

企业可以用商业模型画布做设计，如图 6-70 所示。

【重要伙伴】 供应商、合作伙伴等 重大战略客户对华为 的认识和期望？	【关键业务】 实施商业模式必需的研 发、生产、销售等关键 任务活动	【价值主张】 我们能够给目标客户提 供什么？产品与服务 为客户带来什么价值， 或者为客户解决什么痛 点 我们特有的和优势性的 价值定位是什么？	【客户关系】 通过何种方式维系和 增加和客户的关系 尤其是组织型客户关系 建立（战略对标、生态 共享、采购计划共享、 集成的联合供应链）	【目标客户】 高价值目标客户群 我们选择什么样的客 户？ • 什么公司 • 所处位置 • 什么样的决策者 • 该客户的战略竞 争对手或许是首 选
	【核心资源】 平台/网络、关键人才、 客户关系或关键设备等		【渠道】 如何找到客户 突破战略客户必要的认 证和资质（俱乐部）	
【成本】 制造成本 销售费用 研发费用 管理费用			【收入】 盈利模式 客户价值 销售收入 利润	

战略控制点和组织

商业模型画布能深入分析企业自身的优势、劣势和差距

图 6-70   战略业务设计方法 2

战略业务设计方法 3——价值重构模型

如图 6-71 所示，公司现有的业务在持续运行。企业在做战略规划的时候，实际上就希望对现有的业务进行重新审视，重新定义企业价值。这是企业在对外部环境进行洞察，发现了新的机会之后，对价值做的重新定义。这样就抓住了战略规划的本质，否则就继续沿着历史的延长线，过去怎么做现在还怎么做就可以了，就不需要做战略规划了。

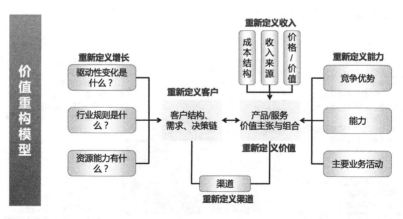

图 6-71   战略业务设计方法 3

战略规划就是要审视，甚至重新定义增长，明确驱动行业变化的要素是什么、行业规则是什么、资源能力是什么。战略规划包括重新定义客户，哪些是企业战略客户，哪些只是商业客户；重新定义价值；重新定义收入，包括收入来源、成本结构、价格价值等；重新定义渠道，如线上线下是不是要同时做、是直营还是分销；重新定义能力，包括竞争优势、核心能力；重新定义主要业务活动等。

任正非谈价值重构——"超越客户"

2014年，任正非在人力资源工作汇报会上说：要将高层干部"洞察客户、洞察市场、洞察技术、洞察国际商业生态环境"的发展要求改为"洞察市场、洞察技术、洞察客户、洞察国际商业生态环境"。我们要从客户需求导向转变为社会结构导向，整个行业转变，客户也有可能会落后于我们对社会的认识，要超越客户前进。

第五项：战略共识和战略批准

战略只需要方向大致正确。不能被落地执行的战略都是口号。战略执行是团队共同的事情，不能只是老板和主管一厢情愿的事情。共识是前提，所以对战略达成共识才是关键。

战略批准的前提是在经过一系列的战略规划动作，形成了从上到下的战略共识后做出的。

达成战略共识的方法如下。

——给予知识分子尊重感和参与感

没有一个知识分子会无条件接受制定的战略。毛主席在总结陈独秀失败的原因时说：因为他们只是团结知识分子，没有团结广大人民群众。知识分子想法多，不容易团结，不容易执行，所以才有"秀才造反，百年难成"的说法。但毛主席对知识分子一向非常尊重，非常注意团结。

——要认识到和消除人性中的短板

在共识中，由于"屁股决定脑袋"，只要屁股（利益）不一样，观点肯定不一样；只要视角不一样，看法肯定不一样。

例如，谈到销售不力，销售部门肯定不会认为是自己的问题，肯定会归因于产品、服务、各种内部问题；产品部门也会认为一定是销售部门的销售能力问题。所以，要想形成良好的讨论氛围和开放的企业文化，负责人就要逐个部门地去讨论，系统化地找出问题，而不是找出单个部门的问题，"要找到最大公约数，画出最大同心圆"。

——要尊重现实，每个人视野和格局不一样

老板和下属的眼界不一样，看得远近不一样。有句话叫作"一个人永远挣不到他认知范围外的钱"，因此企业老板要起到"导航"的作用，要告诉下属前面道路上的陷阱，但不要试图说服下属明白他看不到的东西。

对大家达成共识的，可以先干起来，但不要试图提前太多，最好是由老板边干边引导。只要老板能用两三次的事实证明自己比下属看得远，下属对老板的信任就会油然而生。

因此，战略要纳入监控，不断地纠偏和优化，这才是战略解码，而不是简单的目标分解。

任正非对战略共识的看法

华为的战略定位就是一家商业公司，期望在商业上能够成功。如果做其他方面，没有能力就不可能成功。所以，我们收缩在一个合理的能力面上，在这个面上我们争取能成功。我们不需要每个员工都去阅读公司的总战略，不要关注太大的事情，"不在其位，不谋其政"，没有处在一定的位置，读了也不一定理解。战略是太复杂的问题，几句话是讲不清的，你积累到一定时候，一定会心领神会，一定有能力参与，今天还是踏踏实实做好本职工作，一步一步地爬上楼。

——任正非在战略预备队学员和新员工座谈会上的讲话：
你们今天桃李芬芳，明天是社会的栋梁，2020 年，有删改

正职必须清晰地理解公司的战略方向，对工作有周密的策划。有清晰方向与严密的组织并不矛盾。

——任正非谈管理：正职 5 能力，副职 3 要求，华为接班人，就要这么选！

第六项：战略宣讲

企业做完上述所有战略规划的详细设计后，还要进行组织上下的拉通对齐，部门之间的拉通对齐，需要进行战略宣讲。战略宣讲的目的就是形成共识，形成公司统一的战略意志。

这次改革不是简单的形象改革，更是组织改革和运作方法的改革，是对公司整个的展示系统，从定位到表达的形象、内容、方式方法，到组织的运作和考核机制等，进行的深层次、系统性的改革。F1 展厅展示模式要改变，展示方式和定位要从面向现在转变到面向未来。我们要解决客户面向未来的问题，让客户看完之后认为未来战略合作伙伴就是华为，华为有能力帮助他解决面向未来的问题。要全流程地展示公司的现实能力与远景目标，如服务、制造、交付、财务……不仅仅是技术。另外，把展厅展示的内容、宣讲内容以基于云的技术方式面向全球展示。

——任正非：面向未来，以客户痛点为切入点，全球化展示，2012 年，有删减

华为经常会通过各种方式来宣传和贯彻公司的战略，首先是基于 DSTE 流程的各种会议沟通，上下两次"握手"，还会通过"心声社区"发帖进行公开讨论和宣布战略会议的决定。例如，华为著名的 2017 年上海务虚会议上提出的"方向大致正确，组织充满活力"就经过了线下闭门的几天讨论后在线上发布，通过"两报"——《华

为人报》《管理优化报》刊登各种形式的文章来宣传解读。再如，华为通过高层发文、员工写体会文章，甚至漫画的形式来加深各层级员工对战略的理解。通过《华为文摘》定期"反刍"，甚至把华为任正非、各位高管20年前的关于华为战略的文章拿出来，重新供大家阅读和"批判"，如坚持主航道不动摇的战略就提了20多年。除此之外，华为还通过各种"表彰大会""誓师大会""自律宣誓"等开展宣传和贯彻活动，甚至通过对员工进行书面考试，对干部要求写体会文章，公开发表，供大家参考，来确认战略和策略。对考核不过关的干部甚至以冻结工资、降低职级、再次考试的方式训诫。正是这样丰富多样又持续进行的战略宣传和贯彻，让每一个干部员工都用统一的语言和方法来进行工作，极大地提升了组织的执行力，实现了"指哪打哪"的效果。

第7章

战略解码：
把"想法"变成"干法"

"合抱之木，生于毫末；九层之台，起于累土；千里之行，始于足下。"

——《老子》

7.1 战略解码的意义和要点

7.1.1 战略解码的意义

长江商学院学者对中国企业战略执行情况进行了研究，提出有三个因素会较大程度影响到战略执行，分别是战略共识、战略协同与战略控制。

1. 战略共识

企业的员工对企业战略共识度越高，战略执行的效果越好。如果没有战略共识，企业内部就很难形成合力，企业的资源与力量向不同方向牵引，必然导致无谓的消耗，企业的战略就很难取得应有的效果。然而，很多企业目前还处于管理比较粗放的阶段，对战略管理的认识还停留在理念和概念阶段，处于"有战略无规划、有战略无目标"、普遍缺乏战略共识的状态。

2. 战略协同

战略能够得到有效执行的核心条件是企业的经营活动与企业的发展战略相协同。因此，有效的战略执行，需要建立一套系统的方法，将企业的模糊抽象的发展战略转化为具体清晰的日常经营活动。然而在企业的具体实践中，往往由于企业的发展战略没有得到有效的转化和层层分解，使得战略与运营活动相脱节，导致战略落地失去了具体支撑，执行效果自然也大打折扣。

3. 战略控制

战略控制是战略执行的有效保障。企业战略的具体执行者是各级干部和员工。为避免企业战略在执行进程中与事先规划的路径相偏离，企业需要对战略执行进行监控。战略监控包括对战略执行信息的监控和对干部员工执行行为的监控。然而很多企业在具体经营实践中，往往过多关注了企业的日常性工作，而忽视了对战略的控制，造成战略执行情况无人掌握，更谈不上跟踪评价了，最终导致战略执行的失败。

战略要得到有效实施，必须跨越这三个障碍，即**达成战略共识、形成战略协同及实现战略控制**。

企业战略在执行中可能面临以下障碍：中高层对企业的战略重点缺乏共识，只有少数员工理解自己的日常工作与战略的联系，大部分管理者缺乏意愿或技能来根据战略管理并辅导员工。只有少数企业将经营绩效制度和薪酬激励制度真正与战略相联结。

战略解码工具是一个经过众多知名企业验证，能在最大程度上推动战略执行的有效工具。它是通过由上至下、层层参与、深入交流、高度协同、任务量化和责任到人的机制，快速地将组织的战略意图转化为全体员工可理解、可执行和可衡量的行动计划与绩效合约。它通过集体研讨的方式，将战略目标层层细化分解，形成包括主要事项、具体行动、完成时间、衡量指标等要素在内的"行动计划"，并从中提炼出关键绩效指标，形成自上而下和责任到人的公司负责人、高管、部门负责人、班组长等各级的绩效合约。

战略解码体系可以针对企业在战略执行中存在的问题，逐一给出解决方案，实现企业对战略任务执行情况的动态监控和及时评估，并达到大大提升战略执行效果的目的。

7.1.2 战略解码的要点

战略不是漂亮的文本和口号，战略以落地为价值标准。战略不是单纯的领导者想法的提炼，而是全体员工的共同思考，其实现更依靠机制和员工的执行力。

战略不是基于历史画延长线去描绘一个已知答案，而是寻找未来。不能说企业过去因为什么取得成功，取得了成功的关键因素（Critical Success Factors，CSF）。否则企业未来沿此路径去走的话，可能陷入一个巨大的陷阱。战略不是已经验证过的商业策略，更多地是在未知世界中去探寻，去发现新的机会的策略。

战略不是一场热血式的演讲和变革，而是制定到执行全过程管理。战略不是到高档的地方开几次会，就能确定下来，然后不管不问了，而是强调过程中的管理。

战略规划内容确定之后，就要进行战略解码。战略解码是决定战略制定到执行成功与否，战略和目标连接与否的关键环节。企业有清晰的战略之后，需要战略解码到部门战略、到部门目标，解码到企业战略举措和保障措施。企业在战略解码的过程中可能会用到上面所述的战略规划的内容。

任正非谈战略解码

要把五年的战略目标进行解码，说出你们的贡献、诉求和操作方法，让 HRC 给予合理授权，建设好队伍。在队伍建设过程中，要拿出一套方法来，不要僵化。更多地强调实践、强调贡献，去除我们身上学生式的队伍识别方法。

——任正非在变革战略预备队及进展汇报座谈上的讲话，2015 年，有删改

战略管理能力表现在企业的经营能力上，落脚在战略解码的管理。战略解码就是完成战略向战术转换的过程。

如图 7-1 所示，上级部门的战术被下级部门当作战略来解码，进行无缝衔接，下级部门通过战略解码找出支撑战略的关键举措，这就是战略和战术的区别和联系。

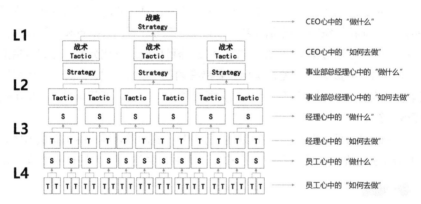

图 7-1 战略解码从各层级战略到各层级战术

有些企业的目标管理自上而下层层"加码"，如上级要实现 100%的目标，往往会跟下级设定一个 100%~120%的目标，这是不对的。所以管理层级不能太多，不然层层加码，下级将无法承受。

战略解码和目标管理不同，战略解码就是对战略到战术的链接，下级支撑上级战略的 80%就可以了。为什么是 80%不是 100%？因为我们只需要解码出关键举措就可以，而不是事无巨细、面面俱到，不是所有工作都是关键解码后的战略举措。

每个层级的战术不一样，每个层级的考核 KPI 就应该不一样，不能偷懒直接继承上级的 KPI。

7.2 战略解码 BEM 模型

BEM 模型（Business Strategy Execution Model）通过对战略进行清晰描述，并逐层逻辑解码输出关键战略举措，导出可以衡量和管理战略的组织 KPI。

如图7-2所示，BEM模型是华为于2013年从IBM引入的一个非常好的战略解码工具，解码的意思就是分解。如果没有好的战略规划，战略解码就成了无源之水、无本之木；如果没有战略解码，从战略的想法到做法中间就没有桥梁。所以，战略解码是转换器，连接战略制定到执行。战略要导出关键的成功要素（战略举措）和战略KPI，BEM将战略分解为可操作性行动要点。

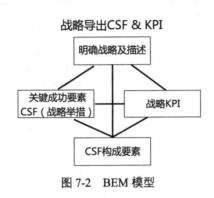

图7-2 BEM模型

华为战略解码的核心输入有以下两个。

第一个**"解码事情"**，即解码关键任务。支撑完成企业的关键目标究竟需要什么关键因素，寻找这些因素的因果关系，将关键的因素落实到关键部门、关键岗位、关键个人。

第二个**"解码活力"**，即组织定位及责任重心。解码活力，即解码人，在解码的过程中不仅要手上有事，还要眼中有人、心中有人。在解码的时候，要将事情转化为责任矩阵，复杂的事情由不同部门协作完成，有主责的人、配合的人、审核的人、监督的人，对应的哪些部门涉及关键的考核指标，有些部门是间接承接关系，有些部门是完全承接关系。

换个角度来理解，战略解码要承接以下两个功能。

（1）**要为公司战略和业务目标提供支撑**。简单来说，就是企业的战略要分解到各个部门，转化成部门业务目标。自上而下垂直分解，从转化到体系、到部门、再到岗位。要保证组织KPI和个人PBC（Personal Business Commitment，个人绩效考核）从上到下是一致的。业界领先的大部分公司也是遵循这个规则的。

（2）**对业务流程的支撑**。本质上，所有的业务流程只有一个核心目的，就是盈利。那么，打造一个能持续不断地盈利，最简单高效的业务流程是企业每年管理工作的核心。业务流一定会贯穿很多职能部门，要让这些职能部门在支撑这个业务流的时候高效协同。在这个过程中一定要有很多KPI"互锁"，这个过程也是设置KPI的核心输入。

所有战略解码的过程，是从公司战略洞察到战略分解，再到指标体系，再到确定各个组织的 KPI，再到个人 PBC，最后通过科学经营的复盘机制和科学分钱的激励机制完成整个循环。

如图 7-3 所示，BEM 将战略分解为可执行的要点。

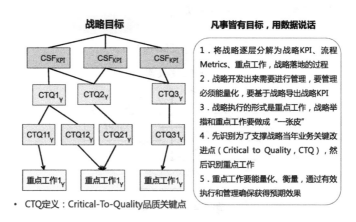

凡事皆有目标，用数据说话

1．将战略逐层分解为战略KPI、流程Metrics、重点工作，战略落地的过程

2．战略开发出来需要进行管理，要管理必须能量化，要基于战略导出战略KPI

3．战略执行的形式是重点工作，战略举措和重点工作要做成"一张皮"

4．先识别出为了支撑战略当年业务关键改进点（Critical to Quality，CTQ），然后识别重点工作

5．重点工作要能量化、衡量，通过有效执行和管理确保获得预期效果

• CTQ定义：Critical-To-Quality品质关键点

图 7-3　战略目标分解成 CTQ

"凡事皆有目标，用数据说话"，战略举措和重点工作要形成一张图，形成业务关键改进点 CTQ。

基于战略描述，战略目标分解出关键战略举措。关键战略举措就能够对应关键的KPI 指标。企业基于这些 KPI 指标量化地分析业务关键改进点 CTQ，从 CTQ 中梳理出重点工作。

7.3　战略解码推动战略执行落地"六步法"

如图 7-4 所示，战略解码"六步法"分为两个阶段。

第一阶段是战略导出关键战略举措和衡量指标，即 3~5 年的战略规划，对中长期的战略进行解码：企业在 3~5 年内有哪些战略目标？衡量战略举措的状态和效果是什么？

第二阶段在第一阶段的基础上，导出年度经营目标及重点工作，即年度的商业计划，是为了承接中长期的战略目标（图 7-4 中左边的第一阶段解码后得到）的具体的当年的经营计划、重点工作和组织 KPI。

两个阶段循环嵌套，将战略执行落地到每一经营年度、每一个部门、每一个员工身上，形成"目标千斤人人扛"的有条不紊的协作机制。

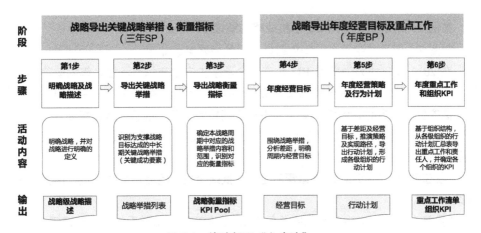

图 7-4 战略解码"六步法"

7.3.1 明确战略及战略描述

企业对战略进行准确描述，包括：市场机会有哪些（机会点），我们要做什么选择（取舍），我们要实现什么（目标），我们需要什么资源（能力）。

如图 7-5 所示，战略描述的核心要体现"战略灵魂三问"：我在哪里？我要去哪里？我怎么去？

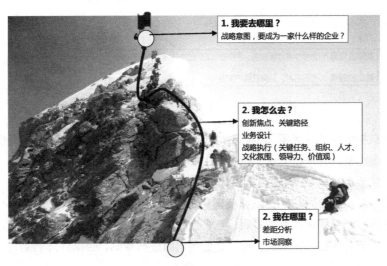

图 7-5 战略描述示意图

企业要有追求目标，为了达到这个目标，就要设计关键路径，明确需要何种资源、需要何种人才等。

案例 1：余承东对华为 3C 手机战略的解读

如图 7-6 所示，余承东对华为智能手机的战略解读如下。

在 2012 年，华为消费者 BU 负责人余承东决定放弃华为承接多年的运营商定制的白牌手机业务，转向做自有品牌手机。此时华为手机业务虽然不知名，但也是一笔几百亿的生意。当时，余承东对华为手机（消费者业务）的转型战略描述如下。

"我要去哪里？"确立硬件世界第一之目标！走高端产品路线，并为赶超苹果、三星打下基础。

"我在哪里？"ODM 白牌运营商定制；低端手机；超低端功能手机，销售量大不赚钱。

"我怎么去？"华为自有品牌（品牌）；放弃超低端功能手机（战略选择）；中高端智能终端（产品方向）；海思及巴龙芯片（技术方向）；华为电商之路（销售渠道）；用户体验的 E UI 设计（用户黏性）。

图 7-6　余承东对华为智能手机战略解读

余承东被叫作"余大嘴"。经过战略描述，他将华为消费者业务的战略机会点和控制点呈现出来，寻求机会点（机会圈）和控制点（能力圈）的交集。

战略机会点：聚焦中高端智能手机，不挣量大无利的辛苦钱。

战略控制点：自研芯片、品牌及用户体验。

企业的战略底稿可能有很多页，但是最后企业要提炼出关键要点，进行战略描述，便于企业内部各层级进行沟通，便于企业各层级进行解码，否则洋洋洒洒几十页，没有人知道重点在哪里。

7.3.2　导出关键战略举措

战略描述中往往会隐含一些战略举措，但是颗粒度往往过粗，企业要更进一步识别要实现哪些战略目的；实现战略目的需要抓住的最关键因素，最优先考虑的事情；由这些关键成功因素导出战略举措。

关键成功因素是为达成企业愿景和战略目标，需组织重点管理的、以确保竞争优势的、差别化的核心要素。

基于对业务的分析，企业有哪些关键成功要素？如图 7-7 所示，要强调卓越运营，就分解关键因素是组织与人才建设，具体战略举措包括：优化组织人才结构，坚持精兵策略，以绩效贡献为导向，提升组织效益。

战略	关键因素	战略举措
卓越运营	组织与人才建设	1. 优化组织人才结构 2. 坚持精兵策略 3. 以绩效贡献为导向 4. 提升组织效益

图 7-7　导出关键战略举措

战略举措的分析方法如图 7-8 所示，用平衡计分卡检查关键成功因素的均衡性，即用财务、客户、内部流程、学习成长四个维度检查 CSF 的均衡性。

财务	企业价值增大	利润最大化	销售增大	成本降低	资产利用率最大化
客户	市场份额提升	产品价值最大化	提升品牌形象	构建与客户/渠道亲密关系	品质提升
内部流程	符合客户需求的新产品	建立高品质柔性的市场机制	采购流畅效率化	交期管理改善	SCM优化
学习成长	全球人才培养	构建先进企业文化	知识管理	构建技术壁垒	IT基础扩大

图 7-8　用平衡计分卡分析 CSF 示例

确认 CSF 之间的因果关系：最终支撑战略目标，如果 CSF 间存在不均衡，或者存在独立的 CSF，或者 CSF 之间缺乏因果关系时，需要重新审视 CSF。

也可以用鱼骨图分析 CSF，如图 7-9 所示。

以终为始，从利润开始，逐步分析，才能提供比较全面的分析关键成功因素的方式。

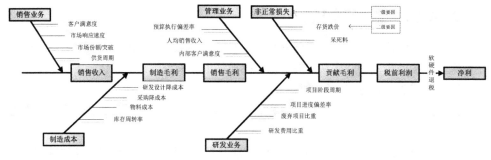

图 7-9　用鱼骨图分析 CSF

7.3.3　导出战略衡量指标

如图 7-10 所示，采用 IPOOC[Input（输入）、Process（过程）、Output（输出）、Outcome（结果）]的方法，导出 CSF 构成要素。

- 使用IPOOC方法导出CSF构成要素

战略方向	战略方向的运营定义	CSF	IPOOC	CSF构成要素	
			Input	一般包含资源	
			Process	从战略的视角看，影响CSF达成的关键活动，过程是什么？	
			Output	是基于流程视角看流程的直接输出，如一个产品或一个制度或客户满意等	
			Outcome	是基于内外部客户视角看收益，如经济结果，客户感受，品牌增值等	

IPOOC方法：
1. 从流程的视角识别影响CSF的构成要素，IPOOC方法从Input、Process、Output和Outcome四个维度对CSF进行展开；
2. 构成要素本质上是更细颗粒度的CSF，一般用动宾短语表达，如 "构筑商业解决方案专家能力知识体系；
3. 构成要素具有方向性（如**提升，**缩短，**构建等）；
4. 财务维度CSF一般由Outcome导出构成要素，客户维度CSF一般由Output，Outcome导出构成要素，内部业务与学习成长维度CSF一般考虑Input、Process、Output和Outcome四个方面导出构成要素；
5. CSF对应的过程要素数量不能太多，要保证颗粒度（一个CSF的构成要素5个以内为宜，要从总裁视角考虑）。

图 7-10　用 IPPOC 方法导出 CSF

IPOOC 方法具体内容如下。

（1）从流程的视角识别影响 CSF 的构成要素。

（2）CSF 构成要素本质上是颗粒度更细的 CSF。

（3）财务维度 CSF 一般由 Outcome 导出构成要素；客户维度 CSF 一般由 Output、Outcome 导出构成要素。

（4）CSF 对应的过程要素数量不能太多，要保证颗粒度，一般不超过 5 个。

IPOOC 的方法将"结果"分为 Output 和 Outcome，是要结合内外部视角，结合内部流程和外部客观结果来综合衡量"结果"。

案例：导出的备用指标

如图 7-11 所示，从 CSF 导出备选 KPI 指标，KPI 具体评价标准如下。

（1）**与战略的相关性**：绩效指标与战略方向及战略目标要强相关，最适合组织业务特性且能代表战略目标。可以用打分制评价，强相关 5 分，弱相关 1 分。

（2）**可测量性**：要求能搜集到测量的基础数据（采集来源），能明确测量基数，且能做客观预测，能设定具体测量指标值。如果可以测量，可以选成 KPI，不好测量就用事后的评价来衡量，不适合用 KPI 来衡量。

（3）**可控性**：该类绩效指标通过组织努力具有可控性，受不可抗力影响非常小。例如，费用控制指标，如果都是固定费用不可控制，则考核意义不大。

（4）**可激发性**：该类指标能用于牵引改善绩效的行动；组织内全员愿意付出努力来改善指标。挑战高目标本身就能够给人带来强烈的刺激，而不是一些强制性、无激发性的指标如"打卡"等。

战略方向	战略方向的运营定义	CSF	IPOOC	CSF构成要素	备选KPI
有效增长	中国、中东、非洲、南太、西欧服务格局的形成	提升价值 市场价值	Input	匹配客户需求的解决方案	客户需求包满足率
					技术标排名
				专业的服务拓展人员到位	专家到位率
			Process	孤帆项目运作管理	流程符合度
				改善客户关系	客户满意度
					SSPR完成率
			Output	获取到的价值客户合同	签单率
				竞争项目的胜利	战略/山头目标完成率
			Outcome	价值市场份额提升	价值市场份额比例
				订货增加	订货
				利润改善	毛

图 7-11　从 CSF 导出备选 KPI 指标 1

对备用指标进行打分、排序，筛选出指标，如图 7-12 所示。

后面的绩效评价的章节将详细阐述 SOPK+科学经营系统中绩效管理 KPI 和激励的作用。

战略方向	战略方向的运营定义	CSF	IPOOC	CSF构成要素	备选KPI	评价标准				分数
						战略相关性	可测量行	可控性	可激发性	
有效增长	中国、中东、非洲、南太、西欧服务格局的形成	提升价值市场价值	Input	匹配客户需求的解决方案	客户需求包满足率	3	3	3	9	18
					技术标排名	3	3	1	3	10
				专业的服务拓展人员到位	专家到位率	1	9	3	3	16
			Process	孤帆项目运作管理	流程符合度	1	3	9	3	16
				改善客户关系	客户满意度	1	3	3	1	8
					SSPR完成率	1	3	9	1	14
			Output	获取到的价值客户合同	签单率	3	9	3	3	18
				竞争项目的胜利	战略/山头目标完成率	9	3	3	9	24
			Outcome	价值市场份额提升	价值市场份额比例	9	3	3	9	24
				订货增加	订货	1	9	3	3	18
				利润改善	销毛率	3	9	3	1	18

图 7-12　从 CSF 导出备选 KPI 指标 2

7.3.4　导入年度经营目标

前面三步只是完成了中长期的战略解码。完成前三步工作后，企业当年具体的目标和行动计划就进入了第四步——导入年度经营目标。

具象化的公司目标，既要考虑数字目标，也要考量数字背后的结构、质量，以保障高质量、可持续达成业绩目标。

目标一般分为经济目标、战略目标和管理目标。

经济目标直接对应财务、收入、利润、回款或者订货量等。

战略目标是无法用财务指标进行量化的，当期要投入，当期不一定有产出，包括新产品的开发、新市场的开拓、新商业模式的验证等。

管理目标对应 IT、组织建设、干部队伍建设、企业文化、制度建设、流程建设等。

目标制定，要从多个角度交叉验证支撑目标可行性。目标可以从市场区域、产品线、客户等多个层面进行分解，交叉验证是否一致及可行性。目标最终是源自客户层面的累加和乘法的支撑，让每个部门、每个人都找到自己的位置，如图 7-13 所示。

企业将由下往上报目标和自上而下分解目标相结合。由下往上报目标一般会报高一些，定挑战性目标，给超额奖金包。自上而下分解目标，达到了叫作达标，只要达到就给奖金。

战略总目标	不仅仅包含业绩指标，战略目标要全面包含战略意图（市场地位、客户和竞争格局、组织能力/效率、……）				
分类纬度	子目标	描述	验收方及标准	责任人	完成时间
或 产品纬度	产品线1				
	产品线2				
	产品线3				
或 区域纬度	区域A				
	区域B				
	区域C				
或 客户纬度	行业I				
	行业II				
	行业III				

图 7-13　从多个角度交叉验证支撑目标可行性

　　企业制定目标要相对于过往，相对于竞争对手来看目标制定的合理性。华为有个机制，即干部梯队建设，华为干部甚至有 50%的冗余，所以自下往上目标都不会报得太低，因为目标报高了，可能明年"下课"，如果上报低了，可能当场"下课"。这点就和很多公司有根本的不同，很多公司上报目标从上往下，层层下压，目标博弈，大家都藏着掖着。通过与干部管理机制、战略解码的上下握手机制、企业文化、激励制度的配套建设，让目标基于战略导向和客观环境约束来客观制定，而不是拍脑袋、搞博弈。

　　目标共识和分解过程中常见的问题如下：

　　——只分解业绩指标，忽略其他指标，如战略指标和能力指标等；

　　——目标自上而下和自上而下分解缺少握手机制，上下理解存在偏差；

　　——目标缺乏中长期目标，只设置了短期 BP 目标，没有设定长期的、3~5 年的 SP 目标，没有挑战性，无法激发员工；

　　——目标盲目乐观，"热血式"定目标，缺乏对自身能力的清晰认识；

　　——目标过于谨慎保守，没有进行集中资源投入，失去了应该可以抓住的机会；

　　——目标之间没有进行多维度交叉验证，如没有按照客户、产品、区域多维度打开；

　　——目标没有明确要做什么和不做什么，对风险的考虑和把握也不足；

　　——确定性方向的目标的资源投入不足，没有形成"饱和攻击"；

　　——不确定方向的目标的资源投入没有考虑风险，没有形成目标迭代。

　　各部门目标分解，简单来说就是"各找各妈，各回各家""谁家孩子谁抱走"。各部门解码自己部门的目标，不要说其他部门的目标问题，对其他部门的目标存在的问题可以提供建议，各部门协同，共同完成目标。

173

7.3.5　策略分解与关键任务提炼

找到关键任务和关键里程碑的前提就是找到企业经营中的"瓶颈"。

"瓶颈"其实就是"卡点"。找"瓶颈"很容易，在企业内越忙的人看起来就越是"瓶颈"，要培养这个"瓶颈"的能力。不要攻击"瓶颈"，而要帮助"瓶颈"，因为只有这样才可以提升整个企业的绩效。

头脑中存在的"瓶颈"才是最大的"瓶颈"。很多企业有培训，而且特别重视培训，但是往往没有把培训理解透彻。培训要和实际业务结合，如华为所倡导的"训战结合"。培训很容易成为单向的输出，没有相互探讨的空间，很多人（培训讲师）把自己的观点当作"世界的唯一准则"，和自己不一样的就是"敌人"。实际上，企业所处情境不同，即便学华为，也不能学现在的华为，因为现在华为的规模和面临问题和大多数企业不可同日而语；也不能学以前的华为，因为以前的华为和现在企业面临的环境完全不一样，所以导致有了"学华为，死得快"的戏言。管理上的冰山理论指出：80%以上隐藏在水面下的部分才是最重要的部分，显露在水面上的只是你的观点和行为，隐藏在水面下的是你的假设、成见、信念、价值观和规则等。企业很难有不可调和的矛盾，但是会存在观点不一致，也就是实质上的基本假设不一致现象。消除基本假设，不断反问就可以得到问题的根因。

企业内的"瓶颈"好不好找？好找！谁打电话最多、最忙，谁就是"瓶颈"。很多民营企业老板认为其高管和员工是"瓶颈"，实际上自己可能才是最大的"瓶颈"。老板是搭台子让其他人来唱戏的，如果撸起手来，老板就是演员，让其他人没有戏唱，就很容易成为"瓶颈"。老板应该是兜底的，应该是教练员。另外，哪个部门人最多、加班最多，就是"瓶颈"；越能干的人越容易成为"瓶颈"，因为他们什么都要去参与。

很多企业为减小骨干员工的离职率而头痛不已，其实解决方法很简单。例如，可以让这个人为组织多付出一点，沉没成本越多，付出得越多，越舍不得离开。另外，还可以给其更多的激励，无论是物质的还是精神的。要建立好激励体系，这也是华为的经验。此外，要让事情有挑战而不是有"磨难"，很多员工离职不是工作累，而是心累，这就需要科学经营系统，让工作有条不紊，这也是华为的管理方法之一。所以，不是问题不好解决，而是"瓶颈"往往在自己身上，"刀刃向内"，对于"自我批判"的华为来说都尚且不易，对其他企业就很难真正贯彻，因为这需要几十年如一日的企业文化熏陶和全方位的管理机制作为保障。

任正非说，我们要专注经营而不要仅是运营、管理，经营瞄准的就是企业的增长、成长，运营和管理只是在提高效率。经营就是要抓住主要矛盾和矛盾的主要方面，就是专注最薄弱的环节，就是"瓶颈"，因为那就是杠杆点。在杠杆点上发力，才是抓住了牛鼻子，处处发力，就是浪费力气，浪费企业资源。

任正非看华为和干部的"瓶颈"

上战场要看地形，我们的主官在担责期间，如何抓住主要矛盾与矛盾的主要方面，进行正确的判断呢？我们公司的队伍中，有成千上万个"满广志""向坤山"……我们如何指导他们成长，是我们各级干部、部门的责任。

目前有些干部没有决策能力，不断没有目的地开会、开会、再开会。对于那些具有领袖潜能、善于抓住主要矛盾和矛盾的主要方面的人，我们要通过战略预备队的循环赋能，把他们变成优秀的职业经理人。有敢于胜利的精神，才能善于胜利。

你们要看看电视剧《历史转折中的邓小平》，邓小平就是凭借在关键历史时刻的几个讲话，把国家战略转过来了。领袖要结构性地思考问题，能看见主要矛盾的主要方面，扑上去用"刀子"插进去，就能抢占市场。

文质彬彬、温良恭俭让、事无巨细、眉毛胡子一把抓，而且越抓越细的人是不适合做正职的。

"经营"这个词语，就是通过"经"，通过找到薄弱点、"瓶颈"去"营"，就是找到关键点去解决问题。"运营"和"经营"不一样，"运营"主要是提高协同、提高效率。当然很多企业战略解码问题就出在只顾着给业务部门做战略解码、定目标、下任务，没有对中后台进行战略解码，导致战略解码没有资源和能力中心的支撑。

"端到端"的流程把工作运用业务流思维梳理起来，寻找"瓶颈"突破。例如，营销是一套围绕客户机会线索闭环的业务流，在流程中容易清晰地识别并优化"瓶颈"，实现 BPR 流程优化。

突破"瓶颈"的战略解码法：围绕战略目标，倒推路径和关键里程碑，时刻抓住业务的主要矛盾和矛盾的主要方面，聚焦关键任务并不断迭代上升。战略解码的过程就是要直面"瓶颈"，不断把战略目标分解、转化为可行性计划。具体分为以下几步：确认目标，发现"瓶颈"，挖掘"瓶颈"的潜能，决定迁就"瓶颈"还是打破"瓶颈"，如此不断循环往复迭代。迁就"瓶颈"就是不要让非重要"瓶颈"消耗战略资源。

很多企业自问为什么华为很多业务年度增长 100%，而自己提高 30% 都很难？因为很多企业总是在一个环节"薅羊毛"，总是想在一个地方突破。华为把销售和服务放在一起叫作"销服部门"，从营、销、服三个环节入手找销售"瓶颈"，然后分配不同部门去弥补这些"瓶颈"，提高销售增长：

销售=意向客户转化率×成交客户成交率×忠诚客户回头率

——营：意向客户转化率，不断吸引"鸟"来的过程；

——销：成交客户成交率，拿枪打"鸟"的过程；

——服：忠诚客户回头率、转介绍。

关键任务是否真的关键，要看企业是不是真正地找到了"瓶颈"，要通过战略解码找到"瓶颈"。中后台也应该认真地去提升能力，解决"卡点"或者"瓶颈"。很多企业往往只解码业务部门，不解码中后台，而实际上"卡点"很多存在于中后台，并且长期没有被发现和解决。

战略战术分解——提炼关键里程碑和关键任务，只有落实成任务才可被管理，先根据目标，策略倒推里程碑节点，再根据"瓶颈"去找关键任务，如图 7-14 所示。

	关键任务	开始时间	结束时间	责任人	完成标准
关键里程碑1：XXX					
1.1	任务1：……				
1.2	任务2：……				
1.3	任务3：……				
关键里程碑2：YYY					
2.1	任务1：……				
2.2	任务2：……				
2.3	任务3：……				
关键里程碑3：ZZZ					
3.1	任务1：……				
3.2	任务2：……				
3.3	任务3：……				

图 7-14　提炼关键里程碑和关键任务

7.3.6　年度重点工作和组织 KPI

年度重点工作清单包括识别行动中的关键点、风险点。企业级别的年度重点工作一般不超过 10 项（部门可以根据公司战略分解出部门的年度重点工作），如图 7-15 所示。

序号（按优先级顺序）	项目名称与描述	目标	责任人	资源配置（投资及HR）	Deadline
1	·xxv2R005Charter开发	·实现xx功能·实现xxx性能	·xxPDT团队	·xxx	·Sep.2016
2	·xx产品成本削减计划	·RMB 120 million	·质量与运营管理部	·$ xxxm RMB	·Dec.2016
3	·xx产品发布	·xxx	·xxx	·xxx	·x
4	·xxx	·xxx	·xxx	·xxx	·x

图 7-15　年度重点工作清单

重点工作对应组织 KPI 和关键岗位的 KPI，KPI 在部门之间通过 KPI 考核指标矩阵拉通对齐，KPI 要落实到各个部门，如图 7-16 所示。

图 7-16 中，SOPK+拉通对齐 KPI 考核指标矩阵，O 表示完全直接承接，X 直接

部门承接，*代表间接承接，S 代表支撑服务。也就是说，指标在不同部门之间有不同的承接方式，KPI 落实到每个部门责任中。

KPI	事业部	营销部	产品部	运营部	技术部	人力资源部	财务部
	O	X	*	S			

图 7-16　SOPK+拉通对齐 KPI 考核指标矩阵

很多人把 KPI 理解错了，觉得不管用了，就开始搞 OKR（Objectives and Key Results，目标与关键成果法）。KPI 在平衡计分卡运用之后，可以与平衡计分卡衔接。OKR 的核心是 Key，即关键的目标，OKR 源自谷歌、微软，针对没有确定结果的、无法预期结果的工作。无法把控里程碑节点的工作时，可以采用 OKR。OKR 在某种程度上是一种目标管理工具。但是 KPI 是结果导向的，是可以明确衡量的。建议不要陷入工具方法之争论，核心的是明确关键绩效是什么，然后才有指标，实现目标的关键"卡点"对应的就是关键任务，就可以成为关键绩效，其对应着 KPI。

例如，华为将确定性的目标用 KPI 考核，不确定性的目标如"土壤肥力"或者一些创新部门的工作目标，没有管理经验或者基线数据的，用 OKR 来进行管理。

企业用平衡计分卡对战略举措进行平衡、校验、调整，分析任务是否合理有效，站在全局的角度做好平衡和协同：

——财务指标与非财务指标；

——短期目标与长期目标；

——关注外部与关注内部；

——关注结果与关注过程。

平衡计分卡的核心是平衡，它不是绩效管理的工具，更适合业务团队做解码，不适合中后台部门做解码。中后台可以用鱼骨图做解码，解码的过程就是要直面"瓶颈"，不断把战略目标分解转化成可行性计划，很多企业没有勇气直面"瓶颈"。

华为所讲的业务是，能够对客户实现"端对端"服务的叫作业务，产线、销线、事业部叫作业务，背负业务目标的部门和人才能发起战略，其他人不能发起战略。例如，中后台不能发起战略，只能匹配业务战略，制定自身战略。管理者要把注意力聚焦在最能影响战略的关键任务节点上。作为管理者，工作就是简化，明确关键的价值创造业务设计，识别哪些事项可能导致战略失败，然后集中精力关注少数几个能带来成功的关键任务指标。事业部的一把手要背负销售目标，利润目标是研发等部门"背不起"的。业务目标分解，可通过加法或者乘法分解为业务目标和过程目标，越是中高层越是背负业务目标，越是基层越是背负过程目标，如图 7-17 所示。

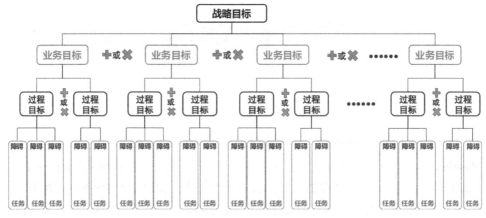

图 7-17　战略目标分解到过程目标和具体任务

对任务要进行干系人的管理，使任务和干系人相关，不断分解任务，如图 7-18 所示。

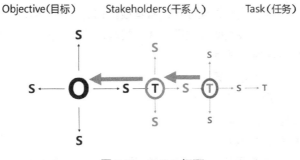

图 7-18　O-S-T 闭环

用 WBS 工作任务分解计划表和风险及对策跟踪表对工作进行分解、跟踪。这两张表本文不再详述，有需要可以向作者索取。

SOPK+的拉通对齐责任矩阵和 SOPK+拉通对齐考核指标矩阵保证了指标和工作在部门之间的"互锁"。这些内容将在 SOPK+的绩效管理章节阐述。

第8章

目标设定与分解：
因为相信所以看见

"多数人因看见而相信，唯少数人因相信而看见。"

——金一南

8.1 目标管理中常见的问题

目标管理中常见的问题如下：

——定目标演变为菜市场的买卖，讨价还价，演变成为内部博弈。

——定目标就是领导一句话，下面的人没有说话的机会，没有充分讨论和互动。

——定目标变成了"躲猫猫"游戏，上面喊口号，下面吐苦水，变成了"数字游戏。"

——定目标变成了上面证实，下面证伪。公司或者老板雄心壮志，下面的人谈起目标都是困难重重。

——定目标变成了"鞭打快牛""劣币驱逐良币"。那些做得好的、去年完成好的，定的目标更高，完成差的定的目标更低。

——定目标变成了走形式，上面热情，下面漠不关心。根据去年的历史延长线定的目标，没有激发大家对实现目标的渴望。

——定目标就是确定一组数据，强制分摊，众人抬石头，没有基于目标的完成做足够推演。

8.2 目标管理的内涵

提到目标，必然离不开目标管理；提到目标管理，必然离不开谈一个人，即彼德·德鲁克。1954 年，管理学者彼得·德鲁克在其著作中提出了"目标管理"的概念，并提出了"目标管理和自我控制"的主张。他认为并不是有了工作才有目标，而是有了目标才能确定每个人的工作，因而"企业的使命和任务，必须转化为目标"，如果一个领域没有目标,这个领域的工作必然被忽视。

彼德·德鲁克提出了目标管理的八要素和七步骤,其中八要素阐述了一个优秀的目标管理体系要解决好的八个问题。

(1)目标是什么?实现目标的中心问题、项目名称。

(2)达到什么程度?达到的质、量、状态。

(3)谁来完成目标?负责人与参与人。

(4)何时完成目标?完成目标的期限、预定计划表、日程表。

(5)如何完成目标?应采取的措施、手段、方法。

(6)如何保证?应给予的资源配备和授权。

(7)是否达成了既定目标?对成果的检查、评价。

(8)如何对待目标完成情况?结构与奖惩制度挂钩,随之进入下一轮目标管理循环。

制定目标分为是什么、做什么、怎么做三个部分,如图 8-1 所示。

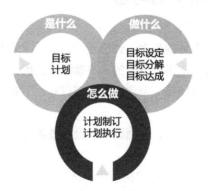

图 8-1　制定目标的三个部分

其中,制定目标分为以下七个步骤。

第一步,理解公司的整体目标是什么。

第二步,由总目标分解出的分目标要符合 SMART 原则(Specific:目标必须是具体的;Measurable:目标必须是可以衡量的;Attainable:目标必须是可以达到的;Relevant:目标必须和其他目标具有相关性;Time-bound:目标必须具有明确的截止期限)。

第三步,检验分目标是否与公司的战略总目标一致。

第四步,确认实现目标的过程中可能遇到的问题,以及完成目标所需的资源。

第五步,列出实现目标所需的技能和授权。

第六步,就所制定的目标与相关部门进行沟通。

第七步，为了避免目标滞留在中层而不往下分解，督促中层管理者与下属一起制定下一级目标。

本书延伸了目标管理的概念，但不是单纯讲目标管理，而是将目标融入整个科学经营系统 SOPK+。单纯谈目标，企业很容易陷入目标，难以上下左右拉通对齐，目标没有抓手的境地。目标管理更多的是牵引力，牵引目标实现，还需要推动力，如激励整个管理的闭环体系。单纯目标管理是无法实现企业经营的增长和成长战略目标的。目标管理要有机嵌入组织整个管理体系中才能发挥应有的效能。

目标是奋斗的方向，没有目标就是随风飘落的树叶，就像大海里的小船，怎么走都是逆风。

> 爱丽丝的故事
>
> "请你告诉我，我该走哪条路？"
>
> "那要看你想去哪里"，猫说。
>
> "去哪里都无所谓"，爱丽丝说。
>
> "那么走那条路也就无所谓了"，猫说。
>
> 启示：这个故事讲的是人要有明确的目标，当一个人没有明确的目标的时候，自己不知道该怎么做，别人也无法帮助到你。自助者天助，当自己没有清晰的目标方向的时候，别人说得再好也是别人的观点，不能转化为自己有效的行动。

有了目标才能找到工作的意义。

目标就是奋斗的动力——走向南极点

> 人们从南极探险家科斯特的日记中看到了这样的文字：只要再走 150 千米就到极点了，可是这样走下去，我们真的坚持不了。两天后他写道：还有 137 千米就到极点了，但是这段路程太难了。然后很快，他又充满信心地写道：只要再走 94 千米就到极点了，不管怎样我们也已经距离非常非常近了。1 月 14 日，他非常肯定地说，只要再走 70 千米，我们的目的就达到了！1 月 15 日，他的日记里出现了前所未有的喜悦：距离极点只有 50 千米了，我们就要达到目的地了。1 月 16 日这一天，他出发得比平时更早，1 月 17 日，他们终于到达了南极点。
>
> 启示 1：要想获得成功，就必须要确定一个清晰可见的目标，因为目标是人奋勇向前的动力源泉。
>
> 启示 2：目标使人内心的力量找到方向。有了目标，人就有了奋斗的方向，内心的力量就会被彻底激发出来。
>
> 启示 3：目标使我们看清使命，产生动力。目标为我们描绘了一幅清晰的未来

图画，激励我们投入精力和资源去把它变成现实。

启示 4：成功，就是对目标的实现，有了目标，才有成功。

启示 5：注意力在哪里，你的结果就在哪里；你关注什么，就会得到什么。

团队、公司和个人一样，有了目标才能找到企业存在的意义。

任正非谈华为目标

任正非在学习《华为基本法》的会议上说过这么一席话："基本法不是为了包装自己而产生的华而不实的东西，而是为了规范和发展内部动力机制，促进核动力、电动力、油动力、煤动力、沼气动力……一起上，沿着共同的目标，是使华为可持续发展的一种认同的记录。"

任正非说华为是功利集团，一切都是围着目标转的，没有我们的目标去交流，是没有实际意义的，这就是搬石头与修教堂的关系……我们的目的是实现公司的发展。

在华为创业一开始，任正非的目标是让公司"活下来"。当这个目标达成后，华为的目标就变成了"成为世界一流的设备供应商"。后来，华为的使命又上升为"构建万物互联的智能世界"，为全人类服务。但从本质上说，任何公司的核心目标都是一样的，都是为了生存和发展。

2022 年，任正非在 ICT 产业投资组合管理工作汇报会时说：希望大家明白，我们必须要做到世界第一，世界第二就可能活不下来。但是，要做到世界第一，理论上就要有突破。

ICT 产业是华为总体产业组合的基座，是华为得以持续发展的基础。ICT 产业充满着机会，ICT 团队要抓住 5G、人工智能、云等新技术带来的产业变迁机会，积极进取，我们的目标就是成为 ICT 产业的领导者，要做就做世界第一，为人类社会发展作出贡献。

2022 年 4 月，华为第二批 10 个"军团"成立，任正非说：华为目标要做世界第一！"军团"模式并非华为原创，而是 2014 年 6 月 6 日《纽约时报》报道谷歌时提到的一个特殊组织。军团组织是由博士、科学家、工程师、营销专家组成的群体，每个军团大概只有五六十个人。他们的目标就是要做到世界第一，不做到世界第一，他们绝不退出这个团体。任正非将军团员工称之为"将士壮行"，这些人将在公司发展的关键时期承担起冲锋突围的重任。任正非还喊出那句响彻云霄的豪言壮语：没有退路就是胜利之路！

8.3　目标设定与分解的方法

8.3.1　目标设定的共识

目标设定要有以下四个共识。

共识 1：目标肯定是不合理的

因为目标是一种预测，没有人敢说目标设定是合理的，无论目标设定得是高还是低。另外，目标是一种决心，企业立誓要做什么，目标就会出来。目标其实是企业自己的战略安排。决定企业目标的是三个要素：企业对未来的预测、企业下的决心意志和企业的战略想法。

共识 2：实现目标的路径及资源需求必须合理

如果企业实现目标的行动合理的话，那么看似不合理的目标反而很可能实现。

具体的目标值代表了企业的决心和诉求，是根据企业发展要求确定的，不能讨价还价。需要落实者与企业讨论的是如何达成目标，即行动策略及资源需求。所以落实者对目标不要去"拉锯战"、博弈，要把注意力从关注目标值本身，转移到如何实现目标，转移到解决实现目标的"卡点"和所需要的资源上去，这个过程就是目标的推演过程。

为什么大家会计较目标呢？就是因为很多企业将目标和员工奖金进行强关联，如规定目标完成率低于多少就没有奖金，高于多少就有奖金。这种将目标和奖金强挂钩的方式就容易导致企业在目标制定的过程中出现"拉锯战"。这也是笔者在另一本书《科学分钱》中反对的激励方法。华为公司奖金的生成也是与目标脱钩的。

共识 3：要通过"跑赢"激发内在好胜的动力

企业定目标是为了改进绩效，做得更好。人都有好胜心理，要让目标本身成为一种激励，这就需要找对标。跟谁比？企业可以跟行业大盘比，可以跟对手比，也可以跟自己比。

一要跑赢大盘：要设定基础目标和设置挑战目标，不能低于行业的平均值。

二要跑赢对手：明确企业主要的竞争对手是谁，希望跑赢对手，跑不赢就会被甩开，就可能落后。

三要跑赢自己：去年企业的增长率是多少，今年增长率是否还能高于去年。

共识 4：不要用惯性思维定目标

一不要拍脑袋：员工有一万个理由告诉领导做不到，如每年通过糟糕的完成率告诉公司目标定高了；有些老板认为市场总容量很大，自己也能做到很大，殊不知很多行业因为市场天然就很分散，很难产生大的企业。

二不要按比例拆解：例如，去年销售目标，不同部门占比多少，今年还是按照这个比例拆解下去。不同区域、不同产线、不同销线面临的情况每年都在变化，每年都要"五看三定"，重新梳理机会点，梳理目标。

三不要只看原来怎么做：不要总是基于历史延长线进行目标拆解。市场环境可能随时变化，需要调整目标。企业要从战略规划开始解码，用科学经营的逻辑来重新梳理机会点，而不要基于历史延长线，因为市场变化越来越快，基于历史无异于"刻舟求剑"，就会丧失新机会，历史数据只能用于分析参考。

8.3.2 公司目标的分类与制定

企业目标可以分为经济目标、战略目标和管理目标三类。尽管平衡计分卡分成 10 类指标，但是分成这三类比较好理解和应用。

经济目标，包括收入、利润回款和所有跟财务相关的目标，这些主要是"打粮食"类型中的短期目标。

战略目标是指和财务指标不直接相关的关键目标，主要是指销售和研发维度的布局，一些创新突破点，为了未来的增长当下所做的关键举措。战略目标主要是成长性的中长期目标。

管理目标对应企业的流程、IT、系统、组织、人才干部等能力的提升性目标。这些目标是支撑经济目标和战略目标实现的抓手目标。

1. 经济目标的制定

经济目标如何制定？要从订单线索到订单回款角度进行分析，要瞄准增长，努力多"打粮食"。例如，对于终端店铺渠道，企业要分析有多少个店铺、店铺的流量获客是多少、转化率是多少、客单价是多少等；对于 2B 的业务，企业要分析有多少客户数、每个客户可以抵达的线索有多少、从线索到机会能够转化的具体的合同有多少等。对经济目标的制定，企业一定要从线索到订单到回款进行全面分析、拆解，在这个过程中要有增长，要努力多"打粮食"。

核心经济指标如图 8-2 所示。

订货：促进和牵引订货额的提高。企业签订了多少合同，并不一定都能交付，所以并不能都转化为收入，但是订货是大销售"漏斗"的基本面，基本面越大，才有可能更多地转化为收入，所以华为历来重视订货量指标。

销售收入：促进和牵引销售收入的提高。

贡献利润：衡量盈利能力，体现经营结果。

经营性净现金流：衡量资金流动性状况，支撑有效运营。

——规模：签约额，回款额等

——经营的质量：利润，利润率，EBIT，EVA 等

——经营的效率：周转率，杠杆率等

——安全：现金流和资产负债率等

订货	促进和牵引订货的提高
销售收入	促进和牵引销售收入的提高
贡献利润	衡量盈利能力，体现经营结果
经营性 净现金流	衡量资金流动性状况，支撑有效运营

图 8-2　核心经济指标示例

2. 战略目标的制定

企业战略目标主要追求市场格局，追求战略性成长，而非追求当下的短期业绩。从"格局"到"布局"，要成长、要增加"土壤肥力"，为了未来的增长在"当下"要培育市场。

战略目标的制定要从下面几个维度思考。

——**客户维度与客户突破**。客户维度包括渠道的覆盖、客户的突破、市场占有率的提升；客户突破包括客户满意度、新市场拓展、抢占竞争对手的市场和客户等。

——**新产品、新业务开发维度**。这包括客户需求理解能力、基于客户的业务未来规划能力的提升，以及新产品销售额占比、新产品上市的时间点、送样的成功率、产品的成功率等的提升。

——**交付能力构建**。如何将产品和服务快速安全地交付到客户手里。

——**专利布局**。布局卡位点，屏蔽竞争对手。

战略目标的制定核心体现在产品（服务）和技术方面，包括：

- 产品和解决方案战略目标。
- 预研和标准战略目标。
- 技术及平台战略目标。
- 敏捷供应链战略目标。
- 定价战略目标。
- 成本削减战略目标。
- 质量战略目标。

如果企业核心竞争力是 2C 或者零售型的，则重点在于营销能力的建设。不同企

业的战略目标制定的抓手不同，但是往往体现在营销、技术和产品上。一些技术型公司，往往产品策略是战略目标的重中之重。

任正非谈华为战略目标

曼斯坦因的《失去的胜利》中讲道："不要在非战略机会点上消耗了战略竞争力量。"我们公司一定要抢占战略目标的成功。

从公司的发展趋势来看，我们的战略目标仅仅聚焦在管道业务纵向发展，而不是横向发展。

华为的产业组合要均衡，既要有短周期的智能终端业务，更要有中周期高黏性的联结和计算业务，同时也要有相对长周期的车联网业务，但总体上要围绕华为三十年来构筑的ICT核心技术来布局，要聚焦、要坚持做强产业，而不是做广产业。

在管道业务的投资强度上，与其他公司相比，华为应该算比较多的。大家要知道，我们每年投入研发费用在80亿美金左右，没有任何困难。

战斗决策还是一线的少将来做，他们对准的是中短期战略目标。

CBG有没有战略地位？有，不是你们的技术做得多好、外形多漂亮，而是要培育用户习惯，如果你们培育了用户上我们的网、用我们设备的一种习惯，这个习惯根深蒂固到了用户的生活中，你们就有了战略地位，就有了战略生根、扎根的地位。

---

3. 管理目标的制定

三种类型的目标如图8-3所示。

		目标类型	第一年	第二年	第三年
经济目标	规模目标	销售额（亿元）			
		销售量			
	增长	销售额增长率（%）			
	效益目标	利润（亿元）			
		利润率（%）			
		净资产收益率			
战略目标	市场/产品目标	产品开发			
		市场拓展			
		市场份额（%，按销售额）			
		市场地位			
		……			
管理目标		人力资源目标			
		模式建立目标			
		品质目标			
		……			

图8-3　三种类型的目标

管理目标的制定重点是向组织、流程要效率，要及时准确交付产品和服务。核心对应于组织队形、人才、干部、流程 IT 系统、机制（包括核心的激励机制）等。

其包括一系列效率型的指标，如准交率、可变费率、固定费率、满意度、成本削减、人均产值、管理费率、应收账款周期等。

具象化公司目标，既要考虑数字目标，也要考量数字目标背后的结构、质量等保障类目标，以保障高质量、可持续达到业绩目标。企业将目标具象化，就是要将目标用数字表达出来，最好设定挑战目标、保底目标，在设定每个目标时都要考虑结构，即"多、快、好、省、安"。目标结构权重能够体现出公司的战略牵引和战略诉求。很多企业在设定目标的时候只考虑量，没有考虑结构，即没有考虑质的要求。

这里再次强调，即便像华为如此体量的企业，也强调经营大于管理。管理系统要逐步变革，而不能太过于超前，所以企业设定管理目标不要追求十全十美，而要视经营所需，逐步推进管理变革，基本的逻辑是哪里是"瓶颈"就考核哪里，哪里需要提升就设置目标在哪里。中小企业要根据自身特点和当下环境情况设置合理的目标值和权重。

任正非谈华为管理目标

当前人力资源的战略重心是解决绩效管理的合理性和规则性：一是坚持以责任结果为导向，"产粮食"的结果是可以计算出来的，如占比 70%；战略贡献还包括协同，这 30 分包括协作部门对你的评价、下级给上级打分。当然，主官和普通员工的考核比重应该不一样，高级主官可能 70% 是战略贡献、30% 是当前结果。主官一定要牵引公司前进，领袖就是以战略方向为中心。如果没有战略思维，就不是主官，他可以退成主管，抓事务性的日常工作。

——任正非在个人绩效管理优化工作汇报会上的讲话，2019 年，有删改

在今年和明年的考核中要提升现金流和利润的权重，宁可销售收入下滑一些，但利润和现金流要增长，经营性利润增长的奖金要多一点，激励大家去争抢利润。

各责任中心签署考核责任书，公司要针对基于 KPI 的对等奖赏机制。我曾跟常务董事会讲过，基本工资框架不要变，这是一个刚性指标，但员工优秀了，可以升职升级，奖金可以有很大弹性。为什么有弹性？鼓励大家上战场抢粮食去，前线和机关不一样。

今年年底利润和现金流多的业务，奖金就多发一些，不能创造价值的业务就是很低的奖金，甚至没有。

——任正非：整个公司的经营方针要从追求规模转向追求利润和现金流，

2022 年，有删改

8.4 部门目标的制定与分解

战略解码也好，目标制定也好，都要分为两个维度进行：一个是对事情的解码或者分解；另一个是对人、对岗位、对组织的解码或者分解。

目标落到两类部门：一类是作战部门，即业务部门；另一类是辅助部门，即管理和支持部门。如果再细分，可以分为前台、中台和后台，辅助部门就是中后台，或者企业规模大到一定程度时，按照华为的 BG、BU、后台平台、前台平台、前台作战单元、片联等多层次、多矩阵式、多作战队形样式进行划分，相应的目标分解也要顺着指挥链条延展到各个团队、个人。

业务部门目标制定和分解要围绕盈利能力和竞争能力，对准效益提升（不是效率），后端的辅助部门才是对准提高效率。效益的提升包括以下两大类。

（1）盈利性的效益提升：包括销售量、发货量、销售额、收入、贡献利润、回款等的提升，一般企业都能看到这个维度。

（2）竞争性的效益提升：包括关键大客户扩大、核心产品占比扩大、市场份额提升、客户满意度提升、新产品开局、样板工程扩大、烧粮仓项目扩大等。很少企业能看到这个维度，这是企业在业务部门目标制定和分解过程中要重点关注的。

管理职能部门要围绕业务部门目标对准效率提升，不能自己玩一套目标。管理和支持部门的目标都要关联到、支撑到业务目标实现。管理部门目标要对应效率提升，要快速、准确、及时、简单、高效。具体分为以下两大维度。

（1）管理简单高效：提升准交率、齐套率、DSO（Days Sales Outstanding，平均回款周期）、ITO（Inventory Turn Over，存货周期）、人均效能、服务满意度等。

（2）低成本运作：提升可变费率、固定费率、人均费率等。

除此之外，企业还可以基于能力中心和资源中心的定位来对中后台部门进行目标设定和分解。例如，业务部门内部"购买"中后台相关服务，业务部门是否愿意购买，出价高低也可以成为中后台的目标和评价指标之一。华为已经实现了内部资源定价和购买机制，如服务好、水平高的专家价格就高，需要内部结算，这样也能盘活企业资源，有效配置企业资源。

8.4.1 目标制定的数值确定方法

企业制定目标时，首先要有一个参考值，即和谁比的问题，跟市场比，还是跟自己比，还是跟竞争对手比，也可以让承担目标的人或组织自行选择；其次需要确定比什么，是比市场份额、增长率、客户数，还是比区域覆盖率，等等，如图 8-4 所示。

	和谁比	怎样定位自己	比什么	评价标准	适用情况
1	市场份额、市场排名	在细分市场里要做老大（第一、前三）	比去年排名更靠前、市场份额增加	增速≥市场增速，跑赢市场	排名靠前，和市场排名比；有份额数据、大盘增速
2	自己	比过去的自己更优秀	增速加快	增速≥去年增速	无市场数据，属于验证期，体量相对较小
3	对标竞品	打赢头部，抢占头排	比对标的竞品更高、更快	≥对标竞品的体量或增速	进入扩张期，增长相对稳定和对标竞品比

建议：

（1）年度规划时，要具象化当年的战略定位、对标对象，定义什么是成功；

（2）战略定位原则一般全年不变，目标数字可以调整；

（3）设置2个目标：

　①**挑战目标**：根据战略举措和市场排名，提出可激发斗志和成就感的目标；

　②**基础目标**：根据最低原则，设置"跳一跳，才能够着的"基础目标。

图 8-4　制定目标的数值确定

企业制定目标的时候，至少要制定两个目标：一个是挑战目标，可以根据战略举措和市场排名，提出激发斗志和成就感的目标；另一个是基础目标，根据最低原则，要设置"跳一跳，才能够得着"的基础目标。

企业制定目标要多做"数学题"，少做"语文题"。"语文题"已经在 SOPK+中的S 战略中详细做过，现在目标 O 必然要锚定"数学题"——数值。

目标制定的方法示例如图 8-5 所示。

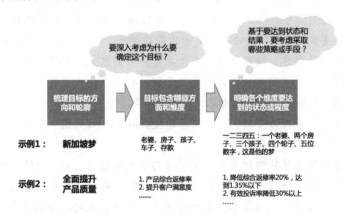

图 8-5　目标制定的方法示例

先梳理目标的方向和轮廓，梳理出某些维度，如"全面提升产品质量"，将此目标分解为产品综合返修率和提升客户满意度等，然后针对这些维度明确各个维度要达到的状态或者程度，如降低综合返修率 20%，达到 1.35%以下；有效投诉率降低 30%以上。这样目标制定下来，就非常具体，可以进行考核和评价。

8.4.2 企业要建立各类指标"基线"

基线（baseline）就是当下的基本结果。企业的基线能够反映当前企业的经营能力水平，如企业质量良品率是 85%，人均产值 100 万元/年/人，不管这个指标高低如何，都是公司的基线。公司、各个部门都要建立自己的基线数据，有了基线数据，才能谈改进，然后结合外部对标数据，不断做增量提升，做运营效率提升。

绩效管理的本质是改进，所以要首先有基线才能改进。改进是企业自己跟自己的过去比、跟行业比、跟竞争对手比、跟行业发展趋势比。

可以说没有基线，就没有绩效改进，就没有企业持续进步。当然，基线可以根据企业业务特点和环境变化做"场景化""动态化"的设置和调整。

任正非谈华为"基线管理"

2014 年，任正非在行政流程责任制试点进展汇报会上说：生活服务类提倡自治，实行基线牵引管理。

我们不设全球基线、地区部基线，就以国家为单位，按前三年滚动平均值分别建立基线。基线不一定要很精准，相对合理，给他们自己一个参考数据。每个代表处可能就有几十条生活基线，如汽车基线、住房基线、白菜基线……代表处对比这些基线改进，若没有改进，我们就去查原因。我认为自治的组织不要有垂直上级，但要有稽查，可以由当地 CFO 带队。

任正非在 2015 年市场工作会议上说：对在特殊情况下，克服困难，但一时粮食产量也上不去的地区、部门的一些突出的基层骨干，可以上报一层给予一些评价。战役的失利是领导之责，抢滩登陆的广大英勇将士仍然光照千秋。我们要及时调整因战争、疫情……产生困难的国家的基线管理，将富余的人员转到战略预备队去。

一个国家，最关键是自己跟自己比，建立国家基线。从供应中心到国家中心仓，如何全球建立基线管理，要研究，如何不断提高效率；而从国家中心仓到站点，就要建立各个国家自己的基线。

任正非在泛网络区域组织变革优化总结与规划汇报会上说：继续优化以代表处为中心的基线管理，全球"一国一制"的合理基线。另外，不断摸索优化，采用电子智能化后，基线管理也很简单。我们现在的基线是模糊的，以后是科学的。

目标指标基线的建立分为五个维度，即"多、快、好、省、安"，如图 8-6 所示。

首先要追求目标的"多"，即规模大，包括市场覆盖、客户数、销售量、销售额、订货额、发货额、收入、回款、毛利、净利润、资产规模等。追求"多"实际上是因为很多行业有规模效应，存在规模效应递增，或者管理成本、市场费用能更好摊销，存在规模效应递减。

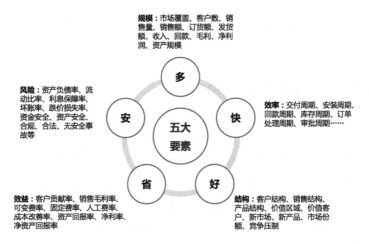

规模： 市场覆盖、客户数、销售量、销售额、订货额、发货额、收入、回款、毛利、净利润、资产规模

风险： 资产负债率、流动比率、利息保障率、坏账率、跌价损失率、资金安全、资产安全、合规、合法、无安全事故等

效率： 交付周期、安装周期、回款周期、库存周期、订单处理周期、审批周期……

效益： 客户贡献率、销售毛利率、可变费率、固定费率、人工费率、成本改善率、资产回报率、净利率、净资产回报率

结构： 客户结构、销售结构、产品结构、价值区域、价值客户、新市场、新产品、市场份额、竞争压制

图 8-6　目标指标五大要素

其次是"快"，即效率高，如交付周期、安装周期、回款周期、库存周期、订单处理周期、审批周期等要尽可能缩短。

然后是"好"，指的是业绩的结构，如客户结构、销售结构、产品结构、价值区域、价值客户、新市场、新产品、市场份额、竞争压制情况等。客户结构如大客户结构，价值区域如在一线城市的占有率等，体现出数据背后结构的占比。

再次是"省"，即成本方面效益更好，如客户贡献率、销售毛利率、可变费率、固定费率、人工费率、成功改善率、资产回报率、净利率、净资产回报率等。

最后是"安"，指的是安全或者风险低，如资产负债率、流动比率、利息保障率、坏账率、跌价损失率、资金安全、资产安全、合规、合法、无安全事故等。

华为标准的"多、快、好、省、安"

"快"：华为在 2014 年提出"五个一"工程，即围绕"五个一"（PO 前处理 1 天、从订单到发货准备 1 周、所有产品从订单确认到客户指定地点 1 个月、软件从客户订单到下载准备 1 分钟、站点交付验收 1 个月）目标。打通相关流程和 IT 系统，加速提升从签订高质量合同、快速准确交付到加速回款的"端到端"项目经营能力。

"少"：我们不仅要减少、清洁邮件，还要提高邮件的表达质量，懂得文牍，知道邮件的标准格式。邮件一定要主题清晰、言简意赅，用尽可能少的文字直接把问题讲清楚。法律文件一定要准确，少用形容词。将来要有明确规定，除了科学家写论文不去干预外，凡是工作联络单内容，17 级以上约 100 字，16 级 200 字，15 级以下可以 300 字。如果你表达不清楚，打仗的时候命令都可能喊错！

——任正非：在综合管理改进工作组座谈会上的讲话，2021 年

> 任正非说：而且我们实行薪酬包管理，"减人、增产、涨工资"，你不减人，怎么可能涨工资？

8.4.3　没有机会支撑的目标全是口号

制定目标增长的方法有：先梳理出来销售机会，再设定目标，不能拍脑袋。哪些渠道、区域、终端或者店铺类型或者客户群，产品或者应用场景有机会，机会有多大，要做"数学题"，算出机会。要从竞争对手、市场总空间、产品场景、自身差距、客户痛点等几个维度来找到机会点。所以，我们说没有机会支撑的目标全是口号。

很多企业在制定目标过程中，就是在做数据分解，而不是做战略解码。战略解码更强调动作，更强调计划，更强调策略，更强调目标的有机分解，而单纯的目标分解更强调数字指标的机械分拆。

8.4.4　目标制定的算法验证

制定目标要有数学思维，有战略后再制定目标，有目标后再制订行动计划，所有这些都需要进行数学表达。目标制定的算法思维如图 8-7 所示。

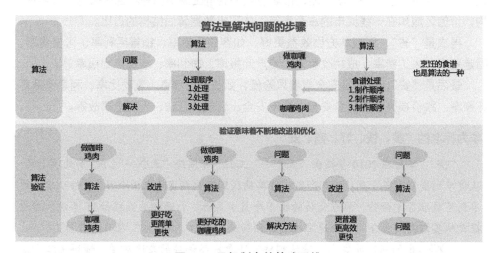

图 8-7　目标制定的算法思维

例如，咖喱鸡肉的做法（图 8-7），一定要有量化的描述，食谱的处理顺序就是算法。另外，为了做出更好的咖喱鸡肉，需要不断地改进和优化，如采用迭代算法、反复验证算法，找到最优的方案。凡是不能用算法验证的都只是想法，只有想法没有算法，就没有办法真正转化为"干法"。

在目标制定过程中，要多做"数学题"——"先加减，后乘除"。

（1）先沿着责任主体做加减。如图 8-8 所示为加减逻辑图，加法代表要规模，减法代表要聚焦。责任主体可以按照区域、客户或者产品部门展开。确定业务主体之后，再进行细分。例如，责任主体确定为产品，那么产品又可以细分为产品 A、产品 B 和产品 C 等。那么，基于产品的总目标=产品 A+产品 B+产品 C。

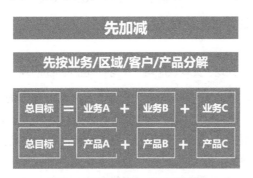

图 8-8 目标制定—加减逻辑图

（2）沿着流程活动确定驱动业绩的关键环节做乘除。关键环节找得越准，拆得越细，就越能找准驱动业绩的关键因子。乘法代表各个环节都可以产生业绩倍增效果，除法代表要优化，如合格率就是用除法，如图 8-9 所示为乘除逻辑图。

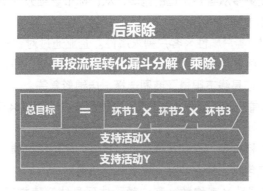

图 8-9 目标制定—乘除逻辑图

8.4.5 核心经营指标的关键算法

收入算法如下：

市场区域×市场规模×线索转化率×机会转化率×成交率×客单价×复购率×裂变率

线索和机会的差异在于：线索是潜在客户，企业知道有这个需求，但是不知道具体何时采购、采购多少金额；机会是知道具体的需求和合同的金额，有了机会才能够具体地签订订单合同，订单合同有不同的合同金额，即客单价，签订合同后还可能有复购，如果有口碑效应还可能转介绍，所以有裂变率。

利润算法如下：

收入×毛利率×［1−（非人工成本固定费用+非人工可变费用+人工成本费用率）］

毛利率体现企业的管理重点是产品，产品力强，毛利率高；后面公式是算净利润。

效益算法如下：

人均、元均、时均、坪均=产值/人/元/时/坪

即从分子的产值、收入或者利润除以分母，用人均、每小时、每平米等算出来。

企业要通过算法，把关键指标转化为可以改进的行为动作，或者CTQ（Critical To Quality，关键质量改进点），找到关键改进点的因素，围绕这些关键改进点找到业绩提升的关键突破口。例如，企业发现机会转化率没有下降，销售收入却下降了，最后发现是客单价下降了，客单价下降了就很可能是产品力的问题，就要责成产品技术部门研发或者迭代更好的产品。

下面再以服装企业终端连锁业态业绩方程式案例来说明销售额算法。

战略销售额=市场规模×市场占有率。体现市场和客户定位，决定市场格局和空间有多大。这个维度更多从客户定位的范畴、从目标市场细分的范畴去做梳理，去找到市场进攻的方向和市场的机会点。

客户定位的范畴=客户属性×客户需求属性。企业通过对客户特点和需求特点进行分析，转化为企业经营的核心区域、核心业态和核心渠道，即究竟聚焦哪些核心销售区域，究竟是线上还是线下渠道、商圈选择、店铺形象等。

战术销售额=店铺数×平均单店销售额=店铺数×店均面积×坪效。更多体现客户竞争策略。

客户竞争策略包括竞争广度和竞争深度。竞争广度包括店铺市场部署策略、店铺群结构等；竞争深度包括形象、商品、服务和会员等。

战斗销售额=店铺数×客均数×客均额。体现具体销售技巧，体现客户核心价值点。

核心价值点体现企业的：形象力，包括价值感、认同感、崇尚感；商品力，包括价格、色彩、款式、面料、工艺、搭配；供给力，包括应季，快速上架、便利购买等。

实际上，企业不管是否处于终端连锁业态，战斗销售额都可以分为战略、战术、战斗几个层面的销售额。企业使用战略销售额，就是宏观把控整体销售额情况，战术销售额将颗粒度细分到中观层面，将销售额颗粒度细分到最小。

8.4.6　目标制定的参考工具

企业制定目标后，可以用平衡计分卡来看目标是否都关注到了。除战略目标、经济目标、管理目标三个维度以外，企业可以用平衡计分卡来梳理目标，看看目标是否有漏掉。平衡计分卡可以用来校验目标分解的维度，也是有效地管理经营目标的工具之一，如图 8-10 所示。

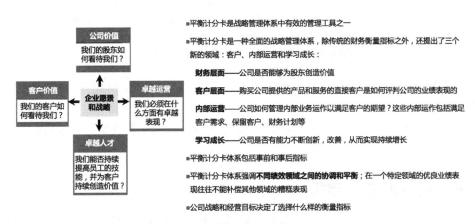

图 8-10　目标制定的参考工具——平衡计分卡

目标制定要遵守 SMART 原则，如图 8-11 所示。

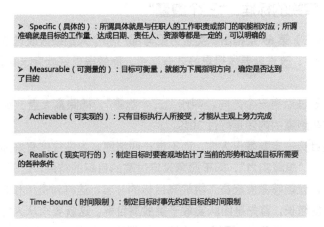

图 8-11　目标制定的 SMART 原则

对按照 SMART 原则制定的目标值，可以用"明、量、高、能、时"来衡量，如图 8-12 所示。

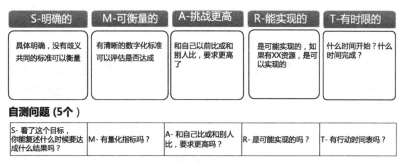

图 8-12　"明、量、高、能、时"的原则

"明",即目标有明确的定义;"量",即目标可量化;"高",即目标的高标准;"能",即目标实现的可能性;"时",即在时间范围内可以实现。企业结合目标设定的五个维度——"多、快、好、省、安",可以从结构和指标值两个方面最终确定目标的整体量化值。

8.5　目标汇总与审视

公司各部门目标制定完以后,要统一汇总,进行总体审视,按照目标设定的终极标准"三个跑赢"进行审视。

8.5.1　目标审视的标准:"三个跑赢"

《华为基本法》第 69 条指出:奖金分配与部门和个人的绩效改进挂钩。这里着重强调的是"改进",改进就要做得更好才有奖金,而做得更好就意味着企业要找对标,与谁对标呢?

本书建议改进点有三个方向,叫作"三个跑赢",即跑赢大盘、跑赢对手和跑赢自己。卓越团队跑赢的内涵是好过 30%。

企业制定目标一定要基于人性,而不是一厢情愿。人性往往有好高骛远、好大喜功的特点,也有"隐藏实力",即不愿意设定过高的目标的特点,这都是人性的弱点。但是运用得好,就能够激发起员工挑战高目标的斗志,这样对员工和企业都有好处。

打胜仗,促增长,首先是团队要敢于挑战高目标。这就要求从人性的角度,把奖金的生成与目标完成率脱钩,否则就会陷入拉锯战、心理战和消耗战。

作者在和企业沟通企业发展目标时,有企业高管会感觉压力特别大,企业老板也疑惑是否制定的目标过高。且不说"取法乎上,得乎其中,取法乎中,得乎其下"的目标制定的基本要求,且看哪一家行业领先的企业不是在高目标的驱动下克服万难做出的?如果没有高目标的驱动,难以想象优哉游哉的漫步会将企业带到行业领先地位。"没有退路就是胜利之路"这句话应当成为企业家的信条。

任正非 30 年如一日地强调高目标

华为公司还是一个不太大的公司的时候，任正非就提出"三分天下有其一"。

在中国市场上，我们不被那些实力雄厚的公司打倒就很不简单，因此我们要学习、学习、再学习，缩短与他们的差距。你们要相信，十年以后，世界通信行业将三分天下，华为占一分。

——任正非：团结奋斗 再创华为佳绩，与市场培训人员座谈，1994 年，有删改

过去三十年，在公司创始人及创业团队奋力牵引下，在全体员工共同奋斗中，公司实现了从"一无所有"到"三分天下"、从"积极跟随者"到"行业领先者"的跨越式发展。

——华为公司《人力资源管理纲要2.0》

任正非 30 年来一边强调"华为的冬天"，一边强调"不第一，毋宁死"：

未来是赢家通吃的时代，我们主航道的所有产业都要有远大理想，要么就不做，要做就要做到全球第一。

每一个产业都要成为世界第一，希望大家明白，我们必须要做到世界第一，世界第二就可能活不下来。

在内忧外患、机会与挑战并存的当下，开展改革要有一股勇气，就像在刀尖上跳舞，除了世界第一，就是死亡。

要让打胜仗的思想成为一种信仰；没有退路就是胜利之路。

科学经营就是企业将目标解码为行为和策略，即"干法"，用科学的策略使高目标的实现能形成逻辑、形成闭环，从"因为相信所以看见"到"因为看见所以相信"的从战略到执行的可落地的闭环。

8.5.2 目标的基准值、改进值和目标值

目标要定出三个值：基准值、改进值和目标值。基准值可以是现状值，也可以比现状值略高；改进值是比基准值高，可以接受的目标值；目标值则是最高的定位，是全力以赴要达到的值，如图 8-13 所示。

当然，当外部环境波动较大的情况下，企业对基准值可以进行调整，是否调整要等企业战略计划出来后再确定。

目标类型	序号	关键因子 (CFS)	基准值	改进值	目标值
经济目标	1.1	销售收入			
	1.2	利润			
	1.3	应收账款			
	1.4	投资回报率			
	1.5	成本费用			
	1.6	库存			
	⋮				
战略目标	2.1				
	2.2				
	2.3				
	2.4				
	2.5				
	⋮				
管理改进目标	3.1				
	3.2				
	3.3				
	⋮				

图 8-13　目标的三个值

目标值可以用"三个跑赢"的方法来定。

现在很多企业，目标定下来后，直接到责任人，这只是分解的思路。目标值的确定不是终点，而是一个新的起点，后面还有策略、计划、预算、绩效、激励和执行闭环，如图 8-14 所示。本书后面章节将对这一闭环进行阐述。

目标类型	序号	关键因子 (CFS)	基准值	改进值	目标值	责任人	策略&举措	资源预算	配合部门	行动计划（关键里程碑事件）	
										1月	2月
经济目标	1.1	销售收入									
	1.2	利润									
	1.3	应收账款									
	1.4	投资回报率									
	1.5	成本费用									
	1.6	库存									
	⋮										
战略目标	2.1										
	2.2										
	2.3										
	2.4										
	2.5										
	⋮										
管理改进目标	3.1										
	3.2										
	3.3										
	⋮										

图 8-14　从 CFS 到目标、策略、计划、预算、绩效、激励和执行闭环

（注：CFS 和 CSF 是同样含义，都是关键成功要素。）

第9章

策略计划与推演：
因为看见所以相信

"计划毫无价值，但计划就是一切。"

——艾森豪威尔

9.1 策略和计划的常见问题

作者在企业管理咨询实践中经常发现企业在策略和计划管理中的问题如下。

——制订计划比较随意，缺乏目标和策略指引，各部门、各岗位基本都是自己定，没有对齐拉通的过程。

——每年花费很多时间制订策略和计划，以及召开很多会议和制订表格，但是执行的时候，又是另一回事。

——经济环境和政策有很多不确定因素，计划赶不上变化，与其"劳民伤财"制订各自计划，不如不制订计划。

——"黑天鹅"时有发生，制订好的计划常常被打乱，打乱后不知道如何应对。

——策略和计划很难制订，部门间经常扯皮，最后还得老板来定。

——计划制订后，没有跟进的部门，也没有落实考核责任，计划完成率低。

以上是策略和计划制订过程中企业常见的现象和问题。如果企业或者部门有其中两三项发生，说明企业的策略和计划的工作十分低效，甚至是不合格的，应当引起足够的重视。

9.2 策略和计划的内涵

策略和计划的内涵包括目标、策略、计划的综合和链接，如表9-1所示。

目标：企业要努力的方向和要达成的经营成果；要达成的成果的质、量、状态的描述，最终就是指标值。

策略：企业完成目标的最优路径。尽管在事后复盘时企业可能发现其并不一定是最优的路径，但是在做策略的时候，就是要追求最优的办法。最优体现在完成计划的"巧劲"，要么最快、要么成本最低、要么最容易、要么风险最低等，这些取决于企业在完成目标时自身的追求是什么。

计划：为了完成目标，企业应该采取的措施、手段和方法，还包括完成的期限、预定计划表、日程表等。

表 9-1　目标、策略、计划的关系

	要　素	内　容
目标	1. 目标是什么？	要努力实现的经营成果
	2. 达到什么程度？	达到的质、量、状态
策略	3. 完成计划的最优路径	完成计划的"巧劲"（最快、成本最低、最容易）
	4. 路径的可行性分析	为了完成目标，应该采取的措施、手段、方法
计划	5. 计划制订	时间、地点、任务、计划表、日程表、责任人
	6. 计划的管理：沟通、对齐、控制与监控	期限、预定计划表、日程表

什么是策略思维？策略思维就是占优思维，是企业实现目标的"牛鼻子""巧劲"。策略思维是指企业如何在内部约束和外部约束下获得优势地位从而实现目标的思路和方法。内部约束包括资源、技术、能力、资金等约束；外部约束包括政策、宏观经济、竞争态势等约束。

策略一定是"巧劲""最优路径"，是企业实现目标的抓手；策略追求的是四两拨千斤，是企业基于业务目标来确定的。

9.3　没有策略的计划如同和尚撞钟

常用的五大策略如图 9-1 所示。

打胜仗，促增长的核心策略是"4+1"

图 9-1　五大策略

策略的标准语法是"我们通过改变什么，达到什么目的"。常用的五大策略基本涵盖大多数企业的实际经营需求。

客户策略：如何找到客户、获取客户？企业的客户在哪里？客户为什么选择我们？如何让客户留下来？

产品策略：用什么样的产品满足客户的需求？是单一的产品，还是多个产品组合？

增长策略：企业要在哪里增长？要在老客户那里增长，还是拓展新的客户？是在新客户那里卖老产品，还是在老客户那里卖新的产品？

竞争策略：怎么赢得竞争对手？怎样不被竞争对手所屏蔽？

风险策略：要谨慎评估"五大风险"，并且制订相应的风险应对预案。

对做消费品的企业来说，还可以加上**品牌策略**；对做 2B 业务的企业来说，**交付策略**也很重要，都可以增加上去。但是，上面五个策略是比较通用的，也是最重要的五大基础策略。

"没有策略的计划如同和尚撞钟"，计划过一天算一天，平淡无奇，无法应对变化，也没有体现出经营的"巧劲"和管理的效率导向。

9.3.1　客户策略

客户策略要解决以下问题：

——我们的客户是谁？

——选择客户的标准是什么？

——我们如何获取客户？

——客户主要的痛点是什么？

——我们靠什么赢得客户的信赖？

——我们如何保留客户，防止客户流失？

1. 客户策略制定的四个关键发力点

（1）市场：找到合适的战场。

（2）销售：部署合适的兵力。

（3）客户：瞄准合适的目标。

（4）方案（产品）：利用合适的武器。

市场、销售、客户、方案就是销售策略的核心成功要素。

客户策略矩阵示例如图 9-2 所示。

	市场	销售人员	客户	方案（产品）
商机数量增加	重新调整市场区域或行业	增加销售人员	……	重新优化兴趣激发工具
	……	提升拜访次数	增加老客户回访	拆分方案
	增加新客户的数量/覆盖率	提升见到关键人员概率	增加老客户推荐新客户	提升重点方案的推荐率
	增加新客户的覆盖率	……	……	……
商机成交率提升	……	认证通过率提升	老客户交叉销售	……
	……	提高对客户业务知识的掌握	……	根据客户画像重新设计方案
	设计不同拜访形式	提升复盘质量和次数	成功客户经验分享	加强新方案的认证通过率
	……	提升管理者对销售人员的辅导次数	淘汰不合格的客户	……
	提升细分市场的有效性	学习其他销售人员的经验	……	……
每单单产提高	……	提升销售人员的谈判能力	梳理客户的业务目标和场景	提高整体方案的推荐率
	增加xx家客户的覆盖率	优化报价方法	减少客户顾虑	增加高附加值产品模块的销售
	……	提升销售人员价值表现力	……	提升高价值方案的推荐率
	……	……	……	提高售价
销售周期缩短	减少每单拜访时间	提升承诺目标的获取率	激活沉睡的老客户	方案专家陪同访问
	提升指定关键角色的接触率	提高销售人员对方法论的使用率	……	增加方案介绍工具
		增加样板客户数量		增加针对性的行业方案

图 9-2　客户策略矩阵示例

如图 9-2 所示，客户策略要提高成交额，需要有更多的商机，商机成交率要提升，每单的单产要提高，销售周期要缩短。通过这四个维度和策略的四个发力点［市场、销售、客户、方案（产品）］进行组合，得到客户策略矩阵。每个发力点都从图中的四个方面来进行梳理，做针对性的策略设计。

2. 2B 业务客户策略的实现的路径

如图 9-3 所示，2B 客户策略实现的路径从客户拜访、策略销售、客户经营、客户发展、客户成功这几个方面来实现。

图 9-3　客户策略的实现路径

客户拜访：增加商机，缩短周期。

策略销售：提升赢率，控制风险。

客户经营：增加商机，提高单产，包括老客户和重点客户的经营。

客户发展：发现线索，增加商机（新客户）。

客户成功：包括持续购买、增加商机，老客户购买和建立普遍客户关系。

3. 2B 客户策略实现的关键活动

在客户策略实现路径上，每个节点的关键活动如图 9-4 所示。

图 9-4　客户策略实现的关键活动

客户拜访：包括预估认知期望、设计行动承诺、建立信任、获取信息、建立优势、获取承诺、处理顾虑等。

策略销售：包括结构化搜集信息、甄别有效机会、找出订单优势、找出订单风险、制订策略计划、执行行动计划、发展内部教练等。

客户经营：包括选择目标大客户、定义关系层次、评估客户和需求、制定经营策略、制订收入计划、实施经营计划、审视策略和计划等。

客户发展：包括细分总体市场、客户分级、客户分配、发现潜在线索、销售计划制订、销售准备、销售执行和实现等。

客户成功：包括客户联系、发现机会、拜访设计、确保承诺、客户分级、关系墙建立、客户挽留等。

以上每个环节中，企业都要思考策略在哪里，企业的"巧劲"在哪里。

9.3.2　产品策略

如图 9-5 所示，产品要达到质量好、服务好、成本低，优先于竞争对手满足客户需求，本质是往上看要对准客户需求，往下看要卡住竞争对手。

或者说企业针对企业经营目标的实现，对准客户需求，卡住竞争对手。企业要在性能、成本、质量、交付等维度实现这两大产品策略的目标——满足客户需求和卡住竞争对手。在性能方面满足客户需求，还比竞争对手做得更好，成本、质量、交付方面都要同时做到这两点。

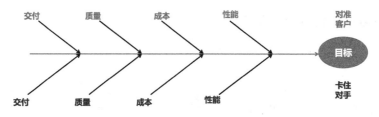

图 9-5　产品策略鱼骨图

企业做产品策略时要思考：性能差异化路标是什么？质量要成为绝对领先路标吗？成本最低路标是什么？快速交付的路标是什么？最终的目标是思考如何让产品更好地瞄准客户需求，卡住竞争对手，取得商业成功。

华为看"产品策略"

做齐产品线的思想是错的，应是做优产品线，发挥我们的优势，形成一把"尖刀"。我们不优的部分，可以引进别人的来组合。终端推行"一点两面、三三制、四组一队"取得了一些经验，是正确的、成功的。关键是一点，我们要聚焦成功的一点，不要把面铺得太开，铺开了就分散了力量，就炸不开"城墙口"，形不成战斗力，这是"鸡头"在作怪。

——任正非在武汉研究所的讲话：万里长江水奔腾向海洋，2019 年，有删改

质量是第一生产力，我们要坚持这样的路线，研发要对产品的质量和性能负责，最终的竞争是质量的竞争，现在是过剩经济时代，生产量超过了实际需求，要么是降价这样的残酷竞争，要么就是生产地沟油这样的劣质行为，最后把自己搞死了，这样烧钱的最终目的不是为客户服务，是想把竞争对手烧死以后赚客户大钱。我们是要真正地提高质量，竞争最本质的问题是提高质量。

我们也不卖低价，卖低价发低工资，那样我们的人都跑光了，华为公司的价值观是坚持以客户为中心。要把自己的质量做好，让运营商通过与我们合作带来好处，从而运营商就会坚定不移地选择我们。

——任正非

产品路标规划策略："碗里的""锅里的""地里的"

要站在时间维度上看产品规划，完成时间维度上的业务、产品布局，很多企业没有这种意识，方法上可以采用如 H1~H3 业务曲线法。

其中，H 是 Hierarchy 层级的意思。

H1 代表企业现有的业务，是成熟的核心业务，是目前利润的主要贡献点。企业要思考现有的业务、对应现有的产品，企业可以做什么优化。这是"碗里的"业务，

是应当扩展和防卫的核心产品和业务。

H2 代表成长业务，是已经孵化出的，正在经过市场认证的产品和业务。企业要思考未来 2~3 年这类产品和业务会发生什么变化。这是"锅里的"业务，是要建立的新型产品和业务。

H3 代表新兴业务，是孵化业务，是将要推出的验证业务，产品的创新组合，以加大未来的机会优势。企业要思考新兴的产品和业务在哪里，未来 3~5 年的业务将如何培育和发展。

9.3.3　增长策略

增长策略是企业最关心的话题，有以下两种类型的增长策略。

——内生式增长（运营增长）：通过开发产品、开发市场、卖产品、提升运营水平等获得增长。

——外延式增长（投资增长）：通过收购、兼并、重组来获得成长。

企业发展要主要瞄准内生式增长，即便是外延式增长，实体企业经营最终也要落脚在企业的内生式增长上。

华为一直强调内生式增长（有质量地活下去）：

2013 年我们要做厚对客户、对供应商的界面，做实基于客户和项目的预核算，合理地控制成本；及时准确地交付、提高运作质量；降低业务增速下滑后历史问题"水落石出"的风险，降低生存环境恶化后引发的运营风险，降低业务投资节奏及新业务成长不确定引出的经营风险，提高效益，保证我们有质量地持续活下去。

——华为轮值董事长郭平，2013 年

如果按计划在 2025 年我们会有一点点希望，那么我们要先想办法度过这三年艰难时期，我们的生命喘息期就是 2023 年和 2024 年，这两年我们能不能突围，现在还不敢肯定，未来三年有质量地活下去，要坚持有利润的增长、有现金的利润，以生存为底线。

——华为创始人任正非，2013 年

1. 内生式增长的"四块田"策略

新老产品×新老市场，二维矩阵分成"四块田"，代表四种增长策略，如图 9-6 所示。图中，纵轴代表市场或者客户，横轴代表产品有新老产品之分。

老客户×老产品的策略叫作**市场深耕策略**，用原有的产品卖给原有的客户，增加销量。

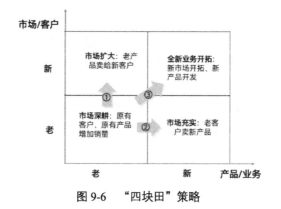

图 9-6 "四块田"策略

老客户×新产品的策略叫作**市场充实策略**，用新产品卖给老客户（②策略）。

新客户×老产品的策略叫作**市场扩大策略**，将老产品卖给新客户（①策略）。

新客户×新产品的策略叫作**全新业务开拓**，新市场开拓、新产品开发、将全新的产品卖给全新的客户。这是非相关的多元化（跟原来客户、产品都没有关系），风险非常大，成功概率最小（③策略）。

对于 2C 业务，一般建议企业先从市场扩大做：将老产品卖给新客户出发，即①策略；然后将新产品卖给老客户，即②策略；最后才考虑将新产品卖给新客户，即③策略。

对于 2B 业务，一般建议先从市场充实出发：即将新产品卖给老客户，即②策略；然后将老产品卖给新客户，即①策略；最后才考虑将全新产品卖给全新客户，即③策略。

内生式增长的逻辑如图 9-7 所示。

图 9-7 内生式增长的逻辑图

内生式增长一定要与企业原有资源关联，即借用原有的优势。不管是产品的优势，还是客户的优势，一定要有关联性，不然企业很容易落入非相关的多元化陷阱，既跟原来的客户没有关系，也跟原来的产品没有关系。这种风险非常大，相当于让企业另起炉灶，重新创业，所以在产品策略上要做好风险的管控。

2. 在多样化和多元化之间制定增长策略

多样化策略和多元化策略具体内容如图 9-8 所示。

1. 多样化策略 （1）**市场深耕策略**：把原有的商品力提供给原有的客户，比如航宇占李宁服装的领和袖购买量的 30%，通过调整后，占有率提高到了 50%；如蒙黛尔的卡迪黛尔，原来客户一季只买 1 套，市场深耕是指做到使客户一季买 2 套。 （2）**市场充实策略**：把原有的商品进行改善、改良后提供给原有客户。 （3）**市场扩大策略**：把原有的商品提供给有关联关系（改善、改良）的客户。比如航宇将产品提供给李宁，同时也提供给耐克等关联客户。 （4）**市场扩充策略**：把改善、改良的商品提供给有关联关系的客户，即扩大的同时进行充实。 **2. 多样化策略实施的方法与途径** 瞄准客户，不断做深，提高客户的购买占有率。因此，企业有必要对客户的需求进行调整，对原有的产品进行调整。实施多样化战略有如下途径： （1）从市场深耕→充实→扩充：对商品进行改善、改良，然后将商品再提供给关联关系的客户。 （2）从市场深耕→扩大→扩充，一般企业的做法。 （3）**市场深耕→扩充**，相对较难。	**3. 多元化策略** （1）**关联的多元化** ①商品力关联客户市场多元化策略：将原有的商品力提供给全新的客户。 比如，海意走的就是商品力关联客户市场多元化策略，客户类型有酒店和家庭，客户不同，但在商品力上是关联的。 ②客户市场关联商品力多元化策略：就是把全新的商品力提供给原有的客户市场。 （2）**非关联多元化策略**： 将全新的商品力提供给全新的客户。非关联多元化策略可能会是企业经营战略的雷区。航宇现在的状况就是这样，是非常危险的。好运在这个方面也要好好思考。 ——建议企业不要采取非关联多元化策略，要成功的话需要具备相应的条件。 企业从零规模发展到中小企业，靠的是多样化策略的制定、实施；但中小企业要成为骨干、大企业，则要靠多元化战略的制定、实施。

图 9-8　多样化策略和多元化策略

多样化策略是指采用上述的新老产品和新老客户矩阵进行市场渗透或扩张的策略。

企业增长策略成功的关键是多元化和多样化，持续成功的关键是一定要有核心竞争力，如核心资源和核心技术。企业基于核心能力走多元化是相对容易成功的。企业要找到核心资源或者核心能力，以支撑企业从 H1 业务向 H2 业务拓展，不然风险非常大。

9.3.4 竞争策略

1. 竞争的核心要素

制定竞争策略就是企业研究如何活下去，怎样才能比竞争对手活得更久，研究如何胜出。竞争策略的制定过程中，企业要梳理出竞争要素，确立核心优势，明确策略控制点。

竞争策略控制点有以下五种类型。

（1）靠资产对资源的控制，如矿产、牌照等（资产模式）。

（2）靠产品形成控制，如互联网上的产品爆品（产品模式）。

（3）靠客户形成控制点，如核心大客户、交叉持股客户（客户模式）。

（4）靠终端店铺网络形成控制点，如顺丰、快递网点、连锁门店等（覆盖模式）。

（5）靠知识优势形成控制点，如专利、技术等（知识模式）。

企业的竞争策略控制点，如图 9-9 所示。

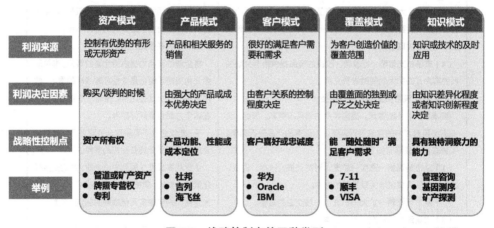

图 9-9　战略控制点的五种类型

企业要在竞争中获胜，首先需要列出企业的核心竞争要素，围绕核心竞争要素投入资源进行资源和能力建设，培育竞争优势。

不同的企业所在行业不同，核心竞争要素不同。有的企业的核心竞争要素是营销，有的是产品本身，有的是技术，有的是交付，有的是品牌。企业要将自己的核心竞争要素通过市场感知抓取到，进而制定竞争策略。

竞争策略控制点分析，级数从低到高分为十级，如图 9-10 所示。

图 9-10　竞争策略控制点战略控制级数

企业要思考如何让自己的竞争策略控制点逐步从低级上升到高级。

华为看"竞争控制点"

我们继续坚持在主航道上奋斗，我们相信每比特流量成本下降的摩尔定律，我们除在电子学、工程学上加倍努力外，更将持续在数学、物理学、化学、脑科学、神经学等方面投入，研究解决大流量与低成本低时延的关系。同时，高度重视研究人工智能、边缘计算能力……在联结、终端、云……构建技术制高点的掌控力，打造突破封锁的铁拳。

我们要从同质化的竞争中挣脱出来，探索合理的商业模式和商业规则，形成对产业的控制力及在产业链中的不可替代性，带领产业走向欣欣向荣的发展之途，推动人类社会向数字化智能化发展，为人类社会创造出更多的财富。

——任正非在第四届持股员工代表大会的讲话，2019 年，有删减

2. 竞争的策略方法

竞争策略就是指企业思考如何持续"赢"，主要有以下四个方面。

（1）如何防御：企业要思考如何构建自己的护城河，以屏蔽对手，包括客户关系、技术产品、品牌等。

（2）如何进攻：企业要思考如何识别进攻的机会点，如何撕开口子，最终"赢"；要思考从哪个维度进攻，是从技术维度、从客户维度，还是从品牌维度进攻。

（3）如何扰敌：企业要思考如何烧掉对手的"粮仓"（利基市场）。要知道竞争对手的业务、利润主要在哪个区域，主要的客户群是哪些，要针对这些点一个个拔掉。

（4）如何建立联盟：企业要思考如何建立战略联盟。企业单独的影响力可能不够，可以"借船出海"，如华为手机和保时捷合作、和徕卡摄像头合作。

任正非谈友商、竞争与合作

在这个英雄辈出的时代，一定要敢于领导世界，但是取得优势以后，不能处处与人为敌，要跟别人合作。

与友商共同发展，既是竞争对手，也是合作伙伴。在海外市场拓展上，我们强调不打价格战，与友商共存双赢，不扰乱市场，以免西方公司群起而攻之。

时代证实了我们过去的战略是偏斜的，是不完全正确的，我们的能力很不符合现实生存与发展的需求，我们坚持自强与国际合作来解决目前的困境。

坚持合作共赢，构建开放生态，与伙伴一起成长，围绕欧拉打造数字基础设施的软件生态，加大"鸿蒙+欧拉"投入，打造数字世界基础软件的根，为世界提供第二种选择。基于鸿蒙打造面向跨多终端环境下的生态系统；建设线上的开发者社区、线下的创新中心，打造满足客户需求的"场景化"解决方案。

9.3.5 风险策略

企业要谨慎地评估经营管理过程中的"五大风险"，并且制订相应的预案，如图9-11 所示。

> **1. 市场风险**：由于技术变革或者需求变化，导致现有产品市场萎缩
>
> **2. 客户风险**：占比较大的关键客户流失的风险
>
> **3. 政策风险**：监管机构对行业的政策突变，直接影响需求端和供给端
>
> **4. 资金风险**：黑天鹅事件频发，最坏的情况下公司能否经历现金流压力测试
>
> **5. 人才风险**：关键人才突然离开（跳槽或自主创业），对公司造成的影响

图 9-11　经营管理过程中的"五大风险"

第一个是来自市场的风险，由于技术变革或者需求的变化，导致现有的产品市场萎缩。很多老牌企业因为没有考虑到技术的变化和客户需求的变化，导致原来占有的市场迅速萎缩，最终企业破产甚至消亡。

第二个是来自客户的风险，主要是指关键客户流失的风险。企业要关注给自己带来主要销售收入和利润的客户有没有流失的风险。如果有，企业就要做出行动，保护好关键客户不被竞争对手撬走，或者不会因为企业自身的问题，如服务问题或产品问题等而流失。

第三个是政策风险，监管机构的行业政策的突变会直接影响需求端或者供给端。一方面是需求端，没有这个需求或者需求减弱，如房地产市场，监管部门通过限购等政策对购房者进行约束，需求就被抑制了；另一方面是供给端，如降杠杆、控制预售

证、控制销售价格等都会严重影响需求。

第四个是资金风险。黑天鹅事件会导致很多企业、很多业务停摆。最常见的是企业能否经历现金流的压力测试。现金流压力测试，即企业假设三个月没有收入或者收入大幅下降，企业的现金流包括短期的变现能力如何、能不能覆盖短期的负债。很多大型企业可能因为短期流动资金的压力导致资金链断裂。**资金风险是经济下行阶段企业需要重点关注的。**企业要把相应的变化考虑在计划里面，其中一个很重要的变化，就是企业要考虑对资金风险的管理。例如，发生了重大事件 A，企业的资金可以持续三个月没问题；如果继续发生事件 B 或者更坏的情况，企业还可以支撑一年，这样就有足够的时间去做相应的迂回和补充。

第五个风险是很多企业会忽略的，叫作人才风险。关键人才的突然离开，会对企业造成非常重要的影响，特别是对人才厚度不足够，没有进行成熟人才梯队建设的企业。因此，企业需要做一些预案，不能够把企业的生死或者关键收入系在某一两个人身上。

以上五大风险，企业在做经营策略的时候需要考虑周全。

9.4　计划：没有计划的策略，是纸上谈兵

9.4.1　常见的关于计划的问题

纠正对计划的认知才能更好地重视计划工作，因此需要分析几个在企业经营中经常遇到的问题

1. 计划赶不上变化，还要不要计划

首先要明白为什么会产生变化，在 VUCA［Volatility（易变性）、Uncertainty（不确定性）、Complexity（复杂性）、Ambiguity（模糊性）］时代，环境变化越来越快。企业当前面临更不确定的未来，很多关键性的业务决策难度事实上大大增加了。计划脱胎于战略规划，脱胎于目标，而战略规划必定基于市场洞察，无论是"五看三定"，还是 DSTE 的战略规划到执行的流程，都需要基于企业对外界的洞察和分析研判。环境变化快，战略战术（策略）必定会变，计划跟着变再正常不过，否则就是刻舟求剑了。

> 陈赓大将说过这样一句话：只要枪声一响，所有的作战计划至少要作废一半。

企业经营计划与此类似，制订好后一旦执行，就面临着无数的变数。商场如战场，没有一成不变的战场，也没有一成不变的商场。市场是在不断变化的，当市场变化后，

计划如果不能随之变化，实际就成了胶柱鼓瑟的东西，计划不再具备可执行性。

反过来，如果计划总是变化，那这个计划又有什么严肃性可言呢？是否有制订的必要呢？

当然要计划！计划的核心要义在于制订计划过程中的思考过程，而不仅仅是思考的结果——形成的文字的过程。计划的核心和重点在于计划的过程，包括制订计划前的思考——对环境变化、友商情况、企业资源、战略目标等的思考和复盘，而思考必然也是企业从上到下思想对齐拉通的过程。这个过程越充分，讨论得越彻底、思考得越有深度，越容易形成共识，越容易坚定企业执行计划的决心，也越容易在面临变化的时候知道如何调整计划——计划将各种假设的前提都细致地梳理过，即便有没有考虑到的，企业也可以遵循制订计划的科学方法来迅速应对，迭代出新的计划。

2. 为什么做了很多计划，结果总有很大偏差

企业计划是基于过往的经验而制订的，在制订计划上，无论占有的资料如何全面、研究得如何深入、战略制定的过程和结果如何详尽科学，都免不了面对时间的考验。计划是为了消除未来的不确定性而制订的，但是时间飞逝，企业制订计划时所依据的各种在当时看起来无比正确的假设前提很可能已经发生了巨大的变化。

> 任正非说：成功不是未来可靠的向导，企业要想生命长存，就要遵循生物学的进化法则，在外界环境变化缓慢时，持续积累优势，在外界环境快速变化时，要警惕依赖过去经验造成发展障碍。

计划恰恰是基于过往经验而制订的，如果企业在计划执行的过程中不进行不断地复盘，不断地调整，而试图用一份计划来保证最终满意的结果，无异于纸上谈兵，必然失败。

如同人不可能两次踏入同一条河流，计划不可能一成不变，重要的是企业要不断根据变化调整计划。企业调整计划本质上也是在调整策略，输入了新的环境变量，经过了新的思考，形成了滚动迭代的新计划，从而更加适配当前的经营要求，有更高的可能性保证经营的结果。

华为CBG（消费者事业部）的发展过程也印证了坚持调整计划的作用——有华为人曾说：回想华为手机发展的过程，犯了不少错误，走了不少弯路，IDEOS、Ascend品牌投了不少钱，估计快没有人记得了；原来预想中主打是D、P系列，Mate只是尝试性的细分市场产品，结果Mate 7大获成功后，Mate持续成为华为产品明星，D系列不见踪迹了。华为内部人士说：回过头看这几年消费者BG的战略规划、计划，我估计至少每年的计划有四分之一是基本失效了，两年下来，可能有一半失效了。

但华为手机怎么就成功了呢？回看余承东在2012年的战略规划和战略举措，除

了 **"方向大致正确"**，如 "端、管、云" 战略，关注客户体验、核心技术、质量、向高端品牌发展、拓展全球市场、端云协同、按消费品规律运作等，一直没有变且保持方向大致正确；核心还在于能对具体实施的计划进行迅速调整。靠改进的勇气和不断地自我反思的精神，以及学得快、做得快、改得快。快的后面是勤奋，勤奋后面就是组织活力，上上下下的组织活力，这也是 **"组织充满活力的体现"**。

计划不做调整，不迅速反应，最后当然达不到预期的效果。

3. 企业经营不能没有计划，但为何总是做不好计划

第一，决策层从思想上未真正重视计划。

决策层在内心深处一直存在 "游击队" 式打法的路径依赖，总是认为能够随机应变，企业根据具体情况具体分析反而 "效率" 更高，并未认识到计划的重要性。这似乎是有理由的：由于计划脱胎于战略，战略就是决策，就是选择做什么和不做什么，不做计划随时改变似乎也是一种策略，也符合快速决策的特点。

而正规军、大兵团的打法是要事先有推演，有作战计划，在打胜仗之前有类似金一南教授所说的 "心胜" 的过程，而且**我们认为要有两次 "心胜" 和一次实际胜利**。

第一次是心理上的胜利，是企业家内心的 "胆略" 战胜自己 "懦弱" 的胜利，类似华为在还默默无闻之时敢于喊出的 "通信行业三分天下有华为" 的勇气。

第二次胜利是思考的胜利、推演的胜利，是计划的胜利——"原子弹先在黑板上爆炸"，先通过战略、目标、策略、推演计划这一系列科学推演，预见到可以取得胜利。这是企业家和企业用 "左脑" 战胜 "右脑" 的过程，同样需要极大的胆略。

第三次胜利才是真正现实的胜利。企业按照科学经营的逻辑，落地 "原子弹爆炸"的 "图纸" 并最终 "炸开一道城墙口"，取得企业经营的胜利。

显然，如果企业决策层没有从内心认识到大规模正式兵团作战和打法的重要性，当然也认识不到战略规划、战略解码、策略制定的重要性，当然也就认识不到计划制订的重要性，也就会觉得一堆方法、一堆规则，花了很多时间，似乎限制了企业决策的速度。这种感觉在创业阶段对小企业来说无可厚非，如果企业走向规模化道路依然如此，则必然导致企业经营 "打乱仗"，"碰运气" 式地取得 "偶然的胜利"，而不能持续高质量地完成公司业绩。

第二，决策层没有深入参与制订计划，而只是在指挥和审视。

企业没有 "跟我上" 的勇气和担责，只有 "给我上" 的怯懦和官僚。在企业的咨询实践中，我们见过太多的企业往往仅仅自下而上制订计划，把计划当作一个让员工提供信息、提供资料，检验监督各层级员工工作的过程。企业最高决策层、高管、各大部门负责人往往并未深度参与其中，仅是在 "指挥"，高管、各大部门负责人都没有充分参与讨论，"两脚不沾泥巴"，并未真正做经营决策，当然保证不了产出高质量

的计划。

即便他们参与讨论，也是抱着审视和评判的"判官"心态，充当审核的角色。决策人不是评审人，是负责最终胜利的主官，目的是获取最后的胜利。打仗只是过程，各类战略、计划的研讨、评审也只是手段。在关键战略领域，决策者不能仅是评审者，不能只是怀疑和挑战，一定要能把自己当成战略、计划制订项目组的一员，深入理解业务，主动学习、躬身入局，只有这样全身心参与到计划的制订中，才能增加计划的科学性和落地的可执行性。

此外，众多身处本行业的，本应是战略和计划制订最高责任人的 CEO、创始人，一方面忙于企业业务范围内的日常工作，无暇做这些所谓的"务虚"的工作；另一方面对行业的认知边界没有像华为一样"喇叭口朝上打开"，没有敞开"喇叭口"吸收，造成决策层整体认知封闭。认知的天花板局限最终导致了企业不思考、不重视规律性的方法论的"务虚"，如战略、策略、计划等务虚，或者思考深度极浅，结果虽是从事本行业十几年，甚至几十年，却犹如井底之蛙不自知，这种状况在中老年企业家中非常普遍。

第三，没有制订计划的科学方法和流程。

计划一定来自于中长期规划，经过前面的战略解码、目标、策略、推演来生成可以具体执行的事项或者任务。如果在 1~3 年或者 3~5 年执行的就是 SP 计划，在当年执行的就叫作年度业务计划 BP。

> 任正非说："抛弃了流程运作，我们就是游击队，虽然流程有这样那样的问题，仍然要先立后破。计划也需要科学的制定方法和流程。"

战略管理流程包括战略制定、解码到年度计划、执行监控、复盘，是一个闭环的流程。每个公司都有年度的商业计划，但往往是考虑当年的业务目标多一点。对于支撑未来的业务目标，关键措施的落地，一些资源的分配、考核，企业都没有对齐战略规划，所以往往发现战略规划做完了以后，没有把战略规划和年度经营计划联结起来。

华为的业务领先模型（Business Leadership Model，BLM）是使华为成为行业领先者的一个战略规划的方法和流程，也是支撑华为成为行业"老大"的工具。业务执行模型（Business Execution Model，BEM）就是把战略规划解码成具体的战略措施，在年度业务计划里面具体落地的一个工具。作者基于多年研发和在企业几百次咨询应用成功，所形成的 SOPK+ 也是一套战略规划到执行（包含计划）的方法论和工具体系，包含了业务领先模型和业务执行模型的思想和实践经验。

第四，计划没有得到真正应用，没有做出及时的计划调整。

企业经营管理者必须首先接受这一事实：面对迅速变化的环境、各种跨界竞争，企业的日常经营和关键业务的决策和创业非常类似——再有能力的创业者也无法在出发之前就想清楚所有的事情。即便是企业家已经想清楚，一旦开始做也会发生很多变化。多数公司成功时的方向和最初设想的方向大相径庭。创业者需要在前进的过程中根据市场的情况及消费者的反应，甚至是竞争对手的动态来随机应变。

面向数字化社会、智能化社会，面向更不确定的未来，很多企业高管、管理学家都在反思计划的作用与价值。计划不是不重要，而是变得更重要了，因为只有以确定性的规则才能应对未来的不确定。如何看待计划，以及如何在不断调整中推动计划执行，比计划本身更为重要。

企业家在一个阶段决策完成、做好计划后，要积极帮助员工配置资源，确定激励政策，鼓励冲锋，做好分配，激励士气，因为这些都是胜利的关键。决策层如果不参与上述活动，往往下面动作就变形了。在出现新变化后，企业家更要和下属一起，主动积极复盘，一起调整战略和策略。这就好像一个精英小团队，主官是领导，也是打仗的主力，撸起袖子"亲力亲为"，这样带着团队往前奔，才能完成艰巨的挑战任务。

任正非谈主官一把手要"带头冲锋"

抢占上甘岭，主官首先要"剃头宣誓"，誓死奋斗。我们的主官剃个头，嗷嗷叫，枪一响，上战场，谁会不跟你冲。"跟我冲""给我冲"，是两种不同的领导方式。以后要先找到领头人，再立项，没有合适的人，也别立项。

——任正非：研发要做智能世界的"发动机"，2018 年，有删改

我觉得有一点最近提得非常好，要把"弟兄们，给我上"转变为"同志们，跟我上"的心态，各级主管不要再凭空地指手画脚，而且带着大家一起打仗，走向胜利。

——华为员工评论

计划也要及时调整，需要完成 PDCA 的整个循环，如图 9-12 所示。计划及时调整的速度和质量，需要科学的计划流程的支撑，当然更需要有从战略规划到执行的工具支撑，以从发现机会差距和目标差距开始，做出科学的计划调整，弥补差距。

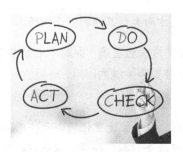

图 9-12　PDCA 循环

很多企业的计划做出来后就放在老板抽屉里，从来没有应用到实际工作中，当然起不到计划的作用，也不会迭代调整，当然也没有办法获得制订计划的价值——制订计划的价值本质就是用规则的确定性应对环境的不确定性！

任正非谈"规则的确定性应对各种不确定性"

要有严格、有序的制度和规则，这个制度与规则是进取的。什么叫规则？就是确定性，以确定性应对不确定性，用规则约束发展的边界。

——任正非：遍地英雄下夕烟，六亿神州尽舜尧，2014 年，有删改

我们请顾问来，重点是建立规则、建立标准……以规则的确定性对付执行的不确定性。有清晰的规则，以及执行中有灵活度，事后监管……公司定规则，建立监管中心；区域建工具平台和监督中心。管理要下放到直接的系统，哪里需要，哪里建立管理。

——任正非：与 BCG 顾问交流会谈纪要，2015 年，有删改

第五，主管"战时能力"不足，不贴近业务实战。

《战争论》作者克劳塞维茨有句名言："面对战争中的不可预见性，优秀指挥员必备两大要素，这两大要素在和平时期一个也看不出来，但在战争时期绝对管用。

第一，即便在最黑暗的时刻也具有能够发现一线微光的慧眼。

第二，敢于跟随这一线微光前进的勇气。"

华为要求主官（一把手）是要能冲锋，上前线打胜仗的，因此需要具备以下三种重要的能力。

第一，能够理解公司的愿景、使命、价值观和业务思想。

第二，能够处理一些复杂的、不确定性的、互相矛盾的一些事情。

第三，在困难的情况下，能激励团队往前走；在看不见未来的情况下，在黑暗之中，也能发出一丝微光，带领大家往前走。

任正非说：领袖要素是方向大致正确的一个保障。

领袖的判断力能够保证方向大致正确：面对未来诸多不确定性，领袖的战略直觉和战略洞察能力起到了比以往更为关键的作用，一旦方向错或者慢一拍，企业可能就被新兴企业颠覆。

任正非说：在知识爆炸、行业快速变化的今天，充满活力的组织要让领袖听得见来自各个层级的声音，吸收全组织的精华，以保证持续维持大致正确的方向。

往往企业的主官、领袖们身在其位，却不具备这种操盘正规化军队的能力，没有拿着望远镜看远方的能力，也不具备在复杂多变的"黑暗"条件下捕捉一丝微光，带领大家向前走的能力。其当然也缺乏系统的基于战略解码、目标分解的策略、行动计划制订的能力，加上经营业务的思考能力和素养不足，很容易成为企业前进的"绊脚石"和"天花板"，而不是散发微光的"灯塔"。当然这是干部管理和能力建设需要解决的问题。

华为一直说自己"没有战略"，只有"活下去"，只有"有质量地活下去""不是为了理想而奋斗"。华为倡导各层干部始终处于"战时状态"。相较而言，一些企业经营者利益板结，能力退化、思想僵化、心态封闭，不仅不能带领团队打胜仗，甚至压制团队成员成长，不向前向上看，"躬身入局"，更不敢带头冲锋，而是甘当华为口中极力要清除的"南郭先生"。

任正非谈主官的一线作战能力

有些主官没有一线业务经验和能力，制订的计划空洞无物。任正非号召干部从项目做起，从计划做起。

"一个项目的 CEO 比 CFO 的工作要复杂很多。首先，CEO 要做计划，如果机器设备都不熟悉，怎么能做出计划？其次，如果没有实践过，连工时定额都不清楚，怎么能做出预算？明白了计划、预算、核算，能做 CFO 了，那能不能做概算？如果这几种都不是很清楚，那上升通道就窄了。洗过这些澡，你的能力就大大地提升了。"

要真正弄明白基层的具体工作怎么干、怎样干、怎么做好，将来升至机关，不至于是"空军司令"。

这类只务虚不务实、滥竽充数的"南郭先生"型主官应该退居二线，进入内部资源池、内部人才市场，加强培养甚至果断熵减——淘汰。

9.4.2　企业制订计划的过程中存在六大误区

1. 误区一：计划没有包含变化，导致计划赶不上变化

计划应该包含变化，计划本身就应该是为了应对变化而制订的，即本文反复强调的用规则的确定性（计划）来应对不确定性的环境（变化）。计划本身就意味着应对变化。

《谁动了我的奶酪》中小矮人"唧唧"用发霉的奶酪在迷宫的墙上留下一句话："如果你不去改变，你就会被淘汰。""唧唧"则是一个接受变化，准备好改变的小矮人。在互联网时代，计划变动得比变化还快，技术更新换代，产品不断升级，电商、手游、

社交方式都在不停转型。

> 再完美的计划也时常遭遇不测。
> 不要抗拒生活之流，而是要适应它。记住，如果你不属于解决方案的部分，你就属于问题的部分。如果计划中不包括变化的解决方法，那么变化就将成为问题的一部分。

2. 误区二：计划没有认真策划，导致走过场形式化

企业负责人要亲自参与计划制订，充分讨论、深入思考、严格论证。企业制订计划的过程就是思维提升和达成共识的过程，也是制订计划的成员和企业收获最大的阶段。

制订计划的过程应遵循科学的制订流程，需要企业认真策划和组织，要能落地到实际工作中。

> 任正非在《华为的红旗到底能打多久》中提到：认真负责和管理有效的员工是华为最大的财富。我们要求员工要认真负责，但认真负责不是财富，还必须管理有效。

制订计划也是一样，首先是企业认真策划，但不只是态度认真，还要保证有效。

3. 误区三：计划没有具体量化，没有和预算结合，导致计划抓瞎

计划要分解出责任人、成果指标，可以关联绩效的要关联绩效考核，让计划有落地的抓手，不然计划飘在空中无法落地。

> 任正非说：计划要和预算结合，计划业务要贴近经营主体（计划要跟代表处经营和预算管理相结合），要实现计划预算核算的闭环管理，以保障业务可持续发展。

4. 误区四：计划没有执行跟踪，导致竹篮打水一场空

计划要有闭环管理，PDCA 整个循环要走完，没有跟踪，就不会有计划的调整，企业就不可能适配当下变化的经营环境。

科学经营系统 SOPK+通过从战略规划到执行中的会议机制、报告机制（一报一会）、经营日历、复盘机制等保证计划的落地实施。

对于计划执行中发现的问题，企业要建立跟踪和解决机制。例如，企业可以采取 SMART 原则来进行执行问题的跟踪处理，如表 9-2 所示。

表 9-2　采取 SMART 原则来进行执行问题的跟踪处理

问题	提出人	解决部门	参与部门	预计完成时间	当前进展	下一步计划	计划完成率	状态
1								计划内

问题	提出人	解决部门	参与部门	预计完成时间	当前进展	下一步计划	计划完成率	状态
2								较计划延迟
3								较计划提前

在华为，计划出现的问题都由各级主管和干部去跟踪解决。涉及跨部门的问题，会由更高一级的领导干部出面解决。IT 系统也会对计划执行中的问题清单产生电子流自动跟踪，以形成闭环。

5. 误区五：计划追求完美，导致迅速作废

企业日常商业经营过程如同战场战斗。战场态势瞬息万变，需要企业对不断变幻的情况做出最快的决策，不追求完美，也无法追求完美，从来没有完美的战场条件出现。逻辑和方法论对战前计划很有帮助，越细越好，越完备越好。但战场上的胜负更多的是靠企业长期摸爬滚打而产生的业务直觉，对战士而言是大脑和身体肌肉的本能反应，对指战员而言是长期思考的短路效应。

> 华为轮值董事长胡厚崑曾在阐述 HRBP 角色时说，HRBP 的角色模型 V-CROSS 是完美的，但我们每一个人都是不完美的，应该对照这个模型，看看自己最短的板在哪里，最长的板在哪里，在这个模型的指引下，找到一条适合自己成长的路。
>
> 胡厚崑说："前几年我们做的国家总经理角色模型 STROBE，也是一个很完美的模型，但现在回头看看，没有一个国家总经理真正完美地实现这个模型。""不完美是真实的，但重要的是，我们怎么样找到对自己最重要的两块砖，把自己垫到角色需要的高度。"

即便是华为花了数百亿元，引入众多国际知名咨询公司参与，制订的计划也很难做到完美。

> 技术蓝军的方案在红军评委会多次全票不通过，后来证明蓝军对了，虽然这只是一个特例，但给我们的启发就是公司计划机制存在问题。
>
> 当然这是华为做计划做到了更高层次——"红蓝军"A、B 方案。
>
> 任正非也说："研发有 A 计划和 B 计划，在一个项目中，有两个版本我是支持的。但在运作时，两个版本应该有主有次。"这也是华为认识到了计划无法完美，所以采用两条不同技术路线做研发计划，这正体现了华为管理的科学性和艺术性结合的灰度思想。

没有完美的计划，只有适合企业当下的计划。关键是企业如何提升自身能力，做

尽可能实用、适用的计划——"不完美的计划也是计划"。

6. 误区六：计划没有坚持做，长期做，走走停停

计划要坚持做，长期做，不能走走停停，否则会导致企业制订计划的能力没有精深，计划没有效果。

"无他，唯手熟耳"，这句话耳熟能详。"工匠精神"也不再是操作工人和技术工人的专属，企业制订计划也需要经验的积累，做到"唯手熟耳"。

> 任正非说："随着我们的生产过程智能化，我们的基本队伍不再是工人，一些博士、硕士也进来了，我们要重新定义这一支工匠专家、科学家队伍。"
>
> "工匠精神"中蕴含新的内涵——不是简单重复，而是螺旋式上升，简单事情做到极致就是领先，就能看出几何量级的差距效果。

电影《中国机长》是根据川航 5.14 真实事件改编的。其中，张涵予饰演的机长为稳定乘客情绪，向乘客透露"加上在空军时，这条航线我飞过一百多次""在部队我是开轰炸机的"，简短精练的台词内容充分揭示了机长多年的空军飞行员的工作经验。说说这两句话的时候，机长不是在炫耀，而更多的是陈述对一个工作、一件事情的熟悉度，"一百多次""在部队我是开轰炸机的"，机长的专业度有了足够的沉淀，才能临危不惧，将飞机安全着陆，救了全机人包括自己的生命。

计划做一次是任务，做两次是改进，不断坚持做十年、二十年，才能实现类似华为的"春种秋收"，让经营的操作系统在计划的安排下有节奏感。华为通过 30 年如一日不断练习、执行、纠偏，让计划融入企业经营的血液，成为肌肉记忆，成为优秀的习惯，实现了以计划规则的确定性应对企业环境变化的不确定性，走进了企业发展的"无人区"。

9.4.3　中长期战略计划和年度业务计划的关系

中长期战略计划和年度业务计划的区别如表 9-3 所示。

表 9-3　中长期战略计划和年度业务计划的区别

	中长期战略计划	年度业务计划
核心理念	规划未来	业绩合同
时间周期	未来 3 年	明年
计划和目标	• 中长期战略目标（未来 3 年的战略里程碑） • 3 年财务目标	• 战略规划的第 1 年目标，可以根据最新数据调整 • 强调运营参数

续表

	中长期战略计划	年度业务计划
主要内容	• 确定何处改变、何时改变以及如何改变的选择 • 注入更多具有前瞻性的价值转移和业务设计的思考 • 优化投资和成本结构，实现持续高回报	• 从战略的行动计划着手 • 确定执行这些行动计划的详细步骤、所需资源和负责人员 • 运营内容是实际实施的方法、流程和业绩指标
财务	• 重点放在中长期的价值创造上 • 财务预测能辅助判断是否具备灵活性及财务的稳健性	• 重点在目标的衡量和管控 • 第 1 年的财务指标作为管理团队 "业绩合同" 的一项内容

1. 中长期战略计划向年度业务计划输入

这些包括：SP 的市场洞察；SP 第一年的战略里程碑；SP 各项中长期发展策略；战略地图，分产品、分区域、分市场的主要机会点；SP 第一年的财务目标。

2. 年度业务计划的输出

这些包括：机会点到订货和市场目标；策略、行动计划；年度重点工作；财务全面预算和人力资源预算；组织 KPI 和高管、关键人员的 PBC。

如图 9-13 所示，从机会点到订货和市场目标，即从经营的角度来讲，要聚焦目标，获得客户，获得业绩。具体对应的是销售体系，或者产品研发体系，甚至是供应链体系。另外，还可以制定内部的一些管理改进、财务等的目标，形成组织 KPI，形成关键岗位员工的 PBC。

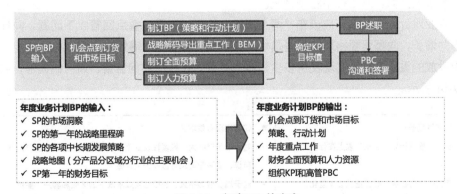

图 9-13　年度 BP 的内容

3. 业务计划 BP 汇报模板

业务计划 BP 汇报包括以下几个部分。

（1）上期业务计划回顾：关键策略、措施完成情况；上期业务计划执行情况。

（2）市场做洞察，引用 SP 作为输入：看行业和趋势；看市场和看客户；看竞争和看自己；新机会分析。

（3）目标、策略与行动计划：SP 确定的战略里程碑；销售目标和市场目标的分解；产品组合和路标计划；市场和营销行动计划；职能部门计划（成本、质量等）；行动计划及 KPI 汇总。

（4）执行：关键任务和相互依赖关系；构建组织能力；风险评估；结果衡量；关键里程碑节点。

总之，没有策略的计划，就如同和尚撞钟得过且过，完全是空有想法，没有实施步骤。没有计划的策略则是纸上谈兵，只有想法，没有一系列的行动去落地。计划和策略既要"临渊羡鱼"，也要"退而结网"。

9.5 计划和预算：预算是计划的货币化表达与验证

9.5.1 计划和预算的关系

计划是做"语文题"，预算是做"数学题"，是用"数学题"去验证"语文题"，去验证企业的想法、计划是否正确。业务计划如果没有预算来验证，就成了空中楼阁，虽然计划得很好，但是通过预算一算，可能发现达不成财务上的成果，此时企业就要反向调整计划。

计划和预算之间需要"两上两下"拉通对齐，进行耦合：先有计划，然后生成预算，再根据预算，从上往下验证计划。

企业对计划和预算，应该在"两上两下"的研讨过程中重点回答以下问题：向什么方向增长，向哪里要格局，哪些是格局型项目，哪些是战略性客户等。格局决定了资源投放的重点，怎么实现及用多少资源去实现，过程中如何监督、如何纠偏等，如图 9-14 所示。

■ 向哪里要增长	■ 如何实现有效增长？
– 客户的投资计划在哪里？重点在什么地方？	– 对于增长空间大、经营性现金流和利润良好的区域和客户，从目标、资源配置和考核商牵引其做大
– 我们的机会在哪？能否把机会点量化？	– 对于增长潜力不大、长期经营效率低下的区域和客户，要优先改善经营状况
– 我们在客户、产品方面，增长点在哪？我们往哪里要增长？怎么分解我们的增长指标？	– 对于增长潜力大但是经营低效的区域和客户，要考虑市场/客户选择的问题，在增长和经营改善之间寻求平衡

图 9-14 计划和预算中要回答的问题示例

■ 向哪里要格局？ — 哪些是格局型的项目，哪些是战略性的客户，哪些是战略性的产品？我们的山头在哪里，我们如何占领这些山头？我们要花什么代价，需要公司什么支持？ — 同竞争对手对比，我们围绕着格局如何展开攻防？	— 在部门受金融危机影响大的区域和客户，要优先考虑经营风险问题 — 对手在本区域经营情况如何，给我们什么启示？ ■ 怎么安排资源匹配经营目标？ — 在目标清晰后，我们如何合理安排资源，来匹配经营目标，这些资源包括费用、人力资源，也包括高层领导精力？如何提高人均效益？ ■ 如何执行和监控保证，保障稳健经营？ — 确定经营目标和安排资源后，如何有效地执行和监控？如何及时发现问题、解决问题？如何及时调整以适应形式发展的需要（随需应变）？

图 9-14　计划和预算中要回答的问题示例（续）

华为 2014 年看"计划和预算"

华为轮值董事长徐直军说：华为改革一直没有改革核心问题，若没有将"计划、预算、核算"三个机制及围绕哪些对象梳理清楚，整个改革还是在以功能组织运作为中心，围绕功能组织配置资源、核算，那么管理是无法简化的。因此首先要围绕"计划、预算、核算"这几个点。

计划是影响我们公司效率最核心问题，即使是流程拉通以后，这两年做 BG 建设，想到了做集成计划"人、财、物"，如果将计划真正集成了，公司效率自然会提高。

企业最核心点在于，管理体系最大的要素是资源配置权——"预算"。很多企业的预算是授予到功能部门的分钱机制，是各级组织权力的分配过程，谁有预算谁有权。目前部门对预算的观念一直基于"存在就是合理"，去年有，今年也要有。现在功能部门既掌管资源，又掌管钱；反而作战部门没钱，需要向功能部门要预算。我们从去年已开始改变，研发费用不授予到产品线，慢慢转变到先授予 IRB、IPMT，让预算落到能创造价值、围绕战略落地的项目上。

企业要从战略规划、目标、计划、重大举措开始做预算，自上而下分解，同时自下而上归纳，以项目为最小核算单元，从而匹配预算和计划。

华为顾问黄卫伟 2014 年谈华为的预算问题

"蓝血十杰"中的罗伯特·麦克纳马拉，曾任福特汽车公司总裁，后被约翰逊总统任命为美国国防部部长。在此之前国防部的预算编制和审批是按海军、空军功能部门做的，结果功能部门有意将预算越造越大，预算审批者由于信息不对称，不知道该砍谁的预算，只能统统砍一刀。

麦克纳马拉把福特的预算方法带到了国防部，即 PPB［计划（Plan）、项目（Program）、预算（Budget）］。首先明确目标和战略规划是什么，然后是支撑目标的项目是什么，最后是项目需要多少钱，将国防部的预算逻辑彻底调整过来。

很多企业现在的预算到部门的状况，可能就是麦克纳马拉就任前美国国防部的状况。

9.5.2　全面预算管理

如图 9-15 所示，全面预算管理的终极目标是让企业按照既定的战略方向均衡发展。企业建立计划预算核算体系是为了作战，通过数学和计算的方法把经营计划进行描述，过程中通过指标进行监控，通过每个月开经营分析会来纠偏。

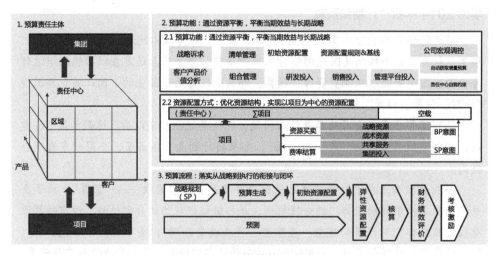

图 9-15　全面预算管理全景图

全面预算管理的一个核心命题就是实现企业的均衡发展。所谓均衡，指的是在相互作用中，每一方都达成了约束条件下可能实现的利益最大化。

科学经营从战略规划到执行的落地，预算是不可缺少的，只不过在中小型企业内可以做简化的预算管理。

全面预算管理是公司实现战略意图和经营目标，服务于作战的综合管理工具。全面预算管理和 SP 形成闭环如图 9-16 所示。

图 9-16　全面预算管理和 SP 形成闭环

（1）全面预算是对企业年度作战计划的整合和集成，并给予统一的财务模型，进行货币化的表达，作为各类经营活动的依据，支撑企业战略意图达成。

（2）全面预算管理是围绕企业战略，通过计划、预算、管控、核算及评价的闭环管理，优化人、财、物等企业各项资源的有效分配，服务于作战，协助企业实现经营目标，提升企业整体的经营效益与效率，促进企业合理发展和有效发展。

（3）全面预算管理作为企业下放经营权、加强监督权的工具，支撑企业宏观调控，以及作战指挥中心（经营决策权）的前移。

全面预算跟财务预算不一样。企业财务预算一般基于历史的数据做延长线，基于比率，基于历史数据把第二年的预算数据勾勒出来，没有跟业务结合。全面预算跟业务结合，先有业务的思考，有策略、计划、推演，然后预算跟业务结合或者耦合。例如，企业的差旅费，去年差旅费占企业的业务费用的 2%，今年差旅费按照销售额要占 2%，这就没有跟业务结合。要跟业务结合，企业就要知道今年有哪些差旅，企业正常出差的频率、频次，把如国内国外的展会规划出来后再做预算。这才是全业务的预算，要所有部门全员参与，把全要素都纳入预算。

全面预算管理重点要做好三类预算：经营预算、能力预算和战略预算，并对这三类预算的业务场景进行差异化管理，如图 9-17 所示。

（1）**经营预算（短期）**：更多是强调企业当年的经营目标的实现，包括收入、成本、费用。经营预算要弹性管理，企业如果发现了更多的机会，那么可以投入更多的资源。此类预算是瞄准"挣钱"的。

（2）**能力预算（中期）**：企业为了完成目标，3~5 年要具备的能力，包括组织能力、平台能力、IT 能力。企业要基于编制能力基线，做组织与人员能力的提升，不能节省。如果部门省了，不能归入本部门的成绩。此类预算要做定额管理。此类预算是"花钱"的。

（3）**战略预算（长期）**：企业基于战略进行的，为了构建未来关键业务的能力，基于未来战略所做的补贴。这类预算要专款专用，需要企业战略委员会批准，是自上而下授予制的，需要做定额管理。此类预算是"花钱"的。

图 9-17　经营预算、能力预算和战略预算

企业的能力预算、战略预算和当年的经营目标实现不一定有关系，也就是说投入后当年都不一定有产出，都是花掉的，所以要用清单进行管理。在华为，这类预算不能节省，节省了也不能转化为部门的利润。企业的战略预算和能力预算要做定额管理，一般不做弹性管理。

> "抓住了战略机会，花多少钱都是胜利，抓不住战略机会，不花钱也是死亡，节约是节约不出华为公司的。
>
> 当公司出现机会与成本冲突时，我们是要机会还是要成本？首先要抓机会，我一直认为我们高科技企业机会是大于成本的，只要符合机会，成本的增长是可以理解的。"
>
> ——任正非：2001 年税收预算汇报会议纪要

三类预算的关系如图 9-18 所示。

	战略预算	经营预算	能力预算
目的	长期战略目标的达成	当期经营目标达成	提升中长期能力
界限	公司战略委员会批准清单 上层责任中心批准的战略 投入（穿透/放宽约束）	自身须承担经营结果的 预算	不能结算工到客户项目 （组合）的预算
项目范围	战略项目	客户项目（面向客户创 造价值的项目）	变革项目
预算机制	自上而下授予制	自下而上获取制	自下而上获取制
预算约束	战略目标承诺 整体经营约束	经营约束	能力建设收益承诺 基础职能效率+体验承诺 整体经营约束
预算列示	单列显性化	整体经营结果	单列显性化
弹性规则	专款专用	根据业务变化 弹性	定额管理

图 9-18　三类预算的关系 1

战略预算和能力预算要从经营预算中单列出来，确保中长期"土壤肥力"，如图 9-19 所示。

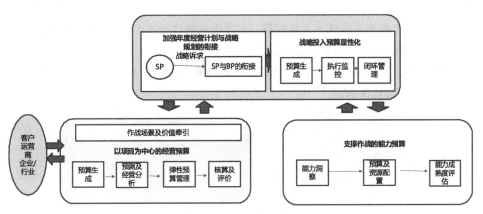

图 9-19　三类预算的关系 2

全面预算一定是和战略匹配的，一定是在战略规划和执行计划中生成预算，而不是两张皮。

企业要加强年度经营计划与战略规划的衔接，即 SP 和 BP 的衔接，要使战略投入预算显性化，要以项目为中心的经营预算和支撑作战能力的能力预算。

三种预算都可以有很多维度，如按照区域展开、按照部门展开、按照产品展开，如图 9-20 所示。

区域预算						
战略预算（单列显性化）			**经营预算（整体预算结果）**	**能力预算（单列显性化）**		
类型	申请金额	入账金额	对经营结果影响（成本、费用、利润）	多维度预算展示 • 运营商/企业/消费者 • 代表处/国家 • 产品 • 系统部/重点项目	地区部交付（服务成本）		
战略投入					未结算到项目/代表处预算	变革项目预算	收益目标
战略补贴						平台预算	人力预算及效率改进承诺
客户回馈				地区部销管平台（销管费用）			
竞争补贴					未结算到系统部/代表处预算	变革项目预算	收益目标
自主战略投入						平台预算	人力配置及效率改进承诺

图 9-20　三种预算按不同维度展开

2019 年，任正非在接受央视《面对面》栏目记者的采访时提到，让董事会成员写检讨，让大家写检讨的原因不是业绩没有达成而是利润太高，要扣大家奖金。任正非认为利润太高，说明战略投入少了。

任正非的"凡尔赛"

记者："可能很多人就不大能理解，刚才您说的这样一句话，'有的时候我们放着这个钱不挣，要让别人去挣'，这是什么样的考虑？"

任正非："我们已经够多了，要不要把他们常务董事会去年利润太多的检查拿来给你看看，我还没批示。"

记者："这太炫富了吧？"

任正非："不是，战略投入不够，我们战略投入不够，我们战略投入够一点，那我们今天的困难就少一点。"

记者："您这里面没有炫富的意思？"

任正非："没有。"

记者："没听出来？"

任正非："没有。"

记者："那您怎么说钱多了的事？"

任正非："就像你家的土地，牛粪、猪粪撒在地里去一样，'土壤肥力'好了，你们家过几年'庄稼'就可以多收，我们现在讲要加大战略投入，就是这个原则。"

9.5.3 全面预算实施流程与时间计划

企业做全面预算，一般从10月份开始准备，要做一些预算的模板、预算的基线、成立预算的组织等基础性工作，然后要做预算的启动，要输入公司的一些战略和目标等，然后做详细的预算，讨论确认后发布，如图9-21所示。

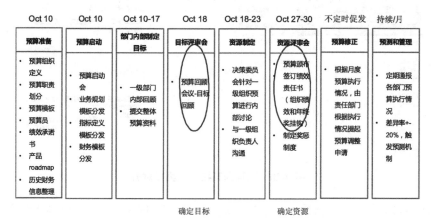

图9-21　全面预算实施流程与时间计划

9.5.4　全面预算管理的五个要点

全面预算管理的五个要点如图 9-22 所示。

图 9-22　全面预算管理五大要点

要点一：预算编制要"互锁"，导向规模做大做实。

如图 9-23 所示，企业要从产品、区域、客户等多维度视角出发，发掘经营的机会点和资源配置点，形成信息的交互和"互锁"。"互锁"的目的，一方面是去校验机会点信息判断是否正确；另一方面是发掘机会点，导向规模做大做实。

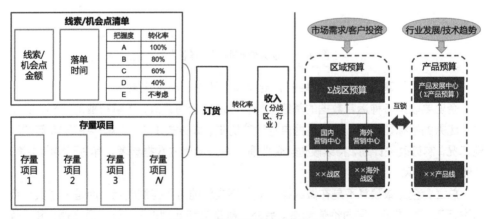

图 9-23　预算编制要"互锁"

要点二：投入预算要"互拧"，导向效益效率提升。

这是说企业资源的提供方和资源的需求方要握手，内部资源也有价格，要"拧出水分"，提高资源的效益和效率。每一项资源的投入都要有一个闭环的管理机制来衡量投入的效率和效益，倒逼中台部门提升资源效率，至少要跟市场对齐或者是优于外面友商的资源价格。如图 9-24 所示。

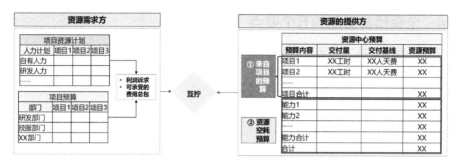

图 9-24 预算要"互拧"拧出水分

要点三：预算管控要有"弹性"，导向饱和攻击打胜仗。

如图 9-25 所示，预算要运用差异化的管理规则，针对不同的管控目标做弹性资源管控。不同的业务类型差异很大，所以企业要运用不同的预算弹性策略，最终的目标是要导向饱和攻击，瞄准资源利用效率和主航道业务打胜仗。

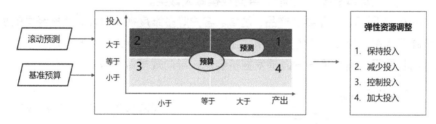

图 9-25 预算管控要有"弹性"

要点四：预算管理要有"基线"，导向持续改进、科学决策

企业要收集各种运营数据的基线指标，以及指标的数值，了解行业的标杆、竞争对手优秀的指标是哪些，然后根据自身过往历史，如过去 1 年、3 年，甚至 10 年的表现情况，制订改进计划，持续改进。企业有了基线准确的数据参考，有利于科学决策，如图 9-26 所示。

总之，企业做预算不是在做数据游戏，不是单纯为了控制费用，而是为了实现目标进行资源的推演，导向价值创造。另外，预算要和计划匹配，让"语文题"和"数学题"能"互锁"，也要聚焦预算资源，提高预算资源使用效率。最关键的是企业建立自身的预算"基线库"，这不仅是预算的基础，也是做激励、经营管理改进的基础。

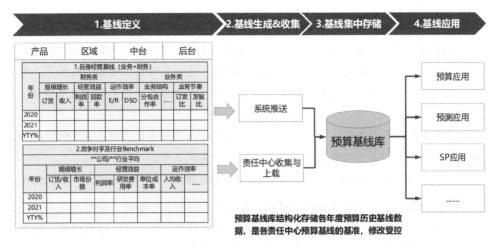

图 9-26　预算管理要有"基线"

9.6　策略计划推演方法：原子弹首先在黑板上爆炸

企业在策略、计划制订中还有一个关键环节，叫作战推演，或者叫"红蓝军对垒"（华为叫作"红蓝军"）。"红蓝军"来自于军事领域，是部队作战时的用语。要打胜仗，首先要有推演。前面章节说到的"两次胜利"，甚至是"三次胜利"是指：第一次胜利是"心胜"，即勇气、决心、态度和方向；第二次胜利是"推演胜利"，即"原子弹首先在黑板上爆炸"；第三次胜利是现实中的胜利，即要打败竞争对手三次才能算真正获胜。

企业有了愿景，有了战略，有了目标，还有了策略和计划，那么如何知道这些能够保证企业打胜仗呢？要在作战之前进行反复推演。

具体的推演分为四步：红蓝对垒、资源配置、拉通对齐、路径规划，如图 9-27 所示。

图 9-27　推演四步法

任正非谈华为"推演机制"

GTS 可以自己建立教导队，干部进入到你们 S2/S3 推行的资源池，进行沙盘演练赋能。考试就按你所在国的项目进行沙盘推演，无论从计划、预算、核算……都是以真实的场景来实行，这样对回去作战有帮助。再看你的实战后的结果来考核，员工的成长快。

一定要加强干部循环……学员可以国家成组，也可以项目成组，不考试模拟题目，考试他们要回去干的项目的沙盘推演，真枪真战实干。

——任正非在 LTC S2/S3 项目演示汇报会上的讲话：三年，从士兵到将军，2014 年

公共关系也可以在发生历史事件时，各自组合扮演各个小组，分别代表不同的角色，进行辩论推演。例如，中东危机事件，有人扮演北约，有人扮演伊朗、俄罗斯、美国、沙特阿拉伯王国、以色列……各种利益团体，思辨使人进步，争论越激烈越要去搜索资料，也是一次深刻的学习。也可以各自扮演新闻发言人，演演活报剧。

——任正非在公共关系战略纲要汇报会上的讲话：
从人类文明的结晶中，找到解决世界问题的钥匙，2018 年

9.6.1 策略计划推演的目的：从理念对齐到动作对齐

要保证策略计划推演顺利，企业要从理念到动作做到"五个对齐"，如图 9-28 所示。

需要经常"对表"，确保"时间"的一致性！

1. **内外对齐**：行业趋势、客户需求、竞争对手等的对齐

2. **上下对齐**：部门目标要与公司目标对齐，个人目标要与部门或者上级主管目标对齐

3. **左右对齐**：部门目标或者个人目标要与上下游部门或者流程对齐

4. **长短对齐**：目标要在长期目标和短期目标之间平衡

5. **因果对齐**：完成目标的计划或者策略要能支撑目标的达成，形成因果关系

图 9-28 策略计划推演"五个对齐"

（1）**内外对齐**：行业趋势、客户需求、竞争对手等的对齐。

例如，市场客户的需求跟企业内部的管理进行对齐，华为的市场计划管理，既要满足客户的及时需求，又不至于在内部产生很多的库存或冗余。

很多企业出现人浮于事或者说人才的冗余、资金的冗余、库存的冗余，很大的原

因就是内外不对齐，或者说对外界的环境做出了错误的预判，对客户的需求没有做到精准预测。

（2）**上下对齐**：部门目标要和公司目标对齐，个人目标要和部门或者上级主管目标对齐。上下对齐不是机械地对齐，而是从逻辑和功能上进行对齐，从功能承接上保持一致。

任正非谈"上下对齐"

组织队形变化速度跟不上业务变化的速度，过度厚重的过程管控、过于复杂的责权分配严重影响了组织价值创造的能动性与运作效率；资源投入未能体现业务发展实质需求、满足战略性业务组合需求。

成熟业务组织僵化。组织设置过于追求标准化与上下对齐，难以适应解决方案 ENGAGE 客户的变化需求；组织形态与资源投入未能匹配业务发展阶段的实质需求，人均效率提升过于依赖指标约束，缺乏强有力的机制牵引成熟业务冗余资源及时释放，以及向新业务的动态转移……

（3）**左右对齐**：部门目标或者个人目标要与上下游部门或者流程对齐。

企业部门之间还有流程对齐。对于一些流程比较多的企业或者业务，左右对齐非常考验企业的运营管理能力。因为如果每一个流程的节拍不一样、不对齐，就会导致有些环节很忙，有些环节又很闲，造成企业内部资源的巨大浪费。

（4）**长短对齐**：目标要在长期目标和短期目标之间平衡。

长短对齐就是把长期目标和短期目标进行对齐。企业在制定 BP 的时候需要将 SP 作为输入，这也是在长短对齐；短期目标是使长期目标能够保持延续性，所以企业要进行长短对齐。

"打粮食"和"土壤肥力"两类目标就是在进行长短对齐。任正非说：我们认为贡献有短期贡献和可持续性贡献，这二者是有区别的。短期贡献我们用奖金来体现，可持续性贡献我们要用任职资格的方式来体现。

（5）**因果对齐**：完成目标的计划或者策略要能支撑目标的达成，形成因果关系。

企业在完成目标计划和策略的时候，为了支撑目标的达成，要形成策略计划和目标之间的因果关系，而不是目标为目标，计划归计划，以免企业上下很辛苦，在完成自身认为重要的事情后，仍然没有达成目标。

"五对齐"在策略计划管理中是一个更高标准的要求，也是考验经营管理者精细化管理能力的标准。我们经常说企业内部要经常"对表"，才能确保执行的一致性。"五对齐"中经常被忽略的一个对齐是因果的对齐，而因果对齐是最需要策略思考的。因果对齐就是"归因"，执果寻因考察的是企业的领导力和分析解决问题的能力，找到产生问题的原因往往比找到解决问题的解决方案挑战更大。

此外，企业还要保持动态对齐。对齐不是僵化的形式对齐，而是动态对齐，企业需要随着环境变化让经营管理体系和业务对齐。

华为最高标准的"对齐"——管理体系和业务对齐

曾经有人给任正非提建议，华为应建一个企业博物馆，把从第一代小交换机开始的产品等都放里面。任正非没同意。一个高科技企业，绝不能对历史怀旧，绝不能躺在过去的功劳簿里，那样就很危险了。

所以，管理体系一定要防止刻舟求剑。业务不断在向前跑，管理体系建设的方法论，注定了管理体系永远是落后于业务的。管理体系要有适当的容错和不完美，但一定要保持与业务的对齐，这样整个组织、流程……才有活力。

——华为：熵减——我们的活力之源

企业经营管理者要经常"对表"，确保"时间"的一致性。拉通对齐看起来简单，做起来却十分困难，因为每个层级、每个部门甚至每个人，其"内在目标"和组织要求的目标并不一致，加上对齐过程中需要大量的沟通，涉及人的认知、偏见、利益的差异和博弈，需要花大量的时间。如果企业文化较为一致，激励的底座一致，就较为容易拉通，反之则相反，表面拉通，实际上没有拉通。对齐拉通之难，甚至可以说是解决了"拉通对齐"的问题，企业的管理问题便解决了一大半。即便是华为，花了大量精力在"拉通对齐"上，现在也存在诸多问题。

"对齐拉通"之难

2008年左右，中国人民解放军国防大学曾做过一个调查，了解部队主官主要精力分布。调查发现，消耗部队主官精力最多的是"协调"——协调上下关系、左右关系、军地关系等；其次是"安全"，即保安全、保稳定、不出事；再次是"管理"，保证部队日常工作和生活秩序；然后才是"训练"；最后一位是"作战"。

——金一南

统一认识：上下一致、左右对齐，力出一孔是公司一直倡导的理念，基本道理大家都明白，但在各层级的组织管理、目标分解、周边协同等方面如何体现和评估？需要把倡导理念与各层级工作策略举措相映射，使倡导旗号与实际举措相一致。

——华为员工，2012年

错，我们不是协调，我们是拉通。

——华为员工

不知道小徐总（徐直军）是否知道，研发的高级干部，相当大的一部分言必称"这是小徐总说过的"，这算不算唯上、以领导为中心？一线行解（行业解决方案部门）与产品线之间，研发内部产品线之间，产品线研发内部部门之间，不提"小徐总关注的""小徐总要求的""小徐总让做的"，要想拉通一件事，比登天还难。就这，大部分时候还不好使，还得有正式纪要或徐总或徐总委托秘书的邮件，才可能拉而通、搞而定。

——华为员工，2019 年

公司 30 年的最大的管理优势就是执行力强，任何一个文件和精神都会通过 AT（管理团队）层层地落实和分解，就像一个挥鞭子的过程，战略和目的都是由手掌控，虽然出发点都是直接命中短板和问题，但是在中间传递的时候就是一个又一个的位移导致最后结果的偏差。如何识别平庸？如果不从一级 AT 把这个思路理解清楚，再指望二层、三层、四层等 AT 去自我理解和自我修复，岂不是太难？前期一直在考军长，我觉得现在就应该先考司令！老板牵头，轮值加入，针对司令给个命题作文，30 分钟汇报清楚如何活到年底，如何在极限施压的情况下保持绝对领先，如何保留住客户或者生态，如何在本层级识别并去除平庸？请大家围观、打分，把平庸的定义搞清楚并做出表率，再向下延展，先上层再下层，先机关再一线，先地区部再代表处，只有上层和机关都清楚了，最终执行才会达到效果，就是活下去。

——华为员工，2019 年

9.6.2　聚焦持续打胜仗的资源配置策略：兵马未动，粮草先行

策略推演里还有很重要的一条，就是资源配置策略。打仗的时候要粮草先行，企业的粮草够不够，补给是否能跟上是非常重要的。企业可能一开始在制定战略的时候想得很好，但是一旦动起来就发现企业没有资源，要人没有人、要钱没钱。这就需要企业提前对资源进行思考，采取什么样的资源配置策略来支持企业战略。

下面简要展示六个资源配置策略。

策略 1：对准"肥""瘦"销售区域一区一策的经营策略，实施差异化资源配置。

策略 2：针对风险较大的业务，风险放在机会前面，初始资源配置先减后加；如果有效果，再追加资源；要及时果断释放资源，防止资源板结。

策略 3：坚持将优质资源向优质客户倾斜，全面提升经营质量，如客户界面费用节约不归己。

策略 4：预算体现大平台对一线支持，逐步实现作战部门有钱没人（可以呼唤炮火），资源部门有人没钱（资源买卖机制，穿透、空载），相互配合作战的机制。

策略 5：基于长期战略发展目标，在当期要有相应的资源配置支撑未来（战略预算包）。

策略 6：加大研究创新的同时，对产品研发投入进行差异化管理，如对成熟、衰退产业，该减的一定要减下来，如对新产业，该投的一定要投进去。

华为的资源配置原则

《华为基本法》第二十三条　我们坚持"压强原则"，在成功关键因素和选定的战略生长点上，以超过主要竞争对手的强度配置资源，要么不做，要做就极大地集中人力、物力和财力，实现重点突破。

《华为基本法》第三十三条　市场变化的随机性、市场布局的分散性和公司产品的多样性，要求前方营销队伍必须得到及时强大的综合支援，要求我们必须能够迅速调度和组织大量资源抢夺市场先机和形成局部优势。因此营销部门必须采取灵活的运作方式，通过事先策划与现场求助，实现资源的动态最优配置与共享。

《华为基本法》第九十四条　我们的方针是，只要符合事业部控制的"三个有利于"原则，就对之实行充分的授权。

事业部总经理的自主权主要包括：预算内的支出决定权和所属经营资源支配权，以及在公司统一政策指导下的经营决策权、人事决定权和利益分配权。

9.6.3　"红蓝军"推演机制避免战略资源错配

华为在 2002 年和 2003 年就开始搞"红蓝军"。在推演过程中，华为要求各部门要形成各级蓝军，确保"红蓝军"对垒的效果。成立各级蓝军具体为：总部蓝军为 EMT 小组成员，大区蓝军为各经理、子公司总经理代表及总部相应人员，子公司蓝军为经营部负责人代表，以及总部/大区相应人员。蓝军职责是：开会要集思广益，必须发言，提出有针对性的完善建议。

任正非对"红蓝军"的定位

进攻就要听到不同声音，而这正是蓝军价值所在。

"红军"代表着现行的战略发展模式，"蓝军"代表主要竞争对手或创新型的战略发展模式。蓝军的主要任务是唱反调，虚拟各种对抗性声音，模拟各种可能发生的信号，甚至提出一些危言耸听的警告。通过这样的自我批判，为公司董事会提供决策建议，从而保证华为一直走在正确的道路上。

要想升官，先到蓝军去，不把红军打败就不要升司令。红军的司令如果没有蓝军经历，也不要再提拔了。你都不知道如何打败华为，说明你已到天花板了。

我们在华为内部要创造一种保护机制，一定要让蓝军有地位。蓝军可能胡说八道，有一些疯子，敢想敢说敢干，博弈之后要给他们一些宽容，你怎么知道他们不能走出一条路来呢？

任正非在会议上引用法国马其诺防线失守的典故事称，防不胜防，一定要以攻为主。要重视蓝军的作用，想尽办法来否定红军，就算否不掉，蓝军也是动了脑筋的。

蓝军部门也是人才培养基地，任正非说，过一段时间就可以把原来蓝军中的战士调到红军中做团长。红军的司令官以后也可以从蓝军的队伍中产生。

蓝军存在于方方面面，内部的任何方面都有蓝军，蓝军不是一个上层组织，下层就没有了。在你的思想里面也是红蓝对决的，我认为人的一生中从来都是红蓝对决的。我的一生中反对我自己的意愿，大过我自己想做的事情，就是我自己对自己的批判远远比我自己的决定还大。我认为蓝军存在于任何领域、任何流程，任何时间空间都有红蓝对决。如果有组织出现了反对力量，我比较乐意容忍。所以要团结一切可以团结的人，共同打天下，包括不同意见的人。进来以后就组成反对联盟都没有关系，他们只要是技术上的反对，只要他们不是挑拨离间、歪门邪道，要允许技术上的反对。百花齐放、百家争鸣，让人的聪明才智真正发挥出来。那些踏踏实实做平台的人，他们随着流程晋升很快，也不吃亏。这样既有严肃又有活泼，多么可爱的一支队伍啊。你看心声社区搞得多好，百花齐放、百家争鸣，你骂公司照样照登不误，公司根本不会去查哪个人骂公司，何苦做这个事情呢？他们开始百家争鸣，我们也就睁一只眼闭一只眼。

9.6.4　华为蓝军经典战例：蓝军力阻出售终端

有了前面的拉通对齐，有了路径推演，还有了资源配置的推演，企业最后还要做一次"红蓝军"对垒。因为在之前，大家都是按照一个方向去思考，可能还有很多盲区没有看到，这就需要建立红军和蓝军的对垒机制，一定要人站出来从对手的角度、从打败公司策略的角度提意见。

华为蓝军阻止出售终端业务的经典案例

2008 年，华为跟贝恩等私募基金谈判，准备卖掉终端业务，谈得都差不多了，准备签订协议，任正非说还是要听听蓝军的意见。此时，蓝军拿出了报告，认为未来的电信行业将是"端—管—云"三位一体，终端决定需求，放弃终端就是放弃华为的未来。由此阻止了终端的出售，为华为的转型留下了余地。

具体过程如下：2008 年，华为跟贝恩等私募基金谈判，准备以 80 亿美金的价格卖掉终端业务。此时，苹果已经推出了划时代的产品 iPhone，操作系统分为安卓和塞班两大体系。虽然当年包括诺基亚在内的手机厂商都没有把这一变化当回事，但是华为蓝军却敏锐地意识到形势正在发生变化，终端将会起到越来越重要的作用。当时华为决策层是准备出售终端部门的，任正非说，让蓝军出个意见。为此，蓝军连夜写了一页报告，标题就是《放弃终端，就是放弃华为的未来》，蓝军当时做出判断，未来的信息消费行业将是端、管、云三位一体，终端决定需求，放弃终端就是放弃华为的未来。任正非最后认同了这个观点。

除此之外，蓝军还建议公司大力发展多业务和物联网终端，由此奠定了终端大发展的基调。

华为这个终端不到 10 年便成为全球前三，年营收超过华为原有业务。如果当时出售了，可能就是华为历史上最大的战略挫败。华为凭借自身的科学经营体系避免了这样的重大失败。

蓝军就是提反对意见的，华为认为所有的战略规划一定要能听到不同的声音，没有硝烟味，一团和气是不行的，这正是蓝军的价值所在。

红军代表着现行的战略发展模式，蓝军代表主要竞争对手或者创新型的战略发展模式。蓝军的主要任务是唱反调，虚拟各种对抗性声音，模拟各种可能发生的信号，甚至提出一些危言耸听的警告。通过这样的对垒、自我批判，来为公司董事会提供决策建议，从而保证华为一直走在正确的道路上。

任正非再谈蓝军定位

任正非说："我特别支持无线产品线成立蓝军组织，要想升官，先到蓝军去，不把红军打败就不要升司令，红军的司令如果没有蓝军经历，就不要再提拔了，你都不知道如何打败红军，说明你已到了天花板了。"

任正非说："华为内部要创造一种保护机制，一定要让蓝军有地位，蓝军可能胡说八道，有一些疯子，但是敢想敢说敢干，博弈之后要给他们一些宽容，你怎么知道他们不能走出一条路来呢？"任正非还在会议上引用法国马其诺防线失守的故事称：防不胜防，一定要以攻为主，攻就要重视蓝军的作用，想尽办法来否定红军，就算否定不掉，蓝军也是动了脑筋的。

进攻就要听到不同的声音，这正是蓝军的价值所在，任正非表示，我们要走向开放，华为很快就是世界第一……

蓝军部门也是人才培养基地，任正非说，过一段时间就可以把原来蓝军中的战士调到红军中做团长，红军的司令官以后也可以从蓝军中产生。

蓝军一定要研究如何把红军打败，企业在做战略规划的时候，就可以选取蓝军来对最后推演的结果进行挑战，激发大家从不同维度思考方案的可能性和找到潜在的风险。

企业也可以构建这样的机制，选择一些代表来充当蓝军，不然做战略、策略的时候往往一言堂，没有硝烟味，没有人提反对意见，或者提的反对意见太过于客气，一团和气，这样不可能让团队预测可能的风险点。

"遍地是蓝军"

全公司员工都是蓝军，大家一起动手来简化，不要认为只有蓝军部才是蓝军。只要你认为哪一段流程有问题，把哪一段流程全部拿出来，并阐明你对这段流程的评价，输入到"落实日落法及清理机关说NO工作组"去，抓住这一段深入改革。有些文件先不取消，关闭三个月试试，如果没有人提出异议，再取消。分阶段处理，滚动性退出，这样我们就可能成功。

——任正非在落实日落法及清理机关说NO工作组、
合同场景师推动小组座谈会上的讲话，2018年，有删改

9.7　目标、策略、计划的宣贯会

企业将目标、策略、计划制订好后，要进行宣贯。所有不宣贯的计划是不可能得到有效执行的。企业要将目标计划清晰地传递给每个员工，不仅在本部门内部进行宣贯，还要给周边部门进行宣贯，而且二级部门要根据一级部门的计划做承接计划。每个二级部门的计划还要落地到每个员工，员工要做个人的工作计划，只有这样才能将目标、策略和计划真正落地。

目标、策略计划宣贯会可以包含回顾过去、展望未来、召唤行动、文化驱动、赋能等内容。

宣贯的过程可以采用多种形式，通俗易懂，要让所有人都知道自己目标、周边相关协作人目标和公司目标之间的关系，才能有整体性、协调性、激励性。通过目标的宣贯达到语言一致、动作一致，激发员工实现目标的使命感和内在动力。

从华为任正非的"动物世界"看宣贯的语言艺术

任正非为了更好地点燃变革，激发大家看清问题本质，理解公司的原则和方法，经常用动物来做比喻，通俗易懂，让华为所有员工能够步调一致。

"大象"——以灵活机制应对强大的对手。我们的对手足够地强大，强大到我们还没有真正体会到。我们和竞争对手比，就像大象和老鼠相比。我们是老鼠，人家是大象。如果我们还要保守、还要僵化、还要故步自封，就像老鼠站在那里一动也不动，大象肯定一脚就把我们踩死了。但是老鼠很灵活，会不断调整方位，一会

儿爬到大象的背上，一会儿钻到大象鼻孔里。大象老踩不到老鼠，它就会受不了。我们必须要有灵活的运作机制和组织结构体系。（1996年）

"千里马"——在高速发展时期，我们提倡才德兼备，当我们公司进入高速发展时期，我们应当以才德选拔干部。有才无德当然不行，但我们选拔人才时，首先看重是否有才干。我们给你百分之百的信任，让你放开去干，你干好了，就证明了你德很高；而不是先看中你的德，才给你一个工作，让你去做。有很多有才干的人，我们还没看清楚，就把这匹"千里马"关到猪圈里，猪圈是不可能生出千里马的。所以一定要让他先跑，一定要让他去干，不给他提供这样一个充分发展的环境，是不能判别他在这种环境中是否经受得起考验的。所以，必须要把人放到实际环境中去锻炼、去改造、去加强修养。（1996年）

"蜘蛛"——世界上我最佩服的勇士是蜘蛛，不管狂风暴雨，不畏任何艰难困苦，不管网破碎多少次，它仍孜孜不倦地用它纤细的丝织补。数千年来没有人去赞美蜘蛛，它们仍然勤奋，不屈不挠，生生不息。（1996年）

"蜜蜂"——我最欣赏的是蜜蜂，由于它给人们蜂蜜，尽管它多螫，人们都对它赞不绝口。不管您如何称赞，蜜蜂仍孜孜不倦地酿蜜，天天埋头苦干，并不因为赞美产蜜少一些。胜不骄，败不馁，从它们身上完全反映出来。在荣誉与失败面前，平静得像一湖水，这就是华为应具有的心胸与内涵。（1996年）

"凤凰"——《华为人》报上有人提出口号"烧不死的鸟就是凤凰"，能上能下，经受大风大浪的考验，肯定是很有意义的。市场部的集体辞职，这种制度化的让贤在我们第二次创业过程中是有巨大的意义的。这个意义3~5年以后才有资格来评价，从现在情况来看积极意义已经很明显了。市场部集体辞职将记入华为历史的纪念史。我们所有干部都要向他们这些人学习，他们真正抛弃了自我、融入了大我，真正是把公司的利益作为最高的利益。市场部集体辞职产生的深远影响会在公司的各个部门、各个领域都产生巨大影响。我非常赞成"烧不死的鸟就是凤凰"这句话，让历史来检验你，时间来检验你，而不是拿个人的感情来检验你。经受洗礼的员工将再次进入重要岗位，他们会更加坚强和优秀，而且这样坚强和优秀的干部是我们事业成功的很重要的基础。很多优秀员工也可能会有起落的，我们保持每年有70%的人是优秀员工，那你怎么知道其他30%的人不往70%里钻呢？因此，我希望全体干部包括优秀员工要经得起时代的检验，否则会落在时代的后面。"不经磨难不会成才"，经历了磨难，就增加了许多智慧，增长了许多才干。（1997年）

"萤火虫"——华为的光辉是由数千微小的萤火虫点燃的。萤火虫拼命发光的时候，并不考虑别人是否看清了它的脸，光是否是它发出的。在没有人的时候，它们仍在发光，保持了华为的光辉与品牌，默默无闻、毫不计较。它们在消耗自己的青春、健康和生命。华为是由无数无名英雄创造的，而且无数的无名英雄还要继续涌入，他们已在创造华为的光辉历史，我们永远不要忘记他们。当我们产品覆盖全球时，我们要来纪念这些为华为的发展贡献了青春与热血的萤火虫。（1997 年）

"青蛙"——将军是不断从错误中总结，从自我批评中成长起来的。你们不要像蜻蜓一样停在水的表面，而是要像青蛙一样潜到水的下面去。事情是想好了才能干好，没有想好不可能干好，谋定而后动。（2007 年）

"狼和狈"——我们从没有提出过"狼文化"，我们最早提出的是一个"狼狈组织计划"，是针对办事处的组织建设的，是从狼与狈的生理行为归纳出来的。狼有敏锐的嗅觉、团队合作的精神及不屈不挠的坚持。狈非常聪明，因为个子小，前腿短，在进攻时是不能独立作战的，因而它跳跃时是抱紧狼的后部，一起跳跃。就像舵一样操控狼的进攻方向。狈很聪明、很有策划能力、很细心，它就是市场的后方平台，帮助做标书、网规、行政服务……我们做市场一定要有方向感，这就是嗅觉；大家一起干，这就是狼群的团队合作；要不屈不挠，不要一遇到困难就打退堂鼓，世界上的事情没有这么容易，否则就会有千亿个 Cisco。狼与狈是对立统一的，单提"狼文化"，也许会曲解了狼狈的合作精神。另外，不要一提这种合作精神，就理解为加班加点，拼大力，出苦命。那样太笨，不聪明，怎么可以与狼狈相比。（2008 年）

"黑寡妇"——华为跟别人合作，不能做"黑寡妇"。黑寡妇是拉丁美洲的一种蜘蛛，这种蜘蛛在交配后，母蜘蛛就会吃掉公蜘蛛，作为自己孵化幼蜘蛛的营养。以前华为跟别的公司合作，一两年后，华为就把这些公司吃了或甩了。我们已经够强大了，内心要开放一些，谦虚一点，看问题再深刻一些。不能小肚鸡肠，否则就是楚霸王了。我们一定要寻找更好的合作模式，实现共赢。研发还是比较开放的，但要更加开放，对内、对外都要开放。想一想我们走到今天多么不容易，我们要更多地吸收外界不同的思维方式，不停地碰撞，不要狭隘。（2010 年）

"千里马"——干部要传承公司价值观，知恩畏罪，踏实做事，严禁拍马屁之风。最好的干部是什么样的人呢？就是眼睛老盯着客户，盯着做事，屁股是对着我的，脚也是对着我的，他是千里马，跑快了，踢了我一脚，我认为这才是好干部，一天盯着做事的干部才是好干部，才是我们要挖掘出来的优秀干部，而不是那种会"做人"的干部。（2011 年）

"乌龟"——我们要持续不懈地努力奋斗。乌龟精神被寓言赋予了持续努力的精神，华为的这种乌龟精神不能变，我也借用这种精神来说明华为人奋斗的理性。我们不需要热血沸腾，因为它不能点燃为基站供电。我们需要的是热烈而镇定的情绪，紧张而有秩序的工作，一切要以创造价值为基础。（2013 年）

"黑天鹅"——我们期望"黑天鹅"也要飞在我们的"咖啡杯"中，虽然按我们现在的思想结构，"黑天鹅"还不在我们杯子里。首先我们要去掉"农民意识"，跟别人去喝咖啡，要送一瓶好酒；和教授合作，不要提那么多要求，就说能否在你立项和失败的时候给我们讲两堂课，在讲的过程中，我们喝几次咖啡。我们与几百个人喝了咖啡，消化几百人的思想，然后就会领先世界。如果你不理解，当"黑天鹅"要出现时，就会错失。（2016 年）

"小老虎"——有人说"终端干部职级低"，我说："13 级的干部为什么不能拿23 级的待遇？"我认为，将来21 级的"将军"是带一批"班、排长"和"游击队"作战，而不再带一群"旅长"和一群"团长"，否则高端干部成本太高，把钱分光了，作战部队没人。我们加强边界管理，下放经营权，这样每个地方都是"小老虎"，怎么不可能呢？只要在内、外合规的边界内达到目标，抢的粮食多，13 级就可以拿23 级的报酬，分奖金只与产多少粮食有关。他们又问："13 级能不能当将军？"可以，只要你具有持续管理的能力，那就能走将军之路；如果暂时还不具备，钱已经先分给你了。（2017 年）

"眼镜蛇"——问：我们现在从事的好多前沿研究工作会遇到风险，那么风险与KPI 就会有冲突，那么在这个问题上您有什么看法？答：我多年来其实不是都赞成KPI 的。KPI 是用于大兵团作战的流程化管理，但过于僵化，反而是不好的。我曾讲过，我们的组织与流程，应像眼镜蛇一样，蛇头不断地追随目标摆动，拖动整个蛇身随之而动，相互的关节并不因摆动而不协调，这就是科学的KPI。在科学研究和未来网络探索过程中，不仅没有KPI，也没有失败两个字。我们都不知道路怎么走，怎么去KPI 呢？所以在科学研究未来的考核中，我们要更多一些宽容。（2017 年）

"死老鼠"——华为所处的通信行业属于投资类市场，客户购买通信网络设备往往要使用10~20 年，而不像消费品一样只使用1~2 年。因此，客户购买设备时首先是选择伙伴，而不是设备，因为他们知道，一旦双方合作，就需在一个相当长时间内共同为消费者提供服务。

小国要聚焦，不要带着理想硬塞死老鼠给别人，要避免无效投资，就是要在高价值区域重点投资，低价值区域暂时别去管它。（2016 年）

"龟缩"——不要龟缩在首都，不要龟缩在代表处，要多去了解合同场景，以及未来的合同场景，旅游时，也评估下这个地方的工程难度。不然怎么叫上过战场。

我坚决反对不作为、胡作为、假意志、乱指挥……我们部分员工龟缩在代表处、龟缩在首都，这算什么上过战场、开过枪……（2017 年）

第10章

绩效管理：
"指哪打哪，打哪哪胜"

"知贤之近途，莫急于考功。"

——《潜夫论·考绩》

10.1 绩效管理存在的主要问题

绩效管理的十大痛点：

——绩效管理没有承接公司战略，部门或者说相关的工作主体还是按照既有的工作惯性来制定目标，导致避重就轻。

——绩效管理没有拉通对齐、"互锁"，绩效指标没有上下对齐、左右拉通，相互"锁定"，这就会导致本位主义。

——每个人只顾自己的指标，却不顾团队目标，虚假繁荣，导致大家不去关注公司整体目标。

——只有个人绩效考核没有组织绩效考核，丢了西瓜捡了芝麻。

——绩效是围绕分钱而不是挣钱，不是导向冲锋，本末倒置；有些公司的绩效考核设置的出发点就是扣分，设置百分制，肯定大家达不到100分，打击多数人。

——绩效考评结果"轮流坐庄"：这次我得优秀，下次你得优秀，让绩效考核流于形式。

——中后台部门考核自娱自乐，不关联业务业绩，没有"硝烟味"；很多公司中后台设置的指标都是规范性的考核指标，没有以客户为中心，没有导向一线作战。

——绩效管理是人力资源部门的工作，与业务部门无关，袖手旁观；人力资源部门抓绩效管理，业务部门参与不多，包括指标设定、打分、沟通等，导致业务部门不参与，绩效考核和业务没有融合。

——绩效与激励脱节，激励规则不明确，雾里看花；导致大家不重视绩效考核和绩效牵引。

——只有绩效方案，没有绩效过程管理；只是设定了一些考核的指标，没有对过程中需要的资源、关键举措、预警、改进进行详细规定。没有这些内容，导致结果就是"踩着西瓜皮，溜到哪里算哪里"。

以上是众多企业做绩效管理和激励时容易出现的问题。每家企业都有自身特点，在绩效考核和激励中表现出的问题点不一样，但是也存在相同的问题。

华为看"绩效管理"

华为对绩效管理的认知和管理举措也在随着企业发展和组织经营环境变化，以及遇到的具体问题的不同而不断改进：

在工作成绩面前人人平等，不允许不经考核就提升工资以及保留工资。只有干一行、爱一行、专一行才能产生高效率。加强基层干部的管理能力与工作绩效考核，不能达到标准的要适当调整工作。（任正非，1997年）

华为从1997年开始与Hay Group（HAY）合作，建立了职位体系、薪酬体系、任职资格体系、绩效管理体系及员工素质模型；从1998年开始，HAY每年对华为人力资源管理的改进工作进行审计……我们引入HAY的薪酬和绩效管理体系的目的，就是因为我们看到沿用过去的土办法，尽管能保证眼前我们还活着，但不能保证我们今后继续活下去。（任正非，1998年）

1998年我们将推行绩效改进系统，按绩效改进来确定员工的待遇与升幅。绩效改进比绩效考核要科学和减少矛盾。每人以自己为标准，今天不断地与昨天比，从而推进个人与公司的进步。（任正非，1998年）

要强化绩效考核管理，实行末位淘汰，裁掉后进员工，激活整个队伍。我们贯彻末位淘汰制，只裁掉落后的人，裁掉那些不努力工作的员工或不胜任工作的员工。我们没有大的结构性裁员的计划，我们的财务状况也没到这一步。（任正非，2003年）

另外，我们采取任期制，保证能上能下，完不成目标的要下来。选拔机制是建立一个三权分立的机制，业务部门有提名权，人力资源及干部系统体系有评议权，党委有否决权。就干部考核机制来讲我们有三个方面，一是责任结果导向、关键事件个人行为评价考核机制；二是基于公司战略分层分级述职，也就是PBC（个人绩效承诺）和末位淘汰的绩效管理机制；三是基于各级职位，按任职资格标准认证的技术、业务专家晋升机制。走专业线的就是技术专家、业务专家，他可以基于各职位活动标准来申请，认证通过了就能够上去。我们在这个干部考核过程当中不完全是重视绩效，因为绩效只能证明你可能不会被淘汰，不能证明你可以被提拔。我们关键要看个人过程行为考核，要综合各种要素来考虑……我们首先要根据任职职位的要求与任职资格标准进行认证，认证的重点在于员工的品德、素质和责任结果完成情况。认证以后我们还要进行360度的考察，这360度就是主管、下属和周边，全面评价干部的任职情况，不搞民主推荐，不搞竞争上岗，而是以成熟的制度来选拔干部。这个成熟的制度包括职位体系、任职资格体系、绩效考核体系、干部的选拔和培养原则、干部的选拔和任用程序，包括我们后面要讲的干部的考核。（任正非，2004年）

公司将逐步调整为以项目为中心运作。未来所有项目经理在资源的使用权、人员的考核权、财务的权签（人权、事权、财权）等方面要承担责任。人权是过去项目经理相对比较弱的一方面，因为绩效管理和人事管理原来都在功能部门，所以这次增加了人员绩效管理方面最基本的培训。（任正非，2014年）

那就是PBC牵引太强，绩效结果应用太强，绩效结果简直决定员工的一切回报！现在PBC牵引太强了，如果能力强的员工不去搞与代码无关的事情，就会没有很好的绩效。为啥？因为现在的绩效管理是"人与PBC比""人与人比"……PBC是死的，一般员工都会看好，但人是活的，你要超过别人，就必须搞点其他与代码无关的事情，结果一搞就搞多了。研发普遍有一种认识，搞定周边部门远比搞定代码要难度大。久而久之，写代码的绩效就差了，谁还愿意写。因此，要从根本上解决软件开发的问题，必须解决利益分配在执行层面的问题，也就是绩效管理问题，写代码的取消相对考评、采用绝对考评！减少考评结果的应用，比如只关系晋升，不关系奖金！（任正非转发员工评论，2016年）

要探索和发展干部八条遵从的他律机制建设。要形成群众监督，逐步开展干部违反八条行为的公示工作，形成约束干部自身行为的组织警示机制。要形成制度监督，加强关键干部任用前考察，通过周边走访与深入谈话，客观了解干部的绩效与干部八条遵从的情形，用好干部任命过程中的品德否决权。干部使用要坚持五湖四海原则，坚决反对"一人得道鸡犬升天"式的裙带提拔，及时纠正"跟人"和"站队"的不良风气。（任正非，2018年）

过去公司人力资源对标功能组织建设，逐渐脱离作战系统，建立了自我封闭体系，成了落后于业务发展需要的体系……考核的绝对化，就是僵化；考核的强制比例，会导致内部过度竞争、合作氛围淡化……我们要把职员系统单列出来，走绝对考核的道路……将来相对考核最主要用于管理干部，选拔"将军"……坚定正确的政策方向、稳定适用的人力资源考核模板为基础的应用、灵活机动的战略战术（一国一策、一品一策……的考核评价机制，以及环境突变的临时考核机制）。以前做得好的也要继续发扬，使我们的管理机制变得坚定正确、灵活机动，一切向"作战"靠拢，所有形式主义的不增值管理都应该消亡。（任正非，2018年）

加强团队绩效考核、降低个人绩效刚性应用才是正道！（任正非转发员工评论，2018年）

构建高绩效的组织文化。在从农村包围城市、从国内拓展海外、从行业跟随者到领先者的征程中，在公司业务发展与市场竞争压力无衰减地穿透组织的过程，公司一代代的干部群体通过自身践行核心价值观，勇于担责、敢于牺牲、为客户创造价值的奋斗行为，用自己的内心之火带领团队在不断的失败中从一个胜利走向另一个胜利，形成了公司特有的面对挑战、敢于亮剑；面对挫折、百折不挠；面对成绩、自我批判；面对机会、永不满足的组织气质和持续追求高绩效的组织文化。（人力资源管理纲要2.0：总纲，2018年）

考核与激励过于短期化与精细化，导致组织经营与管理行为过于短期化，也削弱了组织集体奋斗的战斗力，更不适应业务发展的多样化激励需求：①考核激励过度精细化。在过于精细化的组织考核及结果应用关联下，组织间过度计较业绩核算、关注分蛋糕而不是做大蛋糕，破坏了组织以客户为中心、"胜则举杯相庆、败则拼死相救"的集体奋斗传统，也导致组织间过于复杂的核算关系、过大的内部管理成本。②考核激励过于短期化。短期产出导向考核及简单化理解"获取分享制"内涵的激励操作，导致部分组织行为的短期化和绩效结果的泡沫化，对于战略性业务探索缺乏耐心。③考核激励错配业务特性。针对传统产业，过于强化增长速度的考核激励导向，与产业发展平缓阶段需要精耕细作的管理诉求不相匹配；成长业务与新发展业务在一刀切地适用成熟业务考核激励机制后，自身发展意愿不足、发展资源配置不上、发展速度达不到公司战略期望。（人力资源管理纲要2.0：总纲，2018年）

优化个人绩效导向，全营一杆枪。个人绩效管理机制不仅要对员工过去取得的责任结果进行评价，更要激发员工，促进个体及团队整体绩效和能力持续提升。在坚持责任结果的基础上，从单一强调"个人有效产出"，到同时考虑"为客户创造价值、对他人产出的贡献、利用他人产出的贡献"的牵引。学习谷歌军团的方法，组建突击队。（郭平，2019年）

关于职级管理，第一，我们对个人职级的管理还是要严格、严肃。我们应该对历史的功臣给予肯定，不要轻易抹杀他们的贡献与努力。但是员工也不能以功臣自居，然后"藏"在某个职级当"南郭先生"，为什么不可以回家去看书呢？学好了再回来应聘，二进宫嘛。我们要不断去测评优秀员工的绩效以及持续贡献的能力，快速使用他。（任正非，2019年）

10.2　对绩效管理的正确认知

10.2.1　绩效管理和战略的关系

没有明确的战略，企业能推行绩效管理吗？战略并不一定是一种明确表达出来的目标愿景，更多的是反映一种企业状态，也就是说，有些企业看起来没有战略，但是可能处于某种战略状态。

比如 2000 年前后，华为销售收入已经达到 220 亿元。外界询问任正非华为的战略是什么，任正非说："华为没有战略，如果你一定要问，我们的想法就是怎么样能够在激烈的竞争中生存下去，怎么样比竞争对手多活一口气。"任正非个人的目标从提高自己的生活质量，到为跟随自己多年的部下的收入和发展承担责任，到振兴民族产业、产业报国，再到"我们将不得不走在成为世界第一的路上"这样的宏大战略目标。这都是他自身追求与愿景不断变化和深入的体现，也是华为将散点的目标体系化、战略化的过程。

而一个企业的发展，就是一个个目标被实现的过程。绩效管理作为实现目标的管理工具，只要有目标就有绩效管理。

华为看战略目标和绩效评价

BG 制定并组织实施全球战略，BG 战略穿透包强调在战略战场直接穿透，看准了一个山头后，事先把战略穿透包给代表处，让他来呼唤资源。代表处舍不得调用的话，也节约不归己，不用就收回来，按年度或半年度审视和收回。

要采用灵活机动的战略战术（一国一策、一品一策……的考核评价机制）。

奖金激励既要激励当期贡献，也要牵引对未来的投入，不仅让"多打粮食"的工作得到当期回报，也要让"增加土地肥力"的努力获得合理收益。短期产出导向考核及简单化理解"获取分享制"内涵的激励操作，导致部分企业行为的短期化和绩效结果的泡沫化，对于战略性业务探索缺乏耐心……

10.2.2　绩效管理包括组织绩效管理和个人绩效管理

（1）组织绩效管理。

很多企业存在的问题是，战略解码直接分解到了个人 KPI。实际上，要先分解到部门，没有有效的组织绩效管理，个人越勤奋，企业偏离航道的风险越大。组织绩效分解的层级要在每一个业务线。每个分公司、每个人都需要绩效管理。

组织绩效管理的目的是准确识别、显现各层级部门的价值和贡献，发挥企业的最大潜能。各层级部门的 KPI 要围绕着企业目标制定。各业务线等的关键战略落地指标不能承载太多的管理诉求，否则导致 KPI 牵引不聚焦。组织绩效管理是企业提升企业能力和经营能力的重要抓手。很多企业往往关注短期的财务指标而忽视了企业能力建设。所以企业要思考为了中长期经营能力的提升，在企业能力上要设置哪些指标。

（2）个人绩效管理。

要保持战略的一致性，组织绩效和个人绩效要上下对齐，选择组织绩效 KPI 中合适的关键指标作为个人 PBC 结果性指标。个人的绩效 KPI 既有结果指标，也有过程指标。

组织绩效管理，一定是以企业的战略为核心，围绕企业增长和成长，从上往下、从下往上、上下左右拉通对齐，将战略落地的关键举措、风险点、"卡点"识别出来的。很多企业做的绩效管理是以个人为中心，以管控为主的思路，围绕绩效结果展开，以绩效结果为依据输出工资或者奖金。这样的绩效管理没有灵魂，形不成组织合力。

华为绩效管理的全景图如图 10-1 所示。

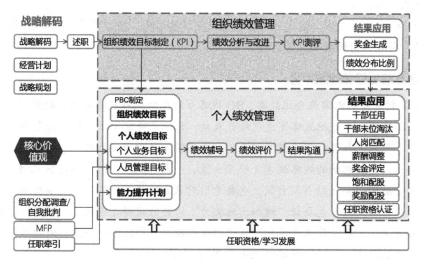

图 10-1　华为绩效管理的全景图

10.2.3　绩效管理就是为了改进绩效

绩效管理的终极目的是改进绩效。

绩效管理是人力资源管理的中枢，但是绩效管理往往被神秘化，似乎绩效管理是非常复杂的，企业往往陷入了技术化的误区。

绩效管理本质在于不断提高企业和员工的绩效能力，通过绩效沟通、辅导以及反馈的过程，推动员工不断提升能力，以达成更好的绩效。

员工能力改进是组织绩效提升的基础。绩效面谈反馈的一项重要工作就是确认和分析工作绩效差距，包括用目标比较法、水平比较法、横向比较法等衡量工作绩效差距。员工之间的绩效比较，一定要按照既定标准来进行，绝不能进行员工之间的综合比较，因为综合比较涉及因素太多，并且没有瞄准某一具体方面，难以达成公平、公正，也难成为绩效管理的抓手。

绩效差距分析就是企业寻找导致员工绩效不佳的能力弱项和心理因素，进行改进和调整。其可以从知识、能力、态度和外部障碍四个方面进行分析，分析员工是否具有解决问题的知识和技能，是否存在不可控制的外部障碍，员工对待工作是否有正确的态度和自信心等。被考核者和考核者在讨论中，对解决问题的方法达成共识，这样被考核者才会全身心地投入绩效改进提升中。

华为的薪酬绩效管理制度也经过多年的建设，期间也不断变革。本文梳理了华为薪酬绩效管理制度在几个关键变革节点的变化，从中可以看到华为整个绩效管理的核心思路。

2014 年任正非曾在人力资源工作汇报会上说"华为的薪酬制度要大改"

关于人力资源战略：坚持聚焦管道的针尖战略，有效增长，和平崛起，成为 ICT 领导者，将"超越美国"这句话改为"有效增长，和平崛起，成为 ICT 领导者"。将来业务政策、人力资源政策等各种政策都应支撑和平崛起这样一种方式。

组织绩效要根据当期产粮多少来确定基本评价（KPI），根据对土壤未来肥沃度的改造来确定战略贡献，两者要兼顾，没有当期贡献就没有薪酬包，没有战略贡献就不能提拔。我们认为，还是根据产粮食多少来确定基本评价（KPI），根据对土壤未来肥沃度的改造程度来确定战略贡献。比如，根据销售收入+优质交付所产生的共同贡献，拿薪酬包；若没有做出战略贡献，不能被提拔。我们现在的 KPI 也包含了很多战略贡献，战略贡献要搞 KPI，我也同意，但要单列，战略 KPI 和销售收入 KPI 不能一致。将来公司所有指标都要关注到抢粮食，关注到战略指标。

我们原来的虚拟考核方法很好，可以继续沿用。举例：我们有 68 个战略制高地、200 多个战略机会点，抢占战略高地要靠能力提升，靠策划，靠方法，不完全靠激励。当然，激励也是应该的。虽然做了战略高地，但若利润是负值，乘以任何系数都没用，因此还是至少要实现薄利，不要简单地说"未来如何赚钱"，即使未来赚钱，也是破坏了今天的战略平衡。设定的战略目标，有销售收入浮动的比例。战略机会点攻入进去了，不允许降价作恶性竞争，但是允许多花钱，比如可以派两个少将去。

BG 重心是销售收入，既想卖东西，又想抢占战略高地，是虚拟考核；区域考核的是盈利和战略，即使薄利，也是盈利。当 BG 和区域的诉求完全不一致时，由区域说了算。

金字塔内部结构要异化。我们人力资源有很多模块，以前薪酬待遇都是对标电子工程师，太标准化。现在金字塔架构体系不发生变化，但里面的各个模块要异化，各自去和市场对标。华为机器的核心制造和新产品制造去市场上对标，技师只要做到高质量，就可以高工资。制造要尽快开始激活，把全世界最优秀的技师都挖到我们这里来，还做不出全世界最优秀的产品？也欢迎走掉的技师回来共创未来。

4 年之后，到了 2018 年，从华为两封总裁办邮件可以看出任正非对绩效管理改进方向的想法。

（注：【2019】006 号邮件是任正非于 2018 年 10 月 26 日在个人绩效管理优化工作汇报会上的讲话，快 3 个月后才公布，而【2019】007 号邮件则是任正非于 2018 年 11 月 16 日在干部管理研讨会上的讲话，过了两个多月才公布。）

此时任正非对华为人力资源（HR）战略重心工作进行了规划，一切向"作战"靠拢，努力让所有形式主义的不增值管理都消亡。所有工作都要对准"多产粮食"和"增加土地肥力"，并且要求绩效考核要区分不同人群，如专家、干部、职员三类，根据不同业务场景、管理对象做绝对考核和相对考核。

未来几年，整个大形势应该没有想象中那么乐观，我们要有过苦日子的准备，每个工种都要对准"多产粮食"和"增加土壤肥力"，如果对标没有价值，就应该裁减和放弃一部分工作，让其聚焦。也要放弃一部分平庸的员工，把人力成本降下来。

过去公司人力资源对标功能组织建设，逐渐脱离作战系统，建立了自我封闭体系，一个落后于业务发展需要的体系。人力资源是主战部队的助手，作战需要资源，人力资源要对资源负责任，"资源"就是优秀的员工（各级骨干+英雄+领袖），以及合理的作战队形。所以，人力资源体系一定要改革，要注重绩效管理、组织激活、领袖选拔、英雄评选，其他事务性工作（如签证、人事……）应该逐渐剥离出去，不能抓了"芝麻"，丢了"西瓜"。

我们要坚持三条管理方针：坚定正确的政策方向、稳定适用的人力资源考核模板为基础的应用、灵活机动的战略战术（一国一策、一品一策……的考核评价机制，以及环境突变的临时考核机制）。一切向"作战"靠拢，所有形式主义的不增值管理都应该消亡。

人力资源部管规则，首先要集中精力解决绩效考核的合理性和规则性，这是你们当前的战略重心。绩效管理有几个优化点：一是坚持以责任结果为导向，"产粮食"的结果是可以计算出来的，占比多少，例如 70%；二是强调战略贡献，"增加土地肥力"是评议出来的，按微软萨提亚的那三条，相关部门也要投票的，占比多少可以探索，例如 30%，这一部分我们目前还做得不好；三是差异化管理，不做一刀切。

组织绩效管理与业务结合，利益问题用"包"的方式来解决，人力资源部提供考核方法和工具，授权给各级作战团队和他们的干部去考核。第一，人力资源部可以利用虚拟考核报告，计算出某国的初始薪酬总包。可以以过去三年该国的薪酬包平均值为基数，计算薪酬总包的基础值。第二，再计算该国的艰苦系数、困难系数，确定调整值；战争补贴在战争结束了，就要停止。第三，再算上整个公司的通货膨胀系数，把这个系数也给它（比如可以按公司年收入与薪酬包的关系计算出膨胀系数），这样就得出一个该国薪酬总包的总值。基于薪酬包总值的边界，授权作战团队发挥主观能动性，自行去评价，可以绝对考核，也可以相对考核。我们要摸索优化，例如，终端的 26%分配，能否一定五年。我们一定要坚持贡献面前人人平等，并作为价值评价基础。当然，对贡献的注释，可以讨论细化与 PK。

个人绩效管理坚持责任结果评价导向，以促进"为客户创造价值""相互协作""差异化管理"为优化重点。

在结果中，不要过多强调个人贡献，就讲你对团队的贡献，最重要是整个团队在进步。就像"全营一杆枪"一样，团队内可采用绝对考核方式，让他们的项目经理去分配。第二，战略贡献还包括协同，这 30 分包括协作部门对你的评价、下级给上级打分。当然，主官和普通员工的考核比重应该不一样，高级主官可能 70%是战略贡献、30%是当前结果。主官一定要牵引公司前进，领袖就是以战略方向为中心。如果没有战略思维，就不是主官，他可以退成主管，抓事务性的日常工作。每个员工都可以自己建立自己的工作档案，多次复盘就是不断建模，这样他对自己的正确评价也建立起来了。

绩效管理不能僵化教条，不能形式化。第一，考核的绝对化，就是僵化；考核的强制比例，会导致内部过度竞争、合作氛围淡化。所以，绩效管理绝对不能搞统一的标准，不同部门不同要求，不同地域不同要求，干什么考核什么。只有坚持实事求是，我们的考核才能创造出价值来。过去我们的绩效管理过于僵化教条，用一把"筛子"把 18 万名员工标准化了，基层的活力还没有完全发挥出来。公司大到一定程度，有些"南郭先生"就掌握了行政权力，带来的后果就是更加僵化，因为只有僵化，他才好管理。第二，绩效管理也不能形式化。以前听说文员每天都要写日志，她就在主管周边工作，日常工作成果都能看见的，为什么还要写日志呢？当年市场系统要求写日志，是因为市场人员撒得很开，管理体系跟不上，所以通过写日志来看看一个远在天涯海角的人是不是在真正做事，做的事是否能让公司存活。随着代表处的组织建设越来越完善，我们不强调写日志，而强调要写案例、写认识。

将来相对考核最主要用于管理干部，选拔"将军"。我们要允许一部分部门和岗位实行绝对考核，激发活力，加强团队协作。个人绩效管理有两个作用，一是对过去责任结果的评价，二是对未来努力进取更要有牵引。"末位淘汰制"是我发明的。我年轻时看到西点军校考核制度很好，就在我们公司全面实行，早期发挥了作用，但后来这个机制越走越僵化。现在我们就要改变一下，允许一部分部门采用绝对考核制，但是要逐步推行，不急于大规模变化。

我们要把职员系统单列出来，走绝对考核的道路，职员体系要像高铁运行一样保持高速的日常运作，京广高铁途经几千个审查点才能到广州，但都是无接触的监管，只要核对几个命令是符合的，就按钮操作。主官对发出的命令承担决策责任，职员对命令执行的符合度承担责任，而不是对结果负责。相对考核是为了挤压"火车头"的管理方式，非"火车头"为什么必须打C？有些部门每个人都干得好，还提心吊胆，不知道今年的C会落到谁头上；有些本来很优秀的员工，生完小孩回来没有岗位，就被末位淘汰了；有些岗位不是作战部队，为什么要这么大的新陈代谢？我们不能为了僵化地挤掉一个人，搞得每天都人人自危。

专家的循环不能叫末位淘汰，他们是直接作战队伍，考核只有一个达标线，但没有僵化的淘汰额度。行政干部一定要珍惜机会、尽心担责，每年必须淘汰一部分行政干部到战略预备队去，重新找岗位。如果到内部人才市场，18级的干部只能再找到17级的岗位，那职级就降到17级，工资、股票也要降下来。这样大家才会珍惜在岗的机会，不能去混。

一定要让整个改革和业务融合起来，一定要将作战的权力和运作重心下沉。首先从人力资源部自我改革开始，加强"经线"管理的同时，也要加强"纬线"管理。把人力资源改对了，再去改别人。但要谋定思动、逐步调整，避免因人员变动而导致过去良好的做法、经验和模板的丢失。

人力资源内部首先要加强基础模板考核。我们一定要掌握好工具再去管理，例如，学会用螺丝刀才去做电工；学会用扳手才去做管道工；学会用锤子才能去做铆工……人力资源干部、干部部的干部不会用模板，那就是只会喊口号。其实我们人力资源有很多好模板，所有HR都要学习，把模板用活，如果不掌握模板就去考评，那纯粹是糊涂官论糊涂事。HR是做基本测评，领导的面谈、面试可以在此基础上进行综合测评。360度考核应该是找英雄，而不是找缺点。

HR为业务服务，是业务部门的助手，必须理解所服务业务的特点和实操场景。翻译部为了翻译得更准确，周末就去东莞装机实习，所以能听懂别人的技术语言。

人力资源为什么不能走这一步呢？我去海外代表处调研，发现大多数 HR 都没去过站点，周末也没去过。关起门来 HR 有什么价值呢？人力资源要好好地自我批判。

改进面试方法，不拘一格获取优质人才。第一，现在招聘管理，最重要的是提高面试水平，要向西方公司学习。每个应聘者可以先用半小时讲自己的学术报告，而且要经过五轮面试。每个人都有不同的优点，我们不能简单拿个标准筛子去评价。第二，随着业务规模增长，适当的人力增长是允许的，但也不要过于僵化。在当前新的人才转移时期，可以拿出特招指标来专门审批；对于优秀的外包员工，今年可以适当给指标，从外包员工中录用一部分（3 000 名）优秀人员；对于高端人才招聘，不受指标限制。

关于人员流动：第一，人员合理流动是必需的。这项工作将来应该是人力资源和总干部部一起来落实。原则上中、基层员工尽快找到自己的突破口，高级干部要服从分配。其实员工最容易转换工作内容的时期，是参加工作的前几年，这时要对标找到自己的贡献机会点，而当他上升到一定程度以后，转换就比较困难了。第二，我们也要坚持实事求是，有些地区不要过分强调干部流动，可以原地提升前线作战单位的职级和待遇。比如西藏的"将军"是不适合上"航母"的，但职业通道就在这个地方，进行评定，不横向比对。

关于职级管理，员工的薪酬回报并不完全与他担任岗位的职级对应，比如 13 级的员工干得好，他当年工资加奖金的总回报可能拿到 21 级的水平，若他不光年度绩效结果好，学习提升还快，能持续地提升自己的管理能力，那么他可能就会有承担更重要责任的机会，个人职级就可能得到提升，走将军之路；这样他的工资高了，奖金可以少一些。若他暂不具备进一步担当重任的能力，那么他也已经获得了原岗位上的优厚奖金了。

任正非 2022 年面临危机，要求将寒气传递到每个人

今年各个业务的奖金一定要拉开差距，绝不允许平均逼迫大家实现抢粮食的短期目标。今年年底利润和现金流多的业务，奖金就多发一些，不能创造价值的业务就是很低的奖金，甚至没有，把寒气传递下去。

可见，从来就没有一成不变的完美绩效管理方案，那些动辄拿华为方案来说话的"专家""前员工"，很可能自身并不理解华为的管理理念特别是管理理念的演进背后的假设。绩效管理要针对企业环境变化做调整，即便华为这样超大规模的企业，也要在认知上不断深化对绩效管理的理解，在具体操作的方法上，也要不断修正，以适应业务环境和管理对象的变化，这是企业在学习华为管理思想和方法时特别需要注意的。

10.2.4　绩效考核不同于绩效管理

很多人一说绩效就是绩效考核。绩效考核和绩效管理有本质的不同，如图 10-2 所示。

图 10-2　绩效考核和绩效管理的区别

绩效考核以管控为主，着眼于过去，员工被动，是单向沟通，压力在员工单侧。很多企业一说绩效考核就是扣分扣钱，这会让员工沮丧，产生焦虑。沟通也不是在过程中进行的，也不是双向的，只是在结果出来后通知一下员工而已。

绩效考核是考评主体对照工作目标或者绩效标准，采用科学的考评方法，评定员工的工作任务完成情况、员工的工作职责履行程度和员工的发展情况，并且将评定结果反馈给员工的过程，以"考"或者"评判"为主要方式。

绩效管理则以引导激励为主，更加关注员工未来，引导员工主动思考，进行双向沟通。管理者角色是教练，压力在管理者。绩效管理更多的是从激励的角度，从把目标完成的角度，从员工成长的角度来做管理，比如，制定目标的时候一定强调双向沟通，包括过程和结果，都进行双向沟通，在过程中调整管理举措，这时候的管理者更像是一名教练。

以绩效考评制度为基础的人力资源管理子系统特别强调沟通，去辅导员工能力的提升。绩效管理的范畴要比绩效考核的范围大很多，更多地强调是一个管理过程而不仅仅是一个评价结果的工作。其是一个管理循环的过程，不仅强调达成结果，更强调通过管理者职能的发挥，通过目标、辅导、评价、反馈等环节促进绩效目标的实现。

很多企业以控制为中心，绩效管理就没有"灵魂"。绩效管理和绩效考核不一样，绩效管理的根本目的是引导员工贡献于企业的战略目标，同时促进个人绩效的改进和能力的提升，实现企业和个人的共同成长。

很多人误认为绩效管理只是人力资源部门的事情。事实上，管理者要真正承担管理职责，就必须用绩效管理这个工具。

当员工的目标实现的时候，管理者自身的目标也就实现了，这个时候，他才成为一个真正的管理者，从事的才是真正意义上的管理工作。人力资源部门作为一个专业的职能机构，是绩效管理系统的设计者和组织实施者，在需要的时候向直线管理者提供相关技术及技能的培训和支持。

10.2.5　绩效管理基于价值链管理思想

人力资源工作围绕价值链展开，从价值创造（科学经营系统 SOPK+）到价值评价，再到价值分配（科学分钱）。

价值创造，要问个三问题：为什么创造价值？为谁创造价值？谁创造了价值？为了更好地创造价值，企业要建立绩效提升系统，从整体业绩改善来提升企业业绩，从专项业务改善来提升企业业绩。绩效管理要起到牵引作用，牵引企业做大蛋糕。

科学的价值评价的工作之一，就是要建立绩效管理系统（另外两项工作是科学的岗位价值评估、科学的任职资格体系建设）。对企业工作结果进行评价是企业战略管理落地的关键，包括“创造了什么价值？”这是从结果的角度追问，是价值创造；“创造了多少价值？”这是从评价的角度追问；“谁创造了什么价值？”这是绩效评价，是“论功”，然后才能更好地“行赏”（价值分配）。

价值分配（科学分钱），是要建立企业的激励管理系统，以提高企业战略组织能力，提高人员效能。价值分配重点在于明确价值分配对象、分配价值，这是“行赏”。

任正非看绩效评价

未来的价值创造来源“以客户需求和技术创新双轮驱动”。

努力奋斗的优秀人才是公司价值创造之源，但我们不应忽略其他价值创造要素，所以提“之源”是可以的。

要充分发挥人才资源的优势，关键在于合理的工作绩效评价体系。

10.2.6　绩效管理和人力资源管理的价值定位

对人力资源管理的价值认识的三个发展阶段如下。

（1）人仅仅等于力的输出者的阶段。

（2）人事匹配的阶段，即选择合适的人到合适的岗位上去，达到低成本、高效率的管理。

（3）人事互动阶段，通过人和事的科学配置带来人本身的发展，同时带来事的标准的提升。

管理问题具有系统性和阶段性的特点。企业往往缺乏对人力资源管理系统的准确思考和定位，缺乏管理的环境、对高层管理者的承诺、职业化的经理、职业化的员工。

企业发展不同阶段的绩效管理重心如下。

（1）企业发展初期，重心应该放在强化角色和情感维护上。

（2）企业发展到一定阶段，职业经理人进入，绩效管理重心应该放在建立标准、规范、优化流程、人员素质和提升效率上。

（3）企业发展到一个稳定发展阶段，会出现组织僵化和官僚化的特征。这个时候企业需要发挥绩效管理的导向作用，要进行绩效管理的变革，以牵引企业文化创新、学习创新，提高融合力和竞争力。

所以企业处于不同阶段，选择最适合的绩效管理方法，抓最主要的工作，才能为企业创造更大的价值。

绩效管理的责任到底谁来承担？

如图 10-3 所示，人力资源部、各级管理者及员工如何承担人力资源管理（不是人力资源管理部门）责任？尤其是在互联网、大数据时代，如何利用互联网和大数据来简化绩效核算体系，减少绩效管理的工作量？未来基于大数据的绩效考核和绩效管理是否会走向智能化？

图 10-3　人力资源是绩效管理的设计者和组织者

绩效管理是将企业目标、部门目标、个人目标层层联动的工具，所以绩效管理的责任是**所有人的责任**：

高层管理者负责制定企业未来发展的方向和每年度的经营计划，同时要为企业的绩效管理体系提供有效落实的保障和资源。

人力资源部是绩效管理体系的设计者和组织实施者，也是绩效管理的宣传者和培训者。

财务和经营部门要协助企业高层确定经营目标，进行经营数据分解，协助制订经营计划。

各级管理者要将考核制度进行细化，建立适合业务特色的考核指标体系，从计划、交流、观察、评价、沟通等角度落实绩效管理体系。

员工则要在管理者指导下，针对自身工作开展绩效管理工作，努力使绩效达成，不断追求卓越、突破自我，持续创造高绩效。

正是因为绩效管理体系是一个大体系，需要全员参与，所以绩效管理体系的有效落实，需要配套信息化和智能化的相关分析手段。未来的数字经济时代，物联网、大数据、云计算、人工智能将大大地简化绩效核算体系，通过动作标准化、能力标准化、绩效结果标准化，来实现标准化、模块化、流程化，最终依靠技术手段，将绩效管理体系打造成智能化管理体系。

未来的绩效管理，将更加注重精益管理。企业要加强投入产出分析，优化资源配置，用数据说话，用数据管理，促进生产运营效率效益提高。大数据、云计算、物联网、人工智能的应用，让组织运行更加数字化、智能化。

技术手段的背后是思想，所以对多绩效管理思想的掌握是企业家、企业高层最需要重视的。他们要能穿透各类绩效管理工具的"迷雾"，抓住绩效管理的核心思想，方能随需而用，随环境变化而进行优化调整。

10.2.7　是不是所有企业都需要绩效管理

现实中，很多企业的管理模式更加符合绩效考核的特征，而且这种管理模式是适应企业当前发展阶段的，所以并不是所有企业，在所有发展阶段都必须构建一个完善的绩效管理体系，这应该是一个逐渐完善的过程。如图 10-4 所示为华为绩效管理的发展历程。

企业盲目地追求更加科学和先进的管理方法和工具，在不具备一定管理基础的情况下追求绩效管理体系的完善性，会带来"小马拉大车"式的管理大于经营的很多问题。

任正非在《管理的灰度》中说：我们要有管理改进的迫切性，但是也要沉着冷静，减少盲目性。我们不能因为短期救急或者短期受益而做长期后悔的事情。不能一边救今天的火，一边埋明天的雷。

管理改革要坚持从实用的目的出发，达到适用的原则，绩效管理也是这样。

●将考核作为一个单一的过程
●考核内容包括工作态度、能力和业绩三个方面，先在市场部进行试点
●目的在于强化人员管理意识，推动管理观念的普及，进而提高管理水平

人事考核（导入）

（1995—1997年）

●将考核作为绩效评价的工具
●考核内容以绩效为中心
●目的在于强化成果导向，推动员工务实、做实，不断提高工作水平

绩效考核（普及）

（1998—2002年）

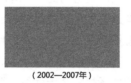

●将考核作为目标导向，考核是一个管理过程
●增加了跨部门团队考核的新内容
●推动员工在目标指引下自我管理，形成自我激励和约束机制，不断提高工作效率
●推出个人PBC考核

绩效管理（优化）

（2002—2007年）

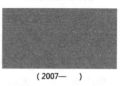

●以战略为导向，围绕企业增长、成长做绩效管理
●基于业务场景做差异化的绩效管理
●精简KPI
●强调组织与干部绩效管理

全面绩效管理（升化）

（2007—　　）

图 10-4　华为绩效管理的发展历程

任正非：坚持绩效考核

我们要继续坚持以有效增长、利润、现金流、提高人均效益为起点的考核（条件成熟的地方，可以以薪酬总额为计算基础）。凡不能达到公司人均效益提升改进线以上水平的，要对体系团队负责人，片区、产品线、部门、地区部、代表处等一把手进行问责。在超越平均线水平的部门，要对正利润、正现金流、战略目标的实现进行排序，坚决对高级管理干部进行末位淘汰，改变过去刑不上大夫的做法，调整有一线成功实践经验的人，补充到机关。

——任正非 2009 年在销服体系奋斗颁奖大会上的讲话，有删改

《华为基本法》里提到，公司员工考评体系的建立依据 5 个基本假设

（1）华为绝大多数员工是愿意负责和愿意合作的，是有高度自尊和有强烈成就欲望的。

（2）金无足赤，人无完人；优点突出的人往往缺点也很明显。

（3）工作态度和工作能力应当体现在工作绩效的改进上。

（4）失败铺就成功，但重犯同样的错误是不应该的。

（5）员工未能达到考评标准要求，也有管理者的责任，员工的成绩就是管理者的成绩。

任正非也曾表示，我们做了一个正确的假设，就是在正确的价值观引导下，大多数人是会力争上游的……这背后的假设是，你有高素质，就一定能在岗位上做出更大的贡献，从而获得更高的回报。

10.3 组织绩效管理是"纲"

组织绩效是指某一时期内，组织基于自身职责定位，对承接的企业或上级组织目标任务的完成结果，以 KPI 的形式表现。组织可能是成本中心，可能是利润中心，也可能是收入中心。这些组织直接承接了企业的目标任务，或者是某些二级组织承接了上级组织的目标任务。

组织绩效的作用主要有三个方面。

（1）支撑战略达成（"指挥棒"）。

（2）促进组织协同（"互锁"）；企业目标靠部门协同完成，所以有协同型的指标。

（3）衡量组织贡献（"评价标尺"）。

组织绩效不等于部门一把手个人绩效。因为部门负责人可能本身也要承接一部分具体工作绩效，以及个人成长的指标等。但是一般在实践操作中，将部门的组织绩效等同于该部门负责人绩效。

组织绩效管理分为如图 10-5 所示的四个过程。

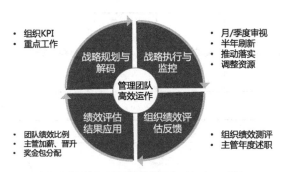

图 10-5 组织绩效管理的四个过程

（1）战略规划与解码，确定绩效目标和重点工作。

（2）战略执行与监控，过程管理与审视。

（3）组织绩效测评反馈。

（4）绩效评估结果应用。

组织绩效管理从确定企业战略开始，将组织的重点工作形成组织 KPI，分解到半年度工作计划、季度工作计划、月度工作计划，成为行动措施；在行动措施里形成半年度、季度、月度指标，然后进行考核；考核的结果决定绩效的强制比例（或者绝对考核的评分），最终将绩效评价的结果应用到奖金分配比例划分上，决定主管的晋升、加薪等。

组织绩效管理是一个 PDCA 的循环过程。

10.3.1 组织绩效目标的设定

企业基于战略，围绕公司业务增长、成长制定绩效目标。

战略目标是指企业在经营过程中所要达到的市场竞争地位和管理绩效，包括在行业中的领先地位、总体规模、竞争能力、技术能力、市场份额、收入和盈利增长率、投资回报率以及企业形象，等等。没有稳固的战略，关键绩效领域和关键绩效目标也就成了无源之水。因此，明确战略目标是企业战略有效实施的前提，也是制定绩效目标的基础。

（1）组织绩效目标设定的三个导向。

内部导向法：基于企业愿景与战略 CSF（关键成功要素）设计。

组织绩效目标是企业基于自身优势或者愿景目标而建立的指标体系。它强力支撑组织愿景、价值观的实现，促进企业核心竞争力的提升，并带来企业运营流程的优化。

如图 10-6 所示为企业基于"端到端"价值链流程来设计组织绩效目标：基于因素、流程分析、企业价值链分析，找到其中成功的关键点、"卡点"、难点，设计考核指标。

图 10-6　基于"端到端"价值链流程设计绩效目标

外向导向法：标杆基准法，跟业界同行相比企业的差距在哪里，就在哪里设计企业经营管理改进的内容。

企业跟业界对比，主要是要学习如何抓住市场机会，如何提升产品的竞争力，以及企业盈利能力，要针对自身短板来设计改进方法。这个方法的优点是能够帮助企业明确目标，认清差距，以更好地确定改进方向和重点工作，缺点是各个企业所处的发展阶段、自身状况、面临环境不同，所以不能一味照搬。

均衡发展导向：基于平衡计分卡（Balanced Score Card，BSC）设定组织绩效。

平衡计分卡于 1990 年由卡普兰&诺顿开发，原本作为战略规划工具，但是往往被用作绩效考核的工具。平衡计分卡是从财务、客户、内部运营、学习与成长四个角度，将组织的战略转化为可操作的衡量指标和目标值的一种新型绩效管理体系，在追求财务目标之外同时追求非财务类的目标,并且认为只有聚焦客户需要,追求如人才培养、内部业务流程优化等目标才能最终得到好的财务表现。

平衡计分卡主要是通过图、卡、表来实现战略规划设计,是加强企业战略执行力的有效的战略管理工具,目的就是要建立"实现战略制导"的绩效管理系统,保证企业战略得到有效的执行。

如图 10-7 所示,BSC 特别强调指标之间的因果关系,即从财务层面看到企业最后的经营结果,并没有停留在追求"果"的层面,而是执果寻"因"。这是非常具有智慧的,在"因"上面努力,在"果"上面随缘。平衡计分卡也强调这个理念:没有学习和组织的成长,没有运营和效率的提升,没有为客户提供好的产品和服务,企业怎么可能得到好的财务结果呢? 而不是反过来直接追求好的财务结果。

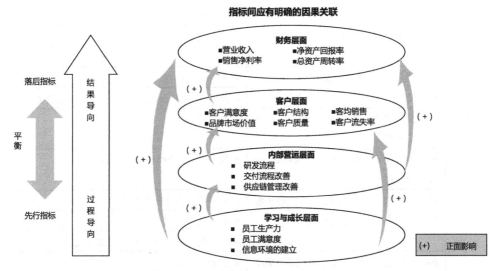

图 10-7 基于平衡计分卡设定组织绩效

平衡计分卡实际也融入了杜邦财务分析模型。当然如本书前文所说,平衡计分卡主要用于业务部门绩效 KPI 的分解,对于职能部门有些分解维度并不合适。表 10-1 为基于平衡计分卡的 KPI 指标导出样例表

表 10-1 基于平衡计分卡的 KPI 指标导出样例表

	目　　标	指　　标
财务层面	F1—提高 ROCE(已动用资本回报率)	• 动用资本报酬率
	F2—增加客户基础	• 新增客户量
		• 新增客户销售额

续表

	目　标	指　标
财务 层面	F3—增加既有客户业务	• 既有客户销售额（营业额）
		• 既有客户新产品销售额（营业额）
	F4—增加出口业务	• 出口业务销售额
	F5—资产利用率最大化	• 资产周转率
	F6—成为行业成本领先者	• 销售成本率（销售成本/销售额）
		• 超过标准成本部分的成本降低完成情况，按 产品组
客户 层面	C1—客户首选的、低成本的、全方位服务的、高增值产品和服务的提供商	• 作为全方位服务（FSS）的模块化/系统化供应商受邀报价（RFOs）价值
		• FSS 的订单价值
	C2—显著地降低成本、缩短提前期、进行全面项目管理	• 从全面项目中获得的 RFOs 价值
		• 从全面项目中获得的订单价值
	C3—通过低成本制造满足世界级的质量和交货期望，使客户觉得物超所值	• 客户满意指数
		• 反映在 J.D. 能源报告上的质量问题数量
内部 层面	P1—建立零部件集成化、模块化/系统化供应的能力	• 能力指数
	P2—为实现客户对质量水平的期望，升级制造流程	• 每百万件（PPM）客户拒绝量
	P3—以划算的方式满足印度和海外客户的交付要求，升级交付流程能力	• 及时充足的送货百分比
		• 能力指数
		• 与标准成本相比，物流成本的减少
	P4—优化资产利用，建立经营成本最小化流程	• 总装备效率
		• 脱离标准成本的材料成本
		• 能源成本占销售收入百分比
		• 可控人工成本占销售收入百分比
	P5—在新客户关系管理方面表现卓越	• 客户关系指数
	P6—为技术升级和业务扩张，建立伙伴关系	• 通过客户关系获得的新技术数量
		• 通过伙伴关系增加营业额
	P7—提高设计、加工、试验和项目管理能力	• 能力指数
		• 产品开发的提前期逐年减少
学习与 成长	L1—通过协调一致和授权行为创造气氛	• 关键业绩评估与战略目标相挂钩的员工数量
		• 授权指数

（2）组织绩效目标设定的三个来源。

组织绩效 KPI 的来源如下。

①战略解码出的本级组织或者上级组织的目标。

②责任中心定位（如组织职责、流程要求等）；每个部门都有自己的职责定位，从部门本身出发有部门 KPI，从流程要求出发有流程 KPI。

③业务短板，管理诉求：管理诉求就是来自"周边的声音"，包括来自上级领导、客户、合作伙伴、上下游，等等。

可以通过平衡计分卡的平衡牵引到组织目标及 KPI 指标项。

（3）组织绩效目标考核的三个维度。

如图 10-8 所示为组织绩效考核的三个维度。

①战略目标：包括机会点、格局、竞争态势、风险管理等要素，体现 SP 长期诉求，以明确长期战略意图及阶段里程碑。战略目标更多体现企业的中长期战略追求，更多的是看机会、看企业能力如何建设，如何提升自身竞争力，不一定定位到具体的经营目标或者财务目标上。

②经营目标：包括机会（订货）、增长（收入，回款等）、投入（销售管理研发等各项费用）、效率（运营资产效率）、回报（利润、净现金流）、风险（超长期营收风险敞口）等。企业经营目标要体现当年经营诉求和重点，经营目标更多地定位于财务指标。

③管理改进目标：包括客户（客户满意度、品牌）、内部运营（变革、质量、内控）、学习与成长（人才数量与质量、人的效率与效益）等。企业要聚焦关键短板、对标业界、持续改进。管理改进目标是指企业完成战略目标和经营目标要提升的点、要改善的点。

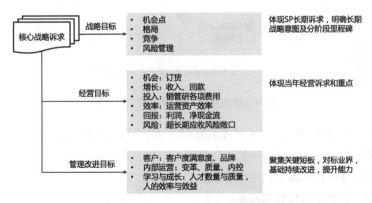

图 10-8　组织绩效考核的三个维度

战略、经营、管理这三类目标中，管理目标的关键在于发现企业短板并改进；战略目标、经营目标在于发挥企业长处、优势。

（4）组织绩效指标管控的三个类别。

我们发现很多企业在设定指标的时候很纠结，要么设定指标很多，要么设定指标过少。设定指标多了以后管理就没有重点。有的企业设定指标有十几项，这样每一项指标的比重就非常小，对员工来说也无所适从；有些企业设定指标很少，导致员工只关注这几个指标，其他的指标就"放羊"。

解决这个问题，需要将指标分为三类，如图 10-9 所示。

①**考核指标**：3~5 个即可，不要太多。

②**监控指标**：监控指标是那些虽然不在考核指标范围内，企业依然要做好的工作。评判的尺度就是监控指标不能比去年做得差，若比去年做得差，就要对考核指标进行调整。比如，虽然考核指标做得很优秀，但是监控指标严重下滑，对应的绩效考核指标也要打折扣。监控指标的衡量标准是只要做得不差，就可以接受。

③**红线指标**：也就是说很多指标不考核但是可以监控，是扣分项，做得好是应该的，做不好就一票否决。

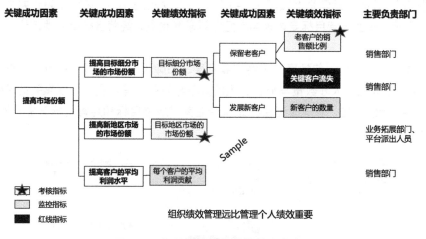

图 10-9　组织绩效指标管控的三个类别

企业要理解考核指标和其他两类指标的关系，这样就能既能抓住三五个关键指标，又不至于使员工对指标之外的工作不重视，甚至不去做。

（5）组织绩效指标确定的三个步骤。

第一步：确定组织绩效指标集。

企业要基于战略规划、年度经营计划、策略推演，确定组织 KPI。

什么是（KPI？ KPI：Key Performance Indicator），即关键绩效指标，是衡量企业战略实施效果的关键指标，其目的是将公司战略转化为内部指标和具体活动，建立一种不断增强企业核心竞争力和持续取得高效益的管理机制。

企业在提炼组织 KPI 的时候，要避免简单地用财务指标的量化思维来直接形成KPI。很多企业习惯于用财务指标来考核，但是财务指标并不直接，有滞后性，而且财务指标多为短期绩效，不反映长期绩效，只是从财务角度，没有从全流程、客户、组织成长等角度来关注和衡量企业战略实施效果，这是很多企业后续增长乏力的根本原因。

传统财务指标的局限性如下。

①只反映短期绩效，不反映长期绩效。

②只反映最终结果，不反映关键过程。

③只从财务角度度量绩效，而没有从客户角度度量绩效。

④不能明确地将企业战略转为内部过程和活动。

KPI 与传统财务指标的联系与区别如下。

①尽量采用财务指标反映最终结果。

②按照企业战略有选择地采用财务指标牵引所期望的行为和结果。

③尽量简化，构成考核指标的最小集合。

④不仅考核最终结果，而且要考核关键流程。

采用 KPI 就要站在企业的角度，比如，采用平衡计分卡四个维度，比如，从客户满意、内部运营、学习成长的维度来考核 KPI。财务指标是"果"而不是"因"，KPI希望强调因果之间的关系，通过做什么样的"因"能够得到什么样的"果"，体现了过程管理的思想。

除了 BSC，企业也可以基于价值创造结果，用驱动目标达成的关键要素选取绩效指标，如图 10-10 所示。

价值驱动因素的树状图以价值创造作为源头，分解成为运营收入和资本收入，继续分解看收入是如何形成的，成本是如何形成的，对应的影响驱动因素和战略的关键举措，每个运营驱动因素以及价值都会受到企业各个层级实施的战略和关键举措的影响。

企业也可以按照杜邦分析的模型来分析指标，所有维度如图 10-11 所示进行反向分解，有助于理解背后关键的驱动因素和创造的财务结果之间的关系。当然也不能把价值创造简单地理解成财务上对应的利润。价值创造一方面要对应到现有的利润，另一方面要对应到企业持续的盈利能力和竞争能力的提升上。

价值驱动树状图与 KPI 相挂钩示例如图 10-11 所示。

图 10-10　根据价值驱动因素图分解组织 KPI 示例

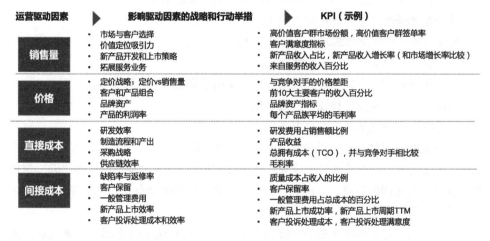

图 10-11　价值驱动树状图与 KPI 相挂钩示例

　　企业将运营驱动的关键要素梳理出来后，可以把每个驱动因素转化为 KPI 指标，把目标转化为指标，指标再转化为指标值和算法，这样就能够量化指标，形成的 KPI 就比较有效。

　　企业以价值驱动因素来制定 KPI，尤其在对应到组织和部门的时候，最好只对应到一个可以分享的"标的"，比如如何考核研发产品部门？如何考核产品的竞争力？如何考核产品的市场占有率？如何考核产品及时上线？如何考核产品研发的成本投入？这些不能直接转化成为可以直接分享的"蛋糕"，可以将增量部分作为"标的"，即"德尔塔值（Δ）"。比如，华为手机终端研发部门，如果以年度来看，基于当前形成的品牌地位和市场影响力，看作增量绩效的"德尔塔值（Δ）"。再如，以"和市场上的 iPhone 手机的价格差距要越来越小"作为考核产品部门的指标，跟现有的手机价格相比，价格区间上升越大，就形成了增量绩效。"与竞争对手价格差距"作为价格方面指标，这样一算就可知道所贡献的"蛋糕"有多少，比如多卖出 100 万台，价格增加了 100 元/台，创造的增量价值就是 1 亿元。

又比如，人力资源部门设置考核指标，如招聘及时率、培训的满意度、人力资源文件制度规范性等，这些都可以考虑，但是都没有硝烟味。如果用增量绩效考核"德尔塔值（Δ）"的思维，用人均产值增长作为指标，那么这就是人力资源部门的价值贡献了。比如，去年人均产值是 100 万元，今年人均产值是 120 万元，增加了 20 万元，如果有 1 000 人，就增加了 2 亿元。

这种能够算出来分享的"德尔塔值（Δ）"，包括部门 KPI，包括个人 KPI。如果所有员工的指标都能够对应到可以分享的标的"德尔塔值（Δ）"，那就是最有效的 KPI。

第二步：确定关键绩效考核指标权重。

根据帕累托法则（"二八原则"），一般部门最重要的指标只有 2～3 个，如果有 2 个，那么每个重要指标的权重都在 30%以上，其余指标的总和应低于 40%；如果有 3 个，那么每个重要指标的权重一般在 20%以上，其他一般指标的总和应低于 40%。

根据指标"**定量为主，定性为辅，先定量后定性**"的制定原则，一般优先设定定量类指标权重，而且定量类指标权重一般大于定性类指标权重。

如果关键指标性项目有很多，可以从四个维度来打分，分数越高，指标的有效性就越强，考核的优先级就越高，权重也越大。这四个维度是：战略的相关性、可测量性、可控性、可激发性。所谓可激发性即激发员工积极性。

如表 10-2 所示为 HW 公司 2016 年终端的指标池权重（KPI Pool）示例。

表 10-2　HW 公司 2016 年终端的指标池（KPI Pool）示例

战略	关键驱动因素	战略措施	备选指标	评价标准				分数
				战略相关性	可测量性	可控性	可激发性	
卓越运营	组织与人才建设	优化组织人才结构，坚持精兵策略，绩效贡献为导向，提升组织效益	岗位说明书完成率	3	6	6	1	16
			关键人才满足度	6	6	3	6	21
			雇主品牌认可度	6	6	3	6	21
			骨干员工离职率	6	6	3	3	18
			岗位满足度	6	6	3	3	18
			研发费用率	6	6	3	6	21

华为根据不同人群设定不同考核指标

在绩效考核上，一方面，面向不同的业务人群，实施差异化绩效管理，不搞一刀切，充分发挥每个团队成员的潜力。

差异化评价不同人群（作战类、资源类、能力类和管控类），实战中练兵选将，去南郭化。作战类人员要以作战结果来评价；资源类人员以 UR 和项目评价来衡量。能力类人员要体现战略导向，要考试加考核，增加一线评价，管控类人员要通过数字化减少中间传递层，定岗定编，通过考军长等方式识别南郭先生。

——任正非在运营商 BG 组织变革方向汇报会上的讲话：对准联结领域绝对领先，

不断激活组织，改变作战方式，提升作战能力和效率，2019 年

对定量和定性指标都不要偏颇，很多企业的 KPI 设定容易陷入 KPI 量化的怪圈，走入两个极端，要么认为如果不量化就没法考核全部量化指标，要么认为量化不合理，干脆全部拍脑袋主观评价。

任正非对定性和定量的看法

有员工问：看过很多华为的书，都是定性性质的，没有类似丰田类型的书是定量的，有大量的图标流程，华为会不会出这样一本书？

任正非回答：因为时代变化太快了，所以无法定量。刚定量完，就被推翻了。定性的东西还有可能有相当长的影响力，定量的东西不会有影响力。

中国文化和美国文化有很大区别。美国的孩子上课时，讲的是大视野、大历史，如何做领袖，到全世界去"捞钱"。中国讲的是要好好做工程师。为什么我们的创新文化不够？因为我们定位的不是做领袖，而是做工程师，工程师的方法就是模仿。在这个文化的基础上，照着书上去创业，不一定会成功。

——任正非：为什么我们今天还要向"蓝血十杰"学习，2014 年，有删改

第三步：上下左右内外拉通对齐。

企业的绩效目标制定出来后，首先要从企业级的角度审核其均衡性，考虑和外部对标，考虑企业内部本身的管理需求、企业的战略决心、战略目标等。企业定下来 KPI 之后，要按照纵向和横向分别进行分解，纵向分解即按照部门维度展开，横向分解可以按照区域、客户群等维度展开。KPI 分解下去才能落到各层级的组织、个人上。

很多企业进行指标分解的时候根本没有进行有效的逻辑分解，只是进行简单的数字分解，在分解的过程中看不到如何实现目标，也看不到不同部门之间的关系，只看到单个部门孤立的数字，表明绩效管理只要结果、不管过程。

目标分解就是通过上下级之间的沟通，将总体目标在纵向、横向或者时间序列上，

分解到各个层次、各个部门，甚至具体到个人，形成目标体系的过程。

企业层面的绩效目标通常由关键绩效指标 KPI 和管理要项构成。

部门层面的绩效目标包括从企业层面分解下来的关键绩效指标和部门的管理要项。管理要项是反映各个企业和部门内部管理状况的指标，是对关键绩效指标的补充，个体员工层面的绩效指标包括承接的关键绩效指标和行为指标。

企业对整体目标进行纵向逻辑分解的同时，实现了横向的部门梳理。将企业的整体目标通过结果指标、关键领域、关键因素等分解到业务活动层面，分解到表格中的实现方式、要求等内容里，就将数字指标通过逻辑分解转化成为可以衡量并可以控制的战略行为。目标分解可以用平衡计分卡、价值链分析工具或者卓越绩效等逻辑分解工具进行分解，这些工具在本书前文中有所解读，这里不再一一详解。

分解过程中双方的沟通与参与尤为重要。德鲁克在论述目标管理时，专门强调了目标管理是自我控制的管理和参与式的目标设置。目标的确定从本质上来说是基于一系列假设得来的，上级提出对下级的业绩要求时，考虑的因素包括上级自身所承接的上一级目标、对市场的分析、部门历史业绩以及所掌握的年度预算等；下属在提出业绩预测时，考虑的因素主要包括自己对市场的分析、自身的历史业绩、自身能力以及可掌控的年度预算等。所以说分解确定目标是一个互动的过程，是由上下级、相关部门系统地对目标进行质询，尤其对导致目标差异的原因进行分析，并通过这个过程来协调资源，达成一致的过程。

各层级指标需要上下左右联动，形成一盘棋，如图 10-12 所示。

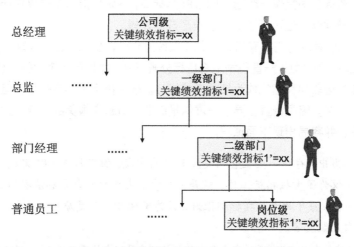

图 10-12　各层级指标需要上下、左右联动

企业要检查企业级别的指标是否有均衡性、一致性、协同性、关联性，就要做全面检查。

KPI 指标要形成字典（表 10-3），以便全体人员对指标的理解一致。其中名称要统一，不能有的部门称之为客户满意度，有的部门称之为满意度。定义要一致，并注明设立的目的是什么，统计的周期是什么，数据来源是什么，是从系统抓取还是手动提供等。

表 10-3　KPI 字典说明示例

指标名称	服务客户满意度
指标定义	用户对公司服务的满意程度，是判断服务工作好坏的重要标准，由第三方外部满意度调查的各项满意度加权计算得出
设立目的	衡量客户对华为公司服务的满意情况
计算公式	∑××满意度×权重
统计周期	一年
数据来源	营销工程部
年度目标值	××分
权重	×%
备注	

很多企业做绩效管理都会设置 KPI 字典，但是将 KPI 字典的设置方式理解错误的现象屡见不鲜。很多企业要么自己找了一堆的 KPI，作为所谓的 KPI 指标库，或者由并不专业的咨询公司提供一个通用的 KPI 指标库，然后从指标库选取指标作为各个部门的绩效考核指标，这违背了 KPI 字典形成的逻辑。

KPI 指标库有没有用？有用，但是仅仅作为参考，仅此而已。实际上企业还是要从战略到策略、到计划，一直科学地将目标分解下来，并且结合企业的短板进行分析，才能知道应当选取何种指标作为绩效考核指标。很多指标看起来很好，但是并不能支持企业实现战略。因果倒置，弄了一堆似是而非、看起来很美的指标，这会让企业上下都很疲惫，并容易出现下面情况。

> 在我们当中，存在一些主管只关注 KPI 的完成，但不知道 KPI 完成得很好是为了什么。仅仅为了考核指标工作，就是不当责。当责的干部是有清晰的目标的。比如，某个平台，每年的考核指标都很好，因为考核指标都是质量、进度、网上问题，但慢慢把自己做没了。
>
> ——徐直军在 PSST 体系干部大会上的讲话"谈管理者的惰怠行为"，2011 年，有删改

企业形成 KPI 字典的正确逻辑是通过科学经营系统 SOPK+的全面贯彻，应用到企业后端，复盘，对齐问题，思考"瓶颈"和"卡点"，追寻问题根因，形成 CTQ-Y，

提出解决方案举措，拿出行动计划，最终形成组织 KPI 和个人 PBC。最后，在一次次的迭代中累积出适合企业不同业务特点、不同岗位、不同阶段的 KPI 字典，如表 10-4 所示为华为 KPI 字典。该字典显示于华为 KPI 指标拉通对齐矩阵。

表 10-4 华为 KPI 字典

各主要预算指标		片联					PSST	软件	终端	供应链	采购部	EPU	财经体系	人力资源部	其他预算单元
		各地区部/代表处	各系统部	ARBS	GTS	CSSS	各产品线								
损益预算	订货	✔	✔	✔	✔	✔	✔	✔	✔						
	发货	✔	✔			✔				✔	✔				
	收入	✔	✔		✔		✔	✔	✔						
	制造成本率	✔	✔			✔	✔	✔	✔						
	采购下降成本率						✔	✔		✔					
	服务成本	✔	✔		✔										
	期间成本	✔	✔					✔	✔	✔					
	期间费用	✔	✔	✔	✔	✔	✔	✔	✔				✔	✔	✔
	利润	✔	✔		✔		✔	✔	✔				✔		
现金流预算	回款	✔	✔							✔					
	采购支出	✔									✔	✔	✔		
	现金流	✔		✔						✔			✔		
运营资产预算	DSO/AR	✔	✔	✔						✔			✔		
	ITO/INV	✔			✔	✔		✔	✔	✔	✔		✔		
	DPO/AP										✔		✔		
固定资产预算		✔	✔	✔	✔	✔	✔	✔	✔	✔	✔	✔	✔	✔	✔
人力资源预算		✔	✔	✔	✔	✔	✔	✔	✔	✔	✔	✔	✔	✔	✔

注：打钩并且是绿色底的是 KPI 考核指标，可以看出某个指标由哪些部门承担，这个可以理解为考核指标的地图。可见，经营类 KPI 指标涉及的责任部门，需要"互锁"，需要部门之间协同。

如图 10-13 所示为各个部门主要考核指标参考示例，是有一定规模的企业对应的各个部门的考核维度，不一定对应到了每个指标。企业可参考此图进行指标的设定。如总经办中有对内合规运营和对外合规运营两个指标。

销售部	产品部	交付服务	行业销售	HR	财经	总经办	合同	公共关系部
收入	收入	收入	收入	E/CGP	贡献利润额	组织KPI	ISO+ITO	品牌建设
利润	利润	利润	渠道收入	人均收入	回款额	预测准确率	开票	
订货	订货	人均效率	利润	不合格清理	区域现金流	对内合规运营	运营改进	
人均效率	人均效率	预测准确率	订货	人均效率	超长期存货	对外合规运营	商务云	
预测准确率	预测准确率	客户满意度	市场目标	人才供应	销管费用率	变革	合同改善	
交付成本率	现金流	网络质量	NA突破	客户满意度	ITO	客户满意度	po前处理周期	
客户满意度	客户满意度	能力提升	运营资产效率	能力提升	内控	公司有效增长排名	iSALES 3.0落地	
网络质量	能力提升	运营资产效率		氛围	DSO		PO/开票自动化	
能力提升	格局			本地化率	AR		合同综合关闭率	
格局	运营资产效率			人才流失	客户满意度			
运营资产效率				绩效管理有效性				

图 10-13　各个部门主要考核指标参考示例

10.3.2　组织绩效的过程管理

企业通过组织绩效过程管理，对组织绩效进行定期复盘，逼近并完成目标，如图 10-14 所示。

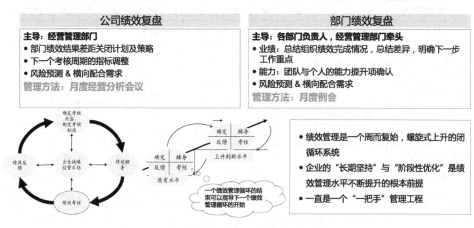

图 10-14　组织绩效（个人绩效）过程管理图

个人绩效管理也可以运用类似的管理逻辑。

（1）公司绩效要复盘。

由经营部门主导召开企业绩效复盘会议，要着重看三个方面。

①各部门绩效结果如何，绩效和目标的差距如何，有没有缩小差距的改进计划以及改进策略。

②洞察经营环境变化，看是否需要对下一个经营周期的指标进行调整，调整的同时也匹配资源的调整。

③对下一阶段的经营存在的风险进行预测；跨部门之间资源需要协调，要对齐组织绩效指标。

企业一般在全公司的月度、季度经营分析会议上做绩效复盘。

（2）部门绩效要复盘。

由经营管理部门牵头，各部门负责人按部门召开部门绩效复盘会议，内容包括以下三个部分。

①总结部门上一经营阶段绩效完成情况，明确差异，找出差距的根因，列出改进计划，明确下一步工作重点。

②经营计划背后要匹配团队和个人能力提升计划，并且落实到个人绩效沟通中，让组织绩效和个人绩效拉通。

③对部门下一个经营周期存在的风险进行预测，对资源需求进行确认，并向上级和同级提出资源协调方面的需求。

资源需求一般在部门的月度经营分析会议、专项会议上提出。

（3）组织绩效要循环。

组织绩效围绕组织目标展开，组织目标按照时间、部门维度分解，组织绩效也要按照时间、部门维度进行分解，并进行循环迭代。绩效管理是一个周而复始、循环上升的闭环系统。这个循环要在组织各个层级、各个经营周期进行大循环、小循环的嵌套闭环。其本质上是 PDCA 的质量改进思想在绩效管理上的应用，需要公司及各部门"一把手"高度重视、深度参与。一个循环过程的结束意味着绩效管理水平的跃升，也意味着参与绩效管理的组织、个人绩效结果和能力的双向提升。

在组织绩效管理的过程中，为了避免过于关注绩效评价结果，忽视过程的管理，企业要把组织绩效的过程管理纳入例行管理，并且对过程管理形成抓手，其中最重要的一个抓手是**"经营分析一报一会"**，就是写好一份报告、开好一个会议。这个报告和会议就是经营分析报告和经营分析会，同时每半年度和一个年度，企业要召开管理者述职会，对于重点工作要不定期地按照项目管理的方式去审视。

不要用考核管理的勤奋来掩盖过程管理的懒惰。企业不能只看结果，还要帮助团队一起梳理绩效差距，分析为什么绩效结果达不成，是什么因素制约了目标的达成。

任正非谈主官帮助团队提升绩效

微软总裁萨提亚对员工提的三个问题很科学，值得我们学习。"我如何利用公司已有成果提升个人或团队工作效率？你自己做了什么？你帮助别人或团队做了什么？"我认为可以作为考评改进的参考标准。

——任正非：在个人绩效管理优化工作汇报会上的讲话，2018 年

各领域的代表、委员参与项目，不是去卡项目、去否决项目，而是要积极调动各领域的资源来支撑项目成功。卡住多少问题不能成为你的业绩，帮助解决了多少问题才是你的功劳。

——任正非：研发要做智能世界的"发动机"，2018 年

10.3.3　组织绩效评价

组织绩效评价的意义：保持组织活力有抓手。

绩效评价旨在通过公正客观地评价员工的贡献大小，为回馈合理的员工回报提供依据；重点在于识别和管理高绩效和低绩效员工，从而实现推动"组织活力曲线"前移，提升组织绩效的目的。

GE 的"活力曲线"

活力曲线（见图 10-15）是由美国通用电气公司（GE）前 CEO 杰克·韦尔奇提出的绩效考评方法。

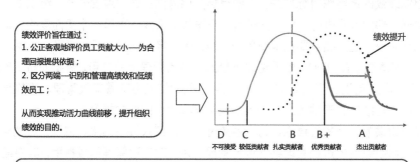

图 10-15　GE 的"活力曲线"

每年，我们都要求每一家 GE 公司为所有的高层管理人员分类排序。其基本构想就是强迫我们每个公司的领导对所领导的团队进行区分。他们必须区分出：在他们的组织中，他们认为哪些人是属于最好的 20%，哪些人是属于中间大头的 70%，哪些人是属于最差的 10%……表现最差的员工通常都必须走人。

做出这样的判断并不容易，而且也并不总是准确无误的。是的，你可能会错失

几个明星或者出现几次大的失策——但是你造就一支全明星团队的可能性会大大提高。这就是如何建立一个伟大组织的全部秘密。一年又一年，"区分"使得门槛越来越高并提升了整个组织的层次。这是一个动态的过程，没有人敢确信自己能永远留在最好的一群人当中，他们必须时时地向别人表明：自己留在这个位置上的确是当之无愧。

——杰克·韦尔奇：《杰克韦尔奇自传》

（1）组织绩效评价的方法。

组织绩效考核如何做，并且如何输出绩效考核的结果并在激励体系中应用，也是一个难题。组织绩效考核的过程和结果都很容易带来企业内部的冲突，企业要抓住组织绩效评价的要点，重点实施，提升组织绩效评价的效能。

组织绩效评价和个人绩效评价本身就密切联系，所以组织绩效评价和个人绩效评价有一些通用的原则。以下介绍评价要点，这些要点也适合个人绩效评价。

评价要点一：绩效的考评侧重在绩效改进上。

如果经过绩效管理、绩效考核后，个人和组织的绩效结果跟过去相比没有改善，就没有必要考核。所以对绩效结果的考核"宜细不宜粗"，如果不细致、不量化，就没有办法评价是否已改善，这是对事情的评价；对员工工作态度和工作能力的考评侧重在其长期表现上，"宜粗不宜细"，因为这是对人的评价。如果细致到了极致，每个人都有问题，也容易产生瞄准人缺点的问题。

找英雄而不是找缺点

我们对英雄要有正向肯定，过去我们360度考核，可能总在挑英雄的缺点，而不是挑优点，考核方式需要改变。

HR 是做基本测评，领导的面谈、面试可以在此基础上进行综合测评。360度考核应该是找英雄，而不是总去找缺点。

——任正非在2017年市场工作大会上的讲话，2017年，有删减

评价要点二：考评结合。

考：计算 KPI 得分。

按照各个指标维度来计算得分，单项指标落在各个区间段时，采用线性插值法确定绩效分数。超过挑战值的以 1.2 倍计分，低于底线值的以 0 分计分。KPI 总分=∑单项 KPI 得分×权重+关键事件加减分。

评：主管述职评分。

要说明主管在取得绩效结果中，自身发挥的作用，结果的呈现和主管的努力之间有因果关系。

主管总结部门重点工作开展情况并向上级管理团队汇报，上级管理团队根据其述职情况进行打分。

企业考评是"以考为主"还是"以评为主"，向哪方面侧重，要根据具体工作性质来判断：工作越是确定性的、流程性的、可以量化的，就越应该以考为主，事先设定相关的指标，打分是多少就是多少。如果说工作的性质是不确定的，非标准的，很难量化，很难设置相应的考核指标，则为了便于衡量，可以量化一些指标。但是考评过程中的很多不确定性，导致指标打分可能很低，并不代表被考评人没有努力付出、没有成果，这个时候可以考为辅、以评为主。或者说越高层越要承接不确定性的工作和复杂的工作，所以要以考为辅、以评为主。

考评大部分时候是评议结合，根据部门 KPI 考核评价结果和主管的述职过程，管理团队根据考、评两项得分进行综合排名，将同级部门分为 A 类团队、B 类团队和 C 类团队，具体比例可以由管理部门确定。

华为代表处的组织绩效管理中的"土壤肥力"等采用述职方式评价。

华为的组织绩效评价内容

为简化管理、聚焦关键经营结果，试点代表处的组织绩效目标聚焦在多产粮食、增加"土壤肥力"、内外合规三个方面，其中：

（1）多产粮食部分占 50%~70% 的权重，采用指标计算方法，以牵引关注当期的经营结果。多产粮食部分体现业务规模和盈利要求，具体分为订货、收入、贡献利润（率）、经营性净现金流。

（2）增加"土壤肥力"部分占 30%~50% 的权重，采用述职评议方式，以牵引关注长期的可持续发展。增加"土壤肥力"部分体现客户、长期发展、竞争、组织能力、协同促进等要求，具体分为客户关系与客户满意度、战略山头项目、竞争项目运作、关键人才获取与发展、对他人产出的贡献、利用他人产出更好贡献。

（3）内外合规是代表处业务持续发展的基础，通过述职评议方式，作为扣分项考核。

（4）试点代表处可根据业务管理需要，自主设计 BG 业务部的组织绩效方案。

——《华为公司合同在代表处审结的试点方向与改革要点》（试行），2018 年

评价要点三：尽量减少主观评价，能利用模板的用模板。

标准化的"考"结合主观性较强的"评"已经能较好地保证考核的公正性，但是为了让考评结果具有横向可比性，尽可能消除测量偏差，可以采用华为倡导的方法，借用人力资源考核模板来考评。

华为提出将稳定适用的人力资源考核模板作为基础的应用模板，由人力资源部提

供考核的方法和工具，授权给各级作战团队和团队干部去考核。

任正非谈绩效考核的"模板化""表格化"

人力资源内部首先要加强基础模板考核。我们一定要掌握好工具再去管理，例如，学会用螺丝刀才去做电工；学会用扳手才去做管道工；学会用锤子才能去做铆工……人力资源干部、干部的干部不会用模板，那就是只会喊口号。

其实我们人力资源有很多好模板，所有 HR 都要学习，把模板用活。以前把模板用僵化了，是我们的问题，不等于模板是错误的。如果不掌握模板就去考评，纯粹是糊涂官论糊涂事。带模板去帮助 AT 团队加强组织的激活、绩效的考核、领袖的选拔、英雄的评选。HR 是做基本测评，领导的面谈、面试可以在此基础上进行综合测评。

——任正非在个人绩效管理优化工作汇报会上的讲话，2019 年，有删改

我们曾花上亿美金引进了西方先进管理方法，这些工程表格都是经过一百多年的实践得出来的。

当然，也不希望华大（华为大学）把这几十套表格都推出去，只需选中一套（不要合并），不断深化总结，让大家整齐划一，表格、代码、标识符等全部一样。

你们不要总认为自己能创造发明表格，要先把这个表格搞明白。

经过多年磨难，我们的交付能力已经大幅度提升了，前任总结的经验和你们的经验应该都是有用的，但你的经验若没有经过多次实践认证，就不要推广。

——任正非在项目管理资源池第一期学员座谈会上的讲话，2014 年，有删改

（2）职能部门考核指标的设定。

职能部门考核指标可以划分为两类：一类是绑定直接支持的业务部门指标，第二类是本部门效率提升指标。第一类指标保证了职能部门的服务功能和"硝烟味道"，也符合激励"获取分享制"的原则；第二类着重提升职能部门作为资源和能力中心的专业地位，也对准消除职能部门可能出现的臃肿低效，"前方吃紧、后方紧吃"的问题。

华为的绩效评价的"十大原则"

差异化考核与激励"超优"和创新人才，构建激发人才创新创造的机制和氛围。

第一，我们 KPI 考核的改革，是以内、外合规边界内的责任结果为导向，减少考核更多的过程行为。考核的是当责和当责的结果，当瞄准结果考核的时候，我们要简化 KPI，而不是将其复杂化，KPI 一简单，所有人的奋斗目标也清晰了。

第二，考核要形成一种共同的奋斗精神，像我们过去的"胜则举杯相庆，败则

拼死相救"。现在由于 KPI 考核不合理，使得共同的奋斗精神弱化了，形成了自私。这种环境制约了群体奋斗、狼群战术的文化发展。所以，我们要管住边界、简化考核、结果导向，重塑这种精神。

原则 1：坚持贡献面前人人平等为价值评价基础。可以绝对考核，也可以相对考核。当然，对贡献的注释，可以讨论细化与 PK。

原则 2：强调团队贡献，个人绩效可以绝对考核，在结果中，不要过多强调个人贡献，就讲你对团队的贡献，最重要的是整个团队在进步，就像"全营一杆枪"一样。团队内可采用绝对考核方式考核，让他们的项目经理去分配。我们要允许一部分部门和岗位实行绝对考核，以激发活力，加强团队协作；相对考核主要考核干部。

原则 3：组织绩效不好，主官个人绩效不能好；有人问"如果组织经营结果不好，主官有没有可能会有好的绩效结果？"回答是："肯定没有！"但是这个主官可能是优秀的，就先调整到战略预备队中去，重新接受挑选，剃了头去冲锋，证明他还是一条好汉，再组建队伍去冲锋作战。例如，李云龙、向坤山、史耀宏就几下几上的，是金子总会发光的。我们不会为了一个人，畸化了我们的考核导向体系。

原则 4：按照确定性业务和不确定性业务划分，分别考核。对确定性业务的考核是考核管理效率和质量，对不确定性的业务通过授权来处理。代表处有很多不确定性的工作，我们已经授权代表来处理，管理方法是以利润为中心。以利润为中心就是代表处有客户选择权、产品选择权、合同决策权。

原则 5：考核机制以责任结果导向，对英雄及时激励；敢于破格提拔优秀人员，拉开分配差距。

原则 6：考核要跟自己比较，选拔英雄，就是"矮个中拔大个"，不要和其他区域比。每个人都有主战场，把你自己的业务做到最优秀，就是英雄。这样就能激活你们的组织，激活你们的平台。

原则 7：我们要敢于拉开分配差距，破格提拔优秀的贡献者。优秀员工要多拿钱、快速提拔。不拉开差距，优秀苗子就起不来，被压得嗷嗷叫，升不了官，团队士气就低落。铁军都是打出来的，打赢了就快速提拔，士气高涨，战斗力就强。选出几个优秀人员来树立标杆，大家看到了榜样，就会开始争着上战场冲锋，去超越标杆，这样队伍的士气才能起来。后进、落后、不出绩效，慢慢地末位淘汰。

原则 8：绩效考核要考虑应用场景，调整艰苦地区考核基线，让考核更趋于合理；付出同样的劳动，应该获得同样的收获。艰苦区域获得同样业绩，付出要高于发达地区，这就是我们调整考核基线的原因。区域管理部已经在讨论，最终会把艰苦地区的考核基线降到合理。

　　原则 9：兼顾过程指标的考核，结果比过程更重要；绩效管理是优化公司干部管理、业务变革的实现形式与支撑保障，对责任结果与绩效的理解，要从更宽泛、更长远角度来看问题。现在我们的考核指标已经改革，未来还会不断减少过程考核的指标，结果比过程更重要。

　　原则 10：重视实际作战经验。美国军队改革既有哲学，又有方法论。我们应该通过这三个视频（金一南给华为上课播放的三个视频），认真学习美军改革，学习美军的价值评价体系和组织建设体系。我们学习美军的价值评价体系，首先看是否"上过战场、开过枪、受过伤"，资格审查作为任职资格的第一个台阶，这应该是科学的，如果我们不把"上过战场⋯⋯"资格作为重要因素，那么大家都不愿意上战场了。当然，也不一定必须强调"受过伤"，万一他给自己"开一枪"，也没有必要。

——任正非 EMT 内部会议讲话摘要，有删改

10.3.4　组织绩效结果的运用

　　组织绩效结果可以应用到如下三个方面。

　　（1）业务差距分析：包括机会差距分析和业绩差距分析，可作为 SP 战略计划的输入。

　　（2）部门激励：包括部门奖金包、薪酬包、部门内部个人绩效的相对排名等。

　　（3）干部管理：可以用绩效作为衡量干部晋升、晋级的标准之一。

　　例如，组织绩效结果会影响部门个人绩效比例分布。组织绩效与组织内部员工绩效等级分布比例挂钩，公司也可根据业绩做适当调整，如表 10-5 所示。

表 10-5　个人绩效比例分布示例

组织绩效等级	部门内部员工绩效等级分布比例				
	A	B+	B	C	D
A	20%	30%	40%	10%	无要求
B+	10%	25%	35%	30%	视情况而定
B	5%	20%	30%	35%	10%
C	0%	10%	30%	45%	15%
D	0%	0%	30%	50%	20%

任正非：组织绩效决定干部评价

　　对高级干部与低级干部的素质要求很不一样，对高级管理者要求素质很高，工作方向清晰、意志坚强；对低级干部要求绩效很大，管理干部的综合素质适当要求高一点。评价一个人，提拔一个人，不能仅仅看素质这软标准，还要客观地看绩效

和结果。在有结果的情况下，再看你怎么做的，关键行为中是否表现出你具有高素质。

——任正非谈管理：正职 5 能力，副职 3 要求，2019 年

10.4 个人绩效管理是"目"

基层员工的工作以流程化、节点责任和局部性为基本特征，更多采用个人业绩承诺（Personal Business Commitment，PBC）进行绩效管理。

基层员工的绩效并不完全以结果为检测标志。基层员工绩效管理的基本理念是：正确的行为产生正确的结果。也就是人们常说的，高层决定什么是正确的事情，是战略层面的事情；中层决定怎样正确地做好高层决定的事情，是执行层面的事情；基层员工则以正确的行为把事情做正确，属于操作层面的事情。因此对基层员工的绩效管理，不仅要管结果，还要管行为。

个人绩效承诺强调承诺，因为承诺是以充分的沟通和员工的认同为前提的。当然，既然是承诺，就要兑现，需要考核，而且所有的 PBC 承诺都必须符合 SMART 原则。

从程序上来看，员工的 PBC 表是员工依据规则，在领导的帮助下自行填写的。员工填写的 PBC 表需要得到领导的核准，以保证个人绩效对部门总体绩效的贡献。

个人绩效管理是在组织绩效管理的基础上延伸出来的，为了完成组织绩效，个人绩效要承接组织绩效，越到基层员工越应该强调过程，只有过程正确才有相应的结果。

要注意个人绩效不一定能简单地对应到组织绩效。很多企业的绩效都成了"俄罗斯套娃"，指标在层层下压的过程中，每个部门都承接同样的指标，每个员工都承接同样的部门指标，这是不科学、不合理的。

组织绩效确定后，由部门负责人和组织内部的团队成员上下沟通，确定每个岗位或者每个人的个人绩效。

个人绩效管理的四个过程如图 10-16 所示。

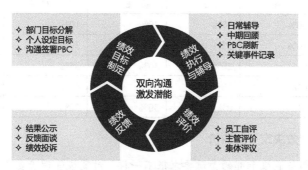

图 10-16 个人绩效管理的四个过程

（1）**绩效目标制定**：首先是部门目标的分解，分解到个人目标，沟通并签订 PBC。

（2）**绩效执行与辅导**：按照时间轴做到半年度、季度、月度，形成日常的沟通辅导的机制；做到日常辅导、中期回顾、PBC 定期刷新、绩效管理过程中关键事件记录。

（3）**绩效评价**：包括员工自评、主管评价、集体评议。到了半年度、季度、月度考核节点时，围绕着目标进行自评和他评。

（4）**绩效反馈**：包括结果公示、反馈面谈、绩效投诉等环节。最后将结果进行公示，公示一般只是在小部门内部进行。

上述过程就形成了个人绩效管理的完整闭环。

10.4.1 个人绩效指标

（1）个人绩效承诺（PBC）。

承诺的意思，是指是一定经过了双向沟通，个人承诺完成绩效目标，而不是从上面直接强制性压下来。

PBC 承诺包括：组织 KPI 主要业绩指标、执行措施、团队建设、业绩、任务、行为和能力提升等。

其中 KPI 主要指业绩指标，从数量、质量、时间、成本、风险等方面考虑，即"多、快、好、省、安"。

PBC 强调过程，强调承诺，要充分沟通。个人绩效目标模板如表 10-6 所示。

表 10-6 个人绩效目标模板

结果目标承诺（Win）××%

目标承诺	权重	衡量标准	难度系数	完成情况	得分
××	%	××	（0.5~1）		
……					

执行措施承诺（Execute）××%

目标承诺	权重	衡量标准	难度系数	完成情况	得分
××	%	××	（0.5~1）		
……					

团队合作承诺（Team）××%

目标承诺	权重	衡量标准	难度系数	完成情况	得分
××	%	××	（0.5~1）		
……					
得分合计					×××

注：各项目标权重之和为 100%；衡量标准一般设置为 3~5 分三个等级，3 为基本完成，4 为较好完成，5 为出色完成，如未完成，视情况给 0~2 分；得分为完成等级×难度系数×权重。

（2）个人绩效目标的三个来源。

个人绩效目标来源于三个方面：部门目标、流程目标、职位职责，如图 10-17 所示。

图 10-17　个人绩效目标来源的三个方面

①部门目标：包括主管绩效目标 PBC。

②流程目标：业务流程分解和改进要求。

③职位职责：岗位说明书的内容。

（3）个人绩效指标值的确定。

企业可以参考前面目标值审视中的"三个跑赢"——跑赢大盘、跑赢对手、跑赢自己来设定目标，如图 10-18 所示，要和自身历史增长对比，要和市场对标，也要满足战略要求。

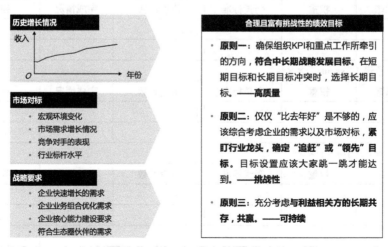

图 10-18　个人绩效目标值的确定

绩效目标值的设置还要对应到战略要求。 企业在做战略规划差距分析和目标设定时，前文介绍了"三只眼"的方法：一个是客户视角，就是企业要站在客户的视角，设定目标，以变成一个符合要求的企业；第二个是竞争视角，即站在竞争对手的角度审视自己，在竞争对手眼里自己的企业是什么样子；第三个是未来视角，即站在未来角度看现在企业应该要做到什么程度，或者说如何定义企业自身未来的样子。

绩效目标设定的原则， 对应前文企业经营者（尤其是干部）的三个使命（持续高质量完成业绩）：

原则 1：高质量。 确保组织 KPI 和重点工作所牵引的方向符合企业的中长期战略发展目标。

原则 2：挑战性。 仅仅比去年好是不够的，企业应该综合考虑企业的需求以及对标市场，紧盯行业龙头，确定追赶领先者的目标。

原则 3：可持续。 充分考虑利益相关方的利益，以实现持续共存。在短期目标和长期目标发生冲突时选择长期目标。

绩效指标值还要确定是采用绝对值还是相对值。

企业在具体设置绩效指标值时，到底是采用绝对值还是相对值？

如图 10-19 所示，如果企业的某项业务处于稳定期，增长两三个点都很困难的时候，建议用绝对值来表达，或者企业内部有一些业务板块体量很大，体量大自然增长就慢，也用绝对值。

图 10-19　绝对值和相对值的实用场景示例

如果企业分了好多个业务区域，有些业务区域属于新区域，那么新区域的业务不要用绝对值，要用相对值来强调企业的增长率，强调企业的占有率等市场指标。所以，什么时候用绝对值，什么时候用相对值，要根据企业业务的成熟度来确定，成熟稳定的企业就要用绝对值。

指标值的设定，不管企业是用绝对值还是用相对值，不管企业是要跑赢大盘还是跑赢对手，还是跑赢自己，也不管企业是基于客户视角还是竞争视角，还是未来视角，其实都反映了企业的决心，反映了经营者的意志，反映了企业面对外部环境和资源约束时如何去做的态度。

个人绩效考评，首先要看主官，看军长，若干部没有意志力，怎么做绩效都不会有效果。

任正非一直强调干部"意志力"

华为正职要有决心，有意志，有毅力，富于自我牺牲精神。（任正非，2011 年）

主官要有主动求战、求胜的欲望，要有坚如磐石的信念，具备坚强的意志和自我牺牲精神。（任正非，2012 年）

华为的接班人，除了以前我们讲过的视野、品格、意志要求，还要具备对价值的高瞻远瞩，和驾驭商业生态环境的能力。（任正非，2013 年）

基层干部我们要重视他们的意志力、毅力的培养与选拔，他们努力奋斗，一时成绩不佳，要帮助、辅导。（任正非，2016 年）

坚决遵守干部八条，建立一支有铁的意志、铁的纪律、思想活跃、生龙活虎的奋斗队伍。（任正非，2017 年）

干部队伍要有使命感与责任感，要具备战略洞察能力、决定力，要富有战役的管控能力，要崇尚战斗的意志和自我牺牲精神。（任正非，2017 年）

10.4.2 个人绩效辅导

绩效辅导是主官指导和激发下属，帮助下属达成绩效目标的过程，包括日常辅导和定期审视两个部分，如图 10-20 所示。

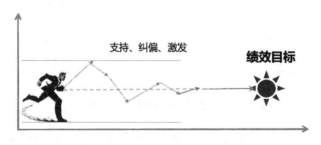

图 10-20 个人绩效辅导目的示意图

（1）**日常辅导**：指的是在绩效执行过程中主官针对存在的问题，不拘泥于形式和场地，对员工进行辅导，包括技能辅导、资源支持、意愿激发等。

（2）**定期审视**：指的是主管对员工的绩效事实进行记录，定期对员工进行绩效回顾、诊断和辅导；提供改进建议、资源支持，以帮助员工保持正确的工作方向。

绩效管理的原则是为了更好地改进绩效，实现组织目标，这是终极目的。企业战略目标的实现以每个员工绩效目标的实现为基础，员工也需要被肯定。如果员工没有实现预期绩效目标，则辅导员需要跟员工进行沟通，辅导员工改进计划，以达成绩效目标。

企业要从正面引导员工，从提升员工能力的角度和帮助员工的角度出发，而不是从负面的、批评的角度来做绩效沟通和辅导；不能在绩效辅导过程中不和员工做深入沟通。不消除绩效不能达到的原因，只是简单粗暴地进行处罚、责备，违背了绩效管理的初心。

高绩效组织一定有畅通的沟通渠道，能够促进管理者与下属平等、有效地沟通，通过管理者承担绩效辅导责任，形成鼓励和促进员工实现个人发展的氛围。

教练式辅导——G.R.O.W 模型

教练式辅导（Coaching）能开启个人的潜能，使得业绩最大化。它通过提问、倾听等方式帮助人学习和成长，而不是主要靠讲授。教练式辅导应该成为管理者帮助员工学习和成长的一种方法。它包含了一种沟通的方式，一种管理的风格以及帮助员工释放潜能使其绩效最大化的行为与能力。

G.R.O.W 模型包括四个步骤：G——Goal 建立目标，R——Reality 了解现状，O——Option 讨论方案，W——Will 激发意愿，如图 10-21 所示。

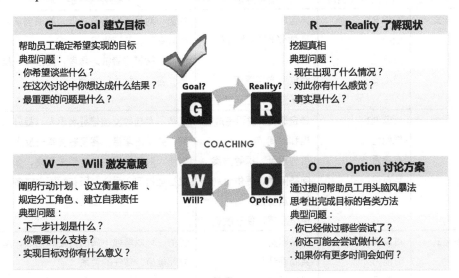

图 10-21　教练式辅导——G.R.O.W 模型

具体上，管理者可以将员工按照工作能力和工作意愿进行划分，并针对性地选择辅导方法。

如图 10-22 所示，员工的工作能力分为高、中、低三个级别，工作意愿也分为高、中、低三个级别。如果员工工作能力低，工作意愿也低，对应 R1。对应地，如表 10-7 所示，要对其对应地采取"告知式"的辅导方式。这种方法的优势是对员工要求低，可迅速直接解决当前问题，但是员工容易机械执行，双方互动程度较低。

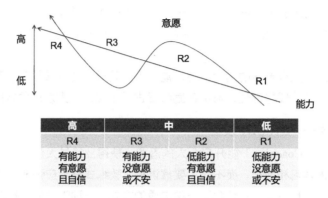

图 10-22　工作能力和工作意愿矩阵图

表 10-7　教练式辅导的四种方式

辅导方式	适用对象和情况	辅导方法	优势与不足
告知式	对象 R1： 低能力 没意愿 或不安	详定职责 具体说明完成过程和时间 测试对方了解度 给予反馈，便于改进	优势：对员工准备要求低，解决当前问题效率高，快速直接 劣势：被辅导者缺乏思考，无法举一反三，容易机械执行命令
辅导式	对象 R2： 低能力 有意愿 且自信	详定职责，说明完成过程和时间 引导思考，探寻方案 回答问题，提供协助 解释重要性 给予反馈，便于改进	优势：容易触发被辅导者思考，提升认知，并做出承诺，容易触发举一反三 劣势：对辅导者的技能要求更高，如启发性地提问，耐心，所花时间也较多
参与式	对象 R3： 有能力 没意愿 或不安	勾勒职责 共同确认目标 对过程实践交换意见 提供支持 反馈与鼓励	优势：可以增强下属的责任和信心，建立起健康、信任的关系 劣势：对辅导者的技能要求更高，需要更多同理心，和下属坦诚沟通，所花时间较多

辅导方式	适用对象和情况	辅导方法	优势与不足
授权式	对象 R4： 有能力 有意愿 且自信	勾勒职责 制订追踪计划 鼓励求助 反馈与鼓励	优势：充分发挥下属潜能，感觉被尊重和被信任，实现下属的自我管理，效率高 劣势：沟通减少可能导致下属准备度下降，应保持必要的双向沟通

　　个人实现高绩效的三个标准：个人目标达成、团队目标达成、个人改进成长，三者缺一不可。企业在进行个人绩效评估时，应综合考虑个人在三方面的贡献。

10.4.3　个人绩效评价

　　（1）个人绩效评价分为六个步骤。

　　如图 10-23 所示为个人绩效评价过程。

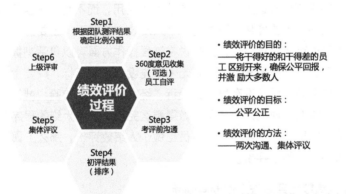

图 10-23　个人绩效评价过程图

　　第一步：根据团队测评结果确定比例分配。

　　根据部门绩效确定比例分配是指确定部门优秀员工有几个人。优秀员工人数的多少取决于部门绩效，部门绩效好，能够打优秀的员工就会多。

　　第二步：员工自评。

　　员工自评后形成自评结果。如果员工的工作涉及比较多的部门，就需要做 360 度的环评，收集其他部门对员工绩效的评价意见。

　　第三步：考评前沟通。

　　部门主管跟员工沟通，对自评结果进行确认，对绩效评价的事实进行澄清，对周边部门的绩效评价进行反馈，确保对绩效评价标准的理解一致。

第四步：初评结果（排序）。

部门主管给出初评，此时会考虑部门内部对齐，结合部门绩效确定的比例，对员工的绩效结果进行初评。

第五步：集体评议。

集体评议就是对各主管的评价，在统一的规则下再逐一评议，按照比例分别从整体上拉通审视评议（将各个员工绩效评价按照公司绩效管理的规则进行相应的分布排列，比如强制分布、末位淘汰，保持各个评价有相应的区分度），确保员工绩效评价结果在内部的公平公正。

第六步：上级评审。

在上级管理团队集体评议员工绩效后，其上级管理团队负责审视团队整体绩效分布，批注绩效集体评议结果，最后正式公示。

绩效评价的目的是将干得好和干的差的员工区分开来，确保公平公正，并激励大多数人。所有的过程、方法和工具都是为了保证评价的公平、公正，激发员工潜能，运用时管理者要深刻理解这点，工具和方法为我所用，而不是机械执行。

绩效管理的动作不要僵化、形式化。个人绩效的管理不一定要强调遵守严格的程序规范。这不是说可以随意评价，而是说在流程操作方面可以灵活把握。比如，管理能力较强的主管，在某些场景下，甚至无须事先设定绩效指标，只要主管能够排出优良中差名次，结果公示后，没有员工去投诉，经得起大家的检验，就是可接受的，并不一定需要严格按照上面的六个步骤，做得那么完整。因为太细的程序化操作会产生大量管理成本。如果某个主管不擅长给员工做个人绩效评价，那么上面的六个步骤就能帮助主管做好员工绩效评价。

任正非：个人绩效自评方法上也要有创新

个人评议也有方法。比如，我们号召每个员工都站在走廊上演讲自己的学术报告。演讲不仅是在激发自己，也带动了别人走向更加开放。如果他讲的话不符合事实，大家就会发表意见，评价会更加实事求是。越开放、越实事求是，我们的度量衡也掌握得越清楚。又如，每个员工都可以自己建立自己的工作档案，多次复盘就是不断建模，这样他对自己的正确评价也建立起来了。

——任正非：在个人绩效管理优化工作汇报会上的讲话，2018年，有删改

（2）个人绩效等级的定义（级别和含义）。

早在盛唐时期，中国官员的考核就按照"德、勤、能、绩"进行。对官员的评价分为9个等级：上上、上中、上下；中上、中中、中下；下上、下中、下下。

区分个人绩效等级的目的在于员工内部的相对排序，对应拉开利益差，形成薪酬理论中内外部真正的"公平性"和"竞争性"，并淘汰"南郭先生"，从而达到组织"熵减"、激发组织活力的目的。其目的不在于打击绝大多数，而是要激发绝大多数，淘汰极少部分。

另外，个人绩效管理的终极目的是提升个人绩效，所以评定出的个人绩效等级是相对值，要在团队内部形成"级差"，好中取优，劣中淘汰最劣，形成团队积极努力的奋斗氛围。每个公司所处行业特点不同，发展阶段不同，所以个人绩效等级的评定方法也应当不同。只要符合激活组织的目的，绩效等级的设定就是科学合理的，当然也要兼顾企业文化，并不断进行改进。

案例：华为的个人绩效考评等级设定随着业务发展也在不断发展

从 1997 年开始（彼时华为营收约 100 亿元，国内通信市场已经排名前三，此前华为个人考评并不规范，但是简单高效，促进了企业聚焦"打粮食"，快速发展），华为已经将近 8 000 人，内部管理矛盾突出，进入了任正非所说的"华为最大的短板是管理"的阶段。华为在中国人民大学教授顾问组的指导下，制定了第一套员工考核管理制度，采用了"工作态度、工作能力、工作绩效"的全方位考核，采用 100 分制，根据考核要素，主管认为哪一条做得不够好就要扣分，最后根据总得分来对应考核等级。这样的考核方式在当时华为的管理情境下，应该说是很客观、公平的，但实质上也有一定的弊端，这就是考评标准太面面俱到，压抑了员工个性，无助于员工发挥自己的特长，最终也并不利于产生高绩效。

在 2000 年前后，华为从 IBM 那里学到了 PBC 的考核方式，学到了 GE 活力曲线的应用，采用强制各级别按比例分布的方式，特别对于干部，每年要淘汰 10%~15%（当然淘汰不是说立即开除，有后备资源池，有内部人才市场可以进行一到两次的"回炉重塑"），并且十分强调绩效结果的应用。应该说，由此进一步强化的"三高"——高压力、高绩效、高薪酬的绩效考核文化施行效果非常不错，并且有力支撑了华为十多年的高速发展。

但是，随着新生代的员工数量所占的比例越来越大，华为自身行业位置也逐步从跟随者位置到引领者位置，从制造到创新、到创造，成为业界领袖。特别是 A 级别、B+级别员工所占比例过小，大量员工被定义为 B 级员工（B 级含以下超过 60%），打击了大多数本职工作做得不错，但是被强制分布到 B 级及以下的员工；且存在评价僵化不公平、不公正的现象，如人力、财务部门等企业机关员工自身职级膨胀快、绩效高的情况。这导致了大量员工感到不被组织认可（B 级别及以下员工在奖金、配股、晋升上均被严重限制甚至冻结），大量流失的现象，员工内部也怨声载道。于是华为的个人绩效评价从考核等级、考核对象分类、判定标准、各级别所占比例、绩效应用等方面进行了全面的改革,华为的绩效管理进入了新的阶段。

2013 年前后,华为针对饱受诟病的"末位淘汰"扩大化,强调不要随便对所有岗位都搞末位淘汰,不要搞得"人人自危"。

2018 年前后,华为倡导采用灵活机动的战略战术如"一国一策""一品一策"……的考核评价机制。任正非提出"华为人力部门不要整天说改革别人,要先革自己的命",比如,优化 PBC 的绩效考核方式,加大对关键事件的考核,更多看结果而不是看过程,不求全责备,考军长也考将军,对员工进行分类考核,扩大绝对考核的员工类别,扩大 A、B+绩效级别的比例,等等,以解决由于过于严苛的考核导致的"内部恶性竞争"问题,重拾"胜则举杯相亲,败则出手相救"的企业文化。

新一轮的个人绩效变革正在华为进行中,上述这一过程阐述了一个道理:无论是经营还是管理,包括具体的个人绩效评价,都要把握原则和方向之"道",在"术"的选择上要结合企业实际设计,并根据企业和环境变化与时俱进,不断迭代优化。

在这一过程中,重要的是实事求是的态度和"灰度"处理的策略。实事求是是指企业对企业特点和所处环境有深刻的认识,不胡乱学习,道听途说关于华为的各种做法、说法,胡乱听风就是雨;"灰度"处理的策略是指企业要把握当下的主要矛盾,矫枉不过正,引导员工走向高绩效。"灰度"就是管理学上的"悖论"在绩效管理中的运用。"灰度"不是中庸而是基于情境设定,不走极端、不一刀切。所以末位淘汰也好,强制分布也罢,都是管理的工具。是工具就要掌握应用的情境和方法,不能一概而论。

示例:华为对个人绩效评价等级的定义(表 10-8)

表 10-8 华为对个人绩效评价等级的定义示例

绩效等级	定　义	描　　　　述
A	杰出贡献者	明显超出组织期望,在各方面均超越所在岗位层级的职责和绩效期望,取得了杰出的成果,是部门的绩效标杆
B+	优秀贡献者	达到并经常超出组织期望
B	扎实贡献者	能够达到组织期望甚至部分超出组织期望
C	基本合格	基本完成组织分配的任务目标
D	不可接受	大部分的任务目标没有完成

示例:华为相对考核评价方法"关注两头,抓住关键"划分等级

在完成各单项的评价之后,主管需要确定团队中所有下属的绩效等级。下面的步骤可以作为确定员工绩效等级的参考步骤,如表 10-9 所示。

表 10-9 直接主管对下属员工的具体评价方法与工具模板示例

员工姓名	级别	岗 位	业务目标					人员管理目标	建议评价等级	必要的关键事件说明
			关键绩效指标得分	个人关键举措						
				个人市场目标	个人重点项目	个人年度组织建设与管理改进目标	该部分整体建议评价等级			
甲	19	销售代表								
乙	18	交付代表								

——**先确定绩效评价等级为 A 的员工。**

先确定绩效评价等级为 A 的员工在关键绩效指标部分的得分下限，建议为前 20%~30% 的员工。如果员工的"关键绩效指标得分"未能达到 A 的基准值，即使其在其他方面完成得极为出色，也不能得 A。

对于在范围内的员工，根据个人关键举措、人员管理目标完成情况综合评议，确定等级为 A 的人选，如有必要，对员工在关键事件中的表现进行说明。一般建议，三项中有两项以上评价为满意以上且没有不满意的员工才能为 A。

其余人员如无其他异常表现，通常确定为 B+。

——**再确定绩效评价等级为 C 的员工。**

确定绩效评价等级为 C 的员工在关键绩效指标部分的得分上限，建议为后 20%~30% 的员工。

对于范围内的员工，根据个人关键举措、人员管理目标完成情况综合评议，如有必要，参考关键事项中的表现，确定 C 的人选。

其余人员确定为 B。

——**对于其他人员，由直接主管做出 B 或 B+ 的判断。**

如果关键绩效指标部分突出，但其他项完成得明显不好，则评定为 B。

如果关键绩效指标部分不很突出，但其他部分完成得出色，也可以评为 B+。

（3）个人绩效评价方法：相对考核和绝对考核。

如何正确理解相对考核、绝对考核和强制分布呢？任正非强调要将绝对考核与相对考核相结合。强制分布属于相对考核的范畴。绝对考核只设立一个标准基线，让员工跟标准比，比标准好，就是好。绝对考核既不做强制性的比例分布，也不做末位的淘汰。相对考核是在进行考核的时候，通过相互之间进行比较和排名，强制性地控制优良、中等、差的比例，比如说设定 20% 为 A，那么 10 个人只能有 2 个 A，不能超过 2 个。

很多企业引入绩效的时候特别喜欢搞强制分布考核，人力资源部门也觉得这样好交差，似乎一强制，大家都有压力，就会发生绩效变化。华为曾经也遇到这样的问题，所以任正非特别强调，无论是绝对考核还是相对考核，目的是要团结多数人，只有团结多数人，企业才能进步。

采用相对考核的规则下，如果优秀的员工占少数，可能会成为讥讽的对象。从人性的角度来讲，比如说一个部门有 10 个人，强制分布一定要有 2 个人打 A，那么打 A 的这 2 个人就成为众矢之的，他们有事找其他人配合的时候，其他人会说"你这么优秀，还需要我协助？"

企业要将相对考核和绝对考核结合使用。不同场景下适配不同的考核方法，总体原则如下。

对流程化、标准化、可量化、确定性的岗位进行绩效考核，一般用绝对考核。比如，生产线的合格率已经做到 95% 了，对标行业可能这就是优秀，没有必要一定要达到 99.99%。这条生产线如果有 10 个员工，质量合格率都做到 95% 以上，那么这 10 个员工都是优秀，没有必要搞强制分布打击大多数。

相反，对非流程化的、非标准化的、不确定性的或者是动态、创新的，不那么好量化的岗位进行绩效考核，用相对考核更合适。比如说，创新部门的业务有很多不确定性，做得好和坏，没办法事先设定一个标准化的指标，只能先做，做完了之后再来看。此时考核，看投入、产出、劳动态度，甚至看员工的价值观等，然后进行相对的排序，参考二八原则，有 20% 是好的，70% 是中间的，10% 是相对差的。

所以绝对考核有其应用的场景。华为对基层员工的绩效是用绝对考核。比方说作业类、操作类、职员类员工，只要在流程化、标准化、可量化的业务场景里，就有通用的标准，如工作量、质量、规范性等，产出直接跟通用标准进行比较，好就是好，不好就是不好，很确定。又比如，企业食堂大厨，做的饭菜好就是好，没必要几个大厨比较，谁做得最好，人为制造矛盾。还比如，办公室秘书，如果有 5 个人办公效率都很高，服务的对象也很满意，就没有必要将他们的"确定性"的工作硬要分出高下来。这几类员工核心绩效是专业和标准，是跟自己比，不是跟别人比，因为此类工作有明确的产出，明确的评价标准。

总之，在企业做绩效管理时，要回到绩效管理的本质上面看绩效考核方法，即绩效考核的目的是绩效改进，个人绩效改进目的是推动组织绩效提升，组织绩效提升要抓矛盾的主要方面，抓"弹性产出"方面。如果一个岗位做的是确定性的事情，那么就让人跟事情比；如果一个岗位做的是不确定性的事情，即有很大的"弹性产出"，那么就要在跟事情比（绝对考核）的同时跟人比（相对考核），形成真正的"比学赶帮超"的良性竞争氛围。没有必要一提考核就搞强制分布，这是企业管理简单粗暴、管理者无能的表现。

当然，对于强制分布，华为一直坚持对干部做相对考核，做强制分布，甚至每年淘汰 10%~15%，这又是"悖论"——"灰度"管理思想的场景化应用。其原因一句话就能解释："兵熊熊一个，将熊熊一窝。"战略方向定了，战斗队形布阵了，关键的就是干部了。

在这方面，华为绩效管理也是"血痕累累"，即便有累计数百亿的国际一线咨询团队的保驾护航，华为还是"帮"我们诸多企业家踩了很多坑。下面这些任正非的绩效管理的理念，可谓字字千金，是用华为绩效管理实践和真正的黄金白银投入换来的。

任正非：人力资源考核也要改革，不要随便搞末位淘汰

我们花了二十几年时间建立起的人力资源金字塔模型，应该说建得很好，但现在还要进一步改良、异化；金字塔基础要异化，还要拉开优秀骨干员工和一般骨干员工的差距。

……

华为 ABC 绩效考核制来源于美国西点军校的末位淘汰制，目的是选拔将军，从优秀人员中挤出更优秀，然后挤出很多能够统率千军万马的人来。

如果我们在炊事员中也实行末位淘汰制，每个地方都搞绩效考核，几千个人带着弹簧秤去给别人称重，这几千人为什么不上战场？

事实证明，公司有相当多的岗位可以实行绝对工作量考核。我们要形成一个团结的氛围去创造价值。所以，不能浪费大量人力资源，聚焦在不该聚焦的地方，而特别优秀的干部又提拔不起来。

比如，几个人端盘子，给其中一个人打了 C，理由是盘子端斜了一点，他心里会想"我端得比他正啊，以后别人盘子端斜了，我再也不会提醒他"，因为你端斜了，可能你就垫底当 C 了。

由此给客户的总体感觉会变得越来越差。

——任正非：在销售项目经理资源池第一期学员座谈会上的讲话，2014 年，有删改

过去公司人力资源对标功能组织建设，逐渐脱离作战系统，建立了自我封闭体系，成了落后于业务发展需要的体系。

可以绝对考核，也可以相对考核：

……这样就得出一个该地区薪酬总包的总值。基于薪酬包总值的边界，授权作战团队发挥主观能动性，自行去评价，可以绝对考核，也可以相对考核。

——任正非：在个人绩效管理优化工作汇报会上的讲话，2018 年，有删改

任正非：考核也不要在非战略目标上消耗

我们一般岗位的员工，经验是主要的，他们的生产技能、资历也是重要的，用不着A、B、C地挤压。挤压可能使基层员工不团结（他没有这么高的理解力），而且耗费了大量的人力资源，对他们实行绝对考核更适用。

基层员工也不用走之字形成长的路，还是干一行、爱一行、专一行，在最佳角色上做出贡献。

我们绝大多数员工应该快乐地度过平凡的一生。他们不想当将军，不想跳"芭蕾"，就不必受那个磨难了。

只要贡献大于成本就可以了。

这也符合战略竞争力量不应过多消耗在非战略目标上的原则。

——任正非：非主航道组织要率先实现流程责任制，通过流程责任来选拔管理者，

淘汰不作为员工，为公司管理进步摸索经验，2015年，有删改

（4）绩效结果的沟通与反馈。

绩效结果的沟通和反馈计划，通过明确绩效评价各方的责任、公示绩效考核结果、提供绩效考核结果申诉渠道等措施实施。其目的是要为绩效评价保驾护航，最大限度地确保对员工绩效评价结果的公正性，使公司内部的气氛更和谐，提升公司的凝聚力和向心力。

一是绩效结果的公示。

公开透明是企业赏罚分明的重要基础，同时也加强了公司和员工之间的联系，使得大家更加彼此信任，在无形中达成了"多劳多得"的共识。

在上级管理团队集体评议员工绩效后，其上级管理团队负责审视团队整体绩效分布，批注绩效集体评议结果，最后正式公示，如表10-10所示。

表10-10　华为绩效考核结果公示

公示范围	• 绩效为A、B+/B的员工，B+和B作为一个整体，不进行区分与标识
	• 海外当地员工和获得当地工作签证的非当地员工，应在遵守当地纪律的基础上，由所在国管理团队决定是否公示
公示内容	• 组织绩效公示：包括组织/团队绩效排名，组织绩效影响个人绩效比例分布的规则
	• 初评结果公示：员工自评（绩效、劳动态度），主管评价意见（绩效、劳动态度）
	• 终评结果公示：终评等级（绩效、劳动态度）
公示渠道以及责任主体	• 在直接主管评议范围内公示3~5天，可通过PC平台、邮件、部门公告栏等公示
	• 公示责任主体是直接主管，HRBP（人力资源业务伙伴）协助和监控（公示邮件抄送HRBP）

二是绩效结果的沟通。

绩效结果沟通的目的：促进绩效持续改进；保证员工对企业绩效评价客观公正性的感知；强化员工对其绩效的责任，帮助员工正确理解企业绩效导向；鼓励员工好的绩效行为持续出现；澄清员工需要改进的领域以及改进的方向；激励员工持续成长，并在新的绩效管理周期担更大责任。

绩效结果公示后，直接主管应该和员工进行面对面沟通。沟通的内容包括成绩、不足以及接下来的绩效改进措施。直接主管引导员工制定下一个考核的绩效目标。对于低绩效、需要改进的员工，直接主管还需要给他们设定一个改进期限，而且在员工改进过程中，及时提供帮助与支持，如图 10-24 所示。

提示	误区
√ 基于事实或员工的行为给出反馈 √ 也应以尊重、坦诚、客观的方式给予下属反馈 √ 勇于给出真实准确的评价以帮助他们提升 √ 双向交流，要让员工也参与、表达、关注、倾听 √ 对于沟通中员工的疑问要尽量予以澄清，对于自己解释不了的，记录下来，事后确认后再给员工反馈 √ 如果员工对评价结果不满意，应当允许员工与自己或上级主管进一步沟通	×不要将未经批准的结果与员工沟通 ×不要试图说服员工接受绩效评价结果 ×不要用员工对绩效无关的理由来解释考评结果（如个性、请假、新来的、调动等） ×不要对员工以后的绩效评价等级做出承诺 ×不要拿"相对考评"制度作挡箭牌 × 不要把责任推给考评制度或管理团队 ×不要纠结于和团队其他成员的比较 ×不要失去耐心，使沟通最终变成争论

图 10-24　绩效结果沟通的提示和误区

沟通后拟订绩效改进计划

个人绩效改进计划模板示例如表 10-11 所示。

表 10-11　个人绩效改进计划模板示例

序号	值得保持的亮点	绩效改进计划							
		存在的绩效问题	问题成因分析（内因及外因）	改进目标	行动计划	需要的资源与支持	责任人	完成日期	备注

绩效结果：

对以上绩效考核结果及绩效沟通内容无异议，现签字确认！

| 绩效承诺人： | 日期： | 直属上司： | 日期： |

所有管理者应最大限度利用绩效面谈的机会，大胆与下属讨论绩效改进计划，这是提升能力的最佳途径。管理者有责任为其下属找出绩效不好的原因，并共同找出解决的方法。

绩效结果的申诉处理

绩效考核结果可以通过 IT 系统公示到企业网络上，对考核结果有异议或不清楚的员工，可以书面形式向公司人力资源部进行申诉。考核管理委员会是员工考核申诉的最终处理机构，人力资源部只是其日常的办事机构，申诉一般由人力资源部负责，如图 10-25 所示。

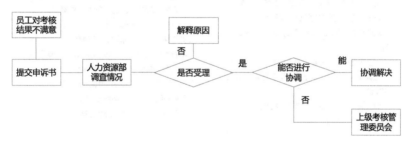

图 10-25　绩效考核结果申诉流程

10.4.4　个人绩效结果的应用

个人绩效结果的应用会影响到员工的物质利益分配和非物质利益分配。物质利益分配包括工资、奖金、配股等的分配，非物质激励包括干部任命、人岗匹配、任职资格晋升和内部调动等，如表 10-12 和表 10-13 所示，详细的应用方法请见《科学分钱》一书。

在公司支付能力允许的前提下，考核结果同员工薪酬调整挂钩。

表 10-12　个人绩效结果的应用

考核等级	工资调整、易岗易薪	奖　金	饱和配股	福　利
A	有机会，但必须同员工综合考核结果、任职技能状况挂钩，并纳入工资标准范围内管理	有机会，但必须同员工年度综合考核结果挂钩	有机会	与考核结果差异化福利
B+			根据公司当年配股总量和综合考核排名情况确定	
B				

续表

考核等级	工资调整、易岗易薪	奖　金	饱和配股	福　利
C	不涨薪/降薪	很少或无	无	
D		无		

在组织发展可提供相应机会的前提下，考核结果同员工任用和成长挂钩。

表 10-13　个人绩效结果的应用

考核等级	干部任命晋升	人岗匹配晋升	任职资格晋级	不胜任淘汰/干部清理	内部调动	原华为再入职
A	有机会，纳入继任通道	有机会，可进入成长快通道		无	有机会	
B+	有机会					
B						
C	没有机会或考虑降职		没有机会	进入个人改进计划，监督绩效表现	没有机会	
D	没有机会或降职/劝退			不合格干部调整		

第11章

执行跟踪与复盘：
业绩提升源自认知进化

> "孔子说'每日三省吾身'，其实就是复盘"
>
> ——任正非

本章主要讲述 SOPK+如何在企业实施，需要建立哪些机制以保障其在企业内逐步建立、起到效果、持续优化。

SOPK+要落地执行，需要一些保障机制，具体包括：经营日历、组织保障、会议机制、复盘机制、报告机制、监督机制，如图 11-1 所示。

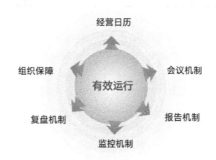

图 11-1　SOPK+要落地执行的保障机制

首先企业要建立全企业的经营日历，全年什么时候做什么事情，大的时间节点要确定下来，有了经营日历，企业的经营才有节奏感；企业的组织保障也要跟上，战略规划部或者经营管理部，或者小公司一个岗位，甚至一个人兼职都可以；然后要有会议机制，"两大一小"的会要开起来；还要有报告机制、复盘机制、监控机制，有了这些机制，SOPK+整个系统才能有效地运转。

11.1　组织保障

企业的组织保障机制涵盖了组织架构设计和人才保障。由于人才的重要性，很多成熟的大企业包括华为在人力资源部门外单独设置了总干部部（华为内部专门管理干部的部门），所以本书在组织保障中单独拿出人才保障内容来阐述。组织保障机制主要是要求 SOPK+运行由专门组织负责，由专门组织运作流程来牵引，否则 SOPK+就容易空转。这些专门组织主要包括战略规划部和经营管理部，类似于人的左右脑，如图 11-2 所示。

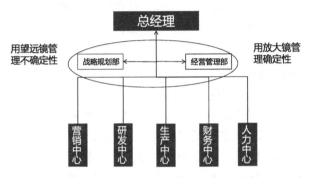

图 11-2 SOPK+组织保障机制

SOPK+运行时候，谁来负责推动这个事情？在整个组织架构中，如图 11-2 所示有两个部门，一个是战略规划部，一个是经营管理部。战略规划部相当于人的右脑，是拿着"望远镜"去看，靠"想象"去发现新的机会，去应对不确定性的部门业务。经营管理部则相当于人的左脑。它是要做确定性工作，靠理性、逻辑做具体的布控，用"放大镜"进行管理。这两个部门都非常重要，没有这两个部门或者负责这两个部门业务的人，整个公司就容易打乱仗。中小型企业不一定设立这两个部门，但是这两个部门的角色非常重要，需要有专业的人专职或兼岗。

（1）战略规划部的工作职责。

战略规划部的工作职责如图 11-3 所示。

图 11-3 战略规划部门的工作模式

战略规划部门用"望远镜"看，做市场洞察和市场分析，要输出一些纲领性的问题，要组织大家进行讨论，要将不确定性的工作变成确定性的工作。战略规划部门主要负责组织其他部门共同完成战略规划，而不是代表企业去完成战略规划工作。战略规划部门应该自己单独做战略是大部分企业的认知误区。

——为重大的战略决策提供及时有效的决策支持，而不是自己决策。

——致力于战略规划的日程管理、沟通、设定标准及解决问题。

——纵观产业发展大势，洞察产业发展规律，识别战略发展机会，组织制定基本经营战略规划，预见变革历程等。

——促进战略规划落地。

（2）经营管理部的工作职责。

经营管理部的主要职责如图 11-4 所示：协助总经理制定公司年度经营目标，并组织大家进行沙盘推演以及分解细化成各个部门的工作计划；将其作成考核指标，层层落实、月月跟进。经营管理部完全是用放大镜、显微镜来做事情，抓细节、抓落实、抓跟踪、抓 PDCA（即 Plan，计划；Do，执行；Check，复核；Action，行动）循环。

1. 协助总经理制定公司年度经营目标，并组织开展沙盘推演及分解细化，形成公司经营策略及行动计划，辅导各部门制订部门工作计划；
2. 跟进并落实年度各项关键计划的达成，保障年度经济类指标达成；
3. 定期（月/季/年）组织开展企业经营数据统计分析以及经营复盘，及时纠偏，推进经营目标的达成，并定期召开经营分析会议，跟进会议决议；
4. 跟踪公司战略关键事项的执行情况，并定期召开总经理办公会议，推进战略关键事项的落实，并推进总经理决议，如管理改善课题类、管理指标改善类、短期临时工作目标等；
5. 主导上述会议的安排、通知、下发及跟进相关资料，组织完成会前准备、会后跟进的高效会议的召开；
6. 主导企业员工提案，改善方案设计，并推动提案落地；
7. 推动管理层绩效管理落地，为经营层提供管理层绩效考核指标建议。

图 11-4　经营管理部的具体工作职责

11.2　经营日历

SOPK+日历保障机制的目的是使企业的经营管理有节奏感。如图 11-5 所示为华为的经营日历示例。

如图所示，华为在 2018 年的 1 月份要签订 2018 年的目标责任书，每个月要召开经营分析会，半年要召开半年会议，做半年总结；在 2018 年 10 月 10 日前要发布 2019 年的经营计划、方针等；到 11 月份要上下第一次握手完成（即业务和财务开会确认相关预算和业务计划的内容），启动第一稿的全面预算，考虑组织架构的调整等；12 月份要完成第一稿预算。

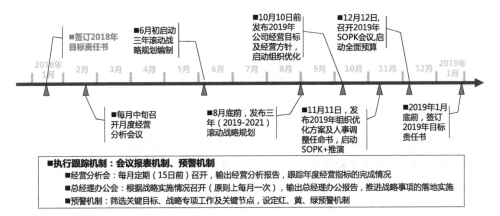

图 11-5　SOPK+：日历保障机制

华为做"春季计划"，即做 3—5 年计划，在每年 6 月 30 日之前完成；做"秋季计划"，一般做第二年的计划，在 10 月 10 日之前完成。这就符合自然界的春种、夏长、秋收的自然规律，企业经营也需要有这样的节奏。

没有明确的节奏，经营管理者很容易陷入日常工作的汪洋大海中，到了适当的节点"忘记"该做的事情，或者陷入急事先做的境地，结果回头一看，才发现错过了很多应该做的，也就是丧失了很多次用"显微镜"和"望远镜"看方向和总结、复盘的机会，这就很难保证前文所述的企业"战略方向大致正确"。

11.3　报告机制

组织规模一旦做大以后，需要各种报表、报告，专题的、通用的、定期的、不定期的、月度的、季度的、半年度的、高层、中层、基层等不同类型的报告，这就需要报告机制。

SOPK+运行也需要解决部门协同的问题，需要有很多报告为决策做支持。

报告的目的在于：及时准确地获取、流转经营管理信息；对战略实施的过程进行跟踪、纠偏；提供经营决策的科学依据；跨部门、跨组织配合协调，有效联动；对资源进行调配；对风险进行防控和应急处理等，如图 11-6 所示为 SOPK+报告形式模板。

系统的报告机制包括报告体系、报告的形式与内容，以及报告的传递。报告要有针对性，要讲究效率，不能导致"文山会海"。

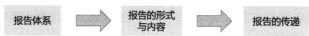

- **定期报告**：战略类、投资类、财务类、人力资源类、运营类等
- **不定期报告**：动态信息报告、突发及预警报告

- **报告要求**：报告周期、填报单位、归口管理部门、报送时间、报告内容、报告如何进行规范化管理等要求
- **报告模板**

- **传递时间**：周、月、季、半年、年、不定期
- **传递方式**：电话、网络、公文、述职等

图 11-6　SOPK+报告形式模板

华为著名的胶片文化在内部屡遭批判，却一直存在。

> 现在公司最深恶痛绝的就是做胶片。所以任正非说，以后都不要提前发通知，而是临时通知，以免为了他要听一次汇报，要看一看，下面就花费很多时间，搞很多人做胶片。丁耘的检讨和承诺里加了一条"本系统将停止向领导汇报使用胶片模式"。我想说的是，对做胶片我们不要僵化地理解。如果说，我们做胶片的过程，是进一步去思考、去讨论、去达成共识、去找到方向、找到思路，那做胶片的过程是增值的；但是这个过程中，主管不要找太多人，如果我们做一套胶片要一二十人集体来做，那效率就太低了，就太以领导为中心了。按道理来说，主管自己的汇报，最好是自己来写胶片。我在 EMT 汇报的胶片大多都是我自己写的，一般也就是几页。
>
> ——徐直军在 PSST 体系干部大会上的讲话："谈管理者的惰怠行为"，2011，
> 有删改（这篇文章在 8 年后，再一次由任正非转发全华为公司）

笔者在咨询实践中看到有些企业家经常洋洋洒洒，亲笔写出数万字的报告，然后自我很满意甚至"陶醉"，要求干部仔细阅读。下面干部却苦不堪言：语言文字多经润色，PPT 等"高大上"，各种管理名词荟萃，结果大部分员工不甚理解，报告成了老板和部分高管自娱自乐的内容，更有甚者还导致一些行文能力强的人"揣摩圣意"，靠 PPT"上位"的不良风气。

企业内部各类报告，要求行文精准、通俗易懂，让所有员工理解。这可以学习任正非的文字报告，其特点是既高屋建瓴，又能把专业的思想和理论解释得通俗易懂、"老少咸宜，妇孺皆知"，让干部员工心领神会。在华为，甚至经常有干部员工引用任正非的观点来批判企业的各种"乱象"。这种报告不仅体现了企业家领导力最高的表现形式——文化领导，也通过文字传递了最高层的管理思想，在某种程度上杜绝了"山头主义"和"好经念歪"的情况。

任正非谈报告要求

我们的变革就是要让大家知晓，光是靠讲话和流程大家看不懂，一定要靠故事。

IPD 变革也去写一本书，成功、失败的故事都可以写，像"枪林弹雨""厚积薄发"一样，通过小故事中的大道理来改变全体员工的思想，让基层员工知道公司的方向是什么，端到端到底是什么意思。

高层领导要多写一些文章，写自己参与变革的深刻感受，通过故事讲明白深刻道理。《圣经》为什么那么普及，就是靠故事，《圣经》里全是小故事，小孩、老人都看得懂，每个人会产生不同感受，所以能够传播开。佛教为什么推广不开，因为只有方丈才搞得懂。

——任正非在 IRB 改进方向汇报会议上的讲话：聚焦主航道，
围绕商业竞争力构建和全流程系统竞争力提升进行投资管理，2017，有删改

下面以经营报告为例，分析报告机制。

11.3.1　经营分析报告的三大通病

经营分析报告存在三大通病：经营问题不清，经营风险不明，销售机会不明确。

（1）**经营问题不清**：报告按照会计科目展开分析，充满了各种财务数据和财务术语，除了财务人员外，其他人都看不明白，甚至"一看就晕倒"。各种的数据分析，环比、同比，各种比率，然而对应到的是什么业务场景、是什么业务过程不清楚，没有转化成业务人员能理解的语言。

（2）**经营风险不明**：因为缺乏业务输入，分析不清楚，如应收、库存周转等经营风险不清楚，直到爆发，给企业经营带来恶劣的影响。另外还有如业务中存在哪些风险，以及跟谁相比，跟自己的目标比、还是跟过去比，还是跟同行比，不清楚；存在什么差异，对企业的业绩有什么影响，也没有量化。

（3）**销售机会不明确**：支撑企业年度经营目标的机会不明确，未将机会分类成确定类、风险类和线索类机会，也没有输出一个机会清单，因此导致机会不明晰，策略、行动和资源配置也不明确。

11.3.2　好的经营分析报告的特点

好的经营分析会和报告要暴露问题、暴露风险、暴露机会，即根据"仪表盘"或者"经营数据看板"提出问题。问题和风险有区别，问题就是指已经形成的偏差，风险是指未来可能形成的偏差。这两类偏差都会导致企业的目标不能达成。企业拿着"显微镜"看问题的同时要用"望远镜"看风险，看看要弥补这些，有哪些机会可以把握。

如图 11-7 所示的分析完全基于财务视角，看不出有任何业务的语言，因此不是好

的经营分析报告。

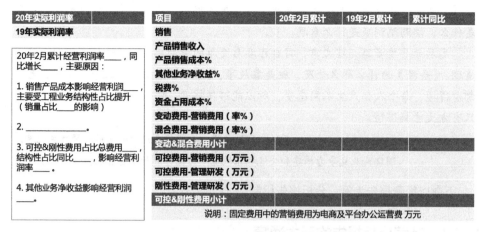

20年实际利润率				
19年实际利润率				

项目	20年2月累计	19年2月累计	累计同比
销售			
产品销售收入			
产品销售成本%			
其他业务净收益%			
税费%			
资金占用成本%			
变动费用-营销费用（率%）			
混合费用-营销费用（率%）			
变动&混合费用小计			
可控费用-营销费用（万元）			
可控费用-管理研发（万元）			
刚性费用-管理研发（万元）			
可控&刚性费用小计			

20年2月累计经营利润率____，同比增长____，主要原因：

1. 销售产品成本影响经营利润____，主要受工程业务结构性占比提升（销量占比____的影响）

2. _____。

3. 可控&刚性费用占比总费用____，结构性占比同比____，影响经营利润率____。

4. 其他业务净收益影响经营利润____。

说明：固定费用中的营销费用为电商及平台办公运营费 万元

图 11-7　财务视角的经营分析报告

好的经营分析报告可以采用下面格式，如图 11-8 所示。

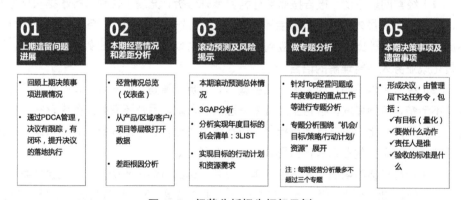

01 上期遗留问题进展
- 回顾上期决策事项进展情况
- 通过PDCA管理，决议有跟踪，有闭环，提升决议的落地执行

02 本期经营情况和差距分析
- 经营情况总览（仪表盘）
- 从产品/区域/客户/项目等层级打开数据
- 差距根因分析

03 滚动预测及风险揭示
- 本期滚动预测总体情况
- 3GAP分析
- 分析实现年度目标的机会清单：3LIST
- 实现目标的行动计划和资源需求

04 做专题分析
- 针对Top经营问题或年度确定的重点工作等进行专题分析
- 专题分析围绕"机会/目标/策略/行动计划/资源"展开
- 注：每期经营分析最多不超过三个专题

05 本期决策事项及遗留事项
- 形成决议，由管理层下达任务令，包括：
  - ✓有目标（量化）
  - ✓要做什么动作
  - ✓责任人是谁
  - ✓验收的标准是什么

图 11-8　经营分析报告框架示例

（1）**上期遗留问题进展**：包括上期决策事项的进展情况，可以通过 PDCA 闭环来跟踪执行。

（2）**本期经营情况和差距分析**：全年/本季度预测数据如何，跟原来的预测和目标进行对比，依据目前实际情况和预测数据进行差距分析。

（3）**滚动预测及风险提示**：做本期滚动预测内容，做 3GAP 分析（下文会详述），分析机会清单 3LIST 并列出实现机会的行动计划和资源需求。

（4）**做专题分析**：根据经营分析的重点问题做重点工作的专题分析；围绕着"五个一致性"展开；机会、目标、策略、行动、资源这五个管理要素要均衡考虑。

（5）**本期决策事项及遗留事项**：形成决议，由管理层下达"任务令"，包括目标、动作、责任人、验收标准等。

11.3.3　经营分析报告的五个要点

经营主报告的核心价值就是暴露出问题，通过和目标的差距分析，明确经营的核心问题，明确市场变化和机会变化。

经营业务报告要做到五个要点。

（1）要点 1：做好预测，用好预测三板斧。

经营单元能不能达到目标，要用好预测"三板斧"：

①盯住年度目标，按照月度滚动预测；

②机会是预测的基础，要对机会进行清单管理；

③按照区域、客户、产品三个维度展开验证，得到的结果应该是一致的。

预测是承诺，是配置资源的基础。预测内容是"订、发、收、回"，即 LTC（Lead To Cash，从销售线到现金，是华为的市场营销主流程之一），从订单到回款的全过程。预测要采用滚动预测方式，根据实际情况修正预测。预测是企业"端到端"运作，是经营之魂。预测的内容，是要明确对企业未来业务有多少把握。预测如果出问题，后果会很严重。

预测需要使用统一语言，销售预测需要进行管道（渠道）管理，列出销售管道管理表，列出金额，实现概率等；要看清市场空间和可参与空间，提高预测准确率；要把每个预测机会实现的概率明确出来。企业高层往往关注那些金额高的项目，兼顾把握低的项目；把握度高的项目，即便金额再高，老板多半也不会关注。

华为自下而上分为三个层级：代表处、地区部（还有片联）、总部机关。在这三个层级，华为建立了销售预测机制和承诺管理机制。每周或者双周，销售人员将销售预测数据提交给销售经理，进行 1∶1 的销售预测审核，这是没有水分的预测；每月开预测例会，销售人员将销售数据提交给销售总监，然后提交给销售管理团队，从一线逐层汇总到总部，最终提交给 CFO、CEO。一线"铁三角"团队要挤出其中水分，必须做到预测准确，总部和各层级机关要看市场变动趋势，在汇总的基础上进行调整。

要做好预测，需要组织、工具、方法论。

职能对齐，组织不一定对齐，也就是预测的管理动作有人做，比如由现有岗位的人员做，兼职做就行。组织不一定要完全配齐人员，但必须保证预测的严肃性，不能让各层级加码，叠加水分。华为的做法是"晾晒"，广而告之，把做水分的人给公布出来。

产品市场也要做目标管理：分为三阶段，用"五要素"进行机会点管理，从 0 到

1、再到 100、100 以后。准入阶段，0—1 阶段，做准入目标突破管理，做目标客户的覆盖率管理；1—100 阶段，做市场份额管理，战略机会点管理，TOP 客户关键营销活动管理；到规模化放量阶段，要放到 100 以后。(这里的 0—1 是指初始的研发阶段，1—100 指的是产品上市后的某段时期，100 以后指的是市场推广扩大规模阶段，这是华为的常见用语。)

要区分市场目标和销售目标。市场目标强调产生市场里程碑影响，比如产品首次突破、赠送使用、实验局完成、样板点建设、替换竞争对手产品、压制竞争对手份额等；销售目标就是指销售额、利润等指标，两者内容不一样。

(2) 要点 2：差距和根因分析，用五步分析法。

企业进行差距分析，要直接面对问题和差距，"刀刀见血"。直接面对差距不是为了追责，而是为了缩小差距，实现目标。需要刨根问底，找出根本原因。

如图 11-9 所示为找到差距和根因所采用的五步分析法。

图 11-9　找出差距和根因的五步分析法

第一步：打开产品、客户、区域分类。

第二步：数据量化：把"语文题"转化为"数学题"。

第三步：归因于内部：不要找外部理由，到底是客户关系原因，还是产品技术原因，还是商务原因，还是交付原因，还是公司品牌原因？还是其他原因？

第四步：解剖"麻雀"：找出是人的问题还是平台问题，还是管理机制的问题。

第五步：建流程机制：向内提出改善的措施标准，能用哪些措施防患未然。

找到根因的标志是："**某人做了某事就可以实现目标**"。解决问题，企业做了这个事情，就能解决这个问题，就说明找到了根本的原因，否则继续找，直到找到为止。

企业面对问题和差距，分析差距产生的原因不是为了追责，而是要刨根问底，挖出根因，通过改进措施避免以后再次发生。

(3) 要点 3：滚动预测的三个 GAP，三个 LIST。

如图 11-10 所示，采用三个 GAP，三个 LIST：

三个 GAP：目标差距、执行差距、预测变动差距；

三个 **LIST**：机会类清单、风险类清单、确定类清单。

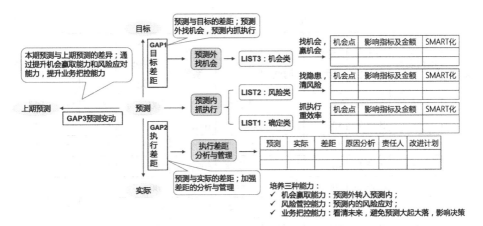

图 11-10　三个 GAP，三个 LIST

在咨询实践中，我们很少看到企业能将以下这三个 GAP 完全做到位。

第一个 GAP 是预测与目标之间的差异。企业的年度目标的整个执行都是围绕年度目标展开的，预测企业在战局变化下可能达成的目标。预测要看和目标之间的差异。很多企业要么没有能力，要么没有意愿做滚动预测，所以一开始就将这个目标预测做得非常"虚"。

第二个 GAP 是预测与实际直接结果的差距，即上个月预测了本月的经营结果，本月实际数据出来之后立刻就要复盘，做差距分析，找到底是什么原因导致了差异。

第三个 GAP 是本期预测与上期预测的差距。这一期预测和上期预测之间，除了有一个月的实际数发生了变化外，后面的判断发生了多大的差异？理论上来说不应该有非常大的差异，如果有非常大的差异，一定是企业的业务假设和业务计划发生了很大的调整。企业需要把这个根因挖掘出来，显性化地呈现出来。

3 个 LIST，即三个机会清单：确定类清单、风险类清单和机会类清单。要业务部门和财务部门同、管理层和执行层一起来看这几个清单。对于机会类清单，需要企业的业务一把手（华为叫主官）行使主体责任。主官就是要去找"赢"的机会，对于不确定性机会的抓取，需要主官"亲力亲为"，这也是主官领导力和当责的体现。尤其是预测外的机会，这种机会完全看不清楚，客户姓甚名谁都要由主官来亲自定义，"在黑暗中要看到其他人看不到的一丝微光"，这是主官的作用。

对于越是确定的机会，企业的执行层越要把执行做到位，提升效率。

企业将机会划分为这三种类型，就可以让企业的资源匹配完全差异化，同时挤出机会的水分。

表 11-1 是机会清单的一个示例。

表 11-1 机会清单样例表

客户类型	项目名称	产品类型	金额（元）	预签时间	把握度	风险系数	目标贡献（元）	策略	行动	资源
战略客户	**	A 产品	500	5 月	确定类	100%	500	**	**	**
	**	B 产品	300	6 月	确定类	100%	300	**	**	**
	**	C 产品	200	6 月	确定类	100%	200	**	**	**
	**	A 产品	300	7 月	风险类	60%	180	**	**	**
	**	C 产品	200	6 月	风险类	50%	100	**	**	**
	**	B 产品	300	12 月	机会类	10%	30	**	**	**
	**	C 产品	500	11 月	机会类	20%	100	**	**	**
价值客户	**	A 产品	300	5 月	确定类	100%	300	**	**	**
	**	B 产品	300	6 月	确定类	100%	300	**	**	**
	**	C 产品	200	6 月	风险类	60%	120	**	**	**
	**	A 产品	300	7 月	风险类	50%	150	**	**	**
	**	C 产品	800	6 月	机会类	10%	80	**	**	**
商业客户	**	B 产品	300	12 月	确定类	100%	300	**	**	**
	**	C 产品	200	11 月	确定类	100%	200	**	**	**
	**	C 产品	200	7 月	风险类	60%	120	**	**	**
	**	B 产品	300	6 月	风险类	50%	150	**	**	**
	**	C 产品	500	12 月	机会类	10%	50	**	**	**
合计			5 700				3 180			

（4）要点 4：五个"一致性"管理。

五个"一致性"管理是指机会、目标、策略、行动、资源的管理要一致，要进行闭环管理，机会、目标要和策略、行动、资源对齐。

策略是指想尽一切办法将目标实现的方案集合。

资源是指人财物等要素。

经营就是把目标变成结果；经营分析会的核心就是谈机会；业务报告的核心就是分析差距、解决问题；经营分析主报告内容是暴露问题。

经营分析报告要围绕五个"一致性"展开，如图 11-11 所示。

1. 机会
- 确定类机会：重效率，交由士兵去攻克
- 风险类机会：清风险，交由专家干掉风险
- 线索类机会：找机会，交由主管带队转化

2. 目标
- 基于不同的机会类型，乘以把握度才能确定收入目标

3. 策略
- 价格策略：以盈利优先？还是规模优先？
- 竞争策略：是否要压制对手？
- 品牌策略：2B和2C的品牌宣传打法有区别
- ……

4. 行动
- PDCA循环，不断复盘，不断优化

5. 资源
- 人、财、物

图 11-11　五个"一致性"：机会/目标/策略/行动/资源闭环管理

第一个是机会。机会可分为三类：确定类的机会、风险类的机会和线索类的机会。针对每一类机会，企业要排兵布阵，把每一类机会分配给对应责任人去攻克。

第二个是目标，即计算各类机会对应的收入目标。每一类机会都有一个转化率，即"机会把握度"，把各类机会乘以各自的把握度，然后相加，就得到所有机会对应的收入目标。

第三个是策略。从价格、竞争、品牌等维度来设计策略，比如，价格策略是以盈利优先还是以规模优先。

第四个是行动。行动要强调不断复盘，每个月都要看行动策略是否需要调整，作战计划是否需要优化，持续做改善。

第五个是资源。在市场战局不断变化的情况下，企业的人财物怎么样去联动调整，企业的行动措施怎样去匹配？

企业永远要从机会展开，通过五个"一致性"呈现经营分析报告。

明确确定类的机会有多少、概率多大，风险类的机会有多少、概率多大，最后总体看和目标是否能切合。为了实现目标，企业需要将策略、行动、资源一一对应出来。这就形成了一个有"灵魂"的财务分析或者经营分析报告，目的是完成目标，而不是就问题说问题。

比如，将线索分为战略类线索和价值类线索。价值类线索一般代表价值客户，已经贡献了很多销售额或者利润的老客户；战略类线索一般代表新的大的客户。战略类线索确定性不大，价值类线索确定性大。最后，企业将这些销售线索转为机会概率写在表格上，如表 11-2 所示样例。

表 11-2　预测 GAP20 亿：线索类机会目标策略行动资源样例表

类型	机会	名称	机会								目标	策略	行动	资源
			ZZLT	SXU	SUP	OBP	PUL	JKC	TY	QT				
战略	线索类	**	0.1		0.02		0.02		0.1	1	1.2	***	***	***
		**		0.1	1	0.2		0.3		0.1	1.7	***	***	***
		**	0.3		2		0.1	0.1			2.5	***	***	***
		**		0.1	0.3		0.1		0.1	0.1	0.7	***	***	***
		**	1				0.1				1.1	***	***	***
		**		1		0.1	0.1		2	0.2	3.4	***	***	***
		**	2				0.1			0.2	2.3	***	***	***
		**			2		0.1			0.2	2.3	***	***	***
		**	3	0.1			0.1	0.2		0.2	3.6	***	***	***
		**			0.1	0.1	0.1	0.3		0.2	0.8	***	***	***
		**									0	***	***	***
价值	线索类	**	0.1				0.2	0.2	0.2	0.2	0.9	***	***	***
		**			1					0.2	1.2	***	***	***
		**	3	0.1				0.2			3.3	***	***	***
		**				0.1		1			1.3	***	***	***
		**	0.3		0.1				0.2	0.2	0.8	***	***	***
		**		0.1			0.3		0.2		0.7	***	***	***
		**	2			0.1	0.1		0.3		2.5	***	***	***
		**	0.1	0.1		0.3		0.2			0.7	***	***	***
合计	/	/	11.9	1.6	6.6	0.9	1.4	2.5	3.1	3	31			

　　企业谈机会才能牵引组织面向客户、创造客户、获取订单。机会只会存在于企业外部、市场、客户界面。企业谈机会，就是鼓励企业所有部门、所有员工面向市场找机会。

　　（5）要点 5：列出待决策事项。

　　要把需要讨论和决策的事项单独列成页，与与会人员讨论并且形成决议。形成的决议由部门主官下发"任务令"落实，"任务令"需要具有"5W2H"特征：目标是什么、要做什么动作、什么时间完成、责任人是谁和验收的标准是什么。

　　"任务令"就是冲锋号，仗怎么打，报告就应该怎么写。报告不是堆砌出来的，经营分析会和经营分析报告就是"作战指挥部"，各级管理者要思考要为业务人员提供什么样的支撑。

11.4 会议机制

SOPK+涉及 8 类会议，如图 11-12 所示。其中 5 类为定期会议：战略规划启动会、战略解码会、业务策略沟通会、预算评审会和目标计划宣贯。这 5 类会议是围绕着企业的战略规划、战略解码、目标、计划和策略召开的，会议跨度周期较长，不是日常的例行会议。

图 11-12　SOPK+中的 8 类会议

另外涉及的 3 类例会为：业务策略会、经营分析会、专题会议（管理改进会）。其中，业务策略会的核心在于研究如何"打仗"；专题会议是在经营分析会和业务策略会之外的、针对某个专题所开的专项会议，如成本专题会议。其根据专题会议的目的不同，可以放在经营分析会或者业务策略会中，也可以单独召开。中小型企业可以将几类会议合成一个会议来召开。经营分析会要在财务数据出来后，根据财务数据，结合业务召开，一般在次月 10 日前后召开。业务策略会一般在当月 25 日左右召开。本章详细介绍 3 类例会中最重要的经营分析会。

这些会议的目的是通过确定重要管理层会议和公布时间表，促使各部门、各层级定期、有规律地进行统一平台沟通，从而逐步形成跨部门、统一的相关模板和业务语言，更高效地联结各部门以相互支持。

企业有管理层会议，包括战略会、年度规划预算会、管理层会议，每双周或者每月开一次。还有跨部门会议，如产品管委会、回款管委会、现金流管委会等跨部门会议。华为在地区部层面还有"片联管理会议"。还有一些主要由员工参与的会议，比如全年策略沟通会、年中沟通会。

这些会议是 SOPK+ 有效落地的关键抓手。

表 11-3 是业务部门相关的三个重要跨部门月会样例表。

表 11-3　与业务部门相关的三个重要跨部门月会样例表

会议类型	目的	议程	时间	负责部门	参与人员	文件
市场—销售部门月会	同步产品/活动计划，配合各渠道需求，输出紧密衔接的营销节奏	1. 更新市场活动年历、产品信息表（年度）、新品进度和首单建议；—市场部 2. 回顾上月需跟进事项进展，分享滚动 3 个月的市场计划（有明细）；—市场部 3. 渠道/重要客户分享—运营经理 • 回顾平台上月达成市场活动结果和建议 • 分享滚动 3 个月的电商渠道日历及运营计划 • 需要市场部支持的部分 4. 开放议题（提案包括主题、需要时长）	每月第 1 周	销售部	市场部、销售部主管级以上	1. 市场活动年历 2. 产品信息表 3. 电商渠道运营计划
财务—营销月会	3 个部门回顾月度费用使用、效率和下一步计划	1. 回顾月度费用使用、指出问题点/异常点 2. 沟通未来 1 个月预算计划 3. 新增量计划提案	每月第 2 周	财务	市场、财务参加	部门费用月报
需求评审会-月会	讨论滚动 6 个月需求，并确定下一个月的需求	1. 上个月回顾：预测准确率回顾（分平台、汇总）、流程或操作中的问题和改善建议 2. 滚动需求讨论和确定： • 下一个月分平台预测需求（计划部给出分平台的调整意见） • 汇总下一个月的需求 • 滚动 6 个月整体预测 3. 开放性议题	每月第 2 周	计划部	销售、市场财务参加	滚动 6 个月预测表

市场—销售部门月会和财务—营销月会，主要对应回款和成本费用管控相关的内容，需求评审会等。这些会议内容越细，越有针对性。每次开会前，事先越能定下来相关内容及数据，会议就越有成效。

但是也要避免"文山会海"。

我们一年 20 万个会议，在咖啡厅开的小型会议还没有统计在内。办公会太多，AT 会也多，权力也过大。

公司各级部门举办内部活动（包括但不限于会议、聚餐、晚会等）不得使用客户接待资源。原则上减少租用外部场地，召开内部会议不租用五星级及以上星级酒店。

——任正非关于人力资源管理纲要 2.0 修订与研讨的讲话纪要，2018，有删改

11.4.1　经营分析会

经营分析会是 SOPK+中的一个核心会议，企业每月要定期召开，输出经营分析报告，叫作"一报一会。"企业的战略目标分解，关键行动举措，每个月在执行过程中有没有发生偏差，要通过每个月的经营分析会进行展示和分析。由于财务报表一般在当月 8 号之前出，经营分析会要结合财务报告，一般在当月 15 日召开。

经营分析会定位：集中力量打胜仗，实现年度经营目标，凝聚共识、推进工作。经营分析会要聚焦目标，目标管理和目标考核不一样。

报告是经营分析会参考的内容，经营分析报告或者经营简报是经营分析会的输入。

"一报一会"的目的就是对外标杆学习和对内复盘改进，拓宽认知的边界。

（1）"一报一会"给企业带来的收益。

对公司整体而言，"一报一会"是企业年度经营计划落地的抓手，服务于战略落地，能够统一语言、统一工具、统一模板、统一动作，提高企业经营效率。

对企业经营者而言，"一报一会"是管理人管理业务的工具，能够提升经营者的管理水平，提升组织能力，提升业务的精细化运作水平，通盘审视 KPI 指标，促使企业经营者由销售首长向 CEO 转变。

对于业务人员而言，"一报一会"使其有了整齐划一的打法和高效的沟通渠道，同时加强财务知识，提高职业化水平以及对企业战略的理解。

总之，"一报一会"是管人、管业务的必备和有效工具。

（2）华为的"一报一会"。

华为 2008 年在全公司推行的业务管理体系，由经营主体 CFO 组织，一把手召集业务部门主管参加构建。企业经营分析会有月度会、季度会、半年度会和年度会。经营分析会要结合业务，服务一线。华为对"一报一会"的描述是：CFO 搭台，市场来唱戏，一把手全程参加。"一报一会"的核心是谈机会、找差距，看看发展的机会在哪里，发展的差距在哪里。不是所有人都要来开会，参会人一类是解决问题的人，另一类是提出问题的人。参会前各方要沟通好，上会就要做出决策，会议上做出决策，

会后要严格执行，华为用"任务令"的形式来做决策的跟踪执行。

经营分析会有主报告和业务报告。主报告是提出问题，业务报告是回答问题。经营分析会中的经营主报告要定位暴露问题、风险、机会，可以由 CFO 来报告这些内容。业务报告由业务部门来制作，业务报告是回答问题，回答全年预测、问题差距、机会策略行动等方面的问题。经营分析报告的质量是经营分析会成败的关键因素之一。

经营分析会和经营分析报告形成"一报一会"，企业要推动上下级员工重视"一报一会"，最终从公司"要我开"变成"我要开"这个会议。

11.4.2　经营分析会存在主要问题

经营分析会容易开成形式会、批斗会和务虚会，如图 11-13 所示为会议的三个通病。

——**形式会**，即一批人坐在那里按照部门轮流汇报，过程中，老板点评，其他人都在"陪会"，来听不发言。大部分企业会议是这种形式；开小差，处理邮件，刷微信，等等。

——**批斗会**，因为目标没有完成，老板拍桌子，一拍桌子，部门之间就开始相互推诿指责。这种会针对过去的问题或者针对别人的问题，"聚焦错误"开成了抱怨会。

——**务虚会**，大家都在那里喊口号、唱高调，没有任何落地的共识和举措。当然在规范的企业，比如华为，有专门的战略务虚会。战略务虚会是专门"务虚"的，华为认为高层干部不会"务虚"比不会务实更可怕。

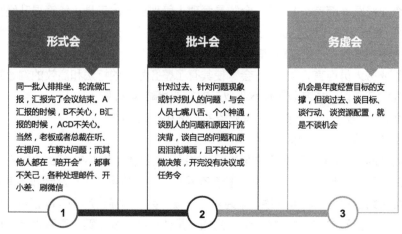

图 11-13　经营分析会的三个通病

（1）经营分析会的典型现象。

经营分析会的典型现象：

——不开，或者月底开，季度开；

——在公司会议室或者酒店悠闲开；

——核心高管开，固定人群开；

——没有发现问题的根因；

——决议得不到有效的执行。

要转变为：

——每月固定时间，月初尽快开；

——在一线战壕里开，在业务一线开，有"硝烟味"；

——上级和下级代表参加，中场根据议题换人；

——发现问题根因，形成可执行的方案；

——次月回顾决议"任务令"执行情况。

（2）经营分析会存在的主要问题。

问题 1：会议定位错误。

会议开成了汇报会，开成了"诉苦会"，开成了"邀功会"，开成了"鞭尸会"（说对方错误，反复说，不向前看）；会议气氛一片祥和，都是老好人，没有硝烟味。

会议中老是讲业务成绩。你的所有的业绩辛苦，都已经通过工资、奖金等体现了，不需要在经营分析会上展示。

经营分析会不需要"温良恭俭"，不需要这些"传统美德"。不需要当好人，而是把事情做正确，把常识性的事情做到极致，比如华为能够成功，没有什么大道理，而是坚持将一件事做正确：高带宽，低时延。

问题 2：会议安排混乱。

所有人都叫上参加，会议冗长，跟参会人关系实际却不大。应该是无关人员不要参与会议；在汇报时间上，可以一个月一次，汇报地点可以灵活，除了在总部开，也可以在一线开，在"战壕"里开。可以分主题开会，比如专题会议，要考虑好开会主题；要多开小会，少开大会。经营分析会就是大会，可以多开会前会、专题分析会。

问题 3：差距分析走过场，不直面血淋淋的差距。

不敢直面问题和差距，要面子、做假动作，没有揭示问题内核；没有从多维度（客户、渠道、产品、区域）分析差距。财务没有进行详细分析，没有按照几个维度进行差距分析，没有做"数学题"；或者只有内部视角，缺乏外部对标的视角；报告内容太多，没有提炼重点。凡此种种，都是企业对差距分析不透，缺乏自我批判的勇气，不能鞭策灵魂，也缺方法、理论和工具，缺乏分析的能力。

问题4：没有列出机会清单。

缺方法：包括怎么挖掘机会，如何将其转化为销售机会，如何交叉验证机会，如何管理机会清单，如何考核分配，资源配套这些机会清单，等等。

缺意愿：机会越大目标越高，目标越高完成率越低，完成率越低，奖金越少，没有打大仗的氛围。为什么没有意愿？是不是激励机制出了问题？要有差异化的激励，要将差异化的激励做出来。

问题5：报告没有预测，没有预测分析。

要算出来机会，给出预测，而不是拍脑袋。预测体现出企业对业务的洞察能力、驾驭能力。准确的预测是有效配置资源、完成目标的前提。

问题6：有目标，没有落实，都是口号。

不能只是口号，更重要的是行动起来。没有行动起来的话，表面看是开会的问题，实质是打法的问题；落实需要氛围，需要有危机感，需要方法论。

企业召开经营分析会，定位是做差距分析，作为战指挥系统，要聚焦机会，集中力量打胜仗，实现年度经营目标。

11.4.3　"一报一会"经营分析执行框架

经营分析通过"一报一会"来落地执行。经营分析会和经营分析报告执行示例如图11-14所示。

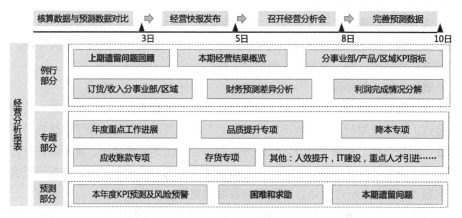

图11-14　"一报一会"执行框架示例

图中横向是时间轴，显示了每个月在什么时间做什么工作，以及形成什么样的数据。比如，什么时候有滚动预测的数据，做什么报告，在什么时间节点开经营分析会。

纵轴整体分三大部分：例行部分、专题部分和预测部分。其中，例行部分首先是上期经营问题回顾，最后是本期遗留问题。专题部分一般不超过三个专题。

经营分析报告和经营分析会要紧密结合。经营分析会是过程，需要上期的经营分析报告作为输入，当期召开经营分析会的结果要形成当期的经营分析报告。

经营分析整体框架示例如图 11-15 所示。

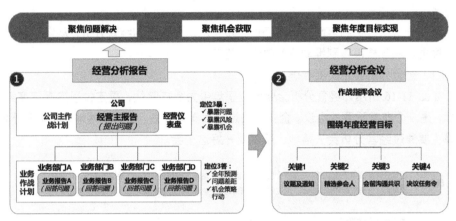

图 11-15　经营分析整体框架示例

经营分析要基于企业自身定位：企业有主作战计划，每个业务单元要基于企业对其的定位做自身的作战计划。比如，某一个事业部定位就是给企业持续创造现金流，那么规模的增长就不是其最重要的关注点，它就要围绕企业对其的经营诉求去开展经营分析和工作。又比如，有的新业务处于投入期，需要业务人员不断地去打开新的市场，这个时候就要围绕规模增长和市场格局去做分析。所以不同作战单元的分析思路和出发点是完全不一样的，企业应该基于对其定位，分别、分层级地开展经营分析工作。

经营分析框架也不是一成不变的，每个月都应该更新。每个月，企业的人员、业务主官以及整个经营管理团队都要在经营分析会前进行业务思考分析，参与经营分析报告的撰写，并通过经营分析会和经营分析报告不断复盘、总结，提升经营效果。

11.4.4　开好经营分析会的方法

很多企业做的经营分析实际上只是财务分析。财务分析是发现问题，并不能解决问题，经营分析一定要瞄准解决问题。经营分析要将财务分析转化为业务部门能够听得懂的语言，能够对应到关键的流程、部门、岗位、责任人，去跟踪、解决问题。

经营分析是解决问题，财务分析是发现问题，但是双方你中有我，我中有你。经营分析是针对财务分析发现的问题，结合业务所做的更深入的分析；财务分析是 CFO

的工作，经营分析是 CEO 的工作。

　　企业要从财务分析跨越到经营分析，推动业务业绩目标的达成，关键是要将业务部门"卷"进来，不能只是财务部门在那里弄一些指标，同比环比各种数据，而是要让业务部门真正参与进来，说明发生偏差的原因，财务人员也从业务旁观者转为业务参与者。

　　经营分析从分析到落地执行要经过三步：从财务分析到经营分析，从经营分析到分析报告，从分析报告到推动业务改进措施落地。

　　（1）经营分析会定位要准确。

　　如图 11-16 所示，经营分析会要定位于集中力量打胜仗，要定位于实现年度经营目标，是一个非常重要的会议。企业战略是通过年度计划、预算去落地，而年度计划、预算主要通过经营分析会去落地，所以要开好这个会。

定位	经营分析会议是企业运营中的重要会议，是**落实战略、达成年度经营目标的作战指挥会议**。其围绕目标、发现差距、分析问题和解决问题，通过PDCA闭环管理，使得年初制定的战略和目标能够有效达成
给企业带来的收益	■ **对公司整体来讲：** 　✓ 经营分析会是年度经营计划落地的关键抓手，服务于战略落地和年度目标达成 ■ **对各层级经营管理者而言：** 　✓ 经营分析会作为管理工具和手段，提升经营者的管理水平，提升组织经营能力，提升业务的精细化运作 　✓ 有利于促进企业的各层级主管提升经营意识，向经营者转身 ■ **对业务人员而言：** 　✓ 经营分析会，统一语言、统一工具、统一模板、统一动作，提高效率，促进业务人员对财务知识的理解，提升员工的职业化水平

图 11-16　经营分析会的定位示例

　　经营分析会对公司的价值体现在以下三个方面。

　　对公司整体来说，它服务于战略落地和年度目标的达成。

　　对于各层经营管理者来说，它是管理工具和手段，能够使企业各级管理者提升经营意识。**传统上管理者大多都是管理有余而经营意识不足的。**

　　对于业务人员来说，经营分析会能够统一语言、统一工具、统一模板、统一动作，提高效率，促进业务人员对财务知识的理解，提升员工的职业化水平。

　　企业要实现经营战略目的，开好经营分析会，要进行三个聚焦，如图 11-17 所示。

　　①**聚焦目标。**企业要对照目标谈结果，对照目标谈差距，对照目标谈行动，目的就是实现年度经营目标。没有聚焦目标，经营分析就没有意义。就是因为跟目标比、跟预期比、跟机会比，企业才能发现偏差究竟在哪里。所以，企业一定要对照结果来分析，谈差距、谈行动。

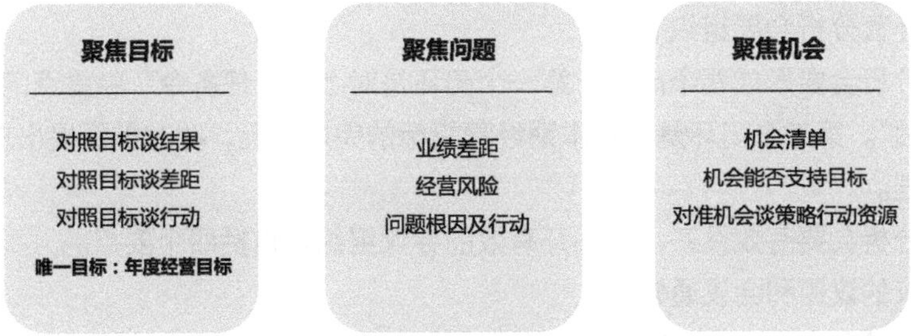

图 11-17　经营分析会的三个聚焦

②**聚焦问题**。企业要聚焦业绩差距、经营风险，找出差距、找出问题根因并提出改进行动计划。

③**聚焦机会**。列出机会清单，看看机会能否支撑目标实现，对准机会谈策略、行动和资源。经营分析会上就问题去问责没有意义，要关注出现问题后如何弥补，如何追回业绩，也要对资源的分配重新做配置。

总之，经营分析会不是普通的例会，参会人要有充分的准备和主题的聚焦。经营分析会要定位在集中力量打胜仗、实现年度经营目标上；要聚焦在团队认知提升上，因为增长红利一定来自认知红利。

（2）经营分析会内容要科学。

经营分析要数据化、可视化，支撑决策，要嵌入业务场景，要嵌入"端到端"的业务流程。

经营分析会实际上是发布会，不仅仅是讨论会，因为会上要提出行动计划。

推动经营分析可以分三步走。

①**推动全面财务分析**。从财务的角度揭示公司存在的问题和潜在的风险，以期引起 CEO 与业务部门领导的重视。

②**推动经营分析**。结合业务实际，找出财务数据差距背后的业务原因，提出问题解决之道。

③**推动专项分析**。找出短板，深挖吃透，重点突破，立项推动解决核心问题。

一般地，经营分析会分为上下两部分，上半部分进行差异分析（分解的目标对照），如何弥补；下半部分要开一些专项的主题会议，如节省成本费用的专题会、提升毛利的专题会。这些会议专题可以是经营管理层指定某个小组或者部门负责输出，也可以是某些部门或者小组主动呈报，对专题工作进行重点汇报或者决策。

经营分析要和财务分析协同，业务部门和财务部门都要来做经营分析。财务部门首先要做财务数据的解读，从各角度进行分析对比，初步发现并确定问题，然后把业务部门代入，一起深入洞察、做专项的分析，然后再跟踪落实。

（3）经营分析会要组织有效。

经营分析会要形成两个闭环：第一个闭环是对上期"任务令"中重点问题解决情况的"晾晒"。第二个闭环是检视本期经营指标的完成情况，并对差距提出应对策略，做闭环管理。

经营分析会要有效召开，离不开有效的会议组织，包括四个要点。

①会议的议题和会议通知。

②精选参会人员。能对经营分析会做贡献的人就参与，不相关的人不要参与，以免浪费时间。

③提前准备：包括提前做"命题作文"，议题在会上不要发散；会前跨部门讨论"互锁"，能会前解决的事绝不上会。会议材料一定要提前发给参会人做准备，要提前看、提意见。经营分析会数据出来以后，一定要开"会前会""预备会"，要让大家就问题、差距、事实提前达成共识，不要在经营分析会上讨论事实性问题，比如数据是否正确的问题。经营分析会上主要是做决策，好的经营分析会一定是预先做了大量准备工作的。

④高效率的决议。有事情说事情，没事情早散会。会议最后要形成"任务令"，并对上期的"任务令"执行情况进行回顾。

经营分析会要聚焦，集中力量每月打胜仗，聚焦成专题改进会议，不用每个部门排列发言开会。

（4）经营分析会要形成会议决议（"任务令"）。

很多企业的经营分析会的决议像记流水账，比如记录做了什么，下一步的工作，存在问题，解决什么问题，对应的责任人，看起来似乎很合理，却没有任何量化数据和差距分析内容。

开经营分析会一定要对应公司的目标，参会人员一定要带着议题，带着目标和差距分析而来。

如表 11-4 所示为"任务令"样例。

表 11-4 "任务令"样例

序号	目标	行动	时间点	责任人	验收标准
1	**	**	**	**	**
2	**	**	**	**	**
3	**	**	**	**	**
4	**	**	**	**	**
……	**	**	**	**	**

如果目标完成得很好，没有什么偏差，则可以不用做会议纪要，可以立即散会。正是由于企业存在各种经营偏差，所以才要提前列出来，才要来开经营分析会。

（5）经营分析会要有任务跟踪流程。

如图 11-18 所示，根据各地区遗留问题，结合年度目标下达，筛选支撑季度目标的重点项目；如 TOP10 项目作为重点任务专项进行监控，通过定位重点项目的问题点，落实责任人，要求在时间进度内完成；按照进度检查问题解决情况，推动疑难问题的解决，不能解决的要升级问题和通过求助渠道解决；问题已经解决或者确定无法解决的，要关闭问题，可以解决的则继续跟踪。如果问题因为无法解决而关闭，需要补充支撑项目。整个过程就是一个 PDCA 的循环。

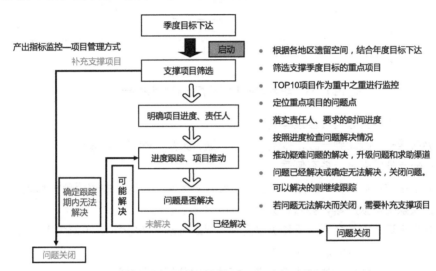

图 11-18　经营分析会任务跟踪流程

（6）经营分析会要分层分级逐层推动。

经营分析会每个月都要开，要输出关键成果。经营分析会重点是做"数学题"，发现指标偏差，发现偏差之后形成任务专项（"任务令"），形成任务专项后由相关任务组去推动，这样才能形成闭环。

运作模式：双周例会、月度季度例会、专项会议，定期报告（双周报，月报，季报）、工作简报、专项报告等。

经营分析会还要通过预算来形成各级管理层的绩效承诺指标 PBC，牵引以责任结果为导向的经营管理，同时将公司总目标逐级分解到每一个执行或者操作层，全体员工的责任和权力明确，通过分层考核，达成公司经营目标。

如图 11-19 所示，PBC 指标推动执行组形成不同的专项推动工作组，形成 PBC

监控推动落地,PBC 承诺按照季度目标回顾,指标承诺者的奖金等要与完成情况挂钩,明确责任人、解决问题、关闭问题,没有关闭要进入下一个管理循环。

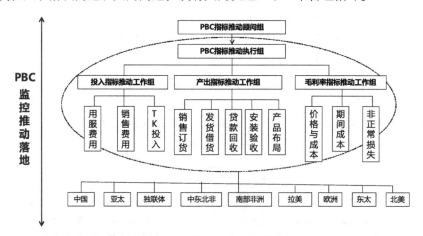

图 11-19　华为 PBC 指标层层分解落地执行示例

（7）好的经营分析会应该有的样子。

会前准备：跑动到一线,多做非正式沟通；策划和确定会议议题；准备经营分析报告；分层分级召开,各有侧重。

会中高效：对准目标达成,主要谈机会；对准问题根因,做差距分析和风险点分析；会议氛围紧张严肃,会后有决策。

会后闭环：发布会后纪要和决策内容；跟踪行动"任务令"；干部主官冲锋在前,抓最重要的工作；开专题会深入讨论。

总之,从科学经营的方法论看来,好的经营分析会要做到:

——CFO 搭台,业务部门唱戏,一把手全程参与,核心内容是谈机会。

——经营分析会是统一思想、统一语言、统一方法、统一动作的管理工具。

——经营分析会不能开成汇报会,"诉苦会""邀功会""鞭尸会",要有"硝烟味"。

——经营分析报告的质量是经营分析会成败的关键因素之一。

——经营分析会要定位为作战会议,是作战的指挥系统之一。

——要找到问题和差距的根因,即做了事后就能解决问题,实现目标。

——要做好预测,必须建立统一、完善的销售管道管理。

11.5　复盘机制

SOPK+中很重要的一点就是复盘,SOPK+的体系化运行,PDCA 的有效运行,核心在于检验企业在"S"战略和"O"阶段的假设、企业的认知是否正确。所有业绩偏差的背后都是操作者认知或者能力的偏差。企业召开经营分析会，要像游戏中的"打怪升级"一样，去发现企业的动作是否变形，还要去发现企业的认知有没有发生偏差，能力有没有短板，所以一定要不断复盘。

复盘就是边干边学、快速迭代、达成目标。问题总是层出不穷的，但是问题不应该一直是问题。企业要通过汲取过去成功或者失败的经验和教训，通过反思、快速迭代来提升组织能力。

吉姆·柯林斯《从优秀到卓越》中提出了企业的"厄运之轮"，如图 11-20 所示。"厄运之轮"显示，企业的目标是以组织层级 70% 的速度衰减（即从上到下层层组织目标打折扣），而复盘的"学习之轮"可以把业绩衰减率降低 60%。企业通过复盘，可以找到管理存在的问题，找到问题的根因，从而采取措施改进。

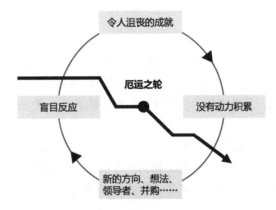

图 11-20　吉姆·柯林斯"厄运之轮"

谁也不能保证企业在经营中遇到的问题都能事先预料到，但是如果能通过不断地复盘，不断地纠偏，来保证整个组织沿着正确的方向前进，那么完成目标的概率就更大。

任正非说"复盘"：

我们公司的每个人都要学会建模，复盘—建模、再复盘—建模。做完一件事，要总结哪些做得好，哪些做得不好，建立一个初步的模型；然后用这个模型去做第二件事，发生偏差则再回来复盘修正，反复复盘，就建成一个小小的模型。我们几个团队打通，几个模型在一起再次碰撞，用理论来指导实践。模型变大、变系统，减少不必要的能耗，就提升了竞争力。

——任正非：与系统工程领域科学家、专家会谈纪要，2022 年，有删改

11.5.1 复盘的重要性

企业进行复盘，可以对企业的优势进行清晰的分析，明确自我的优势和劣势。华为认为"企业最大的浪费是经验的浪费"。

复盘有四大作用：

第一：总结经验得失。

任正非说："任何一个合同，任何一个交付，一定要复盘。只有通过复盘，我们才知道哪些做错了，哪些做对了。"

"学习的途径有很多，书本可以启发我们思考问题并找到解决问题的方法。就像'复盘'是棋手最好的学习与提高自身技能方法一样，每一次成功和失败（包括自己的也包括竞争对手的）都是我们最好的学习案例，因此必须学会在实战中进行总结与举一反三。"

第二：提升自我。

任正非说："建议你们做完任何一件事情，晚上回来都要复盘，想想这件事情你是怎么做的，然后几个人在饭后讨论一下。不断复盘、不断建模；建了新模再去应用，如果收益能提高 1%，那么说明你的思维方向是正确的，一点一点逐步深入，就能逐渐逼近真理。"

"以前我们说总结，现在叫复盘，是同一个意思。人生就像一条条的绳子，只用绳子是抓不到鱼的，把绳子打一个结，再打一个结，就成网格了，就可以抓到鱼。每总结一次，其实就是打了一个结，如果你对这 12 年有 12 次总结，那么就形成了一个小网，可以去抓鱼了"。

第三：收割知识。

对复盘后得到的经验教训可以进行提炼，转化为成公司知识，和业务场景结合，就可以拓充公司知识库，作为各类培训资源。华为认为：作为公司人才管理 COE、知识管理 COE，要继续基于已有实践优化战地复盘方法，把业务流程中的知识复盘与"战地英雄"识别相结合，完善战地复盘的场景和活动。

第四：识别干部

企业通过复盘，记录在工作中干部、人才的表现，将其作为绩效评价的一项有价值的参考。由于复盘是当时当地记录，通过这类日常数据的积累，企业增加了对人才评价的科学性，避免了事后评价人才、绩效的时候回想不起来，无事实依据，甚至出现因人述职时候靠包装来呈现成绩而导致评价失真的情况。

华为认为：应在复盘中识别和记录"战斗过程中"大家公认的"战地英雄"及"英雄事迹"，为以后准确地论功授奖和干部人才管理提供有效输入，避免后期的"包装"和"呈现"。

> HRBP（Human Resource Business Partner；人力资源业务伙伴）要在战场上及时发现英雄，战地复盘就是比较有效的方式。HRBP 要在复盘中做好"战地观察员"，观察记录那些在作战过程中涌现出来的"战地英雄"，及时客观地记录"英雄事迹"，就是项目中的突出贡献者及其关键贡献："谁在项目中表现突出？做了什么突出贡献？"。大家公认，这样就更加公平、准确、及时。以作战事实为依据，导向清晰，不应到以后论功授奖时才开始"回忆"和"证明"谁是英雄。在战场上识好英雄，论功授奖才有意义。
>
> ——华为轮值董事长徐直军：做好战地复盘，识别战地英雄，2021 年，有删改

2008 年后，马化腾一直想做 2B 的业务，包括拍拍电商等，但是无一成功；不同于阿里巴巴，腾讯复盘后才发现自己没有做商业零售成功的基因。后来腾讯通过投资京东等获得了电商成功。腾讯还有其他业务自己做不行，在体外做孵化业务就做得比较成功，包括微信和 QQ 都取得了成功。很多企业希望"触网"，做了很多主营业务之外的互联网的业务，结果往往不太成功甚至一地鸡毛。因为这些企业家的基因和企业的基因和所要做业务存在天然的鸿沟，看上去请了很多相关领域内高管，但是做决策的还是原来的老板、原来的脑袋、原来的思想，决策的人还是那个人，认知还是那个认知，"老瓶装新酒"，没有改变，所以不大可能成功。

复盘也是一个企业家提升自己思维深度和广度的机会。看别人的差距时很容易，但是看自己差距就不容易。为什么？因为情绪会影响自己的判断。所以要采取复盘的逻辑和方法，使用左脑回到客观和理智，用左脑来发现企业的差距，"用左脑来占领智慧的高地"。

11.5.2　复盘常见误区

战略是由不满意激发的，而不满意是企业对现状和期望业绩之间差距的一种感知。差距分析是企业通过复盘和迭代得来的。忘记历史等于背叛，不复盘的企业没有历史，华为认为：企业中最大的浪费是经验的浪费。

复盘常见的误区包括：

（1）复盘是为了证明自己正确；

（2）复盘流于形式走过场；

（3）复盘开批斗会，追究责任；

（4）复盘归罪于外，推卸责任；

（5）复盘迅速下结论，不调查研究；

（6）复盘没有意识到环境的变化。

11.5.3　复盘的方法

企业对对待复盘的基本态度：

（1）要心态开放；

（2）要坦诚沟通；

（3）要实事求是；

（4）要民主集中；

（5）要自我反思；

（6）要寻根溯源；

（7）要行动为先。

复盘是在复过程，而不是复结果，很多企业是复盘结果，而不是过程。复盘结果，就会邀功，就会甩锅。比如，联想和华为其实同时看到了移动终端智能机的发展潜力，当时联想手机的市场份额甚至更大，但是联想手机做失败了，有人分析就是联想根本没有复盘过自己手机当初为什么能成功，未来手机需求变化的趋势是什么。而在华为，所有项目结束后都要形成深刻的总结报告，否则即便成绩再大，奖金也为零。

西点军校有两门课，一门课是"孙子兵法"。相比之下，中国人更喜欢看《三十六计》，"孙子兵法"课程讲战略，《三十六计》讲战术。另一门课是"毛泽东战法"，讲毛主席如何打游击战，讲毛主席如何"复盘"。他们认为，共产党成功的原因之一就在于复盘，在于在战争中学会战争。美军要求军事行动后要反思 AAR（After Action Review），也就是进行复盘。

任正非多次用"织网"比喻复盘总结：

孔子说"每日三省吾身"，其实就是复盘。

我年轻时候就讲一句话：一根丝线没有多大用处，打一个结，就是"总结"，现在叫"复盘"；过段时间再打一个结，打四个结形成了一个格子，多打一些结就成了"渔网"；对"渔网"多次总结，认识到它的本质，你就有了一根"网绳"，这根"网绳"就是"纲"。纲举就目张，下面"渔网"就是"目"，网一提，目张开，就可以抓"鱼"了，到那时你就有了很大的思维灵活度。

合同场景师应该坚持每天做完工作后复盘，多次复盘后学学建模，多次建模后就能形成一个模型。

——任正非在全球合同场景师大会上的讲话，2019 年，有删改

11.5.4 复盘操作流程 "四步法"

复盘的整个流程为 "G.R.A.I"：回顾目标、评估结果、分析原因、总结经验。复盘也是一个 PDCA 的循环过程。复盘可以月度复盘、季度复盘、半年度复盘，具体操作上可以记住 "四步法" 八个字："回想、对照、分析、总结"，如图 11-21 所示。

图 11-21   复盘四步法

（1）**回顾目标（Goal）**：回想当初做战略规划的目的或者期望结果是什么，策略和计划是什么，假设条件是什么，当时的认知是什么。

（2）**评估结果（Result）**：对照原来的目标，看完成情况如何，偏差有多少，是在什么情况下，怎么发生的。

（3）**分析原因（Analyze）**：基于这些偏差，仔细**分析**事情成功或者失败的关键原因。连问几个为什么：实际差异是怎么发生的？哪些因素导致了这些差异的发生？如果没有差异发生，成功的关键因素是什么？等等，企业要从流程、组织、能力、执行这几个角度来发现偏差，做根因分析。

（4）**总结经验（Insight）**：总结企业从过程中学习到了什么经验，包括得失的体会，对于下一次类似行动企业有什么更好的做法，接下来企业要做什么行动，是否要向上级汇报等。

先回顾目标，评估结果，没有做到和没有看到是不同的，没有看到要看流程（比如从战略到执行中没有看到机会点产生的机会差距），没有做到则要看能力。

再分析原因，最后再总结经验。复盘最后要总结成行动项，而不要说各种 "正确的废话"，如 "我们要加强客户的满意度"，而是要明确如何加强客户的满意度，目标是什么，行动项具体是什么，责任人是谁，等等，也要用行动项跟踪表进行跟踪。

复盘后要进行自我优势和差距审视，得出优势分析和差距分析，其中优势分析包括资源优势分析和能力优势分析，差距分析包括结果差距分析和过程差距分析。

总之，复盘与业绩改进是边干边学，通过快速迭代达成企业目标。复盘要成为企业必须掌握的"杀手锏"；企业复盘，才能进行差距分析和促使改进行动计划的落地；企业复盘，才能总结经验，做知识萃取和收割。

11.6 监控机制

监控机制是指企业在做任务事项跟踪的时候要做"管理地图"，对所有的模块进行分析，包括目标分工、管理目标、管理周期、任务现状、管理偏差、优化策略、优化计划，等等。

把经营管理当作做一个工程来进行管理，运用工程师思维、系统思维、逻辑思维，SOPK+就能让管理成为真正的科学管理。

11.6.1 执行监控管理要"三个闭环"

企业执行监控管理需要完成三个闭环。

第一个是执行管理流程闭环，从战略到执行的流程闭环。

第二个是经营分析闭环。要用经营分析报告支撑经营目标的执行和管控，通过5W2H分析路径寻找根因，并通过SMART原则进行问题的跟踪和闭环管理。

第三个闭环是认知进化闭环。企业过程管理的本质是验证目标策略计划的认知假设是否正确，为下一个经营循环提供认知进化的输入，即要随着战略思考问题，随着流程解决问题。

下面阐述这三个闭环。

（1）第一个闭环：执行管理流程闭环。

从战略规划到执行是一个整体闭环，本书前文所述的"S"战略、"O"目标、"P"策略和计划、"K"绩效管理，就是紧紧围绕战略规划到执行的流程展开的。从企业科学经营的"六法"：想法、干法、算法、考法、奖法，最后到"+"即整个年度经营过程的"管法"，合在一起就构成了SOPK+的完整体系内容，也对应融合了"科学经营"+"科学管理"的理论和实践内容。

如图 11-22 所示，战略规划到执行的流程闭环包括三个部分：战略规划流程（Strategy Plan，SP），年度业务计划（Business Plan，BP）和战略执行与监控。图中下方部分是战略执行与监控，从年初到年尾，整个横向拉开，贯穿企业年度经营管理。具体要管理的事项包括：滚动业务计划、财务预算、人力预算，以及重点工作、KPI、运营绩效、战略专题，实质就是把"管人""管钱""管事"都纳入战略到执行的流程。实际上，任何一家企业都要做这些过程管理，但是很少有企业愿意认真踏实地去研究从战略规划到执行的流程，以及如何更高效地去协同这些管理活动。

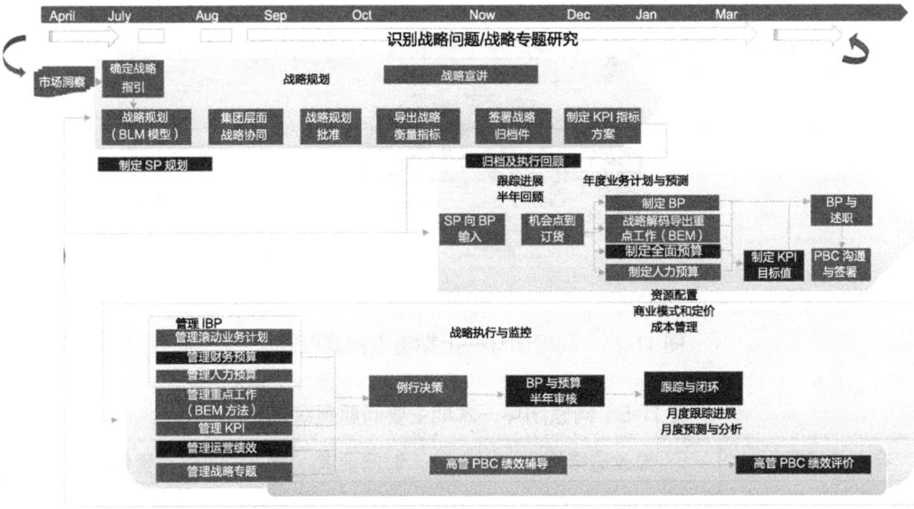

图 11-22　DSTE：战略规划到执行的流程闭环

华为在十多年前也并没有这套 DSTE 流程。那时华为管人的、管钱的、管事的合称"三驾马车"。管人的是人力资源部门，管钱的是财经部门，管事的是战略规划部门。这几个部门在做战略规划 SP、年度业务计划和预算，以及日常过程管理工作的时候，往往会"令出多门"，分别按照自己部门定位和管理节奏向各个部门下指令。拿年度业务计划预算的编制来说，前线作战的业务单元一会儿收到公司的"80X 规划"的通知要求，一会儿收到公司年度计划预算的要求，一会儿又收到人力资源的要求，每一个要求都是一套完整的、不同的表单，其中有大量的重复冗余信息，最终全部都落在前线鏖战的经营管理团队身上，可想而知这会让前线作战团队多么困扰，一群"婆婆"在背后指挥操纵，不仅浪费前线大量作战时间，而且由于"政出多门"，有些要求还相互矛盾，导致公司的管理成本居高不下，内耗非常严重。

后来华为引入了 DSTE 战略规划到执行的流程工具，进行了人力、财经、战略部门变革，把三个部门的工作拉通，集中在战略规划到执行的流程中。这个流程经过多轮迭代，形成了如图 11-22 所示的框架。不过这个体系需要大量的管理体系和运作会议协同机制支撑，真正运作起来，对组织能力的挑战非常大。

（2）第二个闭环：经营分析闭环。

企业针对在经营分析的"一报一会"中，围绕目标达成的过程中产生的新问题，以月为单位，不断做根因分析、执行解决，周而复始，不断做闭环管理，达到"事事有交代，件件有回响"。

有没有做到闭环管理，就看问题是否得到根本解决。如果同类问题一直存在，就说明经营分析没有闭环或者只是在低水平上闭环，如图 11-23 以及表 11-5 所示。

存在的问题	解决进展	时间节点	责任人

图 11-23　问题闭环—上期重点问题跟踪

表 11-5　问题闭环—本期主要问题跟踪表

存在的问题	拟改进措施	时间要求	责任人

（3）第三个闭环：认知进化闭环。

认知进化的逻辑原点是"你永远赚不到认知以外的钱"。认知不提升，企业的经营能力不可能有大幅提升，企业业绩也不可能持续高质量、可预见。

前文说过，要做战略规划环节的市场洞察，也要做假设。其实任何理论结论都有假设前提，实践也一样。在差距分析中，机会差距也往往是由于企业"看不见"，由于认知差距造成的。

以预算为例来看认知进化的概念，经营分析要做预测、预算，预算假设是做预算的前提，预算假设分为四类：宏观环境假设、客户假设、内部假设、行业及竞争假设，如图 11-24 所示为芯片企业的预算假设样例。

企业在做预算时，所有假设前提条件都要显性化，这是为了在做月度经营分析会复盘时，在做差距分析时，把原来做预算、定目标时的假设条件拿出来，对照分析，看看假设是否发生了变化，还要看经营偏差是由不可控因素所导致，还是由于企业自身认知能力不足导致，如果是自身认知能力不足导致，则企业就要提升自身认知能力。

企业运营管理中的过程管理本质就是：验证目标、策略、计划的假设前提条件是否正确，将提供认知进化后的假设条件作为下一个经营循环输入。企业的领导力要体现为不遗余力地去提升公司的认知能力，提升企业管理者自身的认知能力，这才是复盘真正需要达到的效果。如果复盘不能带来企业认知能力的提升，企业还是不断做低水平重复性工作，出现低水平重复性问题，那企业肯定无法发展。

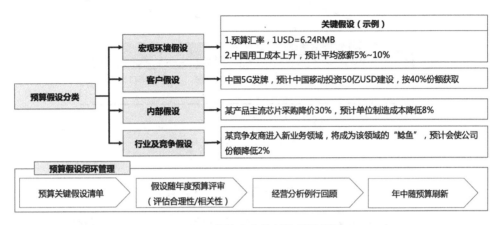

图 11-24　芯片企业的预算假设样例

企业家的认知能力和企业组织的认知能力正是在一次次的复盘、差距分析、假设条件反思、解决问题的行动项跟踪中逐步"打怪升级"、提升的。这一次次的复盘就像游戏中的"副本"，是企业经营者和企业"刷经验""打装备"的绝佳场所。

11.6.2　任务管理地图

任何宏大的战略和策略计划最终都要落实到具体的工作中，执行监督的最小颗粒度就是任务维度。为有效地进行任务管理，分为九个步骤进行任务管理，如图 11-25 及图 11-26 所示。

（1）管理模块：划分部门工作的管理模块是企业有效进行管理活动的第一步。

（2）分级模块（二级模块、三级模块）：为了将部门工作分解清晰，需要进一步将管理模块进行二级分解（二级模块）甚至三级分解（三级模块）。

（3）任务分工：通过对员工进行 AMPES 分工，可以保证部门工作的顺利完成。

（4）管理目标：合理有效的目标设定是管理工作的重要一环。

（5）管理方法：通过会议、报表、信息，确保目标顺利完成。

（6）管理周期：根据任务的要求，按照日、周、月、季、年五类时间节点进行推进。

（7）成熟度评估：对活动自动化运行程度以及完成的效果进行评估。

（8）优化策略：对未完成目标或者管理成熟度弱的任务进行优化。

（9）优化计划：确保每季度均有优化重点，使管理者精力可以有的放矢。

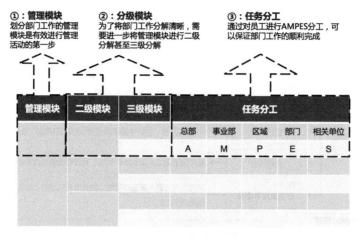

图 11-25　任务管理地图的九个步骤 1

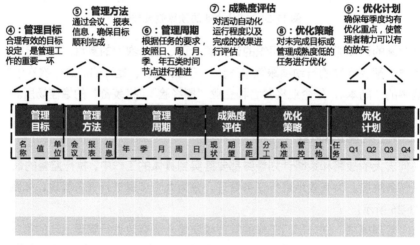

图 11-26　任务管理地图的九个步骤 2

管理地图分解可以采用下面几个技巧：

（1）按照层次、层级进行分类、分级分解；

（2）按照类别、要素如区域、客户进行分类、分级分解；

（3）按照一定顺序、一定步骤进行分类、分级分解。

11.6.3　执行监控五种角色：AMPES

任何活动的有效执行都依赖于管理者的合理布置。管理者在分配工作时，不但要明确员工负责的模块，还要明确员工具体从事哪种性质的工作，比如"负责招聘"就容易产生歧义，要明确是扮演"执行"的角色还是扮演"计划"的角色，如图 11-27 所示。

图 11-27　执行监控 AMPES

相关的研究发现，每项活动都有 AMPES 五种角色，如图 11-28 所示。

图 11-28　AMPES 五种角色

对每个任务要定义 AMPES：A-approve 审批，M-monitor 审计，P-plan 计划，E-execute 执行，S-support 支持。要事先定义谁是主要责任者，不然事情完不成的时候，谁都好像有责任，又都好像没有责任。

任正非对监督机制的看法

财务共享中心应该提供风险报表，这个报表类似于公告牌，公告业务运作中出现了什么问题、怎么处理的，广而告之。公告不要内容太多，别像王大妈的裹脚布一样。每周或每月只有几条即可。你只承担风险的揭示作用，让有关部门去承担执行责任，就不会天天太累。你只负责将你的发现贴出去，只要报告了就行，协调处理并不由你承担，压力会小一些。

公告应分成几个部分，应有上一次报告发布之后，业务的改进结果；也包括新出现的问题、沟通的结果、改进的机会。公告应与经营分析报告一起例行纳入各业务单元的经营管理机制中。

继续坚定不移推动经营重心的前移。加大向各级业务单元的授予日常经营管理权，推动作战指挥权向贴近客户需求的组织前移，采用"能力到位、资源到位、信息到位、监管到位"使一线作战组织"责权到位"。

基于信任，减少不必要的过程报告和过度的过程监管。

另外，执行监控也是管理的一环，是管理就有成本，所以企业对执行监控的颗粒度设置也要根据实际情况，不要"小马拉大车"，如任正非所言"不要过度的过程监管"。

科学经营，保障持续打胜仗

——"理论都是灰色的，只有生活之树常青"

本书全景展现了科学经营的原点、原理、原则、方法，以及 SOPK+的各个管理要素。从战略规划、战略解码到目标制定，到计划、策略、推演，到绩效管理，这是一个完整的 PDCA 循环过程。本书中有很多"一针见血"的理念，实用的工具、方法、华为的理念和标杆实操案例，以及作者在多年咨询工作中总结出的一些企业经常遇到的困惑、经营管理的误区及应对策略内容。

在企业日常经营管理中，我们希望用系统、工程、逻辑理性的方法，用结构化、系统化、网络化的思维，总结出整套的、经过众多企业验证的科学经营的方法，确保企业持续高质量增长，完成企业使命、愿景和目标。

战略规划是一门艺术，战略管理是一门科学。从这个角度说，经营管理也是一门科学。科学就是：事先有设定的假设和变量，经过规范运行，结果是确定的，重复做这样一次"试验"，结果还是确定的，这就是科学。如果前面假设中的输入变量不确定，或者运行之后结果不确定，那就不是科学，因为不可重复性验证。不能重复就不能复制，就不能使企业持续地取得经营业绩增长、企业成长。

我们写这本书，是希望通过科学经营 SOPK+的方法论和实践的总结，指引企业在学习 SOPK+的方法后应用到经营实操中，取得持续的成功。我们总结 SOPK+的目的就是：帮助企业从"偶然胜利"走向"必然胜利"，能够持续地打胜仗，让打胜仗成为一种信仰，成为一种习惯，产生自然而然的结果。

学习本书，要理解科学经营的理念、内涵、外延、方法、工具、模板。如果企业人员读完本书，理解深刻，然后结合书中的一些案例，或者再经过咨询公司的辅导，对企业的经营管理做到运营心中有数，管理有节奏，经营有手感，那么这本书就没有白写。

科学经营是一个系统工程，需要长期不断的迭代更新，而不能指望一蹴而就。企业在建立经营系统的同时还要进行团队的能力建设，如干部队伍能力建设，流程能力建设等，也需要基础的激励体系的"基座"支撑。科学经营在企业完全建立体系，形成企业内共同的语言和自然而然的行为规范，往往需要一年到三年的时间。当然企业也可以通过半年到一年的试水、尝试，看看企业距离科学经营的"温差"，找到企业科学经营的"手感"。作者团队辅导的客户中长期坚持按照这整套逻辑和方法论，基本上能取得比较明显的效果，实现了从"打乱仗"到"打大仗"，从"打游击"到"阵地战"，从"机会主义"到"市场导向""战略导向"；对企业的经营业绩的直接提升也有较大的帮助，甚至帮助企业扭亏为盈，走上高速、持续增长的路径。

华为长期坚持科学经营的方法，不断取得了业绩高速增长、企业高速成长的成绩。华为作为超大型企业，业务板块众多，管理极为复杂，一般企业无法也没有必要完全照搬，否则管理成本过大。况且华为当年面临的市场环境和现在企业面临的市场环境不可同日而语。作者经过科学汲取华为的理念和实践经验，结合数百家大中小型企业的咨询实践，提出的这套科学经营操作系统 SOPK+，更适合从几亿元到几十亿元、几百亿元的中小型民营企业。当然，对于千亿元级规模以上的大型企业，由于本书的内容也是瞄准这类企业，具有较强的参考价值。

SOPK+的理论方法、工具已经在包括华为公司在内的诸多不同行业、不同类型、不同规模的企业中落地生根，为企业的发展起到了肉眼可见的推动作用。其适应于不同行业业务场景、不同文化类型的企业，这也增强了我们不断优化 SOPK+的信心。我们将这一体系呈现出来，分享给大家，希望共同携手助力中国的企业家，期待中国企业经营越来越科学，越来越能持续打胜仗！

此外，本书中虽然列举了很多的"原汁原味"的华为、任正非的案例和思想，但实质上华为的管理思想源自实践，也融合了很多国际顶级咨询公司的智慧，并非华为独有的思想。正如麦肯锡笑谈自身所作"战略项目 90%得不到落地一样"，看待华为的经验也要有"灰度"——不能不分青红皂白地全盘否定或者全盘接受。"魔鬼在细节"——理解差之毫厘，应用谬之千里，对任何管理理论和实践经验的应用的"灰度"把握，都要遵循一个原则：看其成功应用的场景是什么，包括需要哪些前提条件（假设），产生了哪些好的效果，副作用是什么，如何避免这些副作用，等等。总之，管理理论庞杂，应用场景纷繁，本书试图让企业经营管理内容有更多的"科学的丰度"。与此同时，我们也抱有对管理深深的"敬畏之心"，期望企业家、学者能以客观理性而又富有理想之精神"立足实践之大地，仰望理论之星空"，毕竟"理论都是灰色的，只有生活之树常青"。

备注：本书在写作过程中参考了管理、咨询实践中和企业家一起共建和思考的内容，在此一并对他们表示感谢。书中的内容也参考了作者学习工作时编写的论文，以及参考的研究文献，任正非公开的讲话内容等，在此也对相关作者、人员予以感谢，如有版权问题，可以联系作者解决。